国際政治・日本外交叢書
⑯

北朝鮮 瀬戸際外交の歴史

1966～2012年

道下徳成 著

ミネルヴァ書房

北朝鮮　瀬戸際外交の歴史——一九六六～二〇一二年　目次

用字・表記について

本書では、韓国・朝鮮語はできる限り原語・原文に忠実に翻訳した。例えば、朝鮮労働党総秘書は「総書記」ではなく「総秘書」と、停戦協定は「休戦協定」ではなく「停戦協定」と、韓国の国防部は「国防省」ではなく「国防部」とした。ただし、北朝鮮が外来語を特殊な形で翻訳している用語については、注を付したうえで、日本語で一般的に用いられている訳語を使用した。例えば、北朝鮮は国際原子力機関（ＩＡＥＡ）との保障措置協定を「担保協定」と呼んでいるが、用語の一貫性を保つため「保障措置協定」と翻訳した。また、場合によっては、本文と注で訳語を使い分けた。例えば、韓国・朝鮮語で「代弁人」は、本文では日本語らしく「スポークスマン」と表記する一方、注では文献を探すにあたっての便宜を考え「代弁人」と表記した。なお、人名について、漢字が判明しないものはカタカナ表記とした。

なお、引用文中の（　）は原文に含まれる内容であり、［　］は筆者による注釈であることを示している。

略語一覧

BDA（Banco Delta Asia） →バンコ・デルタ・アジア
CIA（Central Intelligence Agency） →中央情報局（米国）
CVID（Complete, Verifiable, and Irreversible Dismantlement） →完全，検証可能かつ不可逆的な廃棄
DMZ（demilitarized zone） →非武装地帯
IAEA（International Atomic Energy Agency） →国際原子力機関
ICBM（intercontinental ballistic missile） →大陸間弾道ミサイル
JSA（Joint Security Area） →共同警備区域
KEDO（Korean Peninsula Energy Development Organization） →朝鮮半島エネルギー開発機構
KGB →国家保安委員会（ソ連）
MTCR（Missile Technology Control Regime） →ミサイル関連技術輸出規制
NLL（Northern Limit Line） →北方限界線
NPT（Nuclear Non-Proliferation Treaty） →核拡散防止条約
NSC（National Security Council） →国家安全保障会議（韓国，米国）
ROE（rules of engagement） →交戦規則
UNCLOS（United Nations Convention on the Law of the Sea） →国連海洋法条約
UNCURK（United Nations Commission on Unification and Rehabilitation of Korea） →国連朝鮮統一復興委員会
WMD（weapons of mass destruction） →大量破壊兵器

プロローグ　新たな瀬戸際外交の幕開け

二〇〇九年から二〇一〇年にかけて、北朝鮮は矢継ぎ早に一連の軍事行動をとった。まず四月五日にテポドン2の派生ロケットである「銀河2号」を発射し、五月二五日には第二次核実験を敢行、一一月一〇日には黄海で北方限界線をめぐる南北間の銃撃戦――大青《テチョン》海戦――を引き起こした。さらに二〇一〇年に入ってからも、三月二六日に黄海で韓国のポハン級哨戒艦「天安《チョナン》」を魚雷によって撃沈し、一一月二三日には同じ黄海にある韓国の延坪島《ヨンピョンド》に砲撃を行うなど、相次いで危険な軍事行動をとった。

これら一連の軍事行動の背景には、金正日《キムジョンイル》から金正恩《キムジョンウン》への権力継承プロセスがあった。金正日は自身が二〇〇八年に脳卒中で倒れたことをきっかけに後継作業を加速化させることを決断し、健康が回復した二〇〇九年から、金正恩に北朝鮮の新しい指導者になるための本格的な教育・訓練を施そうとしたのである。そして金正恩は、一連の軍事行動の政策決定過程への参加を通じて軍事力を行使する経験を積み、各部門の担当者と知己を得た。また、哨戒艦撃沈は多数の犠牲者を生み出す作戦であったため、金正恩に指導者としての胆力を身につけさせるのにも役立ったであろう。北朝鮮は軍事力以外に国際的に競争力のある政策資源をもっておらず、同国の指導者になる以上、金正恩は軍事力をうまく使いこなせなければならない。そして、北朝鮮のもつ核心的な軍事能力は核、ミサイル、特殊戦能力、通常戦力である。つまり、金正恩はミサイル実験と核実験を実行し、特殊作戦用の小型潜水艇による韓国哨戒艦の撃沈と通常戦力を用いた延坪島砲撃のための政策決定に参加することによって、北朝鮮の保有する核心的な軍事能力を一通り使用する経験を積んだのである。

さらに、一連の軍事行動には、国際的に強い非難を受けるような行動をとることによって、政権内の団結を強めるという狙いもあったのかもしれない。北朝鮮の党や軍の幹部は、金正恩と共に多くの犠牲者を出す行動を計画・実行した。これによって、政策決定に加わった幹部たちは金正恩と共犯者かつ運命共同体になり、容易に彼を裏切ることはできなくなったのではないか。

二〇一二年一月八日、朝鮮中央テレビは金正恩の業績を宣伝するための映画「白頭の先軍革命偉業を継承されて」を放映したが、この映画によって、二〇〇九年四月の「銀河2号」の発射に金正恩が関与していたことが明らかになった。[1] つまり、金正恩は二〇一〇年九月に朝鮮労働党中央軍事委員会副委員長に就任する前から、すでに重要な政策決定の場に同席しており、第二次核実験、大青海戦、韓国哨戒艦の撃沈、そして延坪島砲撃の実施にも関与していたと考えられるのである。これら一連の軍事行動は、二〇〇九年一月に発足した米国のオバマ政権が米朝対話を呼びかける中、明らかに北朝鮮のイニシアチブで敢行された。さらに、北朝鮮は、近年まれにみる高強度の軍事行動をとりつつも、それをテコに瀬戸際外交を展開し、関係各国から見返りを得るという動きをとろうとしなかった。こうしたことからも、二〇〇九年から二〇一〇年にかけての一連の軍事行動は、もっぱら北朝鮮の国内政治上の必要性によってとられたものであり、それ以前の瀬戸際外交とは異質なものであったとみることができよう。

この時期の北朝鮮の行動は、その多くが軍事的には成功であった。二〇〇六年には発射数十秒後に墜落したテポドン2の派生ロケットは、二〇〇九年には日本列島を越えて三〇〇〇キロ以上飛行し、太平洋上に着弾した。二〇〇六年には一キロトン以下に留まった核実験は、二〇〇九年には数キロトンの爆発力を記録した。これらは北朝鮮の核・ミサイル開発が順調に進んでいることを示すものであった。二〇〇九年一一月に発生した大青海戦では、北朝鮮の警備艇が損傷し、多数の死傷者が発生したのに対し、韓国側の被害は軽微であったことから、北朝鮮側は敗北を喫したといえる。[2] しかし、二〇一〇年三月には、北朝鮮は韓国側に気づかれることなく小型潜水艇で韓国の哨戒艦を撃沈した。この作戦は、北朝鮮の特殊戦能力の高さを示す、刮目すべきものであった。[3] そして、同年一一月の延坪島砲撃事件は、韓国軍の隙を突いて白昼堂々と敢行された巧妙な奇襲作戦であった。[4]

二〇〇九年から二〇一〇年にかけての北朝鮮の軍事行動の特徴は、それが韓国側に多くの犠牲者を出させたところにある。二〇一〇年の哨戒艦「天安」撃沈事件では一〇四人の韓国人乗務員のうち四六人が死亡し、延坪島砲撃事件では軍人二人と民間人二人が死亡、軍人一六人が重軽傷を負い、民間人にも多くの負傷者が発生した(5)。一九九〇年から二〇〇八年の間で、北朝鮮の軍事行動によって韓国側に死者が出たのは二〇〇二年の西海交戦だけであったことを考えると、これは大きな変化である。北朝鮮は明らかに過去に比べて武力行使の強度をエスカレートさせてきたといえる。

ただし、ここで注目すべきは、北朝鮮の軍事行動によって犠牲になったのは韓国人だけであり、米国人は攻撃対象となっていなかったという点である。その意味では、韓国は攻撃対象とするが、米国には物理的な損害を与えないという北朝鮮の行動原理は維持されていたといえる。そして、哨戒艦撃沈事件と延坪島砲撃事件が相次いで発生したにもかかわらず、韓国も米国も北朝鮮に対して特段の報復攻撃を行わなかったことは、引き続き、北朝鮮の抑止力が両国に対して機能していたことを示すものであった。

なお、北朝鮮が武力行使の強度を上げてきた真の理由は明らかではないが、哨戒艦撃沈事件と延坪島砲撃事件には明らかに一九九九年の延坪海戦への報復作戦という側面があった。南北朝鮮が黄海で本格的な交戦を行った延坪海戦は韓国側の圧勝に終わり、韓国側は軽微な損害に留まったのに対し、北朝鮮側は多くの死傷者と艦艇への甚大な損害を被った。そして、この時、海戦の勝利に中心的な役割を果たしたのが哨戒艦「天安」であった（二〇九～二一〇頁を参照）。したがって、北朝鮮にとって哨戒艦「天安」は宿敵だったのであり、「天安」の撃沈には延坪海戦の雪辱を果たすという意味があった。また、延坪島砲撃も延坪海戦への報復として、以前から議論されていたものであった。これについては、延坪海戦から一周年となる二〇〇〇年六月、金正日が南北首脳会談の場で韓国側に、「延坪海戦の後、最近まで軍部の方で報復すべきだとの強い意見があったが、北南頂上会談によって、今やそのような意見は力を失った」と述べつつ、延坪島を攻撃すべきとの意見もあったことを明らかにしている(6)。

板門店（2013年４月９日撮影）（AFP＝時事）

序章　北朝鮮の瀬戸際外交を読み解く

1　瀬戸際外交の特徴

現代の朝鮮半島の政治と外交において軍事力は重要な決定要因であり、また、近い将来においても、そうであり続けると考えられる。一九五三年の停戦協定によって朝鮮戦争が収束した後にも、北朝鮮は戦争に至らない範囲内で軍事力を行使し続けてきた。そして、現在も北朝鮮の核・ミサイル開発や各種の武力行使をめぐって緊張が続いている。

一九九〇年代後半、北朝鮮は「先軍政治」と呼ばれる方針を打ち出し、政治、経済、外交政策のすべての面で軍を中核に据えることを明らかにした。一九九九年六月一六日の『労働新聞』（朝鮮労働党機関紙）と『勤労者』（同機関誌）の共同論説「我が党の先軍政治は必勝不敗である」は次のように述べている。

先軍政治方式とは、軍事先行の原則に従って革命と建設において生じるすべての問題を解決し、軍隊を革命の中核として打ち立て、社会主義偉業全般を押し進めていく領導方式である。…

我が党の先軍政治は、帝国主義との深刻な思想的対決を勝利に導く力ある政治である。

…

外交戦は単純に言葉と言葉、頭脳と頭脳の闘いではない。巧みな外交の背景には政治・軍事・経済的な力がある。

…熾烈な外交戦で威力を発揮する最後の砦は、いつの時代にあっても自己の強力な政治軍事的潜在力であり、そこから湧き出る必勝の信念である。
こんにち、我が党の先軍政治は、敵たちとの外交戦において必勝の担保となっている(1)。

これまで、北朝鮮の軍事行動についての包括的な研究が不十分であったため、関係各国の政策担当者や専門家は不十分な知識や断片的な逸話に基づいて北朝鮮の行動を理解し、あるいは政策判断をせざるをえなかった。こうした状況を踏まえ、本書は北朝鮮の軍事行動についての体系的かつ歴史的な分析を通じ、北朝鮮の行動様式を理解するために必要な、詳細かつ有用な基礎を提供することを試みる。北朝鮮の行動様式を理解し、将来の行動を的確に予測することができれば、北朝鮮の瀬戸際外交への対応や将来に対する備えを、より合理的に進めることができるであろう。

本書の目的は、北朝鮮が外交の手段としてどのように軍事力を使用し、その結果、どの程度、政策目的の達成に成功し、あるいは失敗したか、そして、北朝鮮が達成しようとした政策目的にはどのような変化があったのかを明らかにすることである。本書が分析の対象とするのは、北朝鮮が目に見える形で公然と軍事力を使用した瀬戸際外交の事例であるが、それには、直接的武力行使を伴う事例とともに、間接的な軍事力使用にとどまった事例も含まれる。これ以外にも北朝鮮は、韓国に特殊部隊を投入し、韓国の大統領を暗殺しようとし、また、テロ攻撃を敢行するなど、各種の非正規・非公然活動を行ってきた。こうした非公然活動は本書の中心となる分析対象ではないが、北朝鮮の瀬戸際外交を理解するうえで必要な範囲内で言及することとする。

本書の結論は次の通りである。第一に、北朝鮮の政策目的は時代とともに、野心的かつ攻撃的なものから限定的かつ防衛的なものに変化してきた。六〇年代末、北朝鮮は米国の情報収集艦プエブロ号を拿捕し、ＥＣ―１２１電子情報収集機を撃墜することなどによって、米国の諜報活動を妨害するとともに、ベトナム戦争に対する米韓両国の関与を制約することに成功した。また、北朝鮮は特殊部隊によって韓国の大統領府である青瓦台《チョンワデ》の襲撃を試み、大統領を殺害し、韓国政府を転覆させようとした。一方、九〇年代以降、北朝鮮は核外交やミサイル外交など、数次にわたって派手な瀬戸際外交を展開してきたが、その中心目的は現体制の維持であり、経済支援を獲得しようとしたり、米国や日本との関係正常化を図ろうとしたりしたのも、この目的を達成するための手段であった。つまり、九〇年代までに北朝鮮の政策目的は極めて限定的かつ防衛的なものに変化していたのである。

第二に、北朝鮮の軍事行動は政策目的に合致していた。つまり、北朝鮮の指導者たちは、彼らのもつ政策目的を達成するための合理的な手段として軍事力を用いてきたのである。こうした事実は、北朝鮮の軍事行動のパターン、特に、その強度と目標選定（ターゲティング）のパターンが時代とともに変化してきたことから読み取ることができる。[2] もちろん、これは、北朝鮮の軍事行動が常に成功してきたことを意味するわけではない。北朝鮮は瀬戸際外交によって政治目的の達成に成功した場合もあるが、逆に極めて否定的な結果に直面した場合もあった。これらを総合的に評価すると、北朝鮮は軍事力を合理的に使用してきたのは事実であるが、政治目的の達成という点からみると、五段階評価の「三」程度の成績であったといえよう。

第三に、北朝鮮の軍事行動は局地的な軍事バランスなどの構造的な要因によって促進され、あるいは制約されてきた。北朝鮮は自国が軍事的優位に立ったとき、その優位を活用できる場所で、その優位を活用する形で軍事行動をとってきており、特に、新しい装備の導入などによって得られた機会を積極的に利用し、瀬戸際外交を展開してきた。そして、北朝鮮が軍事的優位を背景に瀬戸際外交を展開した場合には、その行動が北朝鮮にとって肯定的な結果を生み出す一般的傾向がみられた。つまり、北朝鮮の瀬戸際外交の成否は、交渉術などの戦術的な要素よりも、より広い意味での構造的要素によって決定づけられていたといえる。

最後に、北朝鮮の指導者たちは過去の経験から教訓を学び、時とともに軍事行動と外交活動を、より巧妙に結びつけるようになってきた。実際、九〇年代以降の北朝鮮の軍事・外交行動には六〇～七〇年代のものとの類似点も多かったが、外交交渉の巧妙さや法的議論の精緻さについては、九〇年代以降の瀬戸際外交が過去のそれを大きく凌駕していた。また、過去と現在の継続性という点について、一九九五年に北朝鮮で出版された『嚮導の太陽　金《キム》正日《ジョンイル》将軍』が、一九六八年のプエブロ号事件を「第一次対米頭脳戦」と呼び、九〇年代の核外交を「もう一つの対米知恵戦」と位置づけていたことは特筆すべきである(3)。これは、北朝鮮の指導者たちが自国の軍事・外交行動を長期的な流れの中で理解していることを示すものである。

その他、北朝鮮の瀬戸際外交を歴史的に分析することによって明らかになった点は以下の通りである。第一に、北朝鮮の瀬戸際外交において抑止力は不可欠の要素であり続けてきた。北朝鮮は軍事行動をとるにあたって、常に米国や韓国による報復攻撃や予防攻撃の可能性を念頭に置いておく必要に迫られていた。事実、米国や韓国は六〇年代の青瓦台襲撃事件、プエブロ号事件、EC－121撃墜事件、七〇年代のポプラ事件、九〇年代の核危機などに際して、北朝鮮への報復攻撃や予防攻撃を真剣に検討した。しかし、いずれの場合も最終的にはそうした行動はとられなかった。つまり、北朝鮮は米韓両国の武力行使を抑止することに成功したのである。

第二に、北朝鮮の瀬戸際外交においては、法的要素が重要な役割を果たしてきた。例えば、北朝鮮は七〇年代には停戦協定に南北の海上境界線の規定がないことを利用して北方限界線（NLL）の正当性に疑義を投げかけ、九〇年代の核外交においては核拡散防止条約（NPT）の規定を利用して米国に時間的圧力をかけた。北朝鮮は、しばしば国際法や国際的な取り決めに反する行動をとってきたが、自国に有利な場合にはそれらを最大限利用しようとしてきたのである。

第三に、北朝鮮は瀬戸際外交を行うにあたり、奇襲的行動によって対象国に心理的ショックを与える手法をしばしば用いてきた。プエブロ号の拿捕、EC－121の撃墜、ポプラ事件での米軍将校殺害、二度にわたるNPTからの脱退宣言、数次にわたるミサイル発射、二度にわたる核実験はすべて対象国の意表を突く形で実行され、関係各国に大きい心理的ショックを与えた。北朝鮮がこうした手法を用いることを可能にしているのは、柔軟かつ大胆な行動をとりうる北朝鮮の政治体制、軍事的能力、そして、それらを実際に利用するための外交手腕である。そして特筆すべきは、同国が国際的信用の失墜など様々な副作用を甘受しつつ、対象国や対象者に心理的ショックを与える機会を正確に認知し、それを利用するための行動をとる能力を備えていたという事実である。

第四に、北朝鮮の国内政治は瀬戸際外交の主たる決定要因ではなかったが、一定の影響は与えてきたと考えられる。金日成《キムイルソン》は軍事優先の政策を正当化するとともに、政敵を粛清するためにプエブロ号事件を利用し、また、EC―121を撃墜することで軍の掌握を図ろうとした。一九七六年のポプラ事件は、金正日が国内の批判を押し切って金日成からの権力継承を進める中で発生した。九〇年代の核・ミサイル外交は、党と軍における金正日の地位の公式化の最終段階と時期的に一致していた。そして、二〇〇九年から二〇一〇年にかけてのミサイル発射、核実験、韓国哨戒艦の撃沈、延坪島砲撃という一連の軍事行動は、金正恩《キムジョンウン》が後継者になるプロセスと軌を一にして発生した。

しかし、全体としてみると、北朝鮮が国内政治上の問題を解決するために軍事行動をとってきたとする見方は正しくない。事実、北朝鮮が軍事行動を活発化させたのは、国内の反対勢力がほぼ一掃され、金日成の政治基盤が確立された六〇年代以降のことであったし、八〇年代にラングーン事件や大韓航空機爆破事件などのテロ攻撃が次々と敢行されたのは、金正日の朝鮮労働党における地位が公式化された直後のことであった。さらに、北朝鮮の軍事行動はしばしば失敗に終わっていたのであるから、国内政治の手段としてはマイナスの効果さえ生み出していたといえる。つまり、北朝鮮は国内政治上の問題を解決するために軍事行動をとったのではなく、国内政治上の問題が解決したのちに活発に軍事行動をとってきたのである。

第五に、北朝鮮は国際環境が悪化した場合に軍事行動をとる傾向があるとの分析は誤りである。北朝鮮は国際環境が悪化した場合はもとより、国際環境が良好な場合にもしばしば軍事行動をとってきた。一九七六年のポプラ事件は北朝鮮にとって極めて好ましい国際環境の中で発生し、一九九八年のミサイル発射は、米韓両国が北朝鮮に対する積極的関与政策で合意するという好ましい国際環境の中で敢行された。逆に、一九九三年と二〇〇二年の核外交は厳しい国際環境の中で開始された。また、国際環境の良し悪しは、北朝鮮の瀬戸際外交の成否を決定づけるものでもなかった。良好な国際環境の下で発生したポプラ事件は北朝鮮に極めて不利な結果をもたらしたが、劣悪な国際環境の中で進められた核外交は二度にわたって望ましい成果を生み出したのである。

最後に、北朝鮮の瀬戸際外交は短期的に成功を収めた場合でも、周辺諸国の対抗措置を促進することによって、中長期的には否定的な結果を招くことがあった。例えば、六〇年代の非武装地帯（ＤＭＺ）における活発な軍事行動に対して、米韓両国がＤＭＺの防衛を強化したため、長期的には北朝鮮のＤＭＺにおける軍事行動が封じ込められる結果となった。また、七〇年代に北朝鮮が黄海において活発な軍事行動をとったのに対し、韓国は海軍力を増強するとともに、黄海における離島防衛態勢を強化した。これによって、九〇年代までには黄海における軍事バランスが韓国に有利となった。そして、一九九八年に北朝鮮がテポドンを発射すると、日米両国は弾道ミサイル防衛についての協力を強化することで合意した。これらの事例は、北朝鮮の瀬戸際外交を評価するにあたっては、短期的成果ばかりでなく、中長期的効果をも考慮すべきであることを示唆している。短期的な成功が中長期的にはマイナスの結果を生み出すこともあるのである。

2　研究手法と本書の構成

以下、本書では次のとおり議論を進める。まず、第1章では北朝鮮の瀬戸際外交の歴史を大きく次の四つの時期に分けて、その大きい流れを分析的に検証する。

第一期　瀬戸際外交の起源（一九六六～七二年）
第二期　限定的武力使用（一九七三～八二年）
第三期　テロリズムの台頭（一九八三～九二年）
第四期　洗練された瀬戸際外交（一九九三年～現在）

なお、ここでは、北朝鮮が目に見える形で公然と軍事力を使用した事例とともに、これらの事例の位置づけを理解するうえで有用な非公然活動も取り扱う。

次に、第2章から第9章では重要性の高い事例について詳細な分析を行う。事例の選択にあたっては、(1)北朝鮮が特定の政策目的のために一年以上にわたって継続した軍事・外交行動、(2)米韓側が防衛準備態勢（DEFCON）を3以上に引き上げた危機、という二つの基準を用い、そのいずれかを満たすものを事例として取り上げることとした。これらの基準に合致する事例は、一般的に次のような特徴をもっているといえる。

・北朝鮮の首脳部が政策決定に直接関与している可能性が高い。
・偶発的な事件である可能性が低い。
・北朝鮮側の公式見解が比較的明確に示されている場合が多く、米韓側の情報も豊富である。

そして具体的には、第一の基準に合致するものとして六〇年代後半のDMZにおける一連の軍事行動、七〇年代前半の西海事件、九〇年代の核外交、ミサイル外交、停戦協定無効化努力、そして二〇〇二年に始まった第二次核外交の六件を、第二の基準に合致するものとして六八年のプエブロ号事件、七六年のポプラ事件の二件を取り上げることとした。なお、事例研究を扱った各章では、次のような統一的なフォーマットを用いることによって、複数の事例を容易に比較できるようにした。

・事実関係の記述
・環境要因の分析
・軍事・外交行動の特徴
・政策目的とその達成度
・瀬戸際外交のマイナス効果

ここで、「環境要因の分析」では、北朝鮮の瀬戸際外交の背景、あるいは瀬戸際外交を可能にした要因などを検討する。具体的には、軍事バランス、国際環境、法的問題などが検討の対象となる。

次に、「軍事・外交行動の特徴」では、(1)軍事行動がとられた場所や時期、(2)使用された軍事力の種類や形態、(3)軍事行動の強度と目標選定、(4)軍事行動と外交行動の連携、という四つの要素を検討する。(1)の「場所」については軍事行動が陸・海・空のどこでとられたのかが、「時期」については、特定の軍事・外交行動がなぜ特定のタイミングで実行されたのか、そして、それらの行動が対象国に心理的ショックを与えるような形で奇襲的にとられたのかどうかなどが関心事となる。(2)の「軍事力の種類と使用形態」では、北朝鮮が通常戦力を用いたのか、核開発などの大量破壊兵器を利用したのか、あるいは特殊部隊などの非正規戦能力が用いられたのかを特定する。また、軍事力が直接的に用いられたのか（actual use）、それとも間接的に用いられたのか（potential use）、次に、相手側を物理的に支配・破壊するために用いられたのか（controlling strategy）、相手側の行動に間接的に影響を与えるための強制力として用いられたのか（coercive strategy）、それとも相手国の体制転覆のために用いられたのか（subversive strategy）などが論点となる。[4] (3)の「強度と目標選定」では、北朝鮮の軍事行動によって、どの程度の死傷者あるいは物理的損害が発生したのか、そして、行動の対象が軍事目標であったのか、民間人であったのか、あるいは対象国の指導者であったのか、対象国は米国であったのか韓国であったのかなどが分析される。北朝鮮の軍事行動の強度と目標選定は同国の政策目的とも有意な関連性がみられるため、この要素は特に重要である。そして、(4)の「軍事と外交の連携」では、瀬戸際外交を進める際に軍事行動と外交行動がどの程度、緊密に調整・連携されていたかを評価する。

最後に、「政策目的とその達成度」では、北朝鮮がどのような政策目的をもって瀬戸際外交を実行し、また、どの程度その目的を達成することに成功したかを評価する。北朝鮮の意図などについては史・資料上の制約もあるが、それを踏まえつつ、次のような手順で評価を行う。第一に、北朝鮮の政策目的を明らかにする。ここでは、北朝鮮の公式文献や秘密指定解除された各国の外交文書、そして北朝鮮を含む関係各国の政策担当者などの手記・回顧録などが最も重要な情報源となる。もちろん、北朝鮮の公式文献には事実と異なる記述も多く、意図的に読者をミスリードしようとするものもある。しかし、金日成や金正日の著作や北朝鮮外務省（一九九八年八月以前は外交部）の声明などには、明確に北朝鮮の政策意図を明らかにしているものも多く、有用性が高い。また、北朝鮮の公式文献とともに米国や韓国などの文献を検討し、関係各国が北朝鮮の意図をどのように分析していたかも吟味・検討する。これらを総合することによって、北朝鮮の意図を相当の確度をもって推定することができる。

第二に、北朝鮮の瀬戸際外交の結果を分析する。瀬戸際外交の結果が最も明確に表現されるのは、軍事行動によって物理的な変化が発生した場合や、正式な合意文書などが得られた場合などである。なお、合意文書などが得られた場合については、それが実際にどの程度、実行されたかも評価する。また、北朝鮮の瀬戸際外交が物理的な変化や正式な合意を生み出さなかった場合については、米韓両国や、その他の関係各国の政策担当者や専門家による評価を参考にする。なお、この点に関する北朝鮮側の資料は多くないが、可能な範囲内でこれらも利用する。

最後に、政策目的に照らし合わせて、北朝鮮の瀬戸際外交が、どの程度、所期の目的を達成したかを評価する。この作業を行うにあたって、最も重要なソースとなるのは米韓両国の指導部の認識である。特に、米韓両国の指導者たちが非公開の場で下した評価は、極めて重要な判断材料となる。また、近年、北朝鮮を脱出した、いわゆる「脱北者」が増加しているが、その中には朝鮮労働党員、外交官、軍人であった人物も多く含まれている。彼らの証言は一面的であったり、事実誤認を含んでいたりすることもあるが、こうした点に配慮しさえすれば極めて貴重な情報源であることに間違いないので、本研究では脱北者の証言も積極的に利用する。

このような手順で政策目的の達成度を評価した後、北朝鮮の瀬戸際外交が中長期的に同国にとって否定的な効果を生み出した事例については、「瀬戸際外交のマイナス効果」として追加的に評価を行う。そして、終章では、北朝鮮の瀬戸際外交についての分析結果を整理するとともに、今後の展望について述べる。

第1章　瀬戸際外交の歴史

一九五三年七月に朝鮮戦争が停戦を迎えた後、朝鮮半島では比較的平穏な時代が続いた。一九五〇年代後半、北朝鮮では指導部内で権力闘争が発生していたが、戦後復興は進み、軍事行動は低調であった。しかし、一九六一年以降、北朝鮮は韓国における革命支援を活発化させ、本格的な軍備増強を進めるようになった。そして、通常戦力および非正規戦能力の向上を背景に、一九六〇年代後半になると米韓両国に対する軍事行動を本格化させたのである。

1　瀬戸際外交の起源——一九六六〜七二年

正規・非正規攻撃、そして暗殺計画

一九六六年から七二年にかけて、非武装地帯（DMZ）における米韓両軍への攻撃や、日本海における米国の情報収集艦の拿捕をはじめとする北朝鮮の軍事行動が活発化した。この時期の北朝鮮の軍事行動はDMZと日本海に集中しており、活発な直接的武力行使によって米韓側に多くの犠牲者が出た。それ以外にも、韓国大統領暗殺の企てや韓国に対するゲリラ投入作戦が敢行された。

(1)　非武装地帯における小規模攻撃

一九六〇年代後半、北朝鮮はDMZにおいて米韓両軍に対する小規模な攻撃を繰り返すようになった。特に一九

六六年以降は、投入される部隊の規模が拡大し、使用される武器も強化された。活動の内容も、情報収集や単純な破壊行為から、公然の「威嚇（harassment）」行為へと変化した。そして、板門店《パンムンジョム》の共同警備区域（ＪＳＡ）内外における衝突も見られるようになった。

北朝鮮の攻撃に対して韓国は報復行動をとったが、韓国の行動は米韓両国間の緊張を高める結果となった。これは、当時、韓国軍に対する作戦統制権をもっていた国連軍司令官（米陸軍大将）の承認なしに韓国が軍事行動をとったためであり、また、米国が南北の対立に巻き込まれることを嫌ったためでもあった。

（2）海空における攻撃

この時期には、北朝鮮の通常戦力による海上や空中における攻撃も活発化した。一九六五年四月、米空軍のＲＢ－４７Ｈ電子情報収集機が日本海上で二機のＭｉＧ－１７戦闘機に攻撃され、損傷した[1]。一九六七年一月には、韓国海軍のＰＣＥ－５６警備艇が日本海において漁船の保護任務にあたっていたところ、北朝鮮の沿岸砲によって撃沈された。北朝鮮側は、同警備艇が自国の領海内に侵入したと主張したが、国連軍司令部側はこれを否定した[2]。そして、一九六八年一月二三日には、米海軍の情報収集艦プエブロ号と乗員が日本海上で北朝鮮の海軍艦艇に拿捕された。米国はプエブロ号と乗員を取り戻すため、板門店で北朝鮮との初の直接交渉に応じた。一一カ月にわたる交渉の末、乗員は返還されたが、プエブロ号は北朝鮮に残されることになった。さらに一九六九年四月一五日には、米海軍のＥＣ－１２１電子情報収集機が日本海上空で北朝鮮のＭｉＧ－２１戦闘機二機に撃墜され、乗員全員が死亡した[3]。米国政府は軍事的対応も考慮したが、議会の支持が得られないことや、ベトナム戦争の状況を踏まえて思いとどまった[4]。そして、一九七〇年六月には、黄海で北朝鮮の高速艇が二〇人の船員を乗せた韓国海軍の警備用放送船を拿捕した。

（3）暗殺計画

一九六六年から七二年までに、二度にわたって韓国の大統領に対する暗殺未遂事件が発生した。まず、一九六八年一月二一日、前年に組織された北朝鮮の特殊部隊である第一二四部隊所属の三一名が、韓国の朴正熙《パクチョンヒ》大統領を暗殺するため青瓦台《チョンワデ》（大統領府）の襲撃を企てた。(5) しかし、暗殺部隊は青瓦台付近で発見され、投降した一人を除いて全員射殺された。次に、一九七〇年六月には三名の北朝鮮工作員がソウルに侵入し、朴大統領が演説を行う予定であった国立墓地に時限爆弾を仕掛けようとした。しかし、爆弾が事前に爆発し、計画は失敗に終わった。

（4）非正規戦

一九六〇年代後半に北朝鮮は非正規戦を活発化させたが、これは、工作員や武装ゲリラを韓国内に侵入させ、革命基地を建設したり、不安を醸成したりすることを目的としていた。北朝鮮は、ベトナムにおけるゲリラ戦のようなものを朝鮮半島でも実行しようとしたのである。(6) 北朝鮮はDMZや海上を通じて韓国に多数のゲリラ部隊を侵入させ、その結果、当時は、ほぼ毎日のようにゲリラが目撃されたり、銃撃戦が発生したりする状態が続いた。(7) そして、一九六八年一〇月三〇日から一一月二日の間に、北朝鮮は三度にわたって、それぞれ一五人程度で構成される第一二四部隊の八個チームを韓国の東海岸に位置する蔚珍《ウルチン》や三陟《サムチョク》一帯に侵入させた。これに対し、韓国は軍と警察四万人以上を数カ月にわたって動員し、掃討作戦を展開した。(8)

米国への抵抗と韓国への挑戦

この時期における北朝鮮の政策目標は、(1)韓国政府の転覆、(2)米国の情報収集活動の妨害、(3)米韓両国のベトナムにおける軍事行動の妨害など、極めて野心的なものであった。そして、北朝鮮はいくつかの面で政策目標の達成に成功した。北朝鮮は韓国政府の転覆や大統領の暗殺には失敗したが、米国の情報収集活動に重大な打撃を与え、米韓両国のベトナムにおける軍事行動を阻碍し、米韓関係を複雑化させることに成功した。

しかし、北朝鮮の行動は大きなコストを伴うものでもあった。まず、活発な軍事行動によって北朝鮮側にも多くの死傷者が発生した。この時期、米韓側が確認したものだけでも、北朝鮮軍の死者数は七一五人に達したが、これは同時期の韓国軍の死者数の約二倍にあたるものであった(9)。また、北朝鮮は一九六〇年代に軍事優先路線に舵を切ったが、これがその後の北朝鮮経済の低迷の原因の一つとなった(10)。一九六九年、韓国の一人あたり国民所得が初めて北朝鮮を上回り、その後、南北の格差は拡大の一途を辿ったのである(11)。

さらに、北朝鮮の攻勢は、米韓両国に積極的な防衛策をとらせるきっかけともなった。青瓦台襲撃事件を受けて、韓国は「自主国防」のための努力を本格化させ、二五〇万人を擁する民兵組織である郷土予備軍を創設し、独自の防衛産業の育成に着手した。こうした韓国の努力に加え、米国は韓国に一億ドルの軍事援助を提供することを決めた。また、一九六九年には日本が、韓国が防衛産業の基礎として建設を始めた浦項《ポハン》総合製鉄所のために必要な資金を提供することを決めた(12)。

2 限定的武力使用——一九七三〜八二年

限定的軍事行動、襲撃、侵入、暗殺

一九七三〜八二年の時期、北朝鮮の軍事行動に明らかな変化がみられた。北朝鮮はＤＭＺや日本海から離れ、ＪＳＡや黄海に場所を移して新たな行動をとり始めた。黄海における限定的な軍事行動に加え、ＪＳＡにおいては米兵に対する襲撃が頻発するようになった。そして、武力行使の強度が低下する一方、軍事行動と外交活動の連携は緊密化した。ゲリラ作戦や要人暗殺などの非正規行動も続いたが、その頻度は低下した。

(1) 黄海における限定的軍事行動

一九七〇年代には、国連軍司令部の統制下にありながらも黄海の北朝鮮寄りに位置する「西海五島」と呼ばれる

島々の周辺海空域において、北朝鮮が西海事件と呼ばれる一連の軍事危機を引き起こした（注――南北朝鮮は、ともに黄海を「西海」と呼んでいる）。一九七三年から七五年にかけて北朝鮮の海軍艦艇が、国連軍司令部の設定した暫定的な南北海上境界線である北方限界線（ＮＬＬ）を頻繁に横断し、一九七五年から七六年にかけては、北朝鮮の戦闘機が上空でＮＬＬを横断する行動を繰り返した。

この時期、空中における最も目立った北朝鮮の軍事行動は、米空軍のＳＲ－７１戦略偵察機を撃墜しようとしたことである。一九八一年八月、北朝鮮は黄海上空を飛行していた同偵察機にＳＡ－２地対空ミサイルを発射した。しかし、ミサイルは目標に命中せず、同機に被害は発生しなかった[13]。

(2) 低強度攻撃

一九七三年から七七年にかけ、ＪＳＡとＤＭＺにおいて国連軍司令部の要員に対する低強度の攻撃が頻発したが、なかでも一九七六年に発生した板門店ポプラ事件は朝鮮半島を戦争の瀬戸際に追いやった。一九七六年八月一八日、板門店のＪＳＡ内で北朝鮮の軍人が米軍将校二人をオノで殺害した。これに対して米国は朝鮮半島の内外に戦力を集結させ、韓国の特殊部隊と共同で事件の直接の引き金となったポプラの木を伐採する作戦を実施した。この作戦は状況を極度に緊張させ、朝鮮半島は戦争の一歩手前の状態となった。

(3) 侵入作戦と暗殺計画

北朝鮮工作員による韓国侵入の件数は徐々に減少し、一九六九年の一四四件から一九七〇年には八六件、一九七一年には五二件、一九七二年には二〇件となり、一九七〇年代後半にはさらに減っていった[14]。一方、過去の失敗にもかかわらず、北朝鮮は引き続き韓国大統領の暗殺を試みた。一九七四年八月一五日、北朝鮮で訓練を受けた在日韓国人の文世光《ムンセグァン》は、朴正煕を暗殺しようとソウルの国立劇場で銃撃を試みたが失敗した。しかし、その代わりに、一連の銃撃戦に巻き込まれた大統領夫人の陸英修《ユクヨンス》が死亡した[15]。

海洋秩序の変更と米国への接近

一九七三〜八二年における北朝鮮の行動は、軍事力を行使しつつも最終的には外交的に目的を達成しようとしたところに特徴があった。西海事件においてもポプラ事件においても、軍事行動を具体的な成果に結びつけるために外交的手段が積極的に用いられた。

この時期における北朝鮮の政策目的をみると、⑴西海五島の周辺海域やNLLの法的地位について米韓の解釈に異議を唱える、⑵米国と平和協定を結ぶ、⑶在韓米軍を撤退させる、⑷米国の情報収集活動を妨害する、⑸韓国を混乱させ、その経済発展を妨害するなどであった。ここで特に興味深いのは、一九七四年に北朝鮮が米国に対して平和協定締結を提案するなど、北朝鮮の政策目的に協力的な要素が見え始めたことである。

軍事力を行使しつつ外交的に目的を達成しようとした北朝鮮の行動は、一定の成果を上げはしたが総じて不調に終わった。例えば、北朝鮮は西海事件において、黄海に領土紛争が存在し、NLLに法的不備があること、またNLLの地位に関して米韓間に齟齬があることを顕在化させるのに成功した。しかし、自国の主張通りに秩序を変更し、領海・領空の管轄権を確保することには失敗した。そして、ポプラ事件では自国に有利な国際環境を利用し、在韓米軍を撤退させるための外交攻勢をかけようとした。しかし、北朝鮮の軍人たちが米軍の将校二人を残忍な方法で殺害したことに国際社会は否定的な反応をみせ、在韓米軍の撤退を求める北朝鮮の外交攻勢が失速したばかりでなく、朝鮮半島の平和問題をめぐる国連総会の議論で優位に立っていた同国の立場も大きく損なわれた。

この時期における北朝鮮の軍事行動のコストは、一見低いようにみえる。西海事件では重大な軍事衝突は発生せず、北朝鮮側の被害は比較的軽微であった。ポプラ事件においても北朝鮮側に死傷者は出ておらず、大統領暗殺計画も大規模な軍事力や資源の投資が必要というわけではなかった。しかし、状況をより広く捉えると、この時期の北朝鮮の軍事行動には相当のコストがかかっていたといえる。例えば、黄海における北朝鮮の作戦行動が可能となったのは、その実施に先立ち、北朝鮮が韓国よりも優れた海軍艦艇を導入していたからであった。この時期の総予算に占める北朝鮮の軍事費の割合は一九六〇年代より低下していたが、その絶対額は引き続き高い水準にあった。(16)

また、黄海における軍事行動は、中長期的に北朝鮮にとって否定的な結果を生み出した。西海事件の後、韓国は北朝鮮の行動に対抗し、NLLの法的地位の如何にかかわらずNLLを「死守」するという政策を採用するとともに、西海五島を要塞化し、海軍力を増強したのである。

3　テロリズムの台頭――一九八三〜九二年

暗殺計画とテロ攻撃

一九八三〜九二年は北朝鮮の軍事行動が停滞した時期であり、DMZや黄海で散発的な動きが見られるに留まった。その反面、北朝鮮は韓国を攪乱するためのテロ攻撃を実行し始め、一九八三年には韓国に対する小規模の侵入作戦が増加した。具体的には、同年七月に韓国の原子力発電所がある慶尚北道月城《ウォルソン》地域付近で侵入作戦が実行され、九月には大邱《テグ》の米国文化院が襲撃され、韓国市民四人が死亡した(17)。また、同年、ビルマ（現在のミャンマー）の首都ラングーン（現在のヤンゴン）で、韓国の全斗煥《チョンドゥファン》大統領に対する暗殺未遂事件が発生した。この事件は、一九八三年一〇月九日、北朝鮮の工作員がアウンサン国立墓地で爆弾を爆発させ、韓国の閣僚四人を含む二一人を殺害したというものであったが、大統領は被害を免れた(18)。

そして、一九八八年に予定されていたソウル・オリンピックの開催が近づくと、北朝鮮はテロ攻撃でこれを妨害しようと試みた。まず、一九八六年九月、アジア大会を六日後に控えた韓国の金浦《キムポ》国際空港で爆弾が爆発し、五人が死亡、三〇人以上が負傷した(19)。そして、一九八七年一一月二九日、アラブ首長国連邦の首都アブダビからタイのバンコクへ向かっていた大韓航空858便が、北朝鮮工作員の仕掛けた時限爆弾によってアンダマン海上空で爆破され、搭乗していた一一五人全員が死亡した(20)。爆弾を仕掛けた二人の工作員のうち、一人は自殺し、女性工作員の金賢姫《キムヒョンヒ》は身柄を拘束された(21)。

守勢に立つ北朝鮮の暴走

北朝鮮の政策目的は、一九八〇年代の前半においては現状変更を狙う攻勢的なものであったが、後半においては現状維持を目的とする守勢的なものとなった。一九八三年のラングーン事件は、国内の政治基盤が脆弱な全斗煥大統領を暗殺することによって、韓国を攪乱しようとする攻勢的なものであった。しかし、一九八六年と一九八八年のテロ攻撃は、韓国がアジア大会とソウル・オリンピックという重要な国際スポーツイベントを成功裏に主催することを阻止するという、守勢的なものであった。北朝鮮は、韓国が国際的に大躍進し、南北の正統性争いで優位に立つのを阻止すべくテロ攻撃を敢行したのである[22]。

この時期における北朝鮮のテロ攻撃は各種の副作用をもたらし、大失敗に終わった。テロ攻撃は韓国や世界の人々に大きい衝撃を与えはしたが、政治的効果は明らかに北朝鮮にとってマイナスであった。北朝鮮の攻撃にもかかわらず、アジア大会とソウル・オリンピックは成功裏に開催され、反対に、大韓航空機爆破事件を契機に北朝鮮はテロ支援国家として国際的非難を受けるようになった。そして、一九八八年一月、米国は正式に北朝鮮をテロ支援国に指定したのである。

この時期における北朝鮮の作戦は、大規模な軍事力の使用を伴うものではなく、物理的コストはそれほど高くはなかった。しかし、その政治的マイナスを勘案すれば、全体としての損益計算では明らかに大きい赤字を記録したといえよう。

4　洗練された瀬戸際外交——一九九三年〜現在

核・ミサイル外交と停戦体制の無効化

一九九〇年代に入ると、北朝鮮は核兵器や弾道ミサイルを手段として、本格的な瀬戸際外交を始動させた。また、北朝鮮は停戦体制の無効化を目的に、ＪＳＡ、ＤＭＺ、そして黄海で一連の軍事行動をとった。他方、韓国の大統領に対する暗殺の企ては影を潜め、テロ攻撃も見られなくなった。

（1）第一次核外交

一九九三年、北朝鮮の第一次核外交が幕を開けた。同年三月、北朝鮮は核拡散防止条約（NPT）からの脱退を宣言し、これによって六月には米国を二国間の直接交渉の場に引き出すことに成功した。しかし、米朝の交渉は核問題の解決に結びつかず、一九九四年五月には北朝鮮が原子炉から使用済み燃料棒を取り出し始めたため緊張が高まった。これ受けて六月には米国が北朝鮮に対する経済制裁の検討を始め、これに対して北朝鮮は、制裁が実施されれば、それを「宣戦布告」とみなすと応酬した。[23] しかし、六月中旬、平壌《ピョンヤン》を非公式に訪問したジミー・カーター元米大統領が金日成《キムイルソン》主席と会見し、両者は危機の回避で合意した。

（2）ミサイル外交

一九九四年の米朝枠組み合意によって、北朝鮮のミサイル関連活動は米朝間の公式の議題となり、一九九六年には初の米朝ミサイル協議が開かれた。すでに、北朝鮮が新型の弾道ミサイルを開発していることは周知の事実となっていた。北朝鮮は一九九三年には東京の方向にノドンを発射し、一九九八年にはハワイの方向にテポドン1を発射した。特にテポドンは、日本上空を越える形で飛翔したうえ、固体燃料で推進される第三段を備えていたという点で衝撃的なものであった。また、同時期に、北朝鮮の北西部の金倉里《クムチャンニ》にある秘密の地下施設で、北朝鮮が核開発を続けているのではないかとの疑惑がもちあがった。

（3）停戦体制の無効化

北朝鮮は一九九三年以降、停戦体制を無効化するため、外交活動と並行して、JSA、DMZ、黄海において一連の軍事行動をとった。北朝鮮は一九九四年から一九九六年までの間、数次にわたってJSAで武力示威を行い、一九九七年にはDMZで軍事挑発を行った。また、一九九九年には黄海でNLLを無効化するための作戦を展開し、これが南北の海軍間の交戦に発展した。そして、二〇〇二年には北朝鮮の警備艇が黄海で韓国の警備艇に対して奇襲的に砲撃を加え、その結果、一隻の警備艇が沈没し、韓国軍人六名が死亡した。また、二〇〇一年には三隻の北朝鮮貨物船が済州《チェジュ》海峡を通過し、うち一隻が黄海のNLLを横切って海州《ヘジュ》港に入った。これは、非軍事的手段によってNLLの無効化を図ろうとする行為であった。

(4) 非正規活動

北朝鮮の非正規活動は一九九五年、一九九六年、そして一九九八年にその一部が明らかになった。まず、一九九五年には、北朝鮮の特殊部隊要員がDMZ南方で臨津江《イムジンガン》を渡ろうとしているのが発見された。また同月、韓国に侵入していた北朝鮮の工作員二名が逮捕された。一九九六年には、工作員回収のために韓国の東海岸に侵入した、北朝鮮のサンオ級潜水艦が座礁した。そして、一九九八年には北朝鮮のユーゴ級小型潜水艦が日本海で漁網にかかって航行不能になった状態で発見された。また、同年末には韓国の領海内に侵入した北朝鮮の半潜水艇が、対馬沖の西水道の公海上で韓国艦艇に撃沈された(24)。

(5) 第二次核外交

二〇〇二年一二月、北朝鮮は核施設の建設と活動を再開すると発表し、第二次核外交を開始した。その後、米国が本格的な米朝の二国間協議に応じず、北朝鮮に金融制裁を科したのに対し、北朝鮮は二〇〇六年七月に複数の弾道ミサイルを発射し、同年一〇月には初の核実験を敢行した。

生き残りをかけた瀬戸際外交

この時期における北朝鮮の政策目的は極めて現状維持志向の強いものであった。北朝鮮は活発な瀬戸際外交を通じ、体制維持を保障するメカニズムを創り出そうとした。米朝関係の正常化あるいは改善は、その目的を達成するための重要な手段であった。また、経済支援の獲得も重要な目的として浮上した。これは、以前の瀬戸際外交で北朝鮮が経済的見返りを要求したことがなかったことからも注目すべき変化であった。

この時期における北朝鮮の瀬戸際外交は相当の成果を上げた。最も明らかな成功例は一九九四年の米朝枠組み合意である。この合意で、米国は北朝鮮に軽水炉および重油の提供を約束するとともに、同国に対して核兵器の使用・脅迫を行わないことを保証した。これに対し、北朝鮮は核開発を凍結し、究極的には全面的核査察を受け入れると約束した。一九九八年、金倉里の地下施設発見と相まって、北朝鮮のミサイル外交は米国に対北政策の再検討を迫ることになった。その結果、米朝両国は関係改善のための措置をとり、二〇〇〇年には「国際テロリズムに関する米朝共同宣言」と「米朝共同コミュニケ」を発表した。

第二次核外交でも、北朝鮮は核による脅迫を効果的に利用した。二〇〇六年の核実験後、米国は対北政策を変更し、二〇〇八年六月には北朝鮮に対する対敵通商法の適用を解除し、同年一〇月にはテロ支援国家の指定を解除した。

北朝鮮は核・ミサイル外交と並行して、一九九三年に米朝平和協定の締結を再提起し、一九九六年には平和協定締結の前段階として暫定協定の締結を提案するなど、米国との間に新たな平和保障体系を樹立しようと試みた。そして、平和保障体系樹立の必要性を米国に認識させるためにJSAや黄海で一連の軍事行動をとり、意図的に緊張を高めた。北朝鮮のロジックは、(1)現在の停戦メカニズムが機能不全に陥っているため、朝鮮半島で戦争の危険が高まっている、(2)米朝両国は戦争を回避するために平和協定を締結し、あるいは新たな平和保障体系を樹立しなければならない、というものであった。しかし、北朝鮮の努力にもかかわらず、平和協定の締結は実現しなかった。

北朝鮮にとって、この時期の瀬戸際外交のコストは小さくなかった。北朝鮮は核・ミサイル開発に多くの資源を投入したうえ、第二次核危機においては米国の金融制裁によって経済・社会上の試練を味わった。また、一九九九年と二〇〇二年の海戦においては多くの死傷者と損害を被った。非正規活動も北朝鮮にとって高くついた。一九九六年から九八年にかけてのわずか二年のあいだに、北朝鮮はサンオ級とユーゴ級という二隻の特殊作戦用潜水艦を失ったのである。これらの事例は、北朝鮮の非正規活動が困難に直面していることを示すものであった。そして、一九九六年の潜水艦事件については、米朝関係を改善するための方便であったにせよ、北朝鮮外交部が「深い遺憾」の意を示すことを迫られたのである。(25)

最後に、北朝鮮の軍事行動はいくつかの副作用を生み出した。北朝鮮の核・ミサイル外交の結果、日米両国のミサイル防衛計画が加速され、二〇〇七年には日本が弾道ミサイル防衛システムの導入を開始した。また、一九九九年の海戦によって、北朝鮮軍の装備が老朽化しており、正面対決では韓国軍に対抗できなくなっていることが明らかになった。いまや、北朝鮮が韓国と対等にやりあうためには、二〇〇二年や二〇一〇年のような奇襲攻撃に訴えるしかなくなったのである。

第2章　非武装地帯の攻防――一九六六～六八年

一九六〇年代後半、北朝鮮は非武装地帯（DMZ）において、継続的に米韓両軍に対する武力攻撃を行った。一連の攻撃によって米韓両国のベトナム戦争に対する軍事的コミットメントが制約され、米韓関係は緊張した。また、積極的な武力行使は、国際共産主義運動における金日成《キムイルソン》の地位を高める役割も果たした(1)。

1　攻撃と反撃、そして米韓関係の緊張

北朝鮮の攻撃

一九六六年一〇月五日、金日成は朝鮮労働党代表者会における、「現情勢とわが党の課業」と題する重要演説の中で、「世界のすべての地域、すべての戦線で米帝国主義者たちに打撃を与え、彼らの力量を最大限分散させ、米帝が進出しているすべての場所で、彼らが好き勝手に暴れ回ることができないよう、手足を縛っておかなければなりません」と述べた(2)。その後、北朝鮮による米韓両軍へのゲリラ攻撃が増加するとともに、北朝鮮の攻撃部隊の規模が拡大し、より重装備の要員が投入されるようになった。その結果、同月一五日から一九日の間に韓国兵一一名が待ち伏せ攻撃によって死亡し、二一日にはDMZの西部戦線において韓国軍トラック一台が攻撃を受け、韓国兵六名が死亡した。そして、リンドン・ジョンソン米大統領の訪韓最終日であった一一月二日の早朝には、北朝鮮軍からの攻撃が二件発生した。まず、北朝鮮軍の一個分隊がDMZの南方一キロ付近で手榴弾と軽機関銃による攻撃を行って米兵六名と韓国兵一名を殺害し、ほぼ同時に別の北朝鮮分隊が韓国軍警備兵に攻撃を加えて二名を殺害し

た。[3]これらの事件は米国の各紙に一面トップで報道された。[4]結局、一九六六年に入ってから一一月二日までに四〇件の攻撃が発生し、米兵六名を含む米韓両軍の三六名が犠牲となった。[5]

こうして、一〇月中旬以降、DMZ付近における北朝鮮軍の活動の性格は、情報収集などから「威嚇」に変化した。[6]それ以前には北朝鮮の武装工作員は民間人の衣服を身につけ、韓国軍から攻撃を受けない限り戦闘行為を行わなかったが、それ以降は積極的に韓国軍に攻撃を仕掛けるようになったのである。これについて米中央情報局（CIA）は以下の通り評価していた。(1)北朝鮮は停戦協定を完全に無視しようとしているわけではない、(2)北朝鮮がベトナム戦争の「第二戦線」を開こうとしているという証拠はない、(3)北朝鮮は韓国軍のベトナムへの追加派兵を阻止し、また、北ベトナムを支援していることを他の共産主義国家にアピールすることを目的としている可能性がある。[7]

北朝鮮の公式の立場は、米国が北朝鮮に対する軍事的挑発を強めており、朝鮮半島の緊張を醸成しているというものであった。一一月五日、北朝鮮外交部は、「ジョンソンの南朝鮮訪問と前後して、米帝侵略軍と南朝鮮傀儡軍の狂乱的な軍事挑発行為は無謀な段階に入った」と非難しつつ、「米帝侵略者たちは、朝鮮民主主義人民共和国に対する敵対的な挑発行為を止め、すべての殺人兵器を持って、すぐに南朝鮮から出て行くべきである」と要求した。[8]また、外交部の当局者は、米国が「軍事分界線上の多くの場所で数多くの武装兵員を動員し、毎日のように露骨な武装攻撃と軍事的挑発行為を敢行」していることは、「朝鮮で新たな戦争を起こそうという彼らの戦争策動の一環」であり、こうした動きは「ジョンソンの南朝鮮訪問と軌を一にしている」と述べた。[9]

一九六七年に入ってからもDMZにおける北朝鮮の攻撃は続いた。二月には北朝鮮軍が米韓側の九名の警備兵に向けて発砲し、米兵一名が死亡した。四月には四〇〜六〇名の北朝鮮軍兵士が東部前線で軍事分界線を横切って南側に侵入し、六時間にわたる交戦が発生した。この時、米韓側は一九五三年の停戦以降、初めて北朝鮮側に砲撃を加えた。こうした中、北朝鮮外交部は、「米帝侵略者たちの連日の軍事的挑発行為は、朝鮮の緊張状態をさらに激化させ、事態を耐えがたい厳しい段階に至らせている」との声明を発表した。[10]続く五月二二日には北朝鮮の武装工作員が在韓米軍第二歩兵師団の兵舎を攻撃したが、この事件で米兵二名が死亡し、一六名が重傷を負い、二つの米軍兵舎が完全に破壊された(11)。北朝鮮がこれほどの規模で攻撃を行ったのは、一九五三年以降、初めてのことであった。そして、七月一六日にはＤＭＺの南方で米兵三名が殺害された(12)。

新たな事態の展開をチャールズ・ボーンスティール国連軍司令官は次のように分析した。

ＤＭＺにおける［北朝鮮の］行動が続いているが、その残忍さが高まっており、計画的な小規模攻撃が増えている。銃撃戦は、ほぼ連夜発生している。数日前、さらに三名の米兵が殺害された。今年は現在までにＤＭＺで六九件の銃撃戦があり、北朝鮮兵士六四名が死亡し、二名が捕虜となった。米韓両軍の兵士については三五名（うち米兵が六名）が死亡し、八七名が負傷した。ここ数週間、ＤＭＺにおける彼我の損耗率が北朝鮮側に有利に変化してきており、懸念材料となっている(13)。

米韓側の車両に対する北朝鮮軍の攻撃も増加した。八月一〇日、トラック一台が攻撃され、韓国兵三名が死亡した。同月二二日には北朝鮮軍が米軍車両に攻撃を加え、一名が死亡、一名が負傷した。そして二九日には、北朝鮮軍が仕掛けた地雷によって米軍の車両二台が破壊され、米兵三名が死亡、五名が負傷した。

この時期、板門店の共同警備区域（ＪＳＡ）内外においても衝突がみられた。一九六七年八月二八日、ＪＳＡ付近で作業中の米軍工兵中隊に北朝鮮側が攻撃を加え、米兵二名と韓国兵二名が死亡、その他二六名が負傷した。九月八日には国連軍将校が写真撮影をしようとしたところ北朝鮮兵士が同将校を殴打したため、双方併せて約四〇人を巻き込む小競り合いが発生した。また、一一月二九日には北朝鮮警備兵三名が軍事停戦委員会の会議場付近で国連軍警備兵一名に暴行を働いたため、素手による殴り合いが発生したが、双方がこれを制止した。

その他にも、九月にはＤＭＺ付近で列車に対する破壊行為が二件発生した(14)。この結果、一九六七年における北朝鮮の攻撃は一一四件に達したが、そのうち六九件が武力攻撃を伴うものであった(15)。

一九六七年一二月、金日成は最高人民会議における演説で、「今日の情勢は、我々にすべての事業を、より積極的に、より革命的に行うことを求めており…南朝鮮革命を完遂し、祖国を統一するための闘争にすべてを従属させることを求めているのです」と述べた(16)。そして、一九六八年一月、北朝鮮は韓国の大統領府に対するゲリラ攻撃を敢行するとともに、東海岸の元山《ウォンサン》沖で米国の情報収集船プエブロ号を拿捕したのである。

これらの事件が発生してからもDMZにおける北朝鮮の攻撃は続いた。一月二二日、北朝鮮の武装工作員が米軍の監視所に攻撃を仕掛け、米兵三名が負傷した。そして、その二日後には、朴正煕《パクチョンヒ》を暗殺しようとした北朝鮮の武装工作員の残党を捜索するために配置されていた米兵二名が殺害された。さらに二六日、米兵一名が北朝鮮工作員によって殺害された。

北朝鮮の攻撃は二月から三月にかけて一時的に収まったものの、四月には再開された。特に、二月にJSAでプエブロ号事件に関する米朝協議が始まったのを背景に、JSA内外における暴行事件が増加し、米兵が主たる攻撃対象となった。まず、四月一二日、警棒を持った北朝鮮兵士一五名が、JSAで軍事分界線の北端周辺を調査していた国連軍将校を殴打した。二日後の一四日には、JSAに向かうトラックを北朝鮮工作員が待ち伏せ攻撃し、米兵二名と韓国兵二名が死亡した。五月二日には、北朝鮮警備兵が軍事停戦委員会の会議場付近で国連軍の警備兵を殴り倒した。八月二六日には、北朝鮮警備兵がジープから国連軍将校を引きずり出し、JSA内の第五監測所付近で暴行を加えた。九月二日には、落ちた帽子を北朝鮮警備兵に返そうとした米軍将校らに北朝鮮人労働者一五～二〇名が襲いかかった。そして一二月一日にも、米韓側の将校一名と兵士一名がJSA内で一五名ほどの北朝鮮軍兵士に暴行を受けた。

DMZ周辺での攻撃も引き続き発生した。七月二〇日、二度にわたる攻撃で米兵二名が死亡し、八月一八日には在韓米軍第七師団区域での奇襲攻撃によって米兵二名が死亡した。続く九月二七日には北朝鮮工作員が米軍ジープを待ち伏せして襲撃し、米兵二名が死亡し、一〇月一八日には米軍車両が攻撃を受け、四名が死亡した。

一九六八年一二月二三日にプエブロ号の乗組員らが解放された後、JSA内の暴行事件は減少したが、それ以外の攻撃は続いた。一九六九年四月七日、北朝鮮軍がＤＭＺ中部戦線で米韓側の陣地に向けて四〇分間で三〇〇発の発砲を行い、九月二二日には韓国軍監視哨所を榴弾砲および無反動砲で攻撃した。そして、一〇月一八日には米軍車両がＤＭＺ西部において昼間に攻撃を受け、米兵四名が死亡した。

韓国の反撃

一九六六年一一月二日に発生した北朝鮮による米兵襲撃は、北朝鮮の声明などからもジョンソン大統領訪韓のタイミングを狙ったものであった可能性が高いが、この事件には、それ以外にも背景があった。事件発生一週間前の一〇月二六日、約三〇名の韓国軍部隊が北朝鮮領域内に侵入したうえで襲撃をかけ、北朝鮮側に約三〇名の死傷者を出させていたのである。このため米国には、一一月の襲撃は、韓国に対北攻撃を中止させることを求める北朝鮮から米国へのメッセージであったとの見方もあった(17)。

こうした韓国軍の行動は米韓関係を緊張させた。当時、韓国軍に対する作戦統制権は米陸軍大将であるボーンスティール国連軍司令官に属していたため、ボーンスティールの承認なしに韓国軍が単独で作戦行動をとることは許されていなかったのである。つまり、韓国軍の行動は米韓軍の指揮・統制についてのとりきめに違反するものであった。この一件があってから、国連軍司令官と駐韓米国大使は韓国政府に対し、このような行動を繰り返さないよう警告した(18)。

しかし、同様の行動は一一月の事件後も続いた。韓国の金聖恩《キムソンウン》国防部長官は、自身の指揮下に精鋭軍人二四〇〇名を擁する特殊部隊を結成し、一九六八年まで月二回程度の割合で北朝鮮に対する攻撃を行った。特に一九六七年一〇月二六日から一二月の間には一一回もの攻撃を行ったが、なかでも一九六七年一一月の攻撃では、一二名からなる韓国の特殊部隊が北朝鮮陸軍の師団司令部を破壊し、一人の犠牲者も出さずに帰還したほどであった。しかし、この特殊部隊は金聖恩長官の個人的指揮下にあったため、韓国閣僚のほとんどがこうした攻撃があったことを知らされておらず、韓国政府内においても秘密事項とされていた。韓国はＤＭＺ付近の各師団にそれぞれ二〇〇名の特殊部隊員を配置しており、さらに追加部隊の訓練を行っていた。また、特殊作戦のためのパラシュート空挺部隊を一個保有していた(19)。

最近まで韓国政府はこうした事実を認めてこなかったが、二〇一一年には韓国軍がその一端を明らかにした。それによると、一九六七年九月、韓国軍防諜部隊の李鎮三《イジンサム》（後の陸軍参謀総長）が、韓国側に寝返った北朝鮮のゲリラ三人を率いて西部戦線の軍事分界線を越えて北朝鮮に侵入し、北朝鮮軍の兵士一三人を射殺した。これは、北朝鮮軍が米軍の哨所を爆破したことに対する報復作戦であった。李はその後も二度にわたって北朝鮮に侵入し、北朝鮮軍の兵士二〇人を射殺したという(20)。

一九六八年二月にソウルを訪問した米国のサイラス・ヴァンス特使は、北朝鮮に対する韓国の単独報復攻撃が戦争に拡大する可能性について次のように述べていた。

韓国による反撃によって北朝鮮との戦争が発生すれば、一万二〇〇〇人という米国の民間人の生命（そのほとんどがソウル近郊に居住）がただちに危険にさらされるであろう。同様に、米国の航空機［戦闘機］は韓国にある六カ所の飛行場に翼を並べて係留されており、米国の軍事力はＤＭＺの重要地域の近くに――ソウルの西方および北方に、最も使用される可能性の高い二つの韓国への侵攻ルートを横切る形で――展開されているため、米軍部隊が北朝鮮軍との戦闘に即時に巻き込まれる可能性は極めて高い。

つまり、朝鮮半島の戦争は、北朝鮮の韓国に対する本格的侵攻、あるいは北朝鮮に対する韓国の攻撃のいずれによっても発生しうるのである(21)。

ヴァンスは、金聖恩長官が指揮する北朝鮮攻撃作戦を「挑発的」なものとみなし、北朝鮮による攻撃の一部は韓国の攻撃に対する報復として実行された可能性があると評価していた(22)。また、ヴァンスは韓国の攻撃には抑止効果がないと指摘しつつ、北朝鮮が停戦協定に違反したとしても、即時に報復するべきではないとの立場を示した(23)。さらに、ヴァンスは朴正熙に対して、もし韓国が南ベトナムから韓国軍を撤退させるのであれば、米国は韓国から米軍を撤収するであろうと警告した[24]。

米国はまた、韓国の政策決定者が冷静さを失って非合理的な行動をとることを恐れ、特に朴の心理状態を懸念していた。これは、韓国が単独で北朝鮮への報復行動をとるのではないかという米側の懸念を増幅させるものであった。ヴァンスは次のように記している。

…青瓦台襲撃事件は、彼［朴大統領］に好ましくない心理的影響を与えた。彼は、自分も自国も面子を失ったと感じている。また、自身と家族の安全への不安も目に見えて高まっている。この問題を一層悪化させているのは、彼の深酒である。これは今に始まったことではないが、徐々にその影響が大きくなっている。朴の感情は高ぶり、気まぐれになり、いらつき内省的になっている。彼は、今後、さらなる青瓦台襲撃事件や、韓国の経済・行政・軍事にかかわる重要施設への類似の攻撃があった場合には、北朝鮮に対して即時に懲罰的な報復行動をとれるよう、私から米国の協力の保証をとりつけようとした。彼はまた、韓国に対するさらなる重大な襲撃があった場合には、「自動的に」米国が反応するという保証を私に要求した。私は、そのようないかなる保証を与えることも拒否した。現在は文民になっているが、ほとんどが退役した大佐や将軍である現閣僚のほぼ全員が朴の見解を共有していた[25]。

ヴァンスの訪韓は短期的には米韓関係の修復に貢献したが、ヴァンス自身は米韓関係の長期的見通しについては悲観的であった。ヴァンスの懸念事項は、⑴北朝鮮が米韓をさらに離間させるため、韓国に単独行動をとらせるよう挑発する可能性、⑵朴の心理状態と態度が政治状況を不安定にしていること、⑶韓国が単独行動をとることによって重大な問題が発生する可能性、⑷朴政権が「長持ちしない」可能性、などであった[26]。こうした理由によって米国はジレンマに直面することとなった。つまり、韓国に対する支援は必要である一方、それが韓国の単独報復行動を促すことになり、事態のエスカレーションを引き起こす危険があったのである。[27]

2　環境要因の分析

ベトナム戦争

一九六〇年代後半に入ると米国はベトナム戦争に深く関与し、韓国も大規模な軍部隊をベトナムに派遣した。このため北朝鮮は、朝鮮半島で米韓両軍を攻撃しても、両国が本格的な報復行動をとることはないと考えるようになったとみられる。さらに北朝鮮は、ベトナムへの韓国軍の追加派兵について米韓間に立場の違いが生じうることを理解していた。

これについて一九六七年四月、金日成はＤＭＺにおける緊張が戦争に発展することはないと指摘し、その理由として、米国がベトナムで足を取られており、戦況も米国に不利になっていることを挙げた。[28]また、捕虜になった北朝鮮の工作員も、米国は南ベトナムへの支援を拡大しすぎているため、朝鮮半島で戦争が起きても韓国に十分な支援を与えることはできないとの認識を示していた。[29]そして、一九六八年五月の時点で米国の情報機関は、(1)北朝鮮は「人民戦争」を行うための環境作りをしている、(2)北朝鮮は、米国のベトナム介入とその結果発生した米国における国内対立によって、韓国を支援するための米国の能力と意志が制約を受けていると判断している、と分析していた。[30]

北朝鮮の軍事力増強

南北朝鮮の軍事力が全体として均衡する中で北朝鮮が特殊部隊の能力を向上させたことによって、六〇年代後半における北朝鮮の積極的な武力行使が可能となった。北朝鮮は六〇年代前半に「全人民の武装化」、「全国土の要塞化」などを含む「党の軍事路線」を採択し、本格的な軍事力増強に着手した。これによって、北朝鮮は六〇年後半までに、積極的な攻勢作戦を展開すると同時に、米韓側の本格的な反撃を抑止しうる能力を備えるようになった。一九六〇年代末の時点で、北朝鮮、韓国のいずれも短期決戦で戦争に決着をつける能力をもっていなかった。一九六八年二月、米国のサミュエル・バーガー朝鮮問題タスクフォース長は、朝鮮半島における軍事的エスカレーションが不毛である理由について次のように記している。

報復攻撃を求める気持ちは理解できるが、それが決定的な結果をもたらすことはないであろう。北朝鮮に対する報復あるいは懲罰的な空爆は、韓国への空爆を誘発するかもしれず危険である。平壌やその他の北朝鮮地域を攻撃した場合に、ソウルやその他の地域への攻撃を防ぐ手立てがあるだろうか。攻撃と反撃がＤＭＺにおける戦闘の再開につながる可能性はあるが、双方とも強大な軍事力を有しているため、相手側を打倒することは不可能である。双方が物理的なダメージを受け、なんら決定的な成果もないまま（侵入作戦を終わらせることもなく）ＤＭＺにおける戦闘を続けるか、あるいは全面戦争に向かったうえで、最終的には報復政策を中止することになるだろう。こうした結果は韓国にとっても我々にとっても利益にならない[31]。

つまり、米韓両国が北朝鮮の攻撃に対して本格的な報復作戦を行う蓋然性は低かったのであり、こうした環境が北朝鮮による米韓への限定的武力行使を可能にしていたのである。

しかも、北朝鮮は特殊作戦能力を向上させており、非正規戦における攻撃力は韓国を上回っていた。一九六七年四月、北朝鮮は選りすぐりの特殊部隊である第一二四部隊を創設した。同年七月、米国の情報機関は、北朝鮮が破壊工作、スパイ行為、宣撫工作、そして高強度のゲリラ攻撃を支援・遂行できる能力をもつ、約一二〇〇名以上の特別選抜されたゲリラ要員を訓練し、派遣できるようになったと評価していた。さらに、北朝鮮は韓国の目標地域でゲリラ攻撃を遂行させるため、二年間で五〇〇〇人以上の破壊工作員を訓練していた。これに特殊戦能力をもつ四〇七〇人規模の偵察旅団を加えると、特殊任務要員は、ほぼ一万人に達するものとみられた[32]。

北朝鮮の奇襲攻撃に有効に対処するのは容易ではなかった。ボーンスティールは、これについて次のように記している。

ＤＭＺ内外における北朝鮮の攻撃的な殺人・警備活動に効果的に対処するための我々の能力は、私が期待する水準に達していない。それには大きく三つの理由がある。⑴我々がＤＭＺを尊重し、韓国にもそれを求めているのに対し、北朝鮮はそれを露骨に無視していること、⑵北朝鮮の用いるゲリラ的な奇襲作戦は、しばしば夜間に、しかも鬱蒼と茂る草木と自然に覆われた一五〇マイルにわたる地形の険しい地域で発生するうえ、北朝鮮にとってＤＭＺが「いざというときに逃げ込める」聖域となっており、効果的に対処するうえで基本的な軍事上の難点になっている（これが韓国の苛立ちや怒り、そして報復攻撃に向かう欲求を著しく高めている）、⑶経験不足の兵士と若手将校。(33)

米韓側の防衛力欠如や朝鮮半島の地理的特徴も北朝鮮側を利することとなった。ＤＭＺと海岸線における米韓の防衛システムは老朽化し脆弱であった。そして、広大な未開発地帯であるＤＭＺは見通しが悪く、足を踏み入れる場所さえなかった。また、韓国は、無数の島嶼群に囲まれた六八〇〇キロもの長い海岸線を守らなければならなかったのである。(34)

ソ朝・中朝同盟

北朝鮮がソ連および中国と結んだ友好協力相互援助条約は、北朝鮮への心理的保証（reassurance）として、また、米韓側に対する抑止力として機能した。特に韓国軍が米陸軍大将の作戦統制下に置かれている状況において、中ソとの条約は北朝鮮にとって米国からの報復攻撃を抑止するうえで極めて重要な役割を果たしていた。

北朝鮮は一九六一年にソ連と中国とそれぞれ友好協力相互援助条約を結んだが、その軍事的な意義は、これらの条約が相互防衛を謳っていたところにあった。具体的には、ソ朝友好協力相互援助条約は第一条で、「締約国の一方が、ある国家あるいは国家連合によって武力侵攻を受け、戦争状態に陥った場合には、もう一方の締約国は遅滞なく、自身の有するすべての手段をもって軍事的およびその他の援助を提供する」と規定していた(35)。また、中朝友好協力相互援助条約も第二条で、「締約国双方は、締約国のどちらか一方に対する、いかなる国家からの侵略であっても、これを防止するためのすべての措置を共同でとる義務を負う」とし、さらに「締約国の一方が、ある一国あるいは、いくつかの国家連合から武力侵攻を受けることによって戦争状態に陥った場合には、もう一方の締約国は全力をあげて、遅滞なく軍事的およびその他の援助を提供する」と規定していた(36)。

これについて一九六七年一一月、北朝鮮の朴成哲《パクソンチョル》外相はソ連側のカウンターパートに対し、「北朝鮮軍は強力である…北朝鮮はソ連と中国といった強力な同盟国を有している。このような状況で米国が再び戦争を起こすことは、まず不可能であろう」と述べた(37)。また、米国も同様の判断を下していた。一九六八年二月に作成された米国政府の備忘録は、韓国が本格的な報復攻撃を行う可能性があるにもかかわらず一月に北朝鮮が青瓦台を攻撃した背景には、米国がベトナム戦争にかかりきりになっていたことに加え、中ソとの相互防衛条約の「抑止力としての価値」があったと分析していた(38)。

米韓の軋轢

この時期、米韓両国の間に北朝鮮への対応をめぐって激しい軋轢が生じた。米国はベトナム戦争に深く関与しすぎて身動きがとれなくなっており、国内でもベトナム反戦運動が高まっていたため、北朝鮮に強い対応をとれる状況になかった。一方、韓国は自国の大統領の命が狙われたことに対して相応の報復を行おうとしていた。その結果、韓国はボーンスティールの承諾なしに北朝鮮に対する攻撃を行い、米国との緊張を引き起こした。また、朴正煕は一九六八年二月、米国への依存を減らすことを目的に「自主国防」を目指すと宣言した(39)。

米韓両国は朝鮮半島の統一問題に対しても立場の違いをみせていた。韓国の指導部は、機会さえあればリスクを覚悟のうえで統一に向けて踏み出す意志をもっていたが、米国には統一のために戦争勃発のリスクをとる意志はなかった。韓国にとって統一は国家的な最終目標であったが、米国にとっては優先順位の高い課題ではなかった。一九六八年五月、ウィリアム・ポーター駐韓米国大使はこれについて、「韓国人の再統一への情熱の存在を裏づける証拠を提示するのはそれほど難しくない」と述べ、それは「分断国家に住む単一民族のもつ自然な衝動であり、韓国の政府首脳の多くが北朝鮮地域の出身であることによって、こうした衝動は一層強化されている」と指摘している。米国はこのような評価に基づき、韓国の指導者たちの性格や韓国軍の戦力増強が韓国の統一政策に与える影響を注視していた(40)。米国は一九六八年四月に策定された韓国の軍備増強計画に懸念を抱いた。軍事能力が強化されると、韓国が統一を実現するために報復攻撃から先制攻撃まで各種の軍事行動をとる危険が高まると考えたのである。ポーターは、韓国がそのような能力をもつと、「米国の国益に反して独自の行動をとる」ことが可能となるため、韓国の軍事増強計画に対して全幅の支援を与えるのは好ましくないと結論づけた(41)。

最終的に米国は、韓国政府内に「狂信者」はおらず、かつ韓国軍の行動は米国の後方支援に依存せざるをえないとの判断を下し、韓国による「北進」の可能性は高くないとの見方をとった。しかし、米国は今後も「北進」シナリオに注意を払い続ける必要があり、それが現実となるのを避けるため、韓国軍に防衛的な態勢を維持させるとともに、韓国の行動に起因する紛争に対して米国は支援を与えないことを韓国に認識させる必要があるとされた(42)。

3　軍事・外交行動の特徴

場所と時期

米韓両軍に対する北朝鮮の攻撃は、韓国側のＤＭＺ内およびＤＭＺの南方地域に加え、ＪＳＡにおいても発生した。北朝鮮の武力行使は、約三年間にわたって間断なく続いた。武力攻撃は一九六六年に一五件、一九六七年に六九件、一九六八年に一七五件、一九六九年に二一件それぞれ発生した(43)。

北朝鮮は重要な外交行事にタイミングを合わせて軍事行動をとるケースがあった。例えば、一九六六年一〇月にDMZの西部戦線で韓国軍のトラックが攻撃を受けたとき、朴正熙はフィリピンで開催中のベトナム参戦七カ国首脳会談に出席していた。一九六六年一一月の攻撃はジョンソン大統領の韓国訪問最終日に発生した。また、JSA内外における攻撃は、一九六八年二月にプエブロ号事件に関する首席代表会議が始まった時期に増加し、同年一二月に事件が決着すると減少した。

軍事力の種類と使用形態

多くの場合、米韓軍に対する攻撃を実行したのは特殊作戦のための訓練を受けた少数の北朝鮮兵士であった(44)。北朝鮮の攻撃によって米韓側に多くの人的・物的被害が発生したが、北朝鮮は韓国に全面侵攻しようとした訳ではなかった。北朝鮮が状況をエスカレートさせようとする兆候はみられなかった。つまり、北朝鮮の武力行使は限定的な武力行使によって対象国の行動に限定的な影響を与える、強制を目的としたものであり、領土の占領などを目的とするものではなかった。

強度と目標選定

この時期における米軍の被害は死者数で、一九六六年に六人、一九六七年に一六人、一九六八年に一八人、一九六九年に三五人であった。韓国軍の死者数は、一九六六年に二九人、一九六七年に一一五人、一九六八年に一四五人、一九六九年に一〇人であった。一方、北朝鮮側は、一九六六年に四三人、一九六七年に二二八人、一九六八年に三二一人、一九六九年に五五人の死者を出した。つまり、兵力の損耗率は米韓両軍より北朝鮮側の方がかなり高かったのである(45)。なお、JSA内で発生した事件のほとんどは、素手やこん棒による小競り合いであり、死者は発生しなかった。

北朝鮮の攻撃目標には明確なパターンがあるわけではなかったが、多くの場合、米韓両軍が対象となった。しかし、一九六八年二月にJSAでプエブロ号事件に関する米朝交渉が始まると米軍が主たる攻撃対象となった。そして、同年一二月にプエブロ号乗組員が解放されると、北朝鮮は再び米韓双方に等しく攻撃を行うようになった。なお、在韓米軍ではKATUSA《カトゥーサ》と呼ばれるリエゾン要員の韓国兵が米兵とともに勤務していることもあり、米軍部隊への攻撃があると韓国兵も同時に犠牲になることが多かった。

軍事と外交の連携

北朝鮮の軍事行動と外交活動に明確な連携はみられず、あったとしても限定的なものであった。ときおり軍事行動の前後に北朝鮮外交部が声明を発表することはあったが、そのような場合でも、北朝鮮と米韓両国の間に正式な外交チャンネルが存在しなかったため、後続措置がとられることはなかった。

なお、発生した事件の中には偶発的な衝突もあった。例えば、一九六七年一一月二九日に板門店で殴り合いが発生したとき、双方の警備将校はこれを制止しようとした。こうした事件は、現場の兵士が必ずしも完全に統制されていたわけでないことを示すものであった。

4　政策目的とその達成度

北ベトナム支援

一九六六年一〇月、金日成は朝鮮労働党代表者会における報告で、「米帝国主義者たちがアジア、アフリカ、ラテンアメリカにおいて足掻いているのも、この地域で社会主義の力量が成長し、反帝革命運動が熾烈に展開され、帝国主義者たちの地盤が根っこから揺さぶられていることを証明するものです」との認識を示しつつ、「現情勢では、（アジアとヨーロッパ、アフリカとラテンアメリカ、そして大国と小国に関係なく）世界の全地域、全戦線で米帝国主義者たちに打撃を与え、彼らの力量を最大限に分散させるべきであり、米帝がのさばっているすべての場所において、彼らが好き勝手にのさばることができないように手足を縛っておかなければなりません」と述べた(46)。こうした文脈の中で、当時の北朝鮮にとって国際共産主義運動を支援するための最も効果的な手段は、米国と戦う北ベトナムを支援することであった。

北ベトナムを支援するために北朝鮮がとりうる手段は二つあった。一つは直接的な軍事支援であり、これについて北朝鮮は一九六六年に北ベトナムと合意を結び、一九六七年から六九年までに八七名の空軍要員を北ベトナムに派遣した。北朝鮮パイロットは二六機の米軍機を撃墜し、代わりに一四名を失ったといわれる。金日成が党代表者会で前出の演説を行ったのは、一九六六年九月三〇日に空軍派遣について北ベトナムと合意したわずか五日後のことであった(47)。

北ベトナム支援のもう一つの手段は、朝鮮半島で米韓両国に圧力をかけることであった。朝鮮半島で緊張が高まると、米韓両国のベトナムでの行動が制約を受けるのである。北朝鮮が米韓両軍に対する攻撃を激化させた直後の一九六六年一一月二九日、北朝鮮外務省は声明で、「米帝と朴正熙一味の新たな派兵策動は、朝鮮人民とベトナム人民に対する許しがたい犯罪行為である」と述べ、「南朝鮮傀儡政権は、南ベトナムの侵略戦争の場に南朝鮮の青壮年たちを送り込む犯罪的策動を即時中止するべきである」と主張した(48)。また、一九六七年一月、駐ソ北朝鮮大使は、「[朝鮮半島の南北軍事]分界線で緊張を高めておくことはベトナム人民に対する一種の支援である。そうすることによって、米国の軍事力の一部をベトナムから引き離しているのである」とソ連側に語った(49)。

北朝鮮の行動は、一九六六年一一月の時点で早くも米韓両国の行動に影響を与えていた。同月一四日、ウィンスロップ・ブラウン駐韓米国大使は、DMZ付近における襲撃事件の増加が、ベトナムへの韓国軍の追加派兵を政治的に困難にしているとワシントンに報告した(50)。また、一九六七年九月には朴大統領がポーター米国大使に対し、DMZ付近での北朝鮮の行動が激化したことで韓国の安全と防衛能力に対する懸念が浮上してきたため、ベトナムへの追加派兵に支障が出ていると伝えた。この頃の韓国の国内情勢について、ポーターは次のような評価をワシントンに伝えている(51)。

［朴政権が国内の政治的難局を克服しようとするのを支援するという］我々の任務は、徐々に容易ではなくなりつつある。ＤＭＺにおける北朝鮮の破壊行為やＤＭＺそのものへの圧迫が大胆さを増し、韓国の一般国民は（まさに北朝鮮の狙い通り）自国の防衛能力に相当な不安を感じるようになってきている。さらに、ＤＭＺのはるか南方の首都にかなり近い地点で鉄道に対する破壊工作が行われると、韓国の面子がつぶれ、韓国政府の報復への欲求は増大する。このような状況では、増員兵力を二〇〇〇マイルも離れた国［南ベトナム］の防衛のためではなく、自国のために使うべきではないかという疑問が浮上してくるのである。(52)

こうした困難にもかかわらず、一九六七年一二月、朴正熙はベトナムに五〇〇〇人の民間人と六〇〇〇人の軍人を追加派遣すると表明した。(53) しかし、北朝鮮からの攻撃増加が予想される中、韓国政府部内では、韓国軍部隊の追加派遣は不可能であり、派遣した場合には北朝鮮が韓国に対する圧力を強める結果を招くとする議論がなされるようになっていた。(54) その結果、一九六八年四月に朴は前言を翻し、ジョンソンに対し、韓国の防衛上の不安を理由に追加派遣は不可能であると述べた。(55) 北朝鮮はベトナムから韓国軍を撤退させることはできなかったものの、人員の追加派遣の阻止には成功したのである。

米韓関係の複雑化

一九六九年一月、ＣＩＡは北朝鮮の対南戦術についての報告で、北朝鮮は自国が韓国に大規模な武力行使を行った場合、その対応をめぐって米国と韓国の間で葛藤が生じることを「ほぼ確信している」と評価した。(56) 北朝鮮が米韓関係を複雑化させることをどの程度重視して軍事行動をとっていたのかは明らかではないが、米韓関係の複雑化は、北朝鮮の軍事行動が生み出した最も重要な成果の一つであった。

一九六七年一〇月、ヒューバート・ハンフリー米副大統領は韓国の丁一権《チョンイルクォン》総理に対し、北朝鮮からの攻撃が深刻な問題を引き起こしていることは承知しているとしながらも、韓国は「単独で対応するべきではなく、ボーンスティール大将、あるいは必要であればポーター大使との協議なしに行動を起こしてはならない」と述べた。ハンフリーは協調行動の重要性を強調しつつ、「単独行動は、結果的に［米韓間に］誤解をもたらすだけである」と警告した。これに対し、丁は反応を示さなかった[57]。まだ、同年一一月、ディーン・ラスク米国務長官は韓国の崔圭夏《チェギュハ》外務部長官に対し、韓国が北朝鮮の行動に「強い自制をもって」対応することを求めた。ラスクは崔に対し、北朝鮮との紛争によって生じる否定的な結末を想起させつつ、「仮に、そのような衝突が発生した場合、韓国政府は侵略の犠牲者とみられるようにしなければならない」と述べた。韓国が外国政府から支援と共感を得るためには、「身の潔白を保つ」べきだというのである[58]。

しかし、北朝鮮の攻撃が激化するに従い、米韓間の意見の相違は深刻さを増した。そして、一九六八年一月に発生した青瓦台襲撃事件とプエブロ号事件は両国関係をさらに複雑化させた。二月に作成された米国政府内の備忘録は、「［北朝鮮の行動が］ソウルの態度を硬化させており、北朝鮮の嫌がらせに対して韓国が厳しい対応をとる可能性が高まっている」と指摘しつつ、「［北朝鮮は、］米国が韓国に自制を迫るであろうし、米国自身も朝鮮半島で対応をエスカレートさせる気はないと判断しているようである」と述べていた。また同備忘録は、北朝鮮が現在の状況を「ソウルとワシントンとの関係を悪化させる絶好の機会」と認識しているとの判断を示した[59]。

国連軍司令部の解体

駐韓米国大使館は、北朝鮮が国連総会をはじめとする国際舞台で、韓国の報復行動を対外宣伝の材料として利用することを懸念していた。一九六六年一一月、ブラウン大使は、国連軍司令部の存在を否定することも北朝鮮の軍事行動の目的となっている可能性があると指摘した。北朝鮮とその友好国は国連の場で、朝鮮半島の統一に関する議論をめぐって組織的な外交攻勢をかけてきていた。ブラウンは、北朝鮮とその友好国が国連軍司令部と国連朝鮮統一復興委員会の解体を要求し、そのための宣伝を行っていると考えたのである。また、北朝鮮の外交部や公式メディアは、米韓両国が停戦協定に違反する武力攻撃や挑発を強めていると主張し始めていた[60]。実際は北朝鮮の方が頻繁に停戦協定に違反していたのであるが、韓国の北朝鮮に対する報復攻撃が停戦協定違反であるのも事実であった。このため米国は、北朝鮮が韓国の停戦協定違反行為に関する写真などの物的証拠を持っていることを懸念していたのである。(61)

ブラウン大使はまた、(1)ベトナムに上陸した韓国軍部隊が国連旗を使用していたことを北朝鮮が外交的に利用しようとする可能性、(2)国連軍司令部が、国連加盟国ではない韓国の軍隊に対して作戦統制権を行使しているのは国連決議を拡大解釈するもので越権行為であるとソ連が指摘してくる可能性などに注意を促した。さらにブラウンは、朝鮮戦争の際に採択された国連決議では「統一司令部(unified command)」との表現が用いられており、「国連軍司令部(United Nations Command)」という表現は出てこないことも指摘していた。(62)

しかし、米国の懸念は現実のものとはならなかった。北朝鮮は韓国の報復攻撃を利用した外交宣伝を行うことはなかった。一方、駐韓米国大使館、国務省、米国連代表部は、北朝鮮の宣伝戦に対抗するため、DMZにおける北朝鮮の停戦協定違反行為を記述した「白書」を一一月に国連に提出した。(63)

金日成の威信向上

DMZにおける北朝鮮の軍事行動は、革命家としての金日成の威信を高める役割を果たした可能性がある。北朝鮮がDMZにおける武力攻勢に着手した後、金日成は北朝鮮が北ベトナムを支持し、米国に対抗する国際革命闘争で主導的役割を担っていると強調し始めた。そして、そうすることによって、革命闘争に熱心でないソ連や中国の指導者たちと自身を区別しようとした。中国の紅衛兵が金日成批判を行っていたことからも、国際共産主義運動において自身を真の革命家として位置づけることは、金日成にとって極めて重要であった。(64)

5　瀬戸際外交のマイナス効果

米韓両軍に対する軍事攻勢は北朝鮮にとって否定的な結果ももたらした。その最も顕著なものは、DMZにおける米韓側の防衛態勢の強化である。特に、一九六六年一一月二日に発生した北朝鮮の米軍への攻撃は、米国が北朝鮮の軍事攻勢に真剣に取り組むきっかけとなった。それまで、米軍のDMZにおける警備は「もっぱら形式的な業務」になってしまっていた。しかし、一一月二日の攻撃によって状況は一変した。[65]ボーンスティールは一九六七年初めに交戦規則を緩め、米陸軍第一軍団と韓国陸軍第一軍に対し、米韓側のDMZ内に侵入した敵部隊や敵側領域から銃撃してくる敵部隊に対して迫撃砲を使用する権限を与えた。[66]さらに一九六八年六月、国連軍司令部は交戦規則を変更し、DMZにおける北朝鮮の攻撃に対して韓国軍が無条件で反撃できるようにした。これは、当時、韓国軍の軍事行動が国連軍司令部の事前承認を必要としていたことを考えると、重要な変化であったといえる。[67]韓国軍は新しい交戦規則に従い、一九六九年までに三度、DMZにおいて迫撃砲を本格的に使用した。[68]

次に、一九六七年末、韓国は北朝鮮の侵入作戦に対抗するため、「対間諜封鎖指針」（大統領令第一五号）を発表した。[69]装備面でも、韓国軍は監視哨所や検問所の防護を強化するとともに、赤外線暗視装備、サーチライト、赤外線照準器などを導入した。また、一九六八年中頃までに、韓国軍はDMZの木製の柵をチェーンリンクフェンスに取り替えた。[70]そして、国連軍司令部は四重の防衛網――DMZ内の警備兵と監視哨所、DMZの南方限界線の外側に設置された障壁、その後方に配置された機動力の高い迅速対応部隊――を構築した。この結果、六〇年代末までに、北朝鮮の攻撃への米韓両軍の対処能力は劇的に向上したのである。[71]

第3章　プエブロ号事件──一九六八年

北朝鮮の特殊部隊が韓国の大統領邸を襲撃した二日後の一九六八年一月二三日、北朝鮮の海軍艦艇が米海軍の情報収集艦プエブロ号を乗員とともに日本海で拿捕するという事件が発生した。(1) これに対し米国は、プエブロ号および乗員の返還を実現するために板門店で北朝鮮との直接交渉を行った。一一カ月続いた交渉の結果、同年一二月に乗員は米国に返還された。

プエブロ号事件は北朝鮮側の勝利に終わった。プエブロ号を拿捕することによって、北朝鮮は米国の情報活動に打撃を与え、米韓両国のベトナムにおける軍事行動を妨害し、米韓関係を緊張させることに成功した。

1　プエブロ号拿捕と米朝直接交渉

プエブロ号拿捕

一九六八年一月二三日の正午前、米海軍の情報収集艦プエブロ号は北朝鮮の東海岸沖、約一六カイリを航行していた。その時、戦闘態勢をとった北朝鮮の駆潜艇SO－1が出現し、プエブロ号に接近した。一二時一二分、SO－1はプエブロ号に信号で国籍を尋ね、プエブロ号は米国籍の海洋調査船であると答えた。続いて一二時二〇分には戦闘態勢をとった北朝鮮の魚雷艇P－4三隻が元山《ウォンサン》方面から接近し、一二時二七分にはSO－1がプエブロ号に、「停船せよ、従わなければ発砲する」との信号を送った。これ対しプエブロ号は、最も近い北朝鮮の島から一五・八カイリの距離にいることを確認したうえで、「当方は公海にあり」と伝えた。

その後、P－4がプエブロ号を包囲し、二機のMｉG－21戦闘機が上空に出現すると、一三時〇〇分過ぎにSO－1がプエブロ号に、「我に従え。本艦には水先案内人が乗船している」とのメッセージを送った。一三時〇六分、SO－1は陸上の部隊に、「現在与えられている指示に基づき、交信を中断し、［プエブロ号の］乗員を確保したうえで曳航し、元山に入港する。今から乗船する。現在、接近中」と伝えた。そしてP－4が、小銃、銃剣、拳銃などで武装した乗員を載せてプエブロ号に接近した。この時点でプエブロ号の艦長ロイド・ブカーは同地域からの離脱を決心し、一三時一八分、「配慮に感謝する。我はこの地域から離脱する」との信号を送りながら、戦闘態勢をとらないまま低速で航行を始めた。しかし、SO－1は再び信号旗でプエブロ号に、「停船せよ、従わなければ発砲する」とのメッセージを送り、もう一隻、別のSO－1もプエブロ号追跡に加わった。(2)

一三時二七分、ついにSO－1がプエブロ号に対して五七ミリ重機関銃などを発砲し始め、P－4もこれに加わった。プエブロ号は全速力で逃走したが、SO－1の最高速度は二九ノット、P－4は五〇ノットであったのに対し、プエブロ号の最高速度は一三ノットにすぎなかった。ブカーは乗組員に秘密文書を迅速に廃棄するよう命じた。北朝鮮の艦艇はプエブロ号に対する攻撃を続け、MｉG戦闘機も海上にロケット弾を撃ち込んだ。

北朝鮮の攻撃が続く中、ブカーは降伏を決意した。一三時三四分、プエブロ号は抵抗をやめた。SO－1は再度、「我に従え。本艦には水先案内人が乗船している」とのメッセージを送った。一三時四五分、プエブロ号はSO－1に従って元山港に向かった。その後、一四時〇〇分にプエブロ号が秘密文書を処分すべく再度停船したところ、SO－1がプエブロ号に発砲し、乗員一人が死亡した。そして、一四時三二分、北朝鮮の要員がプエブロ号に乗船を始めた。プエブロ号拿捕後、北朝鮮では全域で警戒態勢がとられ、東海岸地域では住民が疎開し、対空砲が動員・集中配備された。(3)

プエブロ号は一九六八年一月一一日に日本の佐世保を出港し、北朝鮮の港や、ソ連の海軍艦艇に関する情報収集を行う目的で日本海に入っていた。プエブロ号に与えられた任務は次のとおりであった。

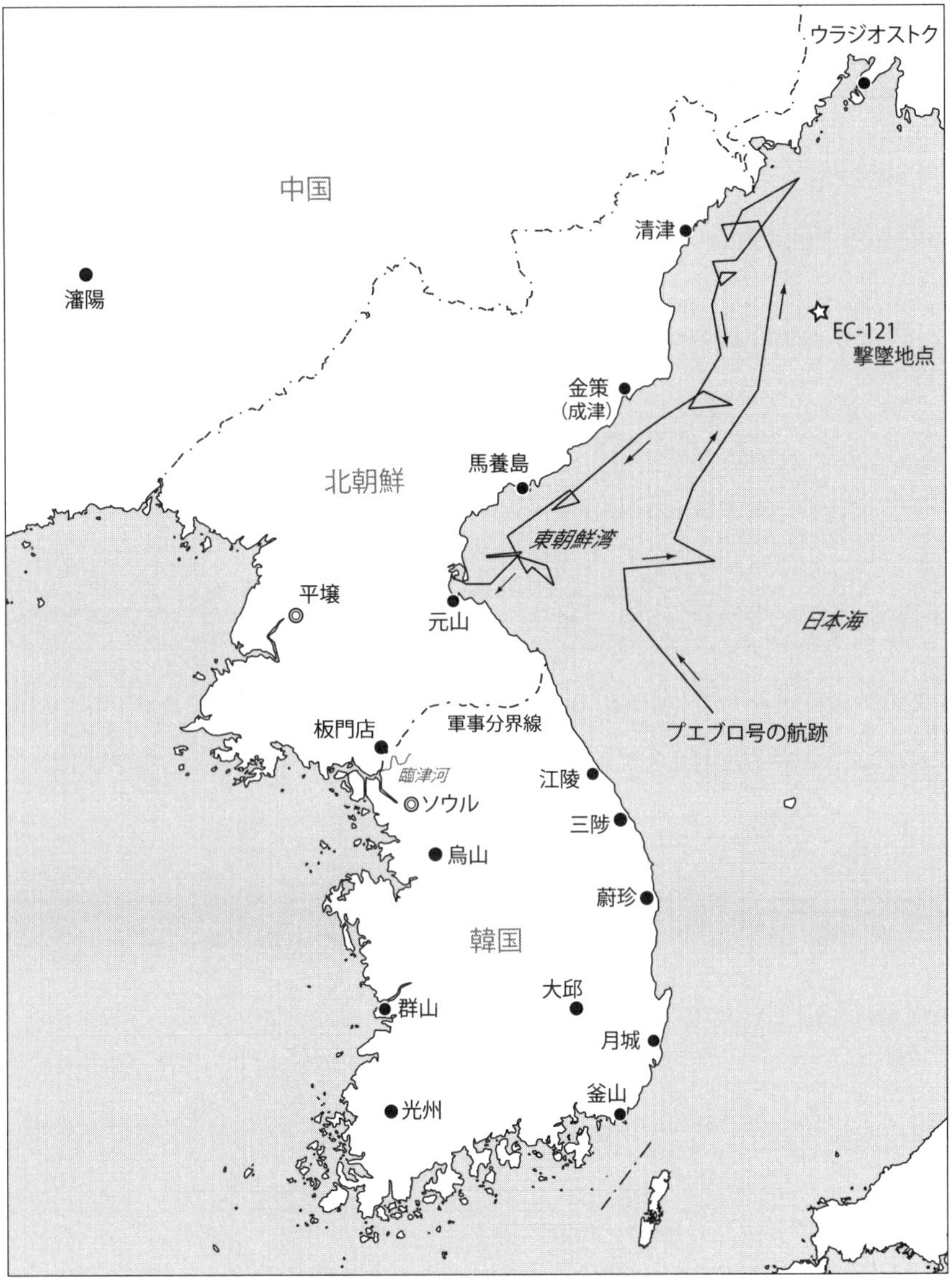

図3－1　プエブロ号の航跡図

出所：次の資料を参考に筆者と横山早春が作成。USS Pueblo Veterans Association 〈http://www.usspueblo.org/Pueblo_Incident/images/OP%20Area%20chart%20Bucher%20My%20Story.jpg〉.

・北朝鮮の清津《チョンジン》、城津《ソンジン》［金策《キムチェク》］、馬養島《マヤンド》、元山などの港付近における海軍活動の性格と範囲を明らかにする。
・沿岸レーダーの［電磁波］傍受および位置の特定を中心に、北朝鮮東海岸における電子環境のサンプリングを行う。
・対馬海峡付近で活動するソ連の海軍部隊を捕捉し、監視活動を行う。
・北朝鮮付近において公然と活動し、またソ連海軍について活発に監視活動を行う［米国の］情報収集艦に対して、北朝鮮およびソ連がそれぞれ、どのように反応するかを確認する。
・米軍に対する敵対行動や攻撃の可能性を示唆するような、北朝鮮およびソ連部隊の配備状況を報告する。
・海軍の監視用艦艇としてのＡＧＥＲ［環境調査艦］の有用性を継続評価する。(4)

また、ウラジオストクでの活動が困難になる冬季には、しばしばソ連の原子力潜水艦が元山から作戦行動を行うことが知られていたため、もし潜水艦の作戦行動についての何らかの情報を得ることができれば大変な成果になると考えられていた。(5)

拿捕される前から、プエブロ号の活動は北朝鮮側の監視を受けていた。プエブロ号の乗員の一人は、拿捕の数日前からプエブロ号が北朝鮮の射撃統制用レーダーにロックオンされたことがあるとに気づいていた。また、一月二一日には一隻のＳＯ－１がプエブロ号に接近し、同艦の前方三〇〇ヤードを横切った後に元山に帰還した。そして二二日にも、北朝鮮のトロール船二隻がプエブロ号に接近するという出来事があった。うち一隻はプエブロ号のわずか一〇〇ヤード前方を横切り、周囲を一周したのちに北方に姿を消したが、後に再び二隻が共に出現し、プエブロ号の三〇ヤード付近まで接近し、周囲を一周したうえで現場から立ち去っていた。

交渉開始

北朝鮮は、プエブロ号拿捕後、間もなく自国の要求事項を交渉のテーブルに載せた。一月二四日に開催された第二六一次軍事停戦委員会で、朝鮮人民軍・中国人民志願軍側（以下、人民軍側）の首席代表である北朝鮮の朴忠国《パクチュングク》少将は、元山港沖合の沿海、北緯三九度一七・四分、東経一二七度四六・九分の地点に米国が武装工作船を侵入させたと非難した。また、朴は国連軍司令部に対し、(1)侵略行為について謝罪し、(2)首謀者を停戦協定に基づいて厳しく処罰し、(3)同様の事件が二度と繰り返されないと保証することなどを要求した[6]。一方、国連軍司令部側は、プエブロ号とその乗員を即時返還し、不法な拿捕について謝罪するよう北朝鮮側に要求するとともに、被害に対して国際法上の補償を求める権利を留保するとの立場をとった[7]。

軍事停戦委員会開催後、北朝鮮は米国との交渉を有利に進めるための追加措置をとった。一月二五日、平壌放送は、ブカーがプエブロ号は北朝鮮東海岸の軍事施設を偵察し、北朝鮮の沿海に侵入したと認める自白書を書いたと報じた[8]。同時に、北朝鮮は国連軍司令部側に軍事的圧力をかけた。一月二五日、米第二歩兵師団が警備を担当している非武装地帯（DMZ）で北朝鮮側の兵士たちが攻撃を敢行し、米兵一名および韓国兵二名を殺害、米兵八名および韓国兵一名を負傷させた[9]。さらに同日、北朝鮮のMiG戦闘機が南北の軍事分界線の北方五マイルの地点まで飛来した。これは、軍事分界線から三〇マイル以内には入らないという通常の飛行パターンから逸脱するものであった[10]。また、北朝鮮は本格的な動員態勢をとり、平壌の住民、行政機関、工場などが疎開を始めた。

しかし、一月二七日、人民軍側代表は国連軍司令部にメッセージを送り、米国がプエブロ号の乗員を戦争捕虜であると認定し、対話を行うのであれば、この問題を解決するのは容易であると伝えた[11]。北朝鮮は交渉によってプエブロ号事件を解決する意志を表明したのである。続く二月八日、金日成は演説で次のように述べた。

もし、米帝国主義者らが今後も武力を動員して、威嚇・恐喝することによってこの問題を解決しようとするならば、彼らがそこから得るものは何もないでしょう。あるとすれば、それは死体と死だけでしょう。我々は戦争を望みませんが、決して戦争を恐れはしません。我が人民と人民軍隊は、米帝国主義者らの「報復」には報復で、全面戦争には全面戦争で応えるでしょう[12]。

米国の中央情報局（ＣＩＡ）長官リチャード・ヘルムズは、金日成は戦争を始める意図はもっていないが、可能な限り米国にとって厳しい状況を作り出そうとしているとの判断を下した[13]。米国はこうした状況に対処するため、軍事と外交の両面で必要な措置をとった。プエブロ号が拿捕された後、日本からベトナムに向かっていた空母エンタープライズを中心とする空母任務部隊が北方に転進し、その他の海軍艦艇が元山港付近に配備された。一月二四日、ロバート・マクナマラ国防長官は、米空軍所属のＦ－４戦闘機六〇機、米海軍所属のＦ－４三三機、Ｆ－１００戦闘機五〇機、Ａ－４攻撃機五〇機、Ｆ－８戦闘機三〇機、Ｆ－１０５戦闘爆撃機二二機などを現地に派遣することを建議した。これらの多くは対地攻撃能力を備えていた。さらにマクナマラは、リンドン・ジョンソン大統領に予備役部隊の招集を求めた[14]。また、同日、とりうる軍事オプションとして、(1)プエブロの同型艦であるバナーの派遣、(2)海空戦力の配備、(3)北朝鮮上空における偵察飛行の実施、(4)北朝鮮艦船の航海の妨害、(5)北朝鮮の複数の港の封鎖、(6)空爆、(7)予備役の招集と兵役期間の延長などが議論された[15]。

その結果、米国は一月末までに、空母エンタープライズおよびレンジャーを中心とする二つの攻撃任務部隊と、空母ヨークタウンを中心とする対潜任務部隊をそれぞれ朝鮮半島の南東海域に配備した[16]。米第五空軍は韓国の烏山《オサン》空軍基地に前進司令部を設置した。そして、戦闘爆撃航空隊が韓国に派遣され、戦略空軍司令部所属の爆撃機が米国本土から西太平洋に派遣された[17]。また、ジョンソン大統領は、一九六二年のキューバ危機以来となる一万四〇〇〇人以上の海空軍予備役の招集を決めた。これは、北朝鮮に圧力をかけるとともに、北朝鮮の韓国への侵攻を抑止することを目的とするものであった[18]。

さらに、米国は一月二六日に「ブラックシールド」作戦を実施し、Ａ－１２偵察機に三度にわたって北朝鮮の上空を飛行させた。これによってプエブロ号が元山の北方にある入江に係留されているのが発見されたが、北朝鮮軍が積極的な軍事行動を準備しているという兆候はみつからなかった[19]。なお、二一日の韓国大統領襲撃事件への対応策として、二二日にはすでに防衛準備態勢（ＤＥＦＣＯＮ）のレベルが通常の４から３に引き上げられていた[20]。

しかしながら、米政府部内では軍事力による示威行為が効果を上げていないのではないかという声もあった。マクナマラは戦力増強によって米国の立場が強化されると判断していたが、米国の駐ソ大使であるルウェリン・トンプソンは、(1)米国が海軍艦艇を元山沖に配備している限り、北朝鮮がプエブロ号と乗員を返還することはあり得ない、(2)米国の示威行為によって、ソ連が仲介者の役割を果たしたり、危機を沈静化させるための水面下の行動をとったりしにくくなっていると指摘した(21)。

いくつもの軍事オプションが考慮されたが、最終的に米国政府は平和的手段による問題解決に向かった。大統領補佐官のクラーク・クリフォードが述べたとおり、情報収集艦の拿捕は戦争のリスクを冒す理由としては不十分であった(22)。一月二六日、ジョンソンは、問題の迅速かつ平和的解決のために、「あらゆる手段を用いる」と述べた。そして米国政府は、(1)プエブロ号の乗員、そして可能であればプエブロ号を返還させること、(2)韓国の米国に対する信頼と、韓国の南ベトナム派遣軍の増員意思を確保すること、(3)アジアにおいて、ベトナムに次ぐ第二戦線の形成を阻止することを政策目標として設定した(23)。

一月二七日の北朝鮮側のメッセージに対して国連軍司令部はただちに非公開会談の開催を求め、双方の首席代表が協議することが合意された。この合意によって、北朝鮮は米国を交渉のテーブルに着かせることに成功したのである。米朝の初会談は二月二日に開催されることとなった(24)。

米韓関係の悪化

プエブロ号事件は、韓国大統領邸襲撃事件のわずか二日後に発生した。大統領邸襲撃は失敗に終わったが、北朝鮮の武装工作員が大統領邸付近まで侵入したことは、韓国の指導者たちに強いショックを与えた。彼らは激昂し、北朝鮮への報復を検討したが、状況のエスカレーションを懸念した米国は冷静さを保つよう韓国側を説得した。韓国政府は危機時に韓国を信頼しない米国の態度に不満をもった(25)。

さらに韓国は、韓国の大統領に対する攻撃には強く反応しなかった米国が、自国の情報収集艦の拿捕には強い反応をみせたことにも不満であった。大統領邸襲撃に対しては板門店における会談の要求など通常の措置をとるに留まった米国であったが、プエブロ号が拿捕されると、韓国側に通告もせずF－105を烏山基地に配備し、エンタープライズを動員し、戦争のリスクをとることも辞さずとの態度をみせた。[26] 韓国の指導者たちは、米国が韓国の大統領よりもプエブロ号の乗員を重視したと感じた。

また、大統領邸を襲撃した北朝鮮の工作員が、DMZの米軍が警備を担当している地域を通過してソウルに侵入したことも、韓国に不満を抱かせる要因となった。[27] 警備任務の遂行においては一般に米軍より韓国軍の方が優れており、米軍の一部では施設や指導力不足などにより任務遂行に問題が生じていた。[28] その結果、韓国側は、韓国の防衛任務を遂行するうえでの米国側の能力や真剣さに疑念を抱くようになった。

米韓間の緊張を緩和するため、一月二三日、米国政府は米国人である国連軍司令部の首席代表に対し、大統領邸襲撃事件とプエブロ号拿捕の両方について、「強く、威厳のある、強硬な声明」を発出するよう指示した。これによって、米国が大統領邸襲撃事件よりもプエブロ号事件を重視しているとの印象を韓国側に与えないように努めたのである。[29]

しかし、米朝両国がプエブロ号事件解決のための交渉に向かって動き始めると、米韓関係はさらに緊張した。米国は、一月二七日に北朝鮮から対話を呼びかけるメッセージを受け取ったことを韓国側に迅速に伝えなかった。蚊帳の外におかれた韓国政府は、米国が共同警備区域（JSA）以外の場所で北朝鮮と直接の外交交渉を行おうとしているのではないかとの疑念をもち、また、プエブロ号と乗員が返還されれば、韓国大統領の安全の問題が解決されないまま事態が収拾されてしまうのではないかと懸念していた。米国にそのような態度をとらせないため、韓国は米国側に、韓国軍を国連軍司令官の作戦統制から外すとともに、ベトナムから韓国軍を撤退させる可能性を仄めかした。[30]

JSAで米朝間の非公開会談が開始されると、韓国は一層、米国の動きに対して否定的な反応をみせはじめた。同会談で北朝鮮のDMZ侵入や韓国国民に対する北朝鮮のゲリラ攻撃などの韓国の安全保障問題が十分に取り上げられなかったことへの不満は強かった。[31] 米国は自国民を救出することのみに関心をもっているようにみえた。

二月に駐韓米国大使のウィリアム・ポーターおよび国連軍司令官のチャールズ・ボーンスティール大将と面会した韓国の丁一権《チョンイルクォン》総理は、韓国に対する北朝鮮の度重なる不法行為にもかかわらず、国連軍司令部が韓国政府の手を縛っているため報復することができないと不満を漏らした。丁は、米朝会合に韓国が出席することを認めるか、少なくとも米韓が協議をもち、両者の合意に基づいて北朝鮮との交渉を進めるべきであると述べた。丁は、同様の事件が繰り返されれば、韓国は限定的な報復措置をとると示唆した。米国側は韓国の脅しを本気であるとは考えなかったが、韓国の指導者たちが、どこかで、「今こそ統一の好機であり、この機会を逃せば、二度と機会は巡ってこない」と考えているのではないかとも感じていた(32)。

米韓摩擦の沈静化を図るため、二月中旬、米国はサイラス・ヴァンスを大統領特使としてソウルに派遣した。ヴァンス訪韓の目的は、米国が韓国の利益を軽視することはないと伝えるとともに、朴正熙《パクチョンヒ》大統領に対して平静を保ち、彼の部下が勝手な行動をとって状況をさらに悪化させないよう求めることであった(33)。訪韓したヴァンスは、米国が北朝鮮の脅威に対処するための措置をとり、米韓国防長官会談を定例化するとともに、米大統領が議会に対して一億ドルの軍事援助を韓国に提供するよう要請すると伝えた。韓国側はこれに対し、(1)報復行動を求める国内の世論を緩和するための措置をとる、(2)米朝の非公開会談が長引きすぎない限り、韓国は中立の立場をとる、(3)韓国は北朝鮮に対する報復行動をとらない、(4)今後も、米国との協議なしに大規模な報復行動はとらないとの立場を表明した。米国は米朝会談の議事内容を韓国側に伝達すると約束したが、韓国側の不満は残った。米朝の直接会談は韓国を疎外する屈辱的なものであるとの考えが強く、韓国の領域内で米朝が韓国抜きで会談を行うのは主権侵害に当たるとする見方さえあった(34)。

軍事停戦委員会首席代表特別会議

二月初めまでには、時間の経過に伴って北朝鮮が有利になっていく状況が生まれていた。二月二日、米国家安全保障会議（NSC）スタッフの一人は、その理由として、(1)現状維持は北朝鮮の勝利を意味する、(2)結果が出ないまま米朝協議が長引くと米韓関係が悪化する、(3)拿捕された船と船員は今後も政治的に利用される、(4)北朝鮮は米国を窮地に立たせておくだけで自国の威信を高めることができる、(5)北朝鮮は米国の対応が限定的なものに留まるとみなしている、(6)米国と二国間会談を行うことで北朝鮮の威信が高まる、などを挙げていた(35)。こうした中、米朝の特別会議が二月二日に開始された。

会談がはじまると、まず会談の位置づけそのものが問題となった。交渉の過程で、北朝鮮はこの会談を米朝二国間の外交交渉と位置づけようとした。通常、軍事停戦委員会は、国連軍司令部と朝鮮人民軍および中国人民志願軍をそれぞれ代表として運営されていた。しかし、プエブロ号事件に関する特別会議は米国と北朝鮮の代表のみで構成されていた。そして、通常、国連軍司令部側の首席代表は国連軍司令官から指示を受けていたが、この問題に関しては駐韓米国大使館を通じて米国務省から指示を受けていた。これは、プエブロ号が国連軍司令官ではなく、米太平洋軍司令官の指揮下にあったためである。それにもかかわらず米国がプエブロ号に関する協議の場として軍事停戦委員会を選んだのは、米朝間に外交関係がなく、北朝鮮との対話の場がそれ以外に存在しなかったためである。その結果、米国の意図に反して、首席代表による特別会議が米国政府と北朝鮮政府による二国間外交協議という様相を呈することになったのである。

つまり、こうした状況は必ずしも北朝鮮が意図的に作り出したものではなかった。しかし、北朝鮮は米国側の制度上の要請によって作り出された状況の意味を理解し、速やかにこれを利用しようとした。二月四日に開かれた第二回会議で北朝鮮代表は米国側に、この会談の主体は国連軍司令部と朝鮮人民軍ではなく米国と北朝鮮であるのかと質した。そして、もしそうであって、米国が自国の政府代表を任命するのであれば、北朝鮮も政府代表を任命すると述べた。

米国政府は、こうした解釈が生み出す問題点を認識していた。朝鮮半島問題タスクフォース長であったサミュエル・バーガーは、北朝鮮が米国側の見解を利用して特別会議を政府間交渉に昇格させようとしていると判断し、それによって二つの問題が生じうるとの見方を示した。まず、二国間会談を行うことによって、米国は北朝鮮に一定の外交的承認と地位を与えてしまう可能性があった。次に、米国が特別会議を昇格させ、そこでプエブロ号事件を扱うことによって、青瓦台襲撃事件など韓国側の関心事が話し合われる場である通常の会議をおとしめることになってしまう危険性があった(36)。韓国は、そのような事態を簡単には容認しないと考えられた。

こうしたことから、国連軍司令部の首席代表は微妙な舵取りを行った。二月五日の第三回会議において、彼は自身を「プエブロ号と、その乗員の解放を議論する全権を与えられた」軍事停戦委員会の首席代表であり、かつ米国政府を代表する者であると説明した。しかし、それは米国政府の代表とは異なるというのである。米国は、特別会議は米朝の政府間で開催されるものではないとの立場をとった。これに対し北朝鮮の首席代表は、国連軍司令部側がプエブロ号の問題は米朝両国政府が取り扱う問題であると「認めた」との見解を一方的に示した(37)。

北朝鮮は、二月七日の第四回会議においても、この問題を争点化しようとした。北朝鮮は首席代表代理を任命し、議事録を交換し、公式のプレス・リリースを作成することなどを求めた。こうした動きは、(1)自国が米国と対等な立場で交渉していることを印象づけることによって威信を高める、(2)交渉を遅延させる、(3)米韓関係を一層悪化させる、(4)米国の戦力を朝鮮半島に引き留めておく、などの意図をもつものと解釈された(38)。また、この頃、米国政府内部ではポーター大使が会議を朝鮮半島以外の場所に移動させることを提案したが、国務省は、「軍の交渉チャンネルから外交当局の交渉チャンネルに移行すれば、現在のやり方よりも、さらに北朝鮮を承認するかのような印象を与えてしまう」との理由でこれを拒否した(39)。

最終的に、これらの問題は二月一〇日の第五回会議で解決された。北朝鮮が国連軍司令部側首席代表の地位や、会議が米朝の政府間のものかどうかなどの問題を蒸し返さなくなったのである(40)。

二月一四日の第六回会議で、北朝鮮側は初めてプエブロ号乗員の解放のための条件を示し、次のように述べた。

…我々は、米国政府が武装工作船プエブロ号を朝鮮民主主義人民共和国の領海内に派遣し、スパイ活動を行うという敵対行為を働いたという事実について謝罪し、二度とこのような犯罪行為を行わないと保証すれば、乗員の

返還を考慮するであろう。(41)

一方、北朝鮮は二月一六日の第七回会議で、プエブロ号の船体については、これがスパイ行為に使用されたものであるため返還できないとの態度を示した。北朝鮮は、このような交渉を続ける一方で米国の軍事行動を牽制した。二月一七日、朴成哲《パクソンチョル》副首相は次のように述べた。

米帝国主義者と朴正熙一味が敢えて、いわゆる「報復」行動をとろうとするならば、それは即、戦争の始まりを意味することになるであろう。

米帝国主義者とその走狗たちは現実をよく認識し、分別をもって行動すべきである。朝鮮で新たな戦争が再び発生するかしないかは、全面的に米帝国主義者とその走狗たちの態度いかんにかかっている。

米帝国主義者が威嚇・恐喝と戦争騒動にこだわればこだわるほど、それは、現在の事態を一層複雑化することになるばかりであり、彼らがそこから得るものがあるとすれば、死体と死だけであろう。(42)

米国は北朝鮮との交渉を進展させるために三つの措置をとった。第一は自国の戦略態勢を全般的に強化することであり、前述の通り、すでにこうした措置はとられていた。第二は朝鮮半島付近に配備している空母任務部隊をベトナムに移動させ、北朝鮮への圧力を緩めることによって対話を促進しようとするものであった。これに従い、二月七日までに空母エンタープライズを中心とする任務部隊は朝鮮海峡を通過して南西方面に移動を開始し、二月二〇日までにフィリピンのスービック湾に到着した。(43) そして、第三は韓国に軍事援助を行い、北朝鮮に圧力をかけるというものであった。こうした援助は韓国の懸念を緩和し、米韓関係を良好化させるとともに、北朝鮮に時間が経過すればするほど不利になるとの認識を与えると期待されていた。また、こうした支援は、韓国が過度に軍事上の独立性を高めることを防止する効果もあると考えられた。三月初め、NSCのメンバーの一人は韓国の軍事力を「急速、本格的、かつ極めて顕在的に」増強することを勧告し、これを受けてヴァンスは訪韓時に一億ドルの追加軍事援助を約束したのである(44)。

プエブロ号の問題は、一九六八年の大統領選挙においても課題として取り上げられた。プエブロ号の乗員からジョンソンに送られた手紙は大衆の感情を掻き立て、彼の立場を弱めることになった(45)。ニコラス・カッツェンバック国務次官は、共和党の大統領候補リチャード・ニクソンが演説で最も大きい拍手を受けたのは、彼がプエブロ号事件を解決しなければならないと述べた部分であり、この問題が大統領選での争点になるであろうと予想した(46)。

三月九日の第一一回会議で、北朝鮮側は改めてプエブロ号の乗員が処罰される可能性を仄めかしつつ、米国が対価なしに乗員の返還を求めていると不満を述べた(47)。五月八日の第一六回会議で、北朝鮮は米国が提出すべき謝罪文の草稿を提示した(48)。米国は、北朝鮮側が要求する謝罪に応じるのを回避しながらも、北朝鮮には米国からの謝罪を勝ち取ったと主張できる余地を与えるという玉虫色の解決策を模索していた(49)。このため米国は「上書き（over-write）」と呼ばれる方法を考案したが、これは北朝鮮側が準備した謝罪文の上に米国側が「乗員を受け取った」との確認を上書きし、それに署名するというものであった。北朝鮮がこれに応じれば、北朝鮮側は「米国が謝罪文に署名した」と主張することができ、米国側は「乗員の受け取りを確認しただけで謝罪はしていない」と主張することができるはずであった(50)。しかし、九月三〇日の第二二回会議で北朝鮮側が提示してきた最終的な文案には、「この文書への署名と同時に、署名者は八二名のプエブロ号の元乗員と一体の遺体を受け取ったことを確認する」との内容が含まれていたため、米国側が「乗員を受け取った」と上書きすると同じ内容の繰り返しとなってしまうこととなり、「上書き」案は不発に終わった(51)。

こうした過程を経ながらも、一二月二三日までに解決策の詳細が合意された。二三日、国連軍司令部の首席代表が「私は［プエブロ号の］乗員を解放するため、そして乗員を解放するためだけにこの文書に署名する」という短い声明を発するとともに、準備された文書に署名した。その結果、一一時三〇分、乗員と遺体は板門店の「帰らざ

平壌の大同江沿いに係留される「プエブロ号」(2011年9月6日撮影)(時事)

る橋」を渡って南側に引き渡された。近くの米陸軍キャンプに移動した後、プエブロ号の乗員は記者会見を開き、その席でブカーはプエブロ号が北朝鮮の領海に入ったことはなく、北朝鮮では乗員が殴打を受けたり、ひどい扱いを受けたりしたと述べた。プエブロ号の乗員は一二月二四日に米国に帰還した[52]。

ジョンソン政権末期、北朝鮮にプエブロ号を返還させるための方策が議論された。しかし、いずれのオプションも採用されず、プエブロ号は返還されなかった[53]。その後、プエブロ号は元山から平壌に移送され、「北側に侵略しようとした米国が被った恥かしい敗北の縮図…米国に対する厳しい懲罰の象徴」として平壌の大同江に展示された[54]。

2 環境要因の分析

軍事バランス

この時期の南北の軍事バランスは、ほぼ均衡のとれた状態であった。このため北朝鮮は、自国が局地的な軍事行動をとったとしても、米韓側はエスカレーションを避けるために、本格的な報復行動をとらないと判断していたと考えられる。一九六八年の時点で、航空戦力の面では北朝鮮が韓国を大きく上回っていたが、陸上戦力では韓国が優位を保っていた[55]。海軍力については、総排水量では韓国が勝っていたが、沿海における限定的な作戦に適した高速の魚雷艇や警備艇については北朝鮮の方が多数保有していた。そして、これらの装備は北朝鮮がソ連から導入したものであった。これについて、当時の『ニューヨーク・タイムズ』紙は次のように報じている。

過去一二カ月の間に…ソ連は北朝鮮が保有する五〇〇機の軍用ジェット機の半数を提供した。北朝鮮空軍はMiG―21を二一機、MiG―17を三五〇機、MiG―15を八〇機、IL―28を八〇機保有していると推定されている。さらに、一九六五年以降、ソ連の支援によって北朝鮮の対空ミサイル施設は二カ所から一〇カ所に増加しており、うち少なくとも五カ所はすでに実戦配備されている。北朝鮮は対空ミサイルを五〇〇発保有しているとみられる…。

三五万から四〇万の兵力を持つ北朝鮮陸軍の装備は、中型戦車を含む殆どがソ連製であり、北朝鮮海軍はソ連製のW〔ウィスキー〕級潜水艦二隻、コマール級誘導ミサイル艇四隻、高速哨戒魚雷艇四〇隻、ソ連製のレーダーと地対艦ミサイルを備えた沿岸防衛施設を二カ所保有しているとみられる。[56]

一九六八年五月の米国の特別国家情報評価（SNIE）は、北朝鮮のSA―2地対空ミサイル・サイトが、過去三年間で二カ所から二〇カ所に増加したと指摘していた。[57]特に元山周辺は高度に軍事化されており、一カ所の大規模な空軍基地、対空砲を六門ずつ配備した一四カ所の防空サイト、二カ所の地対空ミサイル・サイトが存在していた。[58]韓国が約二〇〇機のジェット戦闘機を有していたのに対し、北朝鮮は約四〇〇機を保有していた。また、米国は日本に戦闘機二四機を配備しているだけであったのに対し、北朝鮮は元山付近に六七機のMiG―15／17と五機のMiG―21を配備していた。[59]一九六八年一月九日には二機のMiG―21が哨戒と検閲のためにDMZに接近して飛行した。ソ連の協力を得て一九六六年六月に開始されていたMiG―21パイロットの基礎訓練は、この時までに完了していた。[60]

一方、プエブロ号が拿捕された時、米国の空母エンタープライズとフリゲート艦トラクストンが元山から五一〇カイリ離れた地点で活動していたが、空母に搭載されていた五九機の戦闘機のうち作戦可能なのは三五機のみであった。また、四機のＦ－４Ｂが五分待機状態にあったが、この四機は空対空ミサイルしか搭載しておらず、海上の目標を攻撃することはできなかった。日本に配備されていたＡ－４とＦ－４を保有する二個の米海兵飛行隊は、二時間で元山地域に到着することのできる態勢にあったが、これらの部隊は、プエブロ号拿捕の翌日朝まで事件についての連絡を受けていなかった。

さらに、北朝鮮側がプエブロ号に乗船を始めたのは一三時一五分であったが、当日は一七時〇九分には日が沈み、一七時三八分には暗くなってしまったため、米国が有効な行動をとりうることのできる時間は僅かしか残されていなかった。米第五空軍司令官は、いったん航空機の発進を命じたが、日が沈みつつあるうえ、同地域では北朝鮮の戦力が優勢であったことから、後に命令を撤回した(61)。

北朝鮮が奇襲的な作戦によって、米国に有効な軍事行動をとる余地を与えなかったことが、プエブロ号事件の帰趨を決めた。いくつかの軍事オプションを検討した後、ディーン・ラスク国務長官は、軍事力を行使すれば、「我々の気分は良くなるかもしれないが、艦艇と乗員の返還にはつながらない」との判断を下した(62)。

ソ連との協力

当時、ソ朝関係が良好化していたことは北朝鮮の立場を有利にした。ソ連でフルシチョフが失脚し、中国で文化大革命が始まったことなどで、六〇年代後半にはソ朝関係が大幅に改善された(63)。一九六五年、ソ連は多くの軍事・経済援助を北朝鮮に提供することを決定したが、特に武器援助は一億五〇〇〇万ルーブルにも上った(64)。金日成は、これを北朝鮮の急速な軍備増強を可能にするものとして高く評価した。また、ソ朝・中朝条約の存在も、米国の北朝鮮に対する報復攻撃を抑止したという点でプエブロ号の拿捕を助けることとなった。

プエブロ号をめぐる危機が続く中、少なくとも公にはソ連は北朝鮮を支持し続けた。例えば、二月五日付の書簡でジョンソンはソ連外相のアレクセイ・コスイギンに朝鮮半島の平和のために協力を呼びかけたが、コスイギンは否定的な態度をとった。コスイギンは、ソ連の船舶が米国の領海に入ったときも外交チャンネルを通じて謝罪し、罰金を支払うことによって事態の打開を図ったと述べ、米国も同様の方法を用いるべきで、力の誇示は控えるべきであると伝えた[65]。さらにソ連は米国に、たとえそれが真実でなくても、プエブロ号が北朝鮮の領海を侵犯したということにして問題を解決すべきであるとの提案まで行ったのである[66]。

しかし、水面下ではソ朝両国は一枚岩ではなかった。ソ連はプエブロ号の拿捕を事前に知らされていなかった。そして、事件発生後、ソ連は米朝の対立がエスカレートするのを阻止しようと努力した。ソ連にとって最も重要な目的は、事態が米ソ戦に発展しないようにすることであった[67]。一九六八年四月、ソ連共産党書記長レオニード・ブレジネフは、「朝鮮の友人たちはソ朝条約の存在を利用してソ連を巻き込み、我々が知りもしない彼ら自身の目論見を支持させようとしている」[68]と述べ、北朝鮮の行動に懸念を示しつつ、ソ連指導部はこの問題が戦争につながることに反対していると指摘した。事実、北朝鮮はソ連を利用しようとしていた。プエブロ号事件をめぐって緊張が高まる中、北朝鮮は事態の進展に関する内部情報と引き替えに、ソ連から追加の経済援助を獲得しようとさえしたのである[69]。

米国の国内政治

当時、北朝鮮の指導者がどのような判断を下していたかは不明であるが、米国の政策担当者たちは、北朝鮮側が米国の国内政治状況を勘案してプエブロ号の拿捕を決めたと判断していた。特に重要であった要素は次のようなものである。第一に、一九六八年一一月に大統領選挙が予定されていた。ベトナム戦争が続く中、アジアで第二の本格的な軍事介入を行うことは大統領にとって政治的に困難なことであった。例えばバーガーは、北朝鮮が米国の為替問題や財政赤字問題、そして大統領の国内政治上の困難を理解しており、朝鮮半島で緊張が続けば米国の政策資源上の制約は増大し、大統領の立場が悪化すると考えているとみていた[70]。また、一月二五日にはマクナマラが米兵の外国勤務期間延長を建議したが、ジョンソンは、そのようなことをすれば米国民は北朝鮮の味方になってしまうと指摘し、米国民を「我々の味方」にしておかなければならないと述べた[71]。

第二に、「歴史の教訓」問題も米国に不利に働いた。プエブロ号が拿捕されたとき、ちょうど米上院外交関係委員会が一九六四年のトンキン湾事件についての聴聞会を開催するかどうかを討議していた。議会は、トンキン湾事件に関する誤解がベトナムへの本格的な軍事介入のきっかけになったと考えていた。このため、プエブロ号事件が発生すると、ウィリアム・フルブライト上院議員は、「すべての事実が明らかになるまで、軽々に結論を下してしまわないよう注意すべきである」と述べたのである[72]。

最後に、ジョンソンの考えた通り、米国民は軍事オプションを支持していなかった。ある世論調査によると、戦争のリスクを冒してでも北朝鮮に反撃すべきであるとの意見は僅か三パーセントに過ぎず、四七パーセントが外交的解決を望んでいたのである。

3 軍事・外交行動の特徴

場所と時期

プエブロ号を拿捕するための作戦は、北朝鮮の主要港湾都市である元山の沖合、約一六カイリの海域で実行された。日本海では各国海軍が恒常的に活動しており、特に、ウラジオストク、元山、清津などに主要港を持つソ連や北朝鮮の動きは顕著であった。なお、プエブロ号事件の発生直後、北朝鮮は非公開の場でソ連に対し、プエブロ号は沖合から一二カイリ以内の地点で拿捕されたものであると説明しつつも、自国は東朝鮮湾全域を内水とみなしており、したがって、領海は東海岸からではなく、内水の外縁から計測すべきであるとの立場をとっていると伝えていた[73]。こうした主張は国際法的には受け入れがたいものであったが、この主張に従えば、プエブロ号が元山の沖合一六カイリの地点にいたとしても、北朝鮮の「領海内」にいたことになる。

北朝鮮がいつの時点でプエブロ号の拿捕を計画したかは不明であるが、プエブロ号と同タイプの米情報収集艦バナーは、一九六七年二月に同海域での活動を開始していた。北朝鮮は完璧な奇襲をもってプエブロ号拿捕を成功させた。これについて米大統領補佐官のマクジョージ・バンディは、「北朝鮮のような小国が、このような状況で大国に対して攻撃的な行動をとるとは誰も考えなかった」と述懐している[74]。プエブロ号事件発生前の一月六日、北朝鮮の国営放送は、米国が「最近、東海岸沖の海上で絶え間なく挑発行動をとっている」と非難していた。後知恵的には、これがプエブロ号拿捕を予期させるものであったともいえるが、北朝鮮は恒常的に米国を激しく非難していたのであり、こうした報道は特に珍しいものではなかった[75]。

青瓦台襲撃事件とプエブロ号事件のタイミングは、必ずしも事前に調整されていたものではなかったと考えられる。青瓦台襲撃はプエブロ号事件発生のかなり前から計画されていたであろうし、プエブロ号の出港時期は北朝鮮が決めたものではなかった[76]。

プエブロ号を拿捕するための作戦は約二時間半にわたって展開され、事件発生から米朝間の交渉開始までに一〇日かかり、米朝交渉の開始から乗員解放までには約一一カ月かかった。プエブロ号乗員が解放されたのは、対北強硬派と考えられていたニクソンが大統領に選出された直後であったことから、北朝鮮が米朝間の緊張激化を恐れて態度を軟化させたとみることもできる。

北朝鮮の海空軍は、プエブロ号事件以前にも他国の偵察活動を牽制するための作戦や海軍艦艇に対する攻撃を行ったことがあった。例えば、一九五四年一月、一九五五年二月、一九五六年六月、一九五九年六月、一九六五年四月にそれぞれ米国の偵察機に対して、戦闘機による攻撃を仕掛けている。海上における行動にも前例があった。例えば、一九六七年一月には韓国海軍のＰＣＥ－５６警備艇が沿岸砲で撃沈され、三九名の乗員が死亡、一五人が負傷した。一九六七年一〇月には、韓国と米国の警備艇が臨津河《イムジンガン》河口で攻撃を受けた。さらに、北朝鮮は多数の韓国漁船を拿捕していた。つまり、北朝鮮の海空軍は、すでにプエブロ号拿捕と似かよった作戦を行う経験を有していたのである。

最後に、プエブロ号事件の前年、イスラエルがプエブロ号の同型艦リバティを攻撃するという事件が発生していた。一九六七年六月八日、イスラエルの魚雷艇と航空機による攻撃によって、地中海を航海していたリバティは被弾し、乗員三四名が死亡、一七一名が負傷した。リバティは第三次中東戦争に際して電波情報を収集する任務に従事していたのだが、この事件によって、護衛が付いていない場合、同型の情報収集艦は敵からの攻撃に極めて脆弱であることが明らかになっていたのである。

軍事力の種類と使用形態

プエブロ号拿捕に用いられた戦力は少数の海空軍力であった。八九五トン級のプエブロ号に対し、北朝鮮は二一五トン級のSO－1駆潜艇と二五トン級のP－4魚雷艇、そしてMiG－21戦闘機を作戦に投入した。北朝鮮は一九五九～六〇年にソ連から一二隻のP－4を受領し、六〇年代初頭に八隻のSO－1を、一九六五年以降にMiG－21をそれぞれ導入していた(77)。

プエブロ号拿捕は、直接的武力行使をもって艦艇、乗員、搭載されている装備や文書を物理的に確保しようとするものであった。北朝鮮は、米国民を人質として確保することによって強力な交渉力を得た。北朝鮮は、あらゆるメディアを用いてプエブロ号乗員の写真を世界に流布したり、乗員の手紙を米大統領に送りつけたりした。このような北朝鮮の宣伝活動は極めて効果的であった(78)。北朝鮮はプエブロ号乗員の人質としての価値を理解していた。北朝鮮は繰り返し乗員の扱いや処罰などに言及することによって米国側の懸念を掻き立て、交渉の場で優位に立とうとした(79)。

強度と目標選定

北朝鮮は五七ミリ砲と機関銃を用いてプエブロ号を攻撃した。北朝鮮側からの銃撃によって、プエブロ号の乗員一名が死亡した。この事件における物理的ターゲットは、プエブロ号、乗員、装備、文書などであり、政治的ターゲットはワシントンであった。韓国を明確なターゲットとする青瓦台襲撃事件と、米国をターゲットとするプエブロ号事件が連続して発生したことにより、米韓両国の関心と利害が乖離する状況となり、米韓間に摩擦が生じたことは特筆すべきである。つまり、北朝鮮はターゲットの異なる二つの作戦を連続して実行することにより、それらの相互作用を利用して政治的効果を高めるのに成功したのである。

軍事と外交の連携

プエブロ号事件において、北朝鮮の軍事行動と外交活動は極めて緊密に連携されていた。プエブロ号拿捕の翌日、北朝鮮側は四項目の要求を提示した。そして、北朝鮮は自国の交渉力を強化するため、プエブロ号の艦長にスパイ活動を行ったことを認める「自白書」を書かせ、これを放送するなどした。

北朝鮮は国内で総動員をかけ、米国の圧力に屈することはないとの声明を発出しつつ、一方では米国に交渉を求める意志を伝えた。米朝交渉はプエブロ号拿捕から一〇日後の二月二日に始まったが、交渉が始まってからも北朝鮮はＪＳＡ付近で限定的攻撃を敢行するなどして軍事的圧力をかけ続けた。

4　政策目的とその達成度

米国の情報収集活動の妨害

プエブロ号拿捕の最も直接的な目的は、米国の北朝鮮に対する情報収集活動を妨害することであった。この点で、プエブロ号の拿捕はいくつかの結果を生み出した。第一に、プエブロ号事件によって米国の偵察活動が大きく制約されることになった。プエブロ号が拿捕されると、米軍は偵察対象区域を限定し、偵察機が海上を飛行する際には護衛機を付け、陸上を飛行する際には護衛機を発進準備させるという措置をとった。(80) そして、一九六九年四月には米議会が、「外国の軍隊による攻撃あるいは拿捕に対する適切な保護措置を講じないまま、米軍に所属する有人の艦艇あるいは航空機を情報収集任務のために危険な地域に派遣することは許されない」とする決議を採択した。(81) また、プエブロ号事件の結果、プエブロ号と同型の艦艇による情報活動がすべて中止された。そして、一九六九年末までには同様の作戦がすべて中止され、同型艦艇は退役することとなった(82)。

第二に、情報収集機器と関連情報が北朝鮮に流出したうえ、ソ連や中国にも間接的に流出したことによって、米国の情報活動が深刻な打撃を受けた。プエブロ号が拿捕されると、ソ連は電子機器と暗号解読の専門家を北朝鮮に派遣してプエブロ号乗員の尋問に協力し、中国は専門家チームを北朝鮮に派遣して、中国の沿岸において情報収集活動を行った経験をもつ一七名のプエブロ号乗組員を尋問させた(83)。プエブロ号の拿捕について米国家安全保障局(National Security Agency)局長は、通信保全への影響という観点から「現代史における比類なき情報活動上の大打撃」であり、米国の信号情報収集能力における全般的な損失と打撃は「極めて深刻」であったとの評価を下した(84)。また別の評価によると、プエブロ号に積載されていた約七〇〇〇~八〇〇〇点の文書によって、北朝鮮および他の共産諸国が米国の情報収集能力について多くを知ることとなり、東南アジアにおける米国の情報源や情報収集に深刻な打撃を与えた(85)。

プエブロ号事件後も、暗号鍵なしで暗号を解読するのは困難であることから、暗号による通信は安全であると考えられていた。しかし、一九八五年に米海軍の通信専門官であったジョン・ウォーカーをはじめとするスパイ組織が一七年にわたって通信解読に必要な暗号鍵をソ連側に渡していたことが判明した(86)。この暗号鍵をプエブロ号に搭載されていた装備と組み合わせることによって、ソ連は米国の高度な機密文書や通信を解読することができていたのである。これについて、ワシントンDCでソ連国家保安委員会(KGB)の要員として働いた経験をもつオレグ・カルーギン少将は次のように述べている。

[我々は]米海軍司令部と世界中の海軍部隊の暗号通信をすべて解読していた…。そして、米国の核搭載潜水艦の行動を把握し、海軍と公海上の部隊の暗号通信を把握することによって、我々は効果的に自国の安全を守ることができた…。私は、これこそが冷戦期におけるソ連の諜報活動の最も重要な成果であったと思う(87)。

米韓のベトナムへのコミットメント制約

プエブロ号事件が発生した頃、北朝鮮は北ベトナムにパイロットや戦闘機を派遣するとともに、朝鮮半島において米韓両国軍に継続的な攻撃を仕掛けるなど、直接的・間接的手段を用いて北ベトナムを支援していた[88]。プエブロ号の拿捕は青瓦台襲撃とも相まって、米韓両国の注意をベトナム戦争から逸らすことに寄与した。

プエブロ号拿捕の効果は大きかった。拿捕の発生直後、米国は空母エンタープライズをベトナム方面から日本海に移動させるとともに、南ベトナムに向かっていた一万トンの弾薬を韓国に振り向けた[89]。一月二四日、マクナマラは、もし北朝鮮の目的が米国をベトナム以外の地域に縛りつけておくことであったとしたら、それは「成功したといえる」と述べた[90]。プエブロ号拿捕は、「第二戦線」のようなものを創り出すことによって米軍を朝鮮半島に張りつけさせるという効果をもったのである[91]。また、プエブロ号の拿捕は、より広い意味でも米国のベトナム政策に影響を与えたと考えられる。これについて一九六八年一月のCIA報告書は、共産主義諸国は「内外で米国政府への圧力を高める」ことを主眼にプエブロ号事件を利用し、それによって、「米国がベトナムで現在の政策を継続することが困難になるような効果がもたらされる」ことを期待するであろうと評価していた[92]。

プエブロ号事件のベトナム戦争への影響は共産圏諸国においても明確に認識されており、それは北ベトナムの勝利に貢献するものとみなされていた。これについて、一九六八年二月のチェコスロバキア外務省の報告書は次のように述べている。

北朝鮮がとった動き［プエブロ号の拿捕］によって、ベトナムにおける米国の兵力増強がより困難になってきている。これは、現在の状況によって米国の戦力のかなりの部分が朝鮮地域に釘づけになり、極東における米軍の行動の自由が制約されているうえ、南ベトナムに配備されている韓国の二個師団が本国に引き揚げてしまうかも知れないためである。米国の戦力のかなりの部分が朝鮮地域に釘づけになっていることは、南ベトナム解放戦線と北ベトナムにとって有利に作用しており、ベトナムにおける解放戦争が成功するための条件を創り出している。[93]

米韓関係の複雑化

プエブロ号の拿捕は必ずしも米韓関係を複雑化させることを目的として実行されたわけではないが、結果として米韓関係が緊張したことは、北朝鮮にとって重要な意味をもった。米韓間の摩擦が明らかになると、北朝鮮はこれを利用し、また、それをさらに悪化させようと試みた。北朝鮮は軍事停戦委員会首席代表特別会議を事実上の米朝二国間協議の場として扱い、それを、韓国もメンバーとなっている通常の首席代表会議より格上の会議と位置づけようとした。北朝鮮代表は第一三次特別会議で、この会議は「朝鮮民主主義人民共和国」と「アメリカ合衆国」の政府間協議であると主張し、米国側が「朝鮮民主主義人民共和国」を単に「北朝鮮（North Korea）」と呼称していることを「非礼な行為」であると述べた。そして、米国が「朝鮮民主主義人民共和国政府」と協議を行う用意がないのであれば、プエブロ号の問題は解決しないであろうと警告した。[94] こうした行動は、米朝関係を格上げするとともに韓国を貶め、米韓両国を離間させるためのものであった。

金日成の政策の正当化

金日成を中心とする北朝鮮指導部は、一九六二年以降、同国が推し進めてきた「並進路線」――建前としては軍事と経済を同時かつ迅速に建設するというものであったが、実際には軍事を優先するものであった――を正当化するためにプエブロ号事件を利用した可能性がある。プエブロ号事件発生時には、すでに「並進路線」の失敗は明らかになりつつあった。一九六六年一〇月には、一九六一～六七年までの七カ年計画の目標が達成不能になったことが判明し、計画達成を三年間先延ばしにしていた。[95] こうした失態を正当化するように、金日成は一九六八年三月の演説で、北朝鮮は朝鮮戦争時とは比較にならないほど強くなっており、「米帝国主義者」を打ち負かすための十分な条件を備えていると指摘し、「全人民を武装させ、全国を要塞化するための事業を力強く推し進めることによって、いかなる帝国主義者たちの侵略にも十分対処することのできる鉄壁の防衛力をもつようになりました」と述べた[96]。

また、金日成は一九六八年末に、党に対する軍の独立性を高めようとした金昌奉《キムチャンボン》民族保衛相［国防相にあたる］ら軍の首脳陣を粛清したが、プエブロ号事件における彼らの対応を粛清の理由の一つとして挙げた[97]。これについて金日成は一九六九年一月に開かれた秘密会議で、金昌奉らが「軍閥主義」「修正主義」に染まっていたと指摘しつつ、次のように語った。

　修正主義が入ってきていなかったのであれば、［粛清された軍首脳たちは］なぜ米国の奴らの航空機を撃墜しないように言い、また、米国の奴らが沿岸に入ってきたら攻撃するのではなく、入ってきたら拿捕するように言ったのは、［キューバ危機で米国に譲歩した］フルシチョフの指示となにが違うのか。なぜ、戦争準備をするのに無駄話が必要なのか。なぜ坑道に大理石や宝石［軍首脳による浪費］が必要なのか[98]。

こうした発言から、金日成は米国の偵察活動に対して強力に対応することを主張したのに対し、金昌奉らは、より柔軟な対応を主張していたと推定することができる。

この意味で、金日成が演説した秘密会議の三カ月後である一九六九年四月一五日に、北朝鮮が米海軍の電子情報収集機EC—121を日本海で撃墜したことは特筆すべきである。撃墜の二日後、金昌奉に代わって民族保衛相に就任していた崔賢《チェヒョン》は、EC—121を撃墜した朝鮮人民軍部隊の将兵たちに感謝の意を示すとともに、金日成が策定した「党の軍事路線」に従って戦闘準備と戦闘力強化を図ることを求めた[99]。また、のちに、四月一六日に金日成が撃墜作戦を担当した部隊に祝賀文を送っていたことが明らかにされた[100]。このことから、EC—121の撃墜は、金日成が、粛清された「軍閥主義者」「修正主義者」と自身の違いを誇示するとともに、軍に対する統制を強化することを狙ったものであったと考えられる。EC—121が撃墜された四月一五日は金日成の誕生日であった。

第4章　西海事件——一九七三～七六年

一九七三年一〇月、北朝鮮は黄海に位置する韓国の離島群の周辺海域において一連の軍事・外交攻勢に着手した。[1]この「西海五島」と称される離島群は、白翎島《ペンニョンド》、大青島《テチョンド》、小青島《ソチョンド》、延坪島《ヨンピョンド》、隅島《ウド》によって構成され、韓国よりも北朝鮮の陸地に近接し、北朝鮮の甕津《オンジン》半島を取り巻くかたちで位置している（韓国と北朝鮮は黄海を「西海」と呼称している）。[2]北朝鮮は、一九七三年から七六年にかけて一連の軍事・外交行動をとることによって、西海五島の周辺海域が自国に属するとの立場を明確化するとともに、北方限界線（NLL）——米国の主導する国連軍司令部が、米韓両国の艦艇や航空機が哨戒活動を行うにあたっての北方の限界を示すために一九五三年に設定した線で、のちに北朝鮮の艦艇や航空機を統制するためにも用いられるようになった——を無効化しようと試みた（当該地域の地理については二二四頁の地図を参照せよ）。一連の軍事行動と外交活動によって、北朝鮮は自国の主張を周知させるとともに、米韓関係を複雑化させることに成功したが、同時に、韓国による西海五島の要塞化や海軍力増強を誘発するという逆効果も生みだした。

1　海空における攻勢と平和協定の提案

北方限界線への挑戦

一九七三年一〇月二三日、北朝鮮の警備艇や魚雷艇がNLLを越えて韓国側に南下し始めた。さらに一一月に入ると北朝鮮の行動はエスカレートし、北朝鮮の艦艇はNLLを越えるだけでなく、国連軍司令部が管轄権を主張する西海五島の周辺三カイリ海域――停戦協定にある「隣接」海域――にも入るようになった。一一月一九日から一二月一日にかけて、北朝鮮の艦艇は六回にわたって白翎島、大青島、小青島、延坪島の周辺三カイリ海域に侵入した(3)。また、ＮＬＬに関しては、一〇月から一二月の間に四三回の越線行為があり、うち六回は九隻のミサイル艇によるものであった(4)。

続く一二月一日に板門店で開催された第三四六次軍事停戦委員会において、停戦協定に関連する初の領土紛争が発生した(5)。北朝鮮側は西海岸から一二カイリの地点を結んだ座標を示し、この中の海域を「沿海」と称して、この海域に対する管轄権を主張した。そして北朝鮮側は、西海五島は自国の「沿海」内に位置しているため、西海五島の周辺海域はすべて自国に属し、したがって、韓国の海軍艦艇が同海域に入るのは停戦協定違反であると述べた。また、ＮＬＬの多くの部分が北朝鮮の「沿海」の中に食い込んでいることを根拠に、ＮＬＬの南方であっても、韓国艦艇が自国の「沿海」に入ってはならないと主張した(6)。

さらに北朝鮮側は、ＮＬＬのせいで海州《ヘジュ》などの北朝鮮の港に出入する船艇がＮＬＬを迂回し、大回りしなければならなくなっている状況について、「米帝侵略者らが…海上封鎖を実施するとともに」、「自由航行を妨害するという重大な犯罪行為を公然と敢行した」と非難した(7)。そして、米韓側による「無分別な挑発行為」によって武力衝突の可能性が生じており、「とりかえしのつかない重大な事態」が発生する恐れがあると警告した(8)。

最後に北朝鮮側は、以後、「我が方の沿海にある」西海五島に出入りする場合には「我が方に申請し、事前承認を得なければならない」と要求した。そして、米韓側がこれに従わない場合には、「相応の措置」、「断固とした懲罰」がとられるであろうと警告したのである(9)。国連軍司令官は本国に宛てた備忘録で、今回の軍事停戦委員会における応酬は「『プエブロ』号事件以来、最も敵対的なものであった」と記している(10)。北朝鮮側の警告に対して韓国の劉載興《ユジェフン》国防部長官は、北朝鮮がＮＬＬ越線を続ける場合、「我々の領海を守るためには、いかなる措置も辞さない」と警告した(11)。

米韓の食い違い

その後、北朝鮮は米韓両国の反応を探ることを目的に一連の行動をとった。一二月七日、北朝鮮の警備艇が白翎島に接近したが、これについて韓国国防部は、同警備艇が韓国の領海を侵犯したと発表した[12]。続く一〇日にも北朝鮮の警備艇が小青島の南西海域に接近し、同地点で二時間程度、遊弋した。これについて韓国海軍は、同警備艇が韓国の領海を侵犯したと主張した[13]。さらに一一日、北朝鮮の魚雷艇三隻が戦闘隊形を組んで、白翎島に定期物資を運搬する揚陸艦を護衛していた米韓側の艦艇に対して挑発的な高速機動を行った[14]。そして、一八日には二隻の警備艇が小青島周辺の三カイリ内の海域に入り、仁川《インチョン》と白翎島をつなぐ民間の定期便フェリー航路に接近するなどした[15]。

こうした事態を背景に、一二月二四日に第三四七次軍事停戦委員会が開催された。ここで、米国が主導する国連軍司令部は次のような主張を展開した。第一に、西海五島は「国連軍司令部の軍事統制下にある大韓民国の土地」であり、停戦協定に規定されている「隣接する」海域を有している。このため、西海五島の周辺海域への北朝鮮艦艇の侵入は停戦協定第一五項の違反である。第二に、西海五島を直接往来する米韓側の所属艦艇の通過を妨害する行為は、停戦協定第一三項（b）及び第一五項に違反するものである。このため、国連軍司令部は西海五島の周辺海域への北朝鮮艦艇の侵入を防止し、西海五島への艦船の自由航行を確保するために必要なあらゆる措置をとる。第三に、国連軍司令部は西海五島に航行するにあたって北朝鮮側の許可を求めない。

ところが国連軍司令部は、同月一一日と一八日の北朝鮮の行動を停戦協定違反として非難する一方、韓国が「領海侵犯」であると指摘していた七日と一〇日の事案には言及しなかった[16]。つまり、国連軍司令部は西海五島の周辺三カイリ海域への侵入を停戦協定違反とみなす一方、NLLの越線のみの場合は停戦協定違反であるとみなさなかったのである。また、韓国軍がNLLの南方海域を自国の「領海」と呼んでいたのに対し、国連軍司令部は西海五島の周辺三カイリ海域のみを韓国の領海とみなしていた。これは、一九五〇年に国連決議に従って米国の国内法に基づいて設置された国連軍司令部が、米国政府の方針に従って行動していたためであった。北朝鮮側は国連軍司令部の主張から、領海の範囲やＮＬＬの法的地位の解釈について米韓間に立場の違いがあることを認識するようになったと考えられる。

ただし、国連軍司令部はＮＬＬを全く無視していたわけではなかった。国連軍司令部は軍事停戦委員会の場で、北朝鮮は過去二〇年にわたってＮＬＬを「認識し、尊重してきた」と指摘し、それが「停戦協定の実施に非常に有効であった」との立場を示した(17)。つまり米国は、ＮＬＬの越線自体は停戦協定違反ではないとの法的解釈をとりつつも、北朝鮮側がＮＬＬを越えないことが望ましいとの考えを示したのである。そして国連軍司令部は、北朝鮮の挑発行為は緊張を高めるという意味で「停戦協定の精神に明らかに反するもの」であり、このような行動を中止すべきであると主張した(18)。

海上における緊張はその後も続いた。まず一九七四年二月一五日、複数の北朝鮮艦艇が、白翎島の北西約三〇カイリ地点の公海で漁業を行っていた二隻の韓国漁船――「水原三二号」と「水原三三号」――を攻撃し、一隻を沈没させ、一隻を拿捕した(19)。この事件について米国は、北朝鮮の艦艇が攻撃的な警備行動をとったことが原因であるとみていた(20)。一方、北朝鮮は、韓国漁船の正体は「スパイ船」であり、長山串《チャンサンゴッ》の北西方面の自国領海内に侵入したと主張した(21)。この事件に対し、韓国では大規模な抗議デモが発生し、北朝鮮への反発が高まった。また、ソ連やルーマニアなどの北朝鮮の友好国も、この事件を北朝鮮側の「重大な過ち」の結果であったとみなしていた(22)。

さらに一九七四年六月二八日、今度は日本海で三隻の北朝鮮艦艇が韓国海洋警備隊の警備艇第８６３号と交戦の末、これを撃沈し、船員二六名を死亡させ、二名を拘束するという事件が発生した。韓国の警備艇は、陸上の軍事分界線を海上に延長した線の北方六カイリ程度の位置を航行していたとみられるが、北朝鮮の東海岸から一二カイリ領海内にいたかどうかは定かでなかった(23)。

韓国の反撃

一九七五年に入ると、一時沈静化していた北朝鮮の活動が再び活発化した。同年二月二六日の一五時〇五分、通常は船艇が活動していないＮＬＬの南方二〇カイリ、小青島の西方二三カイリの公海上で二隻の不審船が発見された[24]。一七時三〇分、同海域に送られた韓国の護衛輸送艦が警告射撃を行ったが、不審船はこれを無視して航行を続けた。韓国の駆逐艦も現場に到着したが、しばらくすると不審船は漁船らしき八隻程度の船団に合流した。これらの不審船は、ＮＬＬの南方で操業する北朝鮮の漁船を護衛していたのであった[25]。一八時〇八分には二機の韓国空軍のＦ－５戦闘機が水原からスクランブルをかけて現場に向かった。一九時三三分、韓国海軍は隷下の部隊に、発砲することなく、できる限り武力を使わない形で二隻の不審船を拿捕せよとの命令を下した。二〇時一〇分には、北朝鮮の戦闘機が白翎島の南東一〇カイリ付近でＮＬＬを越えて南下した。これに対し、米空軍も二機のＦ－４Ｅ戦闘機を烏山《オサン》からスクランブルさせ、戦闘空中哨戒を行わせた[26]。

その後、二〇時二六分、ＮＬＬを越えて南方に進入した二〇〇トン級の北朝鮮の漁船に三〇〇〇トン級の韓国の駆逐艦が衝突し、これを沈没させた[27]。これについて北朝鮮は、甕津半島西方の公海上で漁撈作業をしていた新義州水産作業所所属の漁船一二隻に対し、韓国側が駆逐艦、警備艇など多くの艦船を動員してこれを包囲し、無差別的に砲撃を加え、航空機まで動員し、最終的にはその中の底曳網船第二四五一号に艦艇を激突させ、これを沈没させるという蛮行を働いたと非難した[28]。

北朝鮮の説明は明らかに誇張されていたが、韓国の駆逐艦が攻撃的な機動を行ったのも事実であった。北朝鮮の漁船は発見されたときには南に向かって航行していたが、韓国の駆逐艦が激突したときには、国連軍司令官が防空識別圏に指定していた海域から西に向かって離脱しようとしていたところであった[29]。この事件について、当時、国連軍の海軍司令官であったヘンリー・モーガンは、「韓国海軍に対して北朝鮮の艦艇に乗船検査するように命じたが、北朝鮮の漁船が機動したので結局激突して沈んだ」と説明したという[30]。しかし実際は、韓国の駆逐艦はモーガンの命令に従わず、ＮＬＬを越えてきた北朝鮮の漁船に対して意図的に激突し、これを沈没させたというのが真相であった[31]。

この事件に対する北朝鮮の対応は素早かった。北朝鮮は、魚雷艇、警備艇、ミサイル艇など一一隻を南方に派遣し、白翎島付近に戦闘機を八五回にわたって出撃させるとともに、甕津半島に配備されているすべての艦艇とＳＡ－２地対空ミサイルを警戒態勢においた[32]。そして、二六日の二三時四一分から翌二七日の〇九時一七分までの間に、北朝鮮の戦闘機数機が一一回にわたって停戦協定に違反して白翎島、大青島、小青島の上空を飛行した。これに対応して韓国の戦闘機と米空軍のＦ－４戦闘機が発進し、北朝鮮と韓国の戦闘機がわずか一七カイリの距離まで接近するなど危険な状況となった[33]。一連の緊張が続く中、韓国軍の戦闘機は七三回、米軍の戦闘機は四回、それぞれ発進した[34]。ただし、北朝鮮の戦闘機の行動は、基本的に「防衛的」なものであった[35]。

　北朝鮮外交部は二八日、今回の事態に米空軍が介入したことを非難しつつ、「現在、米帝の差し金によって敢行されている南朝鮮傀儡一味の無謀な戦争挑発策動によって、朝鮮では極度に緊張した情勢が醸成されている」と非難した[36]。これに対し米国防省は、米空軍のＦ－４は烏山空軍基地の上空に留まっていたのであり、黄海に進出して北朝鮮の戦闘機に対応したことはないと主張した[37]。

　その後、三月三日の第三六〇次軍事停戦委員会で、二月に発生した一連の事態について議論がなされた。北朝鮮側は、公海上で韓国の海軍艦艇が北朝鮮の漁船に衝突し、これを沈没させたと非難した。一方、国連軍司令部は、「通常、我が方が警備している」海域に北朝鮮の「武装船」が出現したのであり、何の説明もないまま武装船が出現したことで、韓国の安全保障と同海域の韓国漁船が脅かされたと述べた。そして、国連軍司令部は北朝鮮船が公海上にいたことや、ＮＬＬの南方で船艇が活動していたこと自体は停戦協定違反ではないことを暗に認めつつも、韓国のとった措置は不審船の船籍や任務を判断するための「国際的に受け入れられている海事上の手続き」に従ったものであり、正当であったと論じた[38]。つまり、国連軍司令部は、韓国の海軍艦艇が北朝鮮の漁船を沈没させたことをＮＬＬや国際法、あるいは停戦協定によって正当化するのを避け、あくまで「海事上の慣行」によって説明するにとどめたのである[39]。

　しかし、韓国の見解は異なっていた。すでに韓国国防部は、北朝鮮の船艇がＮＬＬ南方にある韓国の「作戦海域」を「侵犯」したと発表していた[40]。つまり韓国政府は、北朝鮮の艦艇がＮＬＬを越えて南の作戦海域に入ること自体を不法行為とみなしていたのである。しかし、韓国の立場には明確な法的根拠がなかった。このため、第三六〇次軍事停戦委員会の開催直前、米国は韓国側に、「今回の事件が発生した海域をなんらかの特定海域であると呼称し、国連軍司令部側［筆者注——ここでは韓国海軍のこと］の行動を、それを根拠として正当化することはしない」と伝えた[41]。また米国は、韓国の「作戦海域」を守るのは国連軍司令部にとっては越権行為であり、国連総会において批判を受けた場合、米韓両国の立場を著しく毀損することになるとみていた[42]。国連軍司令部と韓国政府の立場の違いは明らかであった。つまり、国連軍司令部は北朝鮮船艇による「韓国の作戦海域」への立ち入り自体を違法行為であるとはみなしていなかったのに対し、韓国政府は、それ自体を違法行為とみなしていたのである。

米国は、停戦協定の対象外である公海で韓国の漁業上の利益を守ることを自国の義務とはみなしていなかった[43]。これに関連して、一九七五年二月の事件後、米国側は米空軍機が作戦に参加したことを公表しないよう韓国国防部に要請し、国防部はこれを了承した。しかし、韓国側はのちに米空軍のF－4が作戦に参加したことを公表してしまったため、国連軍司令官は韓国側に「最も強力な個人的抗議」を行った。米国は、こうした韓国の行動について、韓国が北朝鮮に「米国のコミットメントの信頼性と一貫性」を誇示するために、米空軍の関与をことさらに喧伝しようとしたものと考えていた[44]。

空での挑発

その後も西海五島付近における北朝鮮空軍の活動が続いた。一九七五年三月二四日、〇八時〇〇分から一三時〇〇分の間に三〇機のMiG戦闘機が黄海上空で活発に飛行した。北朝鮮の戦闘機は一五種類の異なるコースを飛行し、数回にわたってNLLの南方約五〇カイリの地点まで飛行し、二度にわたって白翎島と小青島の上空を侵犯した。これに対し、韓国の戦闘機はスクランブルをかけて北朝鮮側を牽制した[45]。北朝鮮は、それまでもっぱら海上で行っていた作戦行動を空中で敢行したのである。北朝鮮の戦闘機はNLLを越えて、ときおり西海五島の上空を侵犯した。北朝鮮は自国の法的主張を鮮明にしつつ、NLLの法的地位の解釈をめぐる国連軍司令部と韓国政府の立場の違いを際立たせようとしていた。

二四日の事態を受けて、韓国国防部は国連軍司令部に北朝鮮の行動に対して強く抗議するよう求めた。この結果、五月二七日に開催された第三六二次軍事停戦委員会で、国連軍司令部は北朝鮮の戦闘機が白翎島と小青島の上空を侵犯したのは重大な停戦協定違反であると北朝鮮側を非難した。しかし、北朝鮮のその他の行動については、通常の行動地域から大きく逸脱し、韓国の領域付近でとられた「極めて挑発的」なものであると指摘するにとどまった。つまり、国連軍司令部は、白翎島と小青島の領空侵犯以外の行動を停戦協定違反とはみなさなかったのである(46)。

さらに重要だったのは、二月二六日のケースと異なり、三月二四日の事件では米空軍機が投入されなかったことである(47)。また、同年七月には米国防省が国連軍司令官に西海五島を防衛するための米韓連合作戦計画を作成するように指示したと報じられたが、この指示は米軍の戦力を計画に含めないよう求めていた(48)。つまり、米国は停戦協定の履行や米韓相互防衛条約に関する義務に直接関連のない問題については、可能な限り韓国の立場に拘束されるのを回避しようとしていたのである(49)。

三月の事件後も黄海における北朝鮮の行動は断続的に続いた。五月一四日には北朝鮮の警備艇が白翎島の隣接海域を侵犯した(50)。六月九日には二機のMiG－21戦闘機が白翎島上空を飛行し(51)、韓国空軍機がスクランブルをかけると帰還した(52)。七月一二日には三隻の北朝鮮漁船と一隻の警備艇が白翎島の隣接海域に侵入した(53)。そして、一九七六年一月二三日には二機のMiG戦闘機が白翎島上空を飛行した(54)。また、韓国側の記録によると、同年三月七日から二七日までの間に、八隻の北朝鮮船が一八回にわたってNLLを越えた(55)。

平和協定提案

黄海で緊張が続く中、一九七四年三月二五日、北朝鮮は米国に対して二国間の平和協定締結を提案した(56)。北朝鮮の議会である最高人民会議第五期第三次会議で、副首相兼外交部長の許錟《ホダム》は次のように述べた。

朝鮮における緊張状態を解消し、国の自主的平和統一を促進する前提を準備するため、米国と直接、平和協定締結問題を解決することを提起します。

朝鮮の停戦協定を平和協定に代えるためには、それを確実に担保するだけの実権をもっている当事者同士で問題を解決するのが妥当です。朝鮮民主主義人民共和国とアメリカ合衆国は朝鮮停戦協定の締約国同士であり、実際上の当事者です。

当初、朝鮮停戦協定は朝鮮人民軍および中国人民志願軍と「国連軍」の間に締結されたものでしたが、朝鮮から中国人民志願軍はすでにかなり前に撤退しており、南朝鮮にある、いわゆる「国連軍」というのは米軍以外の何ものでもありません。

…朝鮮人同士で統一問題を自主的に解決するための前提を作るためには、南朝鮮に自国軍隊を駐屯させ、すべての軍事統帥権［作戦統制権］を掌握しており、停戦協定に調印した当事者である米国と直接、平和協定締結に関する問題を解決しなければならないと考えます。

つまり、我々が米国と平和協定を締結しようというのは、あくまで我が国の恒常的な緊張状態の根源となっている外国の内政干渉を一日も早く終息させ、民族の内部問題を朝鮮人自身の手で解決するのに有利な局面を開こうというものです(57)。

許淡は、韓国が「平和協定を結ぼうという共和国政府の提案に対しても、最初から『時期尚早』…などと拒否し、むしろ…戦争準備をより一層強化してきた」こと、そして、米国政府当局こそが「朝鮮における緊張状態を再び激化させている南朝鮮当局者らのすべての行動を煽っている張本人」であるとして、この提案を正当化した(58)。こうした認識の下、許淡は平和協定には次のような内容が含まれるべきであると述べた。

⑴双方は、互いに相手側を侵略しないことを誓約し、直接的な武力衝突のすべての危険性を除去する。米国は、

南朝鮮当局者らの戦争挑発策動と南朝鮮人民に対するファッショ的弾圧行為をそそのかさず…朝鮮の内政に一切干渉しないという義務を負うこと。

(2)双方は、武力増強と軍備競争をやめ、朝鮮の域外からの一切の武器、作戦用装備および軍需物資の搬入を中止すること。

(3)南朝鮮に駐屯している外国軍隊は「国連軍」の帽子を脱ぎ、可能な限り早い期間内にすべての武器を持って、すべて撤収すること。

(4)南朝鮮からすべての外国軍が撤収したのち、朝鮮は、いかなる外国の軍事基地や作戦基地にもならないこと。(59)

また許淡は、「解決しなければならない問題の重大さを踏まえて、討議に参加する双方の代表団は朝鮮軍事停戦委員会よりワンランク高い代表者で構成するのがよい」と述べた。これは、米朝の直接協議を、韓国の代表が参加する軍事停戦委員会の上位に位置づけようとするものであった。(60)

この提案は、平和協定は南北間で締結すべきであるとした北朝鮮の従来の立場を大きく変更するものであった。また、外国軍隊は「可能な限り早い期間内に」撤退するべきだとした点も特筆すべきである。北朝鮮は、在韓米軍の撤退は平和協定が結ばれた後でもよいとの立場をとるようになったのである。このような北朝鮮の新提案の背景には、ベトナムからの米軍撤退を謳った一九七三年のパリ平和協定があったと考えられる。(61)北朝鮮は、同種の平和協定が最終的に在韓米軍の撤退につながることを期待したのであろう。

2　環境要因の分析

西海五島の法的位置づけと戦略的意義

西海五島は、韓国よりも北朝鮮に近い位置にありながら、国連軍司令官の軍事統制下に置かれているという特殊性のため、米韓両国にとって戦略上の重要な意味をもっていた。西海五島は、ソウルからおよそ四五〜一一〇カイリ西方の黄海上にあり、北朝鮮側の甕津半島を取り囲むように位置している。最北端に位置する白翎島は北朝鮮の西海岸から約七カイリ、韓国の仁川から約九三カイリの距離にあり、南方に位置する延坪島は、甕津半島から約六カイリ、仁川から約四四カイリの場所に位置する。(62)

朝鮮停戦協定の第一三項（b）は、西海五島について次のように定めている。

…黄海道と京畿道の道界線［道と道の境界線］の北側と西側にあるすべての島の中で、白翎島（北緯三七度五八分、東経一二四度四〇分）、大青島（北緯三七度五〇分、東経一二四度四二分）、小青島（北緯三七度四六分、東経一二五度四〇分）、延坪島（北緯三七度三八分、東経一二五度四〇分）および隅島（北緯三七度三六分、東経一二五度五八分）の島嶼群を連合国軍［国連軍］総司令官の軍事統制下に残すのを除き、その他のすべての島は朝鮮人民軍最高司令官と中国人民志願軍司令員の軍事統制下に置く。朝鮮の西海岸において、上記の境界線以南にあるすべての島々は連合国軍総司令官の軍事統制下に残置する。(63)

西海五島は、いくつかの点で重要な軍事的意味をもっていた。第一に、西海五島は北朝鮮の大東湾《テドン》と海州湾《ヘジュ》の入口をふさぐように位置していた。第二に、西海五島は韓国の西部戦線と首都地域を防衛するにあたって重要な要衝となっていた。西海五島は、(1)海を経由した北朝鮮からの侵入を阻止する、(2)韓国の西部戦線に位置する漢江《ハンガン》の河口、江華島《カンファド》、金浦《キンポ》半島に対する北朝鮮の進出を阻止する、(3)北朝鮮海軍の南下を阻止する、(4)中国と北朝鮮の間の海上交通路を遮断する、(5)黄海における制海権を確保する、などの観点から重要な役割を果たしていたのである。第三に、西海五島は貴重な情報収集拠点となっていた。白翎島のレーダーサイトは瀋陽に配備されている中国空軍機の動きを探知することができた。最後に、米韓両軍が甕津半島に上陸作戦を行う場合、西海五島を足がかりとすることができた。(64)つまり、西海五島は北朝鮮にとって、腹部に突きつけられた匕首であったともいえるのである。

「隣接」海域の解釈

停戦協定が規定する「隣接」海域の解釈について、国連軍司令部と北朝鮮が異なる立場をとっていたことも、北朝鮮の軍事行動の背景となっていた。海域の管轄権をめぐる両者の立場の違いは停戦協定をめぐる交渉まで遡ることができる。交渉当時、国連軍司令部側は三カイリ領海を主張したのに対し、北朝鮮側は一二カイリ領海を主張した。結局、双方は領海の範囲について合意することができず、停戦協定第一五項で、この点を曖昧にした次のような表現を用いた。

本停戦協定は、敵対中のすべての海上軍事力量［海上戦力］に適用され、このような海上軍事力量は非武装地帯と、相手側の軍事統制下にある朝鮮の陸地に隣接する面（the water contiguous to the Demilitarized Zone and to the land area of Korea under the military control of the opposing side）を尊重し、朝鮮に対して、いかなる種類の封鎖も行うことはできない（shall not engage in blockade of any kind of Korea）。[65]［傍点は筆者］

海域の管轄権が曖昧なままになった結果、七〇年代に西海事件が発生したとき、国連軍司令部は西海五島の周辺三カイリを隣接海域であるとみなし、北朝鮮は自国の西海岸から一二カイリの範囲を自国の管轄下にある隣接海域であるとみなしていた。[66]北朝鮮側は、西海五島の周辺海域は「朝鮮の陸地に隣接する面」とはいえず、したがって、西海五島の周辺海域はすべて朝鮮人民軍最高司令官の軍事統制下にあるとみなしていたのである。[67]

ＮＬＬを無効化しようという北朝鮮の試みは、七〇年代初頭に一二カイリ領海が国際法上の規範として定着し始めたことによって、さらに勢いづいた。[68]七〇年代には、一二カイリ領海を主張する国家の数が、それ以下の領海範囲を主張する国家を初めて上回った。地図上に北朝鮮の西海岸から一二カイリの線を描くと、白翎島と延坪島は完全にその中に入り、大青島と小青島も線上に位置することになるのであった。[69]

一九七三年一二月に開催された第三次国連海洋法会議では、一二カイリ領海が国際規範として広く受け入れられるようになった[70]。一二カイリ領海を打ち出した発展途上国の多くは北朝鮮と緊密な関係をもっていたのであり、これも同国の立場を後押しすることとなった[71]。同じ月に北朝鮮が西海五島の周辺海域に対する管轄権を主張し始めたのには、こうした背景があったのである。また同月、ソウルにある米国大使館は、北朝鮮艦艇がＮＬＬを越えつつも、自国の沿岸から一二カイリの範囲内でのみ行動しているとの事実を本国に伝えていた[72]。

領海の広さをめぐる国際的な動きが国連軍司令部側の立場を不利にしていたのは明らかであった。国連軍司令部は実質的に米国が主導するものであったが、その米国は三カイリ領海を支持する少数派に属しており、国際社会で劣勢に立たされていたのである。事実、米政府部内には北朝鮮の立場を尊重すべきであるとの見方も存在した。例えば、一九七三年一二月二二日、国務省からソウルの米国大使館に宛てられた電報は次のように論じていた。

周知の通り、停戦協定の第一五条［ママ。実際は第一五項］には「隣接する面」の定義が示されていない。これについて、我々がもっている記録と情報を総合すると、（島々へのアクセスと韓国側の領海主張の問題を別とすれば）実のところ、我々は、北朝鮮が主張する同国の沿岸一二カイリを限界とする「隣接する面」を尊重してきたようである。ＪＳＡＯ（統合海空作戦）に従い、停戦協定に関する任務として、韓国も同様に沿岸から少なくとも一二カイリを警備している。こうした状況においては、第一五条［項］に基づく限り、島々の「隣接する面」の限界線は一二カイリであるとせざるを得ないであろう。（もちろん、これは停戦協定の第一五条［項］にある「隣接する」を定義することのみを目的として用いられる限界線であり、つまり停戦協定の下での当事国の権利と義務を定義するためのみに用いられる限界線であり、領海に関する問題や主張に何らの（強調して繰り返すが）何らの影響も与えない。）

米国は三カイリを越える領海の主張を認めておらず、そのような主張に対しては抗議を行っている。したがって、我々は北朝鮮側が主張する一二カイリの領海線を承認してはならない。しかしながら我々は、島々へのアクセスに関係がなく、また、韓国側の領海とも重なっていない海域においては、米軍に付与されている現在の規則

と権限に基づき、朝鮮民主主義人民共和国の主張する「隣接する面」の一二カイリ限界線を尊重し続けるべきである。(73)

結果的に、国連軍司令部は中間的な立場をとった。一方で国連軍司令部は韓国が領海の範囲についての立場を変える可能性に配慮して、国連軍司令部が「隣接する面」を三カイリの範囲であると定義している事実を表明するのを避けた。他方、国連軍司令部は、「隣接する面」を一二カイリの範囲であると定義し直すこともしなかった。そのような行動は法的な先例とみなされる可能性があるばかりでなく、米国が南北朝鮮間の領域紛争に巻き込まれる結果をもたらすと考えたからである。(74)

一方、韓国外務部は、三カイリ領海の主張は国際社会で支持を得ることはできないと考え、北朝鮮の行動を受けて、一二カイリ領海を受け入れるオプションを真剣に検討した。(75)しかし、結局、韓国は一二カイリ領海原則を受け入れるのを避けた。(76)

なお、停戦協定にある「隣接する（contiguous）」という用語が一般の国際法とは異なる意味で用いられていることにも留意しておく必要がある。例えば、国連海洋法条約では「contiguous zone」という用語が用いられているが、これは「接続水域」と訳され、(77)停戦協定にある「隣接する面」とは全く異なる概念である。(78)

北方限界線の法的地位

一九五三年七月に結ばれた朝鮮戦争の停戦協定は、地上における南北の分界線は明確に規定していたが、海上における分界線は規定していなかった。このため停戦後、西海五島周辺の海空域を誰がどのように管理するのかという問題が発生した。海上の分界線が設定されなかったのは、国連軍側が朝鮮戦争の早期停戦を求めていたこと、そして、その国連軍が海上で優位に立っており、海上分界線を設定する必要性をそれほど感じていなかったためである。(79)他方、海上において不利な立場にあった北朝鮮は、海上分界線を設定しようとすると大きい譲歩を迫られると考えていた[80]。こうして双方の利害は一致し、停戦協定に海上分界線は規定されなかったのである。

とはいえ、現実問題として海上に何らの境界線もないという状態は不自然であったし、南北間の紛争の火種になると考えられた。このため、一九五三年八月三〇日、国連軍司令官であったマーク・クラーク大将は、黄海にNLLを設定したのである[81]。NLLは、当時の領海基準である三カイリ線ならびに西海五島と甕津半島の中間線を大体の基準として引かれたもので、総延長一六〇カイリで、白翎島の西方四二・五カイリの地点まで延びていた。NLLはその名のとおり、元来、米韓両国の艦艇や航空機が哨戒活動を行うにあたっての北方の限界を示した線であり、その主要目的は、米韓両軍と北朝鮮軍の間に衝突が発生するのを防止することであった[82]。つまり、NLLは北朝鮮の艦艇や航空機の行動を制限するためのものではなかったのであり、このことは、その名称が北方限界線であり、南方限界線でないことからも明らかである。

このため、黄海における北朝鮮の活動が活発化し、これを韓国がNLLを根拠として取り締まり始めるといくつかの問題が発生した。第一に、NLLは停戦協定に基づいて設定されたものではなく、極めて暫定的なものであった。NLLはあくまで「統制線（control line）」であり、「分界線」でも「国境線」でもなかった[83]。第二に、NLLの目的を考えれば自然なことであるが、国連軍司令部はNLLを設定したことを北朝鮮側に通知していなかった[84]。第三に、米中央情報局（CIA）の分析によると、NLLは広い範囲にわたって北朝鮮の主張する一二カイリ領海内に位置しており、少なくとも三カ所で北朝鮮の内水に入り込んでいた[85]。最後に、韓国でさえNLLを厳格に遵守していなかった。黄海で最も豊かな漁場は延坪島と隅島付近の浅瀬にあり、「黄金の漁場」と呼ばれていた。韓国の漁船はNLLや、緩衝地帯を設けるためにNLLの南方に設定されていた漁撈限界線をしばしば無視して活動していた[86]。

さらに、米国と韓国のあいだにNLLの地位をめぐる重大な見解の不一致があった。最も重要な違いは、北朝鮮の艦船などによるNLLの越線を停戦協定違反と捉えるかどうかという問題であった。国連軍司令部はNLLの越線を停戦協定違反であるとはみなさなかったが、韓国はこれを違反であるとみなした。このため、国連軍司令部は北朝鮮の艦船や航空機がNLLを越えただけの場合には抗議せず、西海五島の周辺三カイリ内に侵入した場合にのみ抗議を行っていたのである。(87) 一九七三年一二月、米国はNLLの越線を停戦協定違反とみなさないと、明確に韓国側に伝達した。(88) また、米国務省は内部で次のような議論をしていた。

我々は、［韓国］外務部がNLLを過去二〇年間に形成され「遵守されてきた」「停戦体制」の一部であるとして、これに効力を与えようとしていることについて態度を留保するものである。我々は北朝鮮に対して公式にNLLを通告したという証拠をもちあわせていない。北朝鮮側が受容も認定もしていない線を越えたからといって、我々がこれを非難するのはまったく理にかなわないことである。韓国政府がNLLを北朝鮮に強要する試みに我々が荷担すると考えているのであれば、それは誤りである。(89)

それにもかかわらず韓国はNLLの越線を停戦協定違反であるとみなし続けた。一九七四年二月一五日、韓国国防部は、一九七三年一〇月二三日以降、北朝鮮の警備艇が二一九回にわたって停戦協定に違反してNLLを侵犯したと発表した。(90)

局地的軍事バランス

一九七三年の時点で北朝鮮は西海五島付近における軍事的優位を確立していた。北朝鮮は白翎島から三一カイリ（以下、すべて直線距離）、延坪島から一八カイリの地点の沙串《サゴッ》に海軍基地を、同じく白翎島から二六カイリ、延坪島から三四カイリの地点の苔灘《テタン》に空軍基地を有していた。これに対し、韓国側では最も近い海軍基地は白翎島から九三カイリ、延坪島から四五カイリ離れた仁川《インチョン》に、空軍基地は白翎島から一一五カイリ、延坪島から六七カイリ離れた水原《スウォン》に位置していた。このため、北朝鮮の高速艇は白翎島まで一二分程度で、航空機は三分程度で到達することができたのである。(91)

北朝鮮は自国の海軍力増強が進む中、一九六八～七〇年には一二カイリの領海を物理的に確保しようとする動きを見せていた。海軍力の増強は一九六八年のプエブロ号拿捕や、一九七〇年六月に発生した韓国海軍所属の放送船Ｉ－２の拿捕につながった(92)。当時、北朝鮮は海空軍力を大幅に増強していた。北朝鮮は一九七三年までに一三〇機のＭｉＧ－２１と六〇機のＡｎ－２輸送機を含む五九八機の作戦機を配備していた(93)。一九六八年には、スティックス対艦ミサイルを搭載した一二隻のオーサＩ級ミサイル艇、そして一〇隻のコマール級誘導ミサイル艇をソ連から導入し(94)、一九七三年には西海岸の月沙里《ウォルサリ》に西海艦隊司令部を創設した(95)。西海艦隊司令部の創設は北朝鮮が西海岸において海軍力を増強していることを明確に示すものであった。そして、同年秋には北朝鮮海軍が西海岸で初の大規模な上陸作戦訓練を行ったと伝えられた(96)。

ここで特に重要な役割を果たしたのはＭｉＧ－２１とオーサＩ級およびコマール級ミサイル艇であった。ミサイル艇は沿海や穏やかな海域でしか作戦行動できないという制約はあったが、西海五島の周辺海域では十分に能力を発揮することができた(97)。つまり、北朝鮮はこのような軍事力の増強を背景に、一九七三年末に西海五島周辺で行動を活発化させたのである。北朝鮮は一九七四年以降も軍事力の強化を続け、一九七五年までには二七キロの射程をもつ一三〇ミリ沿岸砲を配備し、甕津、海州、苔灘の作戦基地を強化した(98)。

他方、韓国海軍が保有する主要艦艇は一二七ミリ砲を搭載したギアリング級駆逐艦二隻であった。ギアリング級駆逐艦は推進速度が遅く、一九七三年の時点ではミサイルも搭載していなかったため(99)、北朝鮮のミサイル艇によるスタンドオフ攻撃に対処することができなかった(100)。韓国は一九七一年から七二年にかけてエクゾセ艦対艦ミサイルを搭載した二隻の高速ミサイル艇を建造したが、スタンダード艦対空ミサイル（ＲＧＭ－６６Ｄ）あるいはハープーン艦対艦ミサイル（ＲＧＭ－８４）を搭載した警備艇の本格的な調達が始まったのは七〇年代中盤以降のことであった(101)。

北朝鮮の行動によって、西海五島の防衛態勢に不備があり、同地域における軍事バランスが韓国に不利な状況であることが明らかになったが、このような戦略的重要地域が軍事的空白のまま放置されていたという事実は韓国の指導部に大きな衝撃を与えた。この点について一九七三年一二月、韓国の国会議員は、なぜ西海五島が沿岸砲もなく無防備な状態のままにされてきたのかと述べ、国防部の責任を追及した[102]。当時は米国も、北朝鮮が本格的な攻撃を仕掛けてきた場合、西海五島――特に北方の三つの島――を防御するのは困難であると評価していた[103]。停戦協定が結ばれてから当分の間、NLLは問題なく機能した。しかし、北朝鮮の海空戦力が増強され、海上において国連軍側が優位に立っているとの前提が崩れたことによって、海上分界線の不在とNLLの法的地位が争点として浮上してきたのである[104]。

最後に、韓国には米軍艦艇がほとんど存在せず、海上における限定的な対立に米軍が巻き込まれる可能性が低かったことも重要な要素であった。黄海における軍事対立は、もっぱら南北朝鮮の間の問題として取り扱われた[105]。このため、北朝鮮は西海五島周辺で軍事行動をとることによって米韓両国を離間することができた。つまり、この地域は北朝鮮にとって、米国との直接対峙を避けながら、韓国のみに圧力を加えるのに適した場所であった。

3　軍事・外交行動の特徴

場所と時期

六〇年代後期から七〇年代前期にかけて米韓両軍がDMZの防衛を強化する一方、北朝鮮が海空軍力を増強したことによって、北朝鮮の軍事行動の場が地上から海上に移っていった[106]。一九七三年一〇月から西海五島周辺における北朝鮮の行動が活発化したが、こうした動きは二年以上にわたって続いた。北朝鮮が特に目立つ行動をとったのは一九七三年一一～一二月、一九七四年二月、一九七五年の二月と三月である。なお、北朝鮮の行動が、一九七三年一二月に第三次国連海洋法会議が開幕する直前に活発化したという事実は注目に値する。

軍事力の種類と使用形態

西海五島周辺における北朝鮮の軍事力行使は限定的なものであった。通常、北朝鮮は少数の警備艇、魚雷艇、高速ミサイル艇やＭｉＧ－２１などを投入し、ＮＬＬの越線や国連軍司令部の管轄区域の侵犯を行わせた。ただし、一九七五年二月と三月には例外的に多数の艦艇・航空機が動員された。

黄海における北朝鮮の軍事行動のほとんどは、自国の法的あるいは外交上の主張を裏打ちするための強制力としてのものであり、相手側に物理的な危害を加えたり、領土を占領したりすることを目的とするものではなかった。一九七四年二月に韓国の漁船が攻撃を受けたのを例外として、多くの場合、火器は用いられなかった。そして、一九七五年二月には、北朝鮮の漁船が韓国の駆逐艦によって沈没させられさえした。

強度と目標選定

一九七三～七五年の間に西海事件に関連して発生した死者は、韓国側では一九七四年二月に攻撃を受けた漁船の船員、北朝鮮側では一九七五年二月に沈没した漁船の船員であった。つまり、七〇年代前半には北朝鮮の海空軍の活動が活発化したにもかかわらず、直接的武力行使の事例は減少したため、それに伴う死傷者数や物理的損害も限定的なものとなった。

西海事件における北朝鮮の軍事行動の目標は、ＮＬＬと西海五島周辺三カイリ線という二つの線であった。つまり、この時期における北朝鮮の行動の本質は軍事的なものではなく、主として法的・外交的なものであったといえる。

軍事と外交の連携

北朝鮮の軍事行動と外交活動は緊密に連携されていた。北朝鮮の海軍艦艇が西海五島の周辺海域に侵入し始めた直後、北朝鮮の代表は軍事停戦委員会で、西海五島の周辺海域は朝鮮人民軍最高司令官の管轄下にあると主張した。

また、西海五島周辺での軍事行動を活発化させてから五カ月後、北朝鮮は「朝鮮における緊張状態を解消」するためと称し、米国に米朝二国間の平和協定締結を提案した。

さらに北朝鮮は、軍事力を限定的な形で用いつつ、停戦協定の法的欠陥や国際法上の変化を巧みに利用するという能力を示した。北朝鮮は停戦協定に海上軍事分界線の規定がないことや、国際社会で一二カイリ領海を主張する国が増加していたことを利用しつつ、巧みに海空軍力を用いることによって自国の立場を強化し、米韓両国を揺さぶり、米韓両国の見解の違いを際だたせることに成功したのである。

4　政策目的とその達成度

領海主張の公式化と北方限界線の無効化

西海五島における北朝鮮の行動の中核となる目的は、自国の領海主張を公式化・周知するとともに、ＮＬＬの無効化を図ることであった。北朝鮮の軍事・外交行動はいくつかの結果を生みだした。第一に、西海五島地域における軍事的緊張の存在、そして管轄権に関する北朝鮮の主張が広く知られるようになった[107]。法的にみれば、管轄権についての自国の立場を内外に表明したり、領域を実効支配したりすることは極めて重要である。北朝鮮は、繰り返し自国の立場を表明するとともに当該の海空域で行動をとることによって、自国の主張を公式化・明確化した。これによって、西海五島周辺は「係争地域」と広く認識されるようになったのである。

第二に、北朝鮮はＮＬＬを弱体化することに成功した。北朝鮮は国連軍司令部や韓国にＮＬＬを放棄させることはできなかったが、少なくともその有効性に深刻な疑義を投げかけた。

第三に、北朝鮮がミサイル艇を導入したことで韓国側は黄海で戦術的守勢に立たされることとなり、韓国の艦船は、以前は行動していた北緯三七度二五分東経一二五度一五分、北緯三七度三〇分東経一二五度〇〇分、北緯三七度三〇分東経一二五度三〇分を結ぶ海域に入ることを自制するようになった[108]。

しかし、北朝鮮はＮＬＬを完全に無効化することには失敗した。七〇年代前半、北朝鮮軍は当該海域で局地的な優位を確保したが、韓国はＮＬＬを放棄しなかった。また、北朝鮮は、米韓側の艦艇が西海五島を往来する場合、事前に許可を取らなければならないとした自国の要求を実際に執行することはできず、米韓側の艦艇はその後も西海五島への渡航を続けた。

経済的利益の獲得

黄海における北朝鮮の行動の背景には、経済上の理由もあったと考えられる。第一に、北朝鮮は韓国漁船が自国の沿岸地域で操業するのを妨げ、自国の漁船がより広い海域で漁業を営むことができるようにしたいと考えていた。この点において、北朝鮮の軍事行動は一定の成果を収めた。北朝鮮の一連の行動によって、韓国漁船は操業中に拿捕されたり、攻撃されたりする危険性が高まったと判断し、北朝鮮沿岸に近づくのを徐々に避けるようになった。一九七四年一月には米国政府が、北朝鮮との対峙を避けるための措置として、韓国の漁船に冬期漁撈線の北側に行かないよう求めた。これは、毎年四月三〇日になると延坪島南方の海域の漁撈限界線を北方に移動させるという慣行に変更を迫るものであった。米国政府は、韓国の海洋警察と海軍の能力が限界に達しており、同海域で操業する韓国漁船の安全を保証することができなくなっていると判断していたのである。[109]そして、韓国は一九七四年二月に発生した「水原」号事件を受けて、四月には北朝鮮との衝突を避けるために漁撈限界線を南方に移動させた。[110]黄海における北朝鮮の行動が活発化するにつれ、過去のようにＮＬＬの北方で操業する韓国の漁船は減少していった。[111]

第二に、北朝鮮は、より利便性の高い海上交通路を利用することを求めていた。ＮＬＬは甕津半島を取り巻くように位置しているため、海州港に出入りする北朝鮮の船艇はＮＬＬを避けて、大回りする航路をとるのが慣行になっていた。[112]具体的には、海州港を出港した北朝鮮の船艇は、まず甕津半島に沿って西に向かい、北上してから公海に進出しなければならなかったのである。ＮＬＬの存在は北朝鮮の海上交通に大きい時間的・経済的負担を強いることになっていたのであり、北朝鮮がＮＬＬを無効化したいと考えるのは経済面からも自然なことであった。しかし、黄海における北朝鮮の軍事行動は、同国にとって望ましい結果をもたらさなかった。西海事件後も北朝鮮の船艇はＮＬＬを越えることを避け、経済的に不利な大回りの航路をとり続けた。

米国との平和協定締結と在韓米軍の撤退

北朝鮮は黄海における緊張の高まりを背景に米国と平和協定を締結し、在韓米軍の撤退を迫ることを模索していた。一九七四年三月、北朝鮮は「軍事的対決と戦争の脅威は日々高まっている」としたうえで、「事態を解決するための適切な措置」がとられるべきであると述べ、米国に平和協定の締結を呼びかけた。そして、韓国ではなく米国との間で二国間の平和協定を締結しなければならない根拠として、米国人の将官である国連軍司令官が「南朝鮮における軍事統帥権をもっている」ことを挙げた[113]。一九七三年一二月、黄海における北朝鮮の軍事行動について、板門店にある中立国監視委員会のスウェーデン代表団長は次のように述べていた。

…北朝鮮側は…国連軍を中心として成立している休戦［停戦］協定体制を瓦解させることによって新たな休戦［停戦］・平和協定締結の必要性を明確化し、こうした新協定を南韓［韓国］側と締結することによって、国連軍ないしは米軍の撤収を実現するという戦略を実施している[114]…。

この分析は部分的に的中した。この発言の三カ月後に、北朝鮮は平和協定の締結を提案したのである。しかし、その相手は韓国ではなく米国であった。一九七一年に米第七歩兵師団が韓国から撤退し、一九七三年には米軍がベトナムから撤退していた。北朝鮮はこうした流れの中で、米国との直接対話を通じて国連軍司令部の解体、そして在韓米軍の残りの部隊の撤退を促そうとしたのである[115]。

北朝鮮の試みは必ずしも非現実的なものではなかった。この頃、米国政府部内においても国連軍司令部の解体が本格的に議論されていた[116]。米国の案は、国連軍司令部を解体する代わりに米韓中朝の四カ国が停戦協定の遵守に合意するとともに、中朝両国が米軍と韓国軍の司令官を国連軍司令官の後任として認める、というものであった[117]。そして一九七四年一〇月にはヘンリー・キッシンジャー国務長官が中国の外交部副部長に対し、現在の停戦体制を維持しつつも国連軍司令部を解体したいとの意向を伝えたのである[118]。

在韓米軍の撤退も机上の空論とはいえなかった。一九七一年七月、キッシンジャーは周恩来に対して、米中関係が進展すれば、「ニクソン政権の第二期目が終わるまでには、すべてではないにせよ、米軍のほとんどが韓国から撤退することは十分考えられる」と中国政府に示唆していた[119]。米中間のこうしたやりとりが北朝鮮政府に伝えられていた可能性は十分あった。

また、一九七三年四月には、米国政府が北朝鮮との二国間関係を段階的に改善していくことを政策オプションの一つとして取り上げていた[120]。その後、一九七四年八月に北朝鮮がルーマニアの特使を通じて秘密裏にキッシンジャーに協議を提案し、関係正常化についての話し合いを行う意向を伝えた。これに対してキッシンジャーは、見通しうる将来において韓国から米軍を撤退させる可能性はないとしつつも、金日成が状況を好転させると保証するのであれば、北朝鮮側と接触する用意があると応えていたのである[121]。キッシンジャーは一九七五年九月にも、韓国を孤立させる結果を招かない限り、米国は北朝鮮と関係改善する用意があると語っていた[122]。

しかし、結局、西海事件が米朝関係について具体的な成果に結びつくことはなかった。平和協定締結のための米朝の政府間協議は開催されず、在韓米軍は撤退しなかった。また、最も可能性の高かった国連軍司令部の解体さえも実現しなかった。

米韓の離間

北朝鮮は、西海五島やＮＬＬについての米韓の立場の違いを際立たせることによって米韓を離間し、両国の関係を複雑化させようとした。既述の通り、米国の主導する国連軍司令部と韓国政府はＮＬＬの法的地位について異なる見解をもっていた。そして米国は、韓国が北朝鮮に対して過剰反応することによって自国が紛争に巻き込まれるのを懸念していた。逆に韓国は、米国の北朝鮮への対応が不十分であると考え、自国に対する米国の防衛コミットメントの信頼性に疑問をもつようになった。

一九七三年一二月一日の米韓協議の場で韓国の国防部長官は、北朝鮮の軍事行動に対抗するためにＮＬＬ付近で警備行動をとる「接近戦術」を用いることを提案したが、米側はこれを挑発的すぎるとして拒否した[123]。米国側は次のように考えていた。

韓国政府が北朝鮮による侵入行為を今後も深刻に受け止め、可能であれば、まずは国連軍司令部を巻き込み、次には我々［国連軍司令部］の作戦統制下にある韓国海軍部隊を投入させようとすることは明らかである…。しかし…我々は国連軍司令部やその統制下にある部隊を、与えられた任務以外に用いることは避けなければならない[124]。

さらに米国は、韓国が意図的に米国を巻き込み、黄海における事態を「停戦に関する事項」であると位置づけることによって、米国に中心的役割を果たさせようとしているとみていた。そして、韓国が南北間の直接対話のメカニズムを用いようとしないのは、米国にこの問題についての責任を回避させないためではないかと疑っていた[125]。このような状況の中、一九七五年に米国がＮＬＬに関する事態に米空軍を投入しない方針をとったことで、韓国の不満は一層高まった。

しかし、北朝鮮の行動によって米韓関係が決定的に悪化することはなかった。米国が「紛争発生の防止」を重視していたのは事実であるが、一方で西海五島を「大韓民国の統制下にある島として保持する」という目的に揺るぎはなかったのである[126]。

5　瀬戸際外交のマイナス効果

韓国の「死守」政策採用

韓国は黄海における北朝鮮の軍事行動に対抗し、いわゆる「死守」政策を採用した。これは、NLLの法的地位の如何にかかわらず、また北朝鮮の立場にかかわらず、韓国は国策としてNLLを「死守する」というものであった。[127] これについて韓国海軍の元作戦司令官である金成萬《キムソンマン》は、「北朝鮮に対しては我々との合意事項や国際法はすべて必要ありません。私たちが西海五島やNLLの死守、死守政策をしっかりと推進した時は北朝鮮の挑発が減少しました…」と述べている。[128]「死守」政策の採用によって、韓国のNLL防衛は無条件の政策方針となったのである。

西海五島の要塞化

また、北朝鮮の行動に対抗するため、韓国は西海五島の要塞化を進めることを決定した。この方針に従い、西海五島には軍事施設が建設され、火砲が配備され、陸軍部隊に先行して西海五島に駐留する海兵部隊に最新のM−16自動小銃が配布された。こうして西海五島は、脆弱な離島群から前方展開の軍事要塞に変容したのである。[129]

七〇年代後半になると西海五島の防衛態勢は一層強化された。[130] 一九七七年一月、第六海兵旅団が創設され、西海五島の防衛を担当することになった。[131] 以前は中佐が担当していた白翎島の防衛を准将が担当するようになった。作戦計画も改訂され、全面戦争においても西海五島は放棄されず、死守されることになった。[132] そして、対空能力も強化され、その結果、西海五島付近への北朝鮮の経空侵入が減少した。[133] また、白翎島への海兵部隊の配備は、北朝鮮の戦力を同地域に張りつけさせる役割も果たした。[134]

韓国の海軍力増強

最後に、韓国は北朝鮮のミサイル艇などに対抗するための海軍力増強を進めた。七〇年代を通じて、韓国海軍はキロギ級ミサイル高速艇（PKMM、満載排水量一四〇トン）、ペック級哨戒艦（PGM、同二六八トン）、チャムスリ級高速艇（PKM、同一七〇トン）などを導入した。特に、スタンダードあるいはハープーン対艦ミサイルを搭載したキロギ級ミサイル高速艇は一九七五年から七八年の間に八隻導入され、チャムスリ級高速艇は七〇年代後半から七〇隻以上が建造された[135]。そして、一九七五年の八月と一一月には、韓国の国産艦艇が初めて対艦ミサイルの発射実験を行った[136]。これらの艦艇・装備の導入は、北朝鮮の海上における軍事行動の制約要因となった。

韓国のNLL防衛についての研究で、韓国海軍の柳在敏《ユジェミン》は次のように記している。

…［NLLの］国際慣習法上の効力も不十分である。しかし、この問題は南韓［韓国］側の軍事的力量と強力な意思によって北方限界線が守られており、現交戦規則下では北韓［北朝鮮］のいかなる艦艇でも北方限界線以南に越線すれば、その監視が継続され、敵対行為を行ったり、その意図をみせたりすれば、北韓艦艇がどこに位置していようとも武力措置をとることができるようになっている[137]。

こうして、七〇年代中盤を境に、西海五島における北朝鮮の軍事行動は減少していった。

第5章　板門店ポプラ事件——一九七六年（1）

一九七六年八月、非武装地帯（DMZ）内に位置する板門店《パンムンジョム》の共同警備区域（JSA）で、国連軍司令部（以下、国連軍）側がポプラの枝打ち作業をしたことをきっかけに、北朝鮮警備兵らが二名の米陸軍将校をオノで殺害するという事件が発生した。韓国では「オノ蛮行事件」とも呼ばれる、この板門店ポプラ事件が発生すると、米国は大規模な戦力を朝鮮半島に集結させたうえで、韓国とともに、事件の引き金となったポプラの木を切り倒すための作戦を実行した。この作戦中、軍事的緊張は頂点に達し、一発の偶発的発砲が全面戦争に結びつきかねない、一触即発の状況が生まれた。

北朝鮮は、在韓米軍の存在こそがポプラ事件や朝鮮半島における対立の根本原因であると主張し、国際舞台における外交攻勢を強めた。しかし、二名の米軍将校をオノで殺害するという残忍な行為は国際社会からの批判を招き、北朝鮮の外交攻勢は不調に終わった。

1　ポプラの枝打ち、オノ殺害事件、「ポール・バニヤン」作戦

ポプラの枝打ちとオノ殺害事件

一九七六年八月一八日、国連軍側の作業班がJSA内のポプラの枝を伐採していたところ、北朝鮮の警備兵が集団で彼らを襲撃し、米陸軍将校二人をオノで殺害した。当時、直径約八〇〇メートルのJSA内に、国連軍側は五カ所、朝鮮人民軍・中国人民志願軍（以下、人民軍）側は七カ所の哨所を設置しており、JSAには双方それぞれ

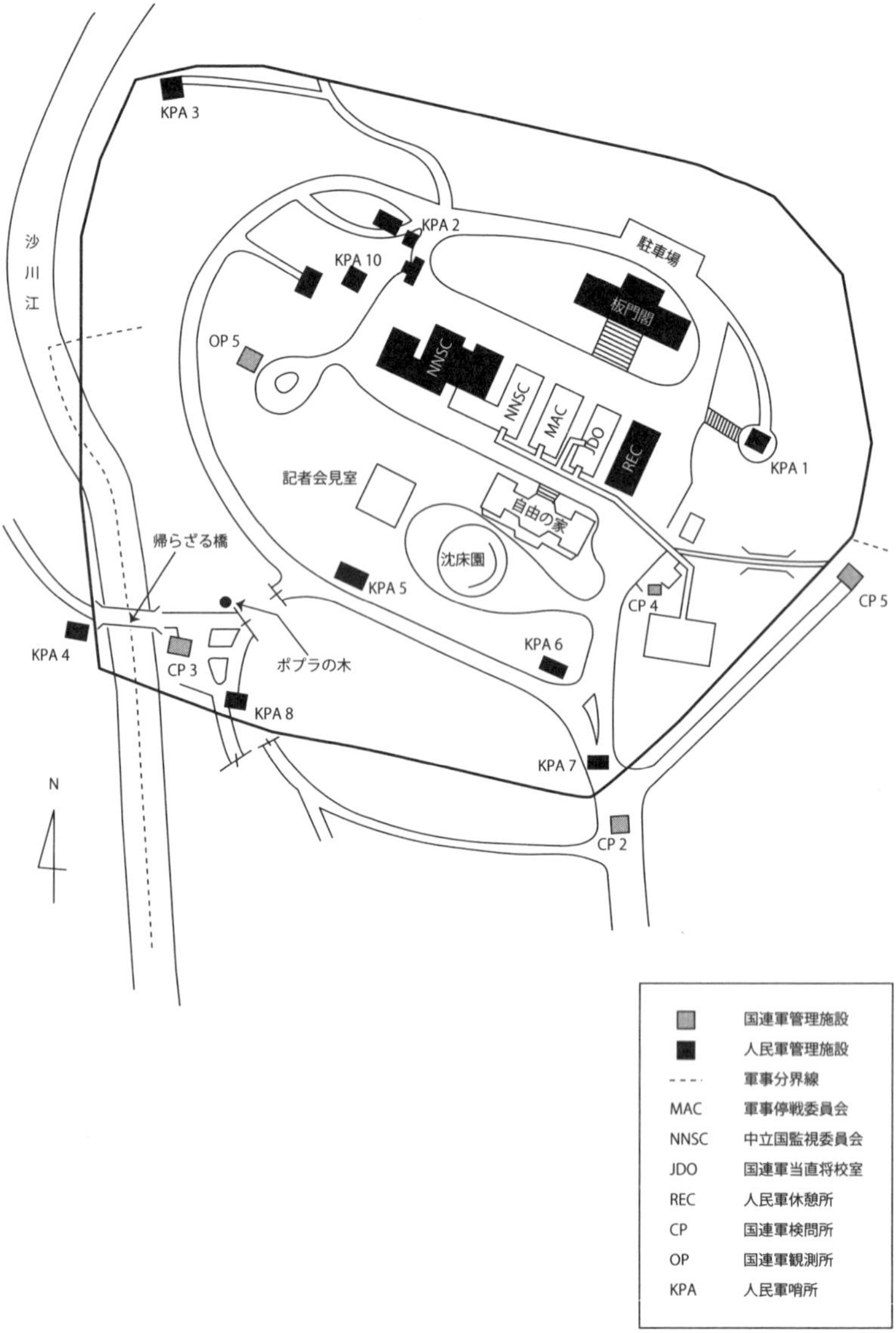

図5－1　ポプラ事件と共同警備区域

出所：次の資料を参考に筆者と横山早春が作成。Veterans of Foreign Wars Post 7591 and Eric Sprengle, Lieutenant Colonel, United States Army Reserve-Retired, Past Post Commander and Webmaster, Veteran of Foreign Wars Post 7591, http://www.vfwpost7591.org/opn-PB.html.

将校五人と兵士三〇人までの、拳銃ないしは単発小銃で武装した要員を配置することが許されていた。(2)

問題のポプラの木は、朝鮮戦争後に捕虜交換が行われたことで有名な「帰らざる橋」の東端に位置する国連軍の第三検問所（CP3）と、JSAの中央に位置する同第五観測所（OP5）の間に位置していた。このため、夏に葉が生い茂ると、ポプラの木がこれら二つの哨所の間の視界を遮るようになったのである。一方、北朝鮮の警備兵は「帰らざる橋」を通じて容易に第三検問所に接近することができた。また、第三検問所は、人民軍側の第八哨所（KPA8）と、「帰らざる橋」の反対側、JSAの外側に位置する同第四哨所（KPA4）に取り囲まれた場所に位置していた。このため、北朝鮮側の兵士による嫌がらせ行為発生の懸念が高まり、国連軍側はポプラの枝を伐採することになったのである。

八月一八日の一〇時三〇分、五名の韓国人作業員がポプラの木の枝の伐採作業を開始した。この作業は、米側将校二名、韓国側将校一名に加え、米兵四名、韓国兵三名の計一〇名が拳銃を所持して見守る中で行われた。国連軍側が作業を始めた直後、北朝鮮軍の将校二名と九名程度の兵士がトラックに乗って現れ、作業について問い質した。国連軍側が、枝を刈り取っているのであり、木を切り倒すのではないと応じたところ、北朝鮮側の将校一人が「よし」と答えた。作業は一五〜二〇分程度続き、その間、北朝鮮側の数名が枝の刈り取り方について指示を出すなどしていた。

その後、一〇時五〇分頃、一人の北朝鮮軍将校が米軍将校に向かって作業を中止するよう求めた。米軍将校がそれを拒否すると、北朝鮮軍の将校は「帰らざる橋」の反対側、北朝鮮域内に警備兵を送り、増援部隊を招集した。数分後、ポプラの木の周辺に約三〇名の北朝鮮軍兵士が集合した。ある北朝鮮軍将校は腕時計を外し、別の将校は腕まくりをした。そして、そのうちの一人が「殺せ」と叫ぶとともに、アーサー・ボニファス大尉を殴り倒すと、五人の北朝鮮軍兵士がボニファスに殴る蹴るの暴行をはたらく一方、他の国連軍の要員も殴打された。北朝鮮軍兵士たちは、自ら搬入した棍棒と、韓国人作業員が使っていたオノを凶器として使用した。

乱闘は数分続き、その結果、オノで殴打されたボニファス大尉とマーク・バレット中尉が死亡し、米兵と韓国兵それぞれ四人ずつが負傷した。二人の米軍将校の顔面はオノによる殴打によって著しく損傷していた。

武力示威行動

ポプラ事件の直後、米国では国家安全保障会議のワシントン特別諮問グループが対応策を協議した。会議では、まず、北朝鮮が韓国に対して奇襲攻撃を行うチャンスはすでに失われており、同国が全面戦争を意図しているわけではないとの判断が下された。そのうえで、米国政府は次のような軍事・外交行動をとることを決めた。(1)Ｆ－４戦闘機の一個飛行隊を沖縄から韓国に移動させる、(2)在韓米軍の警戒態勢を引き上げる、(3)Ｆ－１１１戦闘爆撃機の一個飛行隊を米国から韓国に移動させる、(4)Ｂ－５２戦略爆撃機を訓練任務でグアムから韓国に派遣するための準備を行う、(5)空母ミッドウェイを日本から朝鮮半島近海に配備するための準備を行う、(6)ＪＳＡにおける事件について、国連代表および国連安全保障理事会に通知する。一九日、米韓両軍は警戒態勢を強化し、防衛準備態勢（ＤＥＦＣＯＮ）は、情報収集と警戒態勢の強化を意味する4から、より高度な防衛準備態勢を意味する3に引き上げられた。また、監視態勢（ＷＡＴＣＨＣＯＮ）も3に引き上げられた。一方、同日、金日成《キムイルソン》は朝鮮人民軍最高司令官名で朝鮮人民軍の全部隊、労農赤衛隊および赤い青年近衛隊の全隊員に戦闘態勢に入るよう命令を下した[3]。北朝鮮が、こうした形で公に警戒態勢の宣布を行うのは初めてのことであった[4]。

このような状況の中で米韓両軍は、武力示威を行いながらＪＳＡに入り、事件の原因となったポプラの木を切り倒すという作戦を立案するとともに、作戦実施中に事態がエスカレートした場合の緊急対備計画を作成した。この計画には、北朝鮮側がポプラの伐採に抵抗した場合、ＤＭＺ北方に位置する北朝鮮の都市、開城《ケソン》を攻撃・占領するというオプションも含まれていたという[5]。米韓両国は緊密に連携しつつ作戦を立案した。作戦の立案にあたっては米統合参謀本部と在韓米軍が主導的役割を果たしたが、韓国合同参謀会議の柳炳賢《リュビョンヒョン》中将も国連軍司令官のリチャード・スティルウェル大将のオフィスに常駐していた。また、韓国の国防部長官や合同参謀議長も国連軍司令部と比較的緊密な協力関係を維持していた[6]。

ヘンリー・キッシンジャー国務長官は米統合参謀本部に対し、ポプラの木を切り倒す作戦の実施と同時に、北朝鮮軍の警備兵舎を砲撃するオプションを検討するよう要請した。しかし、米統合参謀本部は北朝鮮軍が火力の面で優位にあることを理由に、こうした作戦には反対し、代わりのオプション――精密誘導航空兵器や地対地ミサイルの使用、非正規戦部隊（海軍特殊部隊ＳＥＡＬ）による北朝鮮の軍事施設やインフラストラクチャーおよび「帰らざる橋」の破壊――を検討した。(7)

八月一九日、米統合参謀本部は、(1)二〇機のＦ－１１１を米国本土から韓国に派遣する、(2)空母ミッドウェイ、駆逐艦一隻、フリゲート艦四隻を含む空母任務部隊を横須賀から朝鮮半島に移動させる、(3)Ｂ－５２数機をグアムから韓国に移動させる、(4)沖縄の第三海兵師団の一八〇〇人を韓国に派遣する、との決定を下した。八月二〇日には、ジェラルド・フォード大統領が、「ポール・バニヤン（PAUL BUNYAN）」(8)と名づけられた、ポプラ伐採作戦を承認した。この計画は、ポプラの木を切り倒すとともに、北朝鮮側がＪＳＡ内に設置した路上バリケードを撤去することも許可していた。

北朝鮮は米国の軍事行動に敏感に反応していた。平壌では八月二〇日の二〇時〇〇分から翌日の〇二時〇〇分まで空襲対備訓練が行われ、北朝鮮国民たちは避難壕を出たり入ったりしたと伝えられた。(9)平壌のテレビやラジオ放送の内容は、好戦的かつ攻撃的なものであった。(10)韓国に亡命した北朝鮮の高官であるパク・ピョンヨプ（仮名――申敬完《シンギョンワン》）によると、ポプラ事件の発生後、北朝鮮は戦争勃発に備える動きを見せた。パクはこれについて次のように述べている。

板門店事件［ポプラ事件］が発生すると、北朝鮮は全国家的な動員令を下した。大学生は軍に動員され、予備兵（労農赤衛隊、教導隊など）は軍事動員された。退役将校も五〇代までの者は現役に復帰した。戦争が起きた場合に備えて、生産施設を後方予備候補地に移動する準備を進めた。

……

八月末から一一月中旬までに、平壌だけでも約二〇万人の住民が他の地域に移住させられた。黄海道《ファンヘド》と江原道《カンウォンド》の前線地域の成分不良者［筆者注——出自の悪い者］や虚弱な者を中心に約八〇〇〇世帯がつまみ出された。

…

三カ月間は完全に戦争準備状態であった。八〜九月は就寝時も枕元に軍服を置いて寝た。三カ月間、労働者も職場を離れ、戦闘配置についた。大学も虚弱な者以外は、ほぼ休業状態に入った。疎開は、爆撃が激しいことを予想し、山間地域に移住させようという趣旨であった。配給はうまく機能していたため、食糧事情は［深刻な］問題にはならなかった。(11)

北朝鮮の宣伝攻勢

外交面からみると、ポプラ事件は北朝鮮の宣伝攻勢の一つの帰結であったといえる。北朝鮮は一九七六年の春先から、米国が韓国に新型兵器を持ち込み、挑発的な軍事演習を行い、韓国軍を戦時態勢においていると非難し始めていた。北朝鮮は、こうした米国の行動によって「緊迫した情勢」が醸し出され、いつ戦争が発生してもおかしくない状況になったと主張した。(12)

そしてポプラ事件発生の約二週間前の八月五日、北朝鮮は「朝鮮民主主義人民共和国政府」名で、朝鮮半島における米国の行動について次のような異例の声明を発表した。

すべての事実は、米国がこのような長期にわたる戦争準備の末、ついに戦争準備の段階から戦争を直接挑発する段階に移っていることを明らかにしている。

…

米国は、朝鮮民主主義人民共和国に反対する新しい戦争挑発策動とすべての侵略行為を直ちに中止し、南朝鮮に搬入した核兵器をはじめとする大量殺戮兵器と軍事装備をただちに撤収しなければならない。

…

朝鮮民主主義人民共和国政府と朝鮮人民は、世界すべての平和愛好国政府と人民が朝鮮において醸し出された緊迫した情勢に相応の注意を払い、国の自主的平和統一のための我々の公明正大な立場を積極的に支持してくれると確信する。(13)

北朝鮮は一九七五年以前にも、毎年、国連総会の場で外交宣伝を行っていた。しかし、以前と異なっていたのは、北朝鮮が一九七六年に初めて、米国が「戦争準備を終え、直接、戦争の導火線に火をつけようとしている」と非難し始めたことであった。(14)また、八月五日の政府声明が発表される数時間前にも、DMZにおいて南北間の銃撃戦が発生していた。同日〇九時四五分頃、北朝鮮側の哨所から機関銃弾数発が軍事分界線を越えて米韓側の監視所付近に撃ち込まれた。さらに、その後、同じ北朝鮮軍の哨所から今度は八二ミリ無反動砲のものと思われる砲弾七発が撃ち込まれたのである。(15)

ポプラ事件が発生した当時、複数の北朝鮮高官が八月一六～一九日の予定でスリランカの首都コロンボで開催されていた第五回非同盟運動首脳会議に出席していた。八月一七日、同会議で北朝鮮の朴成哲《パクソンチョル》政務院総理は次のようなスピーチを行った。

…

我が朝鮮は、現在、帝国主義者らによって長く分断されたままになっており、緊張状態が日ごとに激化し、いつでも新たな戦争が起こりうる厳しい情勢に直面しております。

帝国主義者らは全朝鮮を支配し、さらにアジアにおいて自らの植民地体系を維持しようと、朝鮮において新たな侵略戦争の炎を起こそうとしています。

朝鮮における緊張状態を解消し、自主的平和統一を促進するためには、何よりもまず、帝国主義者らが南朝鮮で敢行している戦争挑発策動が即時中止され、南朝鮮に搬入された核武器をはじめとする、あらゆる戦争手段が除去されるべきであり、南朝鮮からすべての外国軍隊が撤収し、外国軍事基地が撤廃されるべきであり、朝鮮停戦協定が平和協定に転換されなければなりません(16)。

そしてポプラ事件の当日である一八日の夕方、今度は許淡《ホダム》外交部長が同会議で声明を発表し、ポプラ事件を「当方に対する意図的な挑発行為」であり、「朝鮮で新しい戦争を始めるために体系的に準備してきた戦争の導火線に直接火をつける」ことを目的としていると述べた(17)。さらに、一九日、朝鮮人民軍最高司令部は、事件についての北朝鮮の立場を説明する次のような報道を発表した。

すでに報道された通り、朝鮮において新たな戦争を挑発するために狂奔している米帝侵略者らは、一八日、板門店共同警備区域内で我が方に反対する重大な挑発行為を敢行した。

米帝侵略者らは、この日の朝一〇時四五分頃、オノを持った一四名のならず者を駆り出し、共同警備区域内にある木を乱暴に切り倒そうとした。

敵どものこのような行動と関連し、我が方の四名の人員が現場に出向き、我々が管理している共同警備区域内にある木なので、切り倒すには双方の合意が必要だとして、一方的に切り倒してはならないと敵どもに幾度も話した。

それにもかかわらず、相手側は我々の正当な要求に応じる代わりに、奴らの数的優勢に乗じ、凶器を振り回し、集団的に襲いかかり、我が方の警備員らに暴行を加える乱暴な挑発行動を敢行した。

我が方の警備人員らは、敵どものこのような無分別な挑発に対処し、仕方なく自衛的措置をとらざるを得なくなり、これをきっかけに両者の間に乱闘劇が起こり、双方に負傷者が発生した。

厳然たる事実がこうであるにもかかわらず、米国側は、むしろ我が方が最初に挑発したとして事件を捏造し、戦争騒動を大々的に引き起こしている。

板門店共同警備区域内で米国側が引き起こした、このような重大な挑発行為は、戦争を起こすために事前に敢行した計画的な策動である。[18]

続く一九日に開催された第三七九次軍事停戦委員会本会議で、国連軍側首席代表のマーク・フラッデン米海軍少将は事件の重大性を訴え、同様の事件の再発を防止するとの保証を要求する、スティルウェルから金日成への公式の抗議文を読み上げた。[19]これに対し人民軍側首席代表の韓柱庚《ハンジュギョン》少将は、ポプラ事件は「米帝侵略軍」によって引き起こされたものであり、「共和国北半部を侵略するための戦争準備の完了に伴い、戦争の導火線に火をつけるという冒険主義的な段階における新たな戦争挑発の陰謀の一環」であると非難した。[20]

しかし、北朝鮮の基本的態度は事態のエスカレーションを避けようというものであった。これは、軍事停戦委員会の開催中、北朝鮮の警備兵たちが会議場の周辺をうろつくという通常の行動をとらず、ＪＳＡの北朝鮮側に留まっていたことからも伺える。[21]しかし、当初、双方が見せた外交上の動きは明確な方向性に欠けるものであり、状況を打開する糸口は見つからなかった。

米韓の協調と緊張

事件発生の翌日、スティルウェルは韓国の朴正熙《パクチョンヒ》大統領と会見したが、その時の朴は「冷静で、思慮深く、前向き」であったという。朴の精神状態は、一九六八年の青瓦台襲撃事件やプエブロ号事件の時よりも、はるかに安定していた。朴は北朝鮮から謝罪、補償、そして再発防止の保証を引き出すとともに、今後の適切な対応策を立案するという二つの目標を同時に追求すべきであると主張した。同時に朴は、韓国と米国が北朝鮮の「術中に陥る」のを避けるべきだと強調し、両国は「武力使用を避ける形」で適切な対抗策を講じるべきであると述べた。スティルウェルは、プエブロ号事件後の武力示威によってもＥＣ－１２１撃墜事件の発生を防止することができなかったことを挙げ、武力示威だけでは「北を十分に牽制することはできない」と述べた。朴はまた、火器を用いないとの前提で、ポプラの伐採作戦のためにテコンドーの熟練者を参加させることを提案した。[22] スティルウェルはこの提案を受け入れつつも、停戦協定によって小銃ないしは拳銃を持ってJSA内に入ることのできる人数が制限されていることを指摘し、JSAに入る韓国の軍人が武装しないよう求めた。

北朝鮮に対して強力な対応措置をとるという米国の態度に朴は安心し、勇気づけられたようであった。八月二〇日、朴は北朝鮮に対し次のような強い警告を発した。

我々が忍耐するにも限界があります。

狂犬には棍棒が必要です。

我々が彼らから、いつも一方的に挑発を受けてばかりいなければならない、いかなる理由もありません。

これからは、彼らが再び不法な挑発を行う場合、大小を問わず、即刻、膺懲措置をとり、これに対するすべての責任は全面的に彼ら自身が負わなければなりません。[23]

彼はまた、ポプラ事件は、北朝鮮が自国の「経済破綻」と「深刻な権力闘争」を隠蔽するために行ったものであるとの見解を示した。[24]

一方で、ポプラ伐採作戦を仕上げるための同日の会議で朴は慎重な態度をみせた。朴は米国の断固とした態度を評価しつつも、米韓両国の対応は「木を切り倒すという現在の計画に限定」されなければならないという点と、「エスカレーションが起こるのは、北側がエスカレートする場合に限る」という点を確認した。朴はポプラの木の伐採によって、「北朝鮮が理解することのできる形で断固とした決意を示す」ことができると考えていた。[25]

しかし、朴が米側にみせた慎重さは表面的なものであった。実際には、朴は韓国独自の報復手段を秘密裏に準備していた。八月二〇日、朴は韓国軍の第一空輸特戦旅団に対し、JSA内で北朝鮮側が韓国兵に攻撃をかけてきた場合、「攻撃してくる敵軍に対応せよ、不法哨所を破壊せよ」と密かに命じたのである。[26] この任務を実行するため、特戦旅団の司令官は手榴弾、拳銃、M－16自動小銃などをJSAに持ち込むことを決めた。特戦旅団のメンバーは手榴弾や拳銃を制服の下に隠し持ち、M－16を別個に持ち込むことになった。[27] こうした韓国の行為はスティウェルの命令に背き、停戦協定に違反するものであった。[28]

「ポール・バニヤン」作戦

八月二一日、「ポール・バニヤン」作戦が実行された。この作戦には、チェーンソーとオノを携えた一六人の米軍の工兵に加え、携帯武器、オノなどを携行した三〇人の米軍警備兵、そして六四人の韓国軍特殊部隊員で構成される計一一〇人の要員が投入された。さらに、ポプラの木から離れた地点に、JSA警備小隊、韓国軍、そして追加の米軍部隊が配備された。また、DMZの南方では二〇機の汎用ヘリコプターと七機の攻撃ヘリコプターに分乗した歩兵部隊が空中待機し、米韓両軍の砲兵と米軍の戦闘機およびB－52が待機態勢についていた。

〇七時〇〇分、米韓両軍の要員一一〇人がJSAへの進入を開始した。〇七時〇五分、ポプラの木を伐採する作戦を開始したことが人民軍側に通知された。トラック一台が「帰らざる橋」の東端を封鎖する中、米韓両軍の要員はポプラの伐採作業を進めた。その間、北朝鮮側が不法に設置した路上バリケードを撤去する作業も行われた。のちに伝えられたところによると、作業が進む間、北朝鮮側は極度の緊張状態に陥っていたという。[29]

作戦が終了すると北朝鮮のメディアは、「朝鮮で新たな戦争の火種を作ろうと狂奔している米帝国主義者らが板門店で当方に対する重大な挑発行動を再び敢行した」と伝えた。[30] しかし、八月二一日の非公式会議で人民軍側首席代表は、朝鮮人民軍最高司令官名で金日成から国連軍司令官に宛てられた次のようなメッセージを伝えた。

長きにわたり板門店で大きい事件が発生しなかったのは幸いなことだ。しかし、今回、板門店の共同警備区域で事件が発生したことは遺憾なことだ。今後、このような事件が再発しないよう努力をしなければならない。その目的のため、双方は共に努力しなければならない。我々は貴側に挑発を防止するように促すところである。当方は決して先に挑発することはないが、挑発がある時には自衛措置をとるであろう。これが我々の立場である。[31]

当初、米韓両国の反応は否定的であった。二二日、国務省は、金日成の声明は意図的かつ計画的な国連軍将校二名の殺害に対する責任を認めていないことから、これを受け入れることはできないと明らかにするとともに、米国は警戒を緩めないし、いかなるプロパガンダの策略にも乗せられることはないと表明した。二三日には韓国政府も、金日成のメッセージは責任を認めておらず、受け入れ可能な解決策も提示していないため不十分であるとの見方を示した。

しかし、国務省は二三日、より融和的メッセージを送り、北朝鮮の声明が事件について遺憾の意を表明していることを「肯定的な一歩」と認識していると指摘した。[32] 韓国政府は米国政府の立場の変化について、米国が北朝鮮の声明を受け入れたわけではないこと、そして、「肯定的な一歩」という表現は北朝鮮への段階的対応の一つであり、問題の解決を意味するものではないことを指摘し、この変化の重要性を控えめに扱った。

韓国のメディアは米国の行動が不十分であると批判的な立場をとり、韓国政府も米国の行動が不十分であるとの見解を表明した。これについて米国政府は二五日に韓国政府に抗議し、米国はポプラの木を伐採する作戦で高いリスクを負ったのであり、米国は韓国のアドバイス通りに行動したと指摘した。[33]

共同警備区域に関する取決めの修正

八月二五日の第三八〇次軍事停戦委員会において人民軍側は、軍事分界線に沿ってＪＳＡを分割し、国連軍側と人民軍側の人員を引き離すことによって、将来の衝突や紛争を回避するべきであると提案した。これに対し、国連軍側は慎重な態度をみせた。国連軍側は、この提案によって北朝鮮が議論の焦点をオノ殺害事件からＪＳＡについての取決め問題に移し、オノ殺害事件の原因は北朝鮮軍の行動ではなく、ＪＳＡの保安取決め上の問題であったと喧伝することを懸念したのである。しかし、本提案に肯定的な側面があることも認識されていた。事実、国連軍も一九五三年と一九七〇年に同様のＪＳＡ分割提案を行っていた。その意味で、事件後の北朝鮮側の提案は、国連軍側への譲歩という側面ももっていたのである。[34]

この問題についての議論が始まると、韓国では交渉の行方について懸念が表明されるようになった。韓国は、北朝鮮がこの問題を事件の責任逃れのために利用し、また北朝鮮が米国との二国間協議を始めることによって韓国を孤立させようとするのではないかと懸念したのである。こうした懸念は、八月三〇日に、北朝鮮が一九七二年に南北間に設置されたホットラインの接続を切ったことによって一層高まった。

米国は韓国の懸念を尊重する立場をとった。キッシンジャーは駐韓米国大使のリチャード・スナイダーに、北朝鮮の提案に肯定的に応じるにあたっては、韓国政府と「緊密に調整する」よう指示した。[35]米国は韓国を安心させるため、もし北朝鮮の提案が米国との二者間協議を実現するための手段であることが明らかになった場合には、米国は即刻、北朝鮮の提案を却下するとの立場を表明した。[36]

米国は交渉の進展に満足していた。八月二八日の第三八一次軍事停戦委員会で米国は、北朝鮮から米国側の人員の安全に関して、自国の望む「すべての保証」を得ることに成功した。[37]そして九月六日には、双方の人員は軍事分界線によって分割されたＪＳＡの一方の地域でしか活動できないことになった。九月七日、米韓両軍は警戒態勢を通常のレベルに戻した。米海軍の任務部隊は日本に戻り、九月中旬にはＦ－４とＦ－１１１の二個飛行隊が朝鮮半島を離れ、Ｂ－５２の訓練飛行は九月末までに終了した。

2　環境要因の分析

揺らぐ米国の対韓コミットメントとカーターの登場

一九七六年八月までに米国はアジアにおける安全保障コミットメントの見直しを進めてきており、その結果、米韓関係は厳しいストレスに晒されていた。米国のコミットメントの低下は朴正熙にとって大きい懸念材料となっており、彼をして非民主的な維新憲法を導入し、自主国防計画を策定し、核開発に着手せしめる原因となった。

しかし、結果的に、これらの行動は米国の指導部を刺激する結果を招き、韓国に対する否定的な見方が米国内で急速に広まった。さらに、韓国の情報機関である中央情報部が自国の野党指導者である金大中《キムデジュン》を日本で拉致した事件、そして韓国のエージェントが米議員に賄賂を贈ったという「コリアゲート事件」が発生したことによって、状況は一層悪化した。韓国における政治的弾圧や人権問題が、米国の外交関係者の間で重要な課題として注目された。ニクソン政権は韓国に対して実務的態度で臨み、韓国も米国の圧力によって核開発を放棄したが、一九七六年までに米韓関係は全般的に緊張に満ちたものになっていたといえる(38)。

韓国にとってさらに悪いことに、米民主党の大統領候補選に出馬していたジミー・カーターが、一九七五年一月から公然と在韓米軍の全面撤退を主張し始めた。のちにカーターは全面撤退を取り下げ、地上軍のみの部分的撤退を主張するようになったが、彼のアイディアは北朝鮮にとっては歓迎すべきものであり、韓国にとっては悪夢ともいえるものであった(39)。そして、一九七六年七月には、そのカーターが民主党の正式な大統領候補となったのである。

その間も、米国議会では自国の対韓政策に対する批判が高まっていた。一九七六年四月には一一九名の米議会両院議員がホワイトハウスに備忘録を送り、米国の対韓軍事援助が韓国における政治弾圧を助長していると非難した。

国連における朝鮮問題についての議論(40)

一九四八年に大韓民国と朝鮮民主主義人民共和国が建国されて以来、朝鮮半島の将来についての議論、いわゆる朝鮮問題（Korean Question）が国連で議論されていた。韓国は当初から国連と緊密な関係をもっていた。大韓民国は一九四八年八月に成立したが、これは国連総会決議に基づいて実施された総選挙によるものであった。一方、北朝鮮は朝鮮半島問題への国連の関与を拒否しており、一九四九年九月には国連に対して朝鮮半島の統一問題に干渉しないことを求めるとともに、自国が参加していない状態での決定は拘束力をもたないとの立場を伝えていた。

北朝鮮の要求にもかかわらず、朝鮮半島問題に対する国連の関与は一九五〇年六月の朝鮮戦争の勃発によって一層深まった。同年七月、国連安全保障理事会は決議第一五八八号を採択し、加盟国に韓国防衛を呼びかけた。さらに、同年一〇月には国連総会決議第三七六号（V）が採択され、「全朝鮮を代表する、統一され独立した民主的政府の樹立を実現する」ために国連朝鮮統一復興委員会（UNCURK）が設置された。そして、朝鮮戦争後、ジュネーブにおける朝鮮問題についての政治会議が失敗に終わると、朝鮮問題は国連総会の場に差し戻されたのである。ところが、この時、韓国が北朝鮮代表の国連招致を妨げたため、国連における朝鮮問題の議論は韓国に有利な形で進められることになり、同時にその議論は形骸化していった。毎年、韓国を支持する決議が採択され、北朝鮮の国連招致を支持する北朝鮮支持派の決議案は否決され続けた。

しかし、一九七三年六月二三日に大きな転換点が訪れた。この日、朴正熙は七項目の「平和統一外交政策」を発表し、北朝鮮が韓国と同時に国連に加盟することに反対しないと表明したのである。そして、続く七月、北朝鮮は国連に代表部を設け、第二八回国連総会から朝鮮問題の議論にオブザーバーとして参加するようになった。また、一〇月には韓国政府が、停戦協定の履行を監視するための代替組織が設置されるのであれば国連軍司令部の解体を議論することができると示唆した。こうした中、国連総会の場では、北朝鮮の立場を支持する非同盟諸国の台頭によって南北朝鮮の競争は激化した。その結果、国連総会は、南北対話を通じた平和統一とともにUNCURKの解体を内容とする声明を採択することとなった(41)。

一九七四年、北朝鮮は国連総会において、より多くの支持を得るようになっていた。同年の第二九回国連総会では、韓国を支持する決議案が六一票対四三票で可決され、北朝鮮を支持する決議案は四八票対四八票で否決された。しかし、南北に対する支持の格差は以前に比べて縮まっていた。

そして一九七五年までに、北朝鮮は国連の場で韓国とほぼ同等の立場を築くことに成功していた。第三〇回国連総会が開かれるまでの三年間に、北朝鮮は四〇カ国以上の国々と新たに外交関係を樹立した。また、一九七五年八月、北朝鮮は非同盟運動の会員国となった。韓国も非同盟運動への参加を試みたが、北朝鮮を支持し、あるいは韓国に反対する国々によって拒否された。こうした中で開催された第三〇回国連総会で、韓国を支持する各国は、(1)停戦協定に代わる新たな取決めについて関係各国が協議すること、(2)一九七六年一月一日に国連軍司令部を解体するることができるよう、停戦協定を維持するための代替措置に関する議論を早期に完了させること、を呼びかける決議案を提出した。そして、九月二二日にはキッシンジャーが、南北朝鮮に米中両国を加えた四カ国が「朝鮮問題」を議論すべきとの提案を行った。他方、北朝鮮支持の決議案は、(1)国連軍司令部の解体と国連旗の下にある韓国駐留の外国軍の全面撤退、(2)停戦協定の平和協定への転換、(3)南北両軍兵力の同水準への削減などを内容としていた。二つの決議案への投票結果は驚くべきものであった。対立する二つの決議案が、韓国支持のものは五九票対五一票で、北朝鮮支持のものは五四票対四三票でいずれも採択され、それぞれ総会決議三三九〇A、総会決議三三九〇Bとして成立したのである。[42]

この時点で、状況が手詰まりを迎えており、徐々に北朝鮮に有利な環境が醸成されていると考えた韓国政府は、国連の場で朝鮮問題を議論しないことを決定した。しかし、北朝鮮は韓国の決定に呼応しようとせず、自国に有利な決議案を提出することによって朝鮮問題の議論における一方的勝利を模索した。一九七六年の一月から八月の間、北朝鮮は六九カ国から一八二の外国代表団を平壌に招くとともに、八二カ国に一四七の代表団を派遣した。特に重要なターゲットとなったのは、非同盟運動に加わっているアフリカやラテンアメリカ諸国であった。北朝鮮は、米国の戦争準備によって朝鮮半島ではいつ戦争が起こっても不思議ではない状況が醸成されていると訴えた。また、北朝鮮は八月に前年のキッシンジャー提案を正式に拒否した。そして、北朝鮮代表団は八月一六日から開かれた第五回非同盟運動首脳会議に参加し、自国の主張を盛んに喧伝した。

ポプラ事件発生二日前の八月一六日、北朝鮮を支持する国々が国連総会に決議案を提出したが、これは、(1)核兵器をはじめとする新型兵器などの韓国からの撤収、(2)新たな戦争の危険性を高める行為の中止、(3)国連軍司令部の解体、(4)外国軍の韓国からの撤退、(5)停戦協定の平和協定への転換などを内容とするものであった。[43]こうして北朝鮮は、きたる第三一回国連総会での全面対決に向けて準備を整えていったのである。朝鮮問題を国連で議論しないという決定を翻し、八月二〇日には韓国を支持する国々が北朝鮮の決議案に対抗する独自の決議案を提出した。しかし、ポプラ事件が発生するまで、韓国は国連総会における北朝鮮への支持が前年に比べて減少することはないと見積もっていたのである。[44]

局地的軍事バランス

事件発生当時のポプラの木周辺における哨所の配置をみると、北朝鮮側はポプラの木の北東方面、南方面、西方面に三つの哨所を設置していたのに対し、国連軍側はポプラの木の南西方面に検問所を一カ所持っていただけであった。さらに、ポプラの木の西に位置していた「帰らざる橋」を渡ると、そこはＪＳＡの外に位置する北朝鮮地域となっており、北朝鮮側は「帰らざる橋」を渡って容易に追加兵力をＪＳＡに送り込むことができた。また、ＪＳＡ周辺における火砲の戦力についても北朝鮮側が米韓側に対して四対一で優位に立っていた。[45]少なくとも短期的には、北朝鮮側はポプラの木の周辺で局地的に優位な状況を作り出すことが可能であった。ポプラ事件において攻撃を仕掛けたのは北朝鮮側であり、また、乱闘が続いたのはわずか二分程度であったため、その間、北朝鮮は局地的な優位を維持することが可能であった。事実、米軍の増援部隊が同地域に到着したとき、乱闘はすでに終結していたのである。[46]

当時、米韓両軍が用いていた抑制的な交戦規則（ＲＯＥ）も北朝鮮に有利に作用した。ＪＳＡ内で事件が発生した場合の武力や火器の使用について米韓両軍は、「離脱のために必要な最小限の武力」しか用いてはならず、「あらゆる物理的衝突をできる限り早期に終結させる」ための行動をとらなければならないと規定していた。[47]事件発生時、米韓両軍の要員が散開し、事件現場から迅速に離脱するための行動をとったのは、これに従ったものであった。つまり、北朝鮮側の作戦の成功には、このＲＯＥに助けられたという面もあった。

また、六〇年代末から七〇年代前半にかけて米韓両国が陸上と海上における防衛力を強化したため、一九七六年までには北朝鮮の軍事行動の場としてのＪＳＡの魅力が相対的に高まっていた。陸上ではＤＭＺの防衛態勢が強化され、北朝鮮の特殊部隊による南側への侵入は困難になっていた。一九七一年、北朝鮮はDMZの地下に対南侵入用のトンネルを建設し始めたが、これは、六〇年代後半にDMZの防衛態勢が強化されたことへの対応策でもあった。[48] 一九七六年六月には三人の北朝鮮工作員がDMZの南側に侵入したが、発見・殺害された。[49] 同様に、北方限界線の「死守」政策の採用、西海五島の要塞化、韓国の海軍力増強などにより、北朝鮮側が海上で軍事行動をとることも難しくなっていた。

3 軍事・外交行動の特徴

場所と時期

JSAは重要な象徴的意味をもち、北朝鮮が対外宣伝のための行動を起こすのに適切な場所であった。なかでも特筆すべきは、一般には「板門店」として広く知られているJSAの歴史である。板門店は、朝鮮戦争の停戦交渉が行われたことで世界的に知られるようになった。一九五三年に停戦協定が結ばれたのに伴い、軍事停戦委員会の本部地域にJSAが設置された。国連軍と人民軍を介する間接的なものとはいえ、七〇年代に南北の直接対話が始まるまで、軍事停戦委員会は南北朝鮮にとって唯一の対話の場であった。また、米朝両国にとっても、八〇年代後半に非公式の直接対話チャンネルが開かれるまで、軍事停戦委員会は唯一の対話チャンネルであった。このような歴史と機能が、JSAに特別な意義を与えていたのである。

JSAはDMZの西部地域に位置する直径八〇〇メートル程度の円形の区域で、朝鮮戦争後、軍事停戦委員会は常にここで開催された。一九七六年八月の時点で、JSAは国連軍と人民軍が共同で維持管理する中立地帯であり、五カ所の国連軍側監視哨所と七カ所の人民軍側監視哨所が設置されていた。双方は、合意に基づき、一人あたり一丁の単発小銃または拳銃で武装した、それぞれ五名の将校と三〇名の兵士、計三五名を配置することを許されていた。非武装の作業要員については、より多数の人員を配置することが許されており、枝の伐採などの作業については事前の許可なしに、双方が個別に実施することとなっていた。

一九七六年八月以前にもＪＳＡでは乱闘事件が発生したことがあった。特に一九七五年以降、北朝鮮はＪＳＡにおける緊張を高める動きを活発化させ、国連軍側を脅迫し、その所有物を破壊し、警備兵を襲撃していた[50]。そして一九七五年六月には、北朝鮮側の「記者」と称する人物に米陸軍少佐のウィリアム・ヘンダーソンが言葉による侮辱を受けたのち、背後から殴打され、転倒するという事件が発生した。その後、国連軍と人民軍の間に数分間の乱闘が発生した。ただし、この事件では北朝鮮側の一人がヘンダーソンを蹴っていた男を止めようとする場面が目撃されもした[51]。また、ポプラ事件発生の約二カ月前の一九七六年六月二六日には、二〇人程度の北朝鮮警備兵がＪＳＡで警備行動中の国連軍側のジープを妨害して停止させたうえ、二人の国連軍警備兵を板材、ショベル、梶棒などで襲撃するという事件が発生した[52]。なお、この事件はマーク・フラッデンが軍事停戦委員会の首席代表に任命された直後に発生したのだが、フラッデンは本事件について次のように述べている[53]。

そちら［北朝鮮軍］の警備兵の統制のとれていない勝手な振る舞いについては、昨年［一九七五年］、幾度も問題として取り上げたところである。そちらの警備兵によって、極めて深刻な事件に発展したかも知れない直接的な挑発行為が幾度もとられてきた。こうした挑発行為は極めて頻繁に発生しているため、あなたがたは、まさにそのような［深刻な］事件を引き起こそうとしているようにみえる。さらに、我々の抗議にもかかわらず、あなたがたは警備兵たちを統制するための必要な行動をとっていないように見受けられる[54]。

つまり、ポプラ事件が発生する以前にも、すでにＪＳＡにおける北朝鮮の挑発行為が活発化する兆候が明らかになっていたのである。この意味で、ポプラ事件は何の前触れもなく、突発的に起きた偶発事件ではなかった。

さらに、ポプラ事件が発生する一二日前の八月六日にも、国連軍側は枝打ちではなく、ポプラの木を切り倒すため、警備要員とともに四人の韓国人作業員を現地に派遣していた。しかし、その時は北朝鮮側の警備要員がポプラの木に手を触れないよう要求したため、作業は中止された。のちにポプラの木を切り倒すのではなく枝打ちするとの決定が下されたのは、こうした北朝鮮側の要求を受けたものであった。このような事情があったため、ポプラの木は国連軍側にも人民軍側にもよく知られた問題となっていたのであり、北朝鮮にとっても、この問題を軍事・外交的に利用すべく計画を立てる時間的余裕があったといえる。[55]最後に、直接の関連が認められるわけではないが、ポプラ事件はカーターが民主党の大統領候補に選出された約一カ月後に発生している。

軍事力の種類と使用形態

ポプラ事件に参加したのは比較的少数の双方の警備要員であった。そして、北朝鮮側の警備要員が用いたのは自らが持ち込んだ棍棒と、韓国人作業員が現場に残したオノであった。つまり、韓国人作業員が現場から逃走するときにオノを持ち去っていれば、オノによる国連軍要員の殺害は発生していなかったのであり、その意味では、この事件には偶発的な側面があったといえる。また、脱北した北朝鮮の元高官によれば、米軍将校の殴打を命令したのは金正日であったが、彼は北朝鮮軍の要員に、銃を使わないよう指示していたとのことである。[56]これらのことから、北朝鮮の指導部の意図としては、棍棒で米軍将校をひどい目に遭わせるのが目的であり、必ずしもオノによって残忍に殺害するのが目的ではなかった可能性が高い。

北朝鮮の行動は、公然の示威行動による強制を目的としたものであった。北朝鮮はポプラ事件を通じて、国際舞台で友好国に自国の立場を支持させるとともに、米国に在韓米軍の撤退を促そうと試みた。当時、国際社会における北朝鮮の立場は強化されつつあり、また、米国内でも在韓米軍撤退論が高まっていた。したがって、北朝鮮は米軍駐留の支持者たちに翻意を促そうとしたというよりも、在韓米軍撤退論者たちを政治的に後押ししようとしたのではないかと考えられる。この意味で、ポプラ事件における北朝鮮の軍事行動は「協調的強制」とでもいえるものであった。

強度と目標選定

オノによる殺傷事件は、南北の厳しい対立を考えれば、必ずしも大事件といえるものではなかった。南北の低強度紛争による犠牲者数は六〇年代後半から七〇年代初期にかけての方がはるかに多かった。ポプラ事件が衝撃的であったのは、それがJSAで発生した初の殺傷事件であったためである。当時の国連軍司令官はこの点について、「特筆すべきは、停戦協定が調印されてからの二三年間に発生した南北の衝突で初めて［JSAの］警備要員に死者が出たことと、その残忍性、そして、朝鮮人民軍による攻撃が明らかな計画性をもって実行されたことである」と記している。(57)二人の米軍将校はオノの背でめった打ちにされ、殺害された。彼らの体はめった打ちにされ、血まみれになっていた。ボニファス大尉はオノの背でめった打ちにされ、彼の顔はもはや認識不能となっていた。(58)こうした残忍性がポプラ事件の特徴であり、また、この事件が世界の耳目を集めた理由であった。

この事件における主要な攻撃目標は米軍将校であり、他の目標は二次的なものに過ぎなかった。(59)韓国に亡命した北朝鮮の元高官によると、金正日は韓国人労働者ではなく、米国人だけを攻撃するよう命じたという。(60)

軍事と外交の連携

ポプラ事件において、北朝鮮の軍事行動と外交活動は緊密に連携されていた。北朝鮮は相互訪問やメディアを通じた外交宣伝を展開し、特に非同盟諸国を中心に自国への支持を働きかけた。北朝鮮の宣伝攻勢は八月初めに本格化し、ポプラ事件は非同盟運動首脳会談が開催され、北朝鮮支持決議案が国連総会に提出される時期に発生した。九月末に国連総会が開幕する予定であったことから、北朝鮮の軍事・外交攻勢は八月初めに始まり、二カ月後に成果を生み出すことが期待されていたものとみられる。

4 政策目的とその達成度

ポプラ事件の結果についての分析を行うにあたっては前提条件が必要となる。つまり、各種の状況証拠からポプラ事件は北朝鮮の意図的な行動であったとみることができる反面、事件のいくつかの重要な要素は明らかに偶然の産物であった。例えば、ポプラの枝打ちを行うという決定は米韓側が行ったものであって、北朝鮮側が決めたことではなく、したがって、そのタイミングも北朝鮮側が操作できる類のものではなかった。米韓側がポプラの枝打ちをするという決定をしていなければ、ポプラ事件は発生しなかった可能性さえある。そして、米軍将校の殺害に使用されたオノも国連軍側がＪＳＡ内に持ち込んだものであり、北朝鮮側が準備したものではなかった。もしオノが存在しなければ、北朝鮮による攻撃は棍棒や素手で行われていた可能性が高く、米軍将校の惨殺という結果は生まれなかったかもしれない。

さらに、ポプラ事件は北朝鮮最高指導部の命令によってではなく、現地で勤務していた北朝鮮軍将校のパク・チョルによって引き起こされた可能性も完全には排除できない(61)。亡命した元北朝鮮軍将校によれば、パクはボニファス大尉に個人的な敵対心をもっており、パクが乱闘を指揮した。そして後日、パクは北朝鮮の政治指導部から賞賛され、軍事勲章を与えられたというのである(62)。

しかしながら、状況証拠から判断すると、細かい計画や実際の行動は現地の指揮官に任されていたとはいえ、米軍将校を攻撃するという決定は北朝鮮の最高政治指導部によってなされた可能性が高い。ソ連の指導部はポプラ事件を、「第三世界からの政治的支持を得るためのキャンペーンの一環として、金日成によって意図的に実行されたもの」であるが、これが軍事危機を引き起こすことになるとは予想していなかったとみていた(63)。他方、金正日と同じオフィスで働いた経験をもち、朝鮮労働党で三〇年以上勤務したのち、八〇年代に韓国に亡命したパク・ピョンヨプは次のように述べている。

一九七六年の板門店事件［ポプラ事件］は、米軍と韓国が北側［北朝鮮］の観測の妨げになるという理由で、北朝鮮との事前の同意がないまま、ポプラの枝を切ろうとする過程で問題が発生した。米軍憲兵と韓国人労務者が木を切ろうとしたところ、これを阻止しようとする北側警備員らとのあいだに争いが起こった。こうした中、警備兵らが金正日に直接、当時の状況を報告した。

…

報告を受けた金正日は、「朝鮮人の気概をみせてやれ。韓国人労働者は放っておいて、米軍の奴らだけを選んで気概をみせてやれ。銃は撃つな」と指示した。こうして、言い争いが起こり、争いが広がり、労務者らが持ち込んでいたオノを奪って殺してしまった。人が実際に死んでしまったため北朝鮮側も慌て、再び状況を報告すると、金正日は「撤収せよ」と指示した。

事件が拡大すると、金日成にも報告された。［金日成は］「なぜ、そんなことをしでかしたのか」と追及した。金正日は「米軍の意識的な挑発だ。奴らが戦争を起こすために挑発した」と報告しろと指示した。党秘書たちは金正日が［事件を］起こしたと言えず、［人民］武力部の人間がやったと言い逃れした。そこで、当時の人民武力部長である［ママ］崔賢《チェヒョン》が厳しく叱責を受けた。崔賢は、叱責されると作戦局長を呼び、鬱憤を晴らし、作戦局長に警告を与え、責任をとらせた。

当時は唯一指導体制が強化された時期であったため、事がうまくいけば金正日の指示で行ったことにし、うまくいかなければ部下が責任をとるという時代であった。米軍が報復する、韓国が攻撃すると言って強硬に出てきた。金日成は謝罪しようと言い、遺憾表明が出てきた。金日成は、「人が死んだのだから、遺憾の意を表明しなさい。プエブロ号事件の時は米軍が謝ったではないか」と指示した(64)。

以上を踏まえると、ポプラ事件は、北朝鮮が朝鮮半島における緊張激化を喧伝しつつ、国際舞台で積極的な外交攻勢を展開するという一連の動きを背景に、米韓側によるポプラの枝打ちを口実に北朝鮮が意図的にとった行動であると判断される。そして、より具体的には、金正日とパク・チョルの二人が事件を主導したと考えられるのである。

国際社会における支持獲得

ポプラ事件が発生した時期、北朝鮮指導部は二つの目的をもって外交活動を展開していた。一つは第五回非同盟運動首脳会議で自国の立場に対する支持を得ることであり、もう一つは第三一回国連総会において、朝鮮問題をめぐる票の奪い合いで韓国に勝利することであった。北朝鮮政府は一九七六年の春までに、国際舞台で朝鮮問題についての議論を活発化させるとの方針を固めていた。これについて金日成は同年三月二八日に次のように述べた。

朝鮮の統一問題を解決するためには…朝鮮の統一を支持する国際世論をさらに呼び起こし、米帝国主義者らが南朝鮮において敢行している不当な行動を世界人民の前に広く暴露することが重要です…。朝鮮人民の統一偉業を支持する世界人民らの世論をさらに力強く呼び起こしてこそ、朝鮮における戦争を防止し、アジアの平和を維持でき、朝鮮の統一を平和的な方法で実現することができます。我々は、朝鮮問題がアジア問題においても、世界問題においても、焦点になるようにするため積極的に努力するでしょう。(65)

一九七六年八月の第五回非同盟運動首脳会議は、一九七五年に北朝鮮が同会議の正会員国になったのち、代表団を派遣する初の会議であった。北朝鮮はこの会議を重視し、一二〇人もの代表団を派遣していた。会議で北朝鮮代表団は、在韓米軍の存在が朝鮮半島における緊張の原因であると訴えるとともに、朝鮮問題についての決議案を提出した。

しかし、北朝鮮の主張があまりにも一方的なものであり、また、同会議の開催中にポプラ事件が発生したことから、比較的穏健な加盟諸国が決議案に反対を表明し、北朝鮮が提出した決議案の内容は大幅に修正されることになった。この時、五カ国が修正案を提出し、非同盟運動のリーダー的存在であったユーゴスラビアのヨシップ・ブロズ・チトー大統領を含む数カ国の指導者が北朝鮮への支持を留保した。このため、北朝鮮は修正案を提出せざるを得ない状況に追い込まれた。最終的には、会議の行方を懸念する主催国のスリランカが譲歩したことによって、北朝鮮が主張するいくつかの点——韓国からのすべての外国軍隊の撤収、外国の軍事基地の撤廃、停戦協定の平和協定への転換——は政治宣言に盛り込まれた(66)。しかし、この宣言には二五カ国が留保を表明し、その事実が議事録にも記録された。北朝鮮は自国の立場に対する全面的な支持を取りつけることに失敗したのである。ポプラ事件が同会議の結果に与えた影響を具体的に評価するのは容易ではないが、同事件が北朝鮮に不利な結果をもたらしたのは明らかであった(67)。

米国の政策担当者は、ポプラ事件が北朝鮮の立場を悪化させたことを明確に認識していた。九月一五日、この問題について意見交換したブレント・スコウクロフト国家安全保障問題担当大統領補佐官とスナイダー駐韓大使は、ポプラ事件が「予想以上に良い結果をもたらし、全体として明らかに我々に有利に作用した」との点で一致した(68)。そしてスナイダーは、ポプラ事件の結果が国連においても「有益な効果」をもたらすであろうと評価したのである(69)。事実、北朝鮮を支持する内容の決議案は、第三一回国連総会が開幕する直前に撤回された。北朝鮮を支持する国々が決議案の提出を取りやめたのは、北朝鮮を支持する決議案が否決される一方、韓国を支持する決議案が採択されると予想されたためであったと考えられる。ポプラ事件は国際社会における北朝鮮の威信を深く傷つけたのである(69)。九月末、キッシンジャーとの会談で韓国の朴東鎮《パクトンジン》外務部長官は、国連総会で朝鮮問題が議題化されなかった点に満足の意を表しつつ、北朝鮮が決議案を撤回したのは、前年に比べて各国からの支持が激減することを恐れたからであろうと評価した。これに対してキッシンジャーは、非同盟運動首脳会議で北朝鮮支持の決議に留保が付けられたことや、JSAにおける北朝鮮の行動に対する支持が得られなかったことも原因であったとの見解を示した(70)。

ポプラ事件が米韓両国に有利な結果をもたらした理由の一つは、両国が抑制された対応をみせたところにあった。この点について米国のダンテ・ファセル議員は次のように述べている。

彼ら［北朝鮮側］は、［我々の］報復によって彼らの兵士たちが殺害されるのを期待していたのではないか。彼らは自らの主張の正しさが証明されるのであれば、三〇名の命が失われることも厭わなかったであろう。彼らが主張したかったのは、米国は好戦的であり、この地［朝鮮半島］には深刻な緊張状態が存在するということであった(71)。

これに対して国務省の東アジア・太平洋問題担当次官補であったアーサー・フンメルは同意を表明し、「我々は、彼らの兵士たちを殺さないことによって、我々の主張を裏づけた」、「もし、彼らの側に死傷者が出ていたら、彼らにとっては、より好ましい状況が生み出されていたであろう」と述べた(72)。

つまり、米韓側は北朝鮮の兵員に被害を与えなかったことによって、軍事的には敗北したが外交的には勝利を収めたのである。そして逆に、JSAにおける北朝鮮側の行動は、「アメリカ人をひどい目に遭わせる」という目的の達成には成功したが、国際舞台での宣伝戦における勝利という点では逆効果しかもたらさなかったのである(73)。

ポプラ事件が広く喧伝されたことによって、国際社会における北朝鮮の立場は著しく悪化した。こうした状況にあって、北朝鮮はひたすら沈黙を保つことで国際的威信の回復を期待する以外なかった。

ポプラ事件の収束後、DMZにおける事件は減少し、軍事停戦委員会も一九五三年以来の「長い静寂の日々」を迎えた。JSAにおいても、一九八四年一一月にロシア人亡命事件によって静寂が破られるまでの八年間、これといった事件は発生しなかった(74)。

在韓米軍の撤退

北朝鮮はポプラ事件を引き起こすことによって、米国における厭戦感情を刺激し、カーターをはじめとする在韓米軍撤退論者を後押ししようと試みた。つまり、北朝鮮は、米軍人を襲撃することによって、朝鮮半島における米軍駐留が、米国をベトナムに続く、もう一つのアジアにおける悲惨な戦争に引きずり込む原因となりうることを印象づけようとしたのである。[75]

しかし、在韓米軍の撤退を促そうという北朝鮮の試みは、米国における在韓米軍撤退論議に影響を与えなかったという意味で失敗であった。米議会の関心はもっぱら韓国の人権や戦争権限法などの問題に集中していた。また、大統領選における米国民の投票行動がポプラ事件によって影響されたという証拠もない。[76]さらに、カーターの在韓米軍撤退についての主張は彼の信念に基づくものであり、ポプラ事件によって左右される類のものではなかった。

唯一、ポプラ事件が米国の政策に影響を与えた可能性があるとすれば、それはＪＳＡの警備にあたっていた米軍の保安中隊の取り扱いに関するものであった。九月一五日、スナイダー大使はＪＳＡの保安中隊の撤収を進言し、[77]その場合、「国内からの圧力によって撤収するよりも、自主的に」撤収を決めるのが望ましいと述べたのである。スナイダーの進言は明らかにポプラ事件を背景とするものであった。しかし、スコウクロフトは、この提案を退け、敵からの脅威に「晒されているという事実」こそが、ＪＳＡの保安中隊に存在意義をもたせていると論じた。スコウクロフトはまた、「小規模の漸進的な動き［兵力の撤収］を進めるべきであるとする政府部内の一部での動きは、個々にはそれほど影響のないものであるが、それが重なると東アジアにおける我々の軍事プレゼンスを浸食する実質的な結果をもたらすことになる」との懸念を表明した。[78]こうした議論を経て、結局、ＪＳＡの保安中隊は引き続き維持されることになったのである。

また北朝鮮は、ポプラ事件を背景に米朝間の平和協定締結を促そうとした可能性もある。しかし、オノによる米軍将校の惨殺がそれを促進することはなかった。平和協定締結の問題についての米国の立場は明確であった。九月一日、フンメルは、韓国の参加なしに米国が朝鮮半島における将来の安全保障体制について北朝鮮と交渉することはないと述べた。[79]

金正日の権力掌握

現時点ではポプラ事件と北朝鮮の国内政治の関連についての直接的な証拠は存在しないが、同事件が北朝鮮政府あるいは軍内における金正日の権力掌握と関係していた可能性は排除できない。一九七〇年、金正日は軍における地位固めに本格的に着手し、金日成に同伴する形ではなく、単独で頻繁に軍部隊を訪問し始めた。軍訪問時、金正日はブリーフィングを受けるだけでなく、兵士らとともに戦車、魚雷艇、航空機に搭乗するなど、軍と緊密な関係を築こうとしたという。一九七五年になると軍部隊や各部署に金正日の肖像が掛けられるようになった。さらに同年、金正日は軍の報告システムを変更し、自身を通してしか軍が金日成に報告できないようにした[80]。

しかし、軍に対する金正日の権力掌握はすべて順調に進んだわけではなかった。彼の権力掌握を妨げようとする動きの中で最も重要な事件は一九七六年六月に発生した。同月の政治委員会で金東奎《キムドンギュ》副主席は、金正日が党の規則や命令を軽視するばかりでなく、高齢ではあるが経験の豊かな党幹部を冷遇し、若く経験不足の人間に交代させているとして彼を批判したという。これに、李用茂《リヨンム》朝鮮人民軍総政治局長、柳章植《リュジャンシク》党政治委員会委員候補、池京洙《チギョンス》党検閲委員会委員長、池炳学《チビョンハク》人民武力部副部長らも加わり金正日を批判した。しかし、彼らは逆に粛清され、金正日の権力掌握への挑戦は失敗に終わった[81]。

パク・ピョンヨプは、ポプラ事件の背景について次のように述べている。

> 当時は金正日が後継者として登場し、唯一指導体制が定着しつつある時期であった。金正日が蟻一匹の動き［極めて些細なこと］まで報告を受けていた時期であった[82]。当時、金正日は誰が出勤時間に遅れたかということまで、全国のすべての情報を自分に集中させていた時であった。

また、約二〇年にわたり、金日成の後妻であった金聖愛《キムソンエ》の親族の家庭教師を務めたことのある金賢植《キムヒョンシク》は、ポプラ事件の背景について次のように語っている。

> オノ蛮行事件［ポプラ事件］は金正日が直接指揮して引き起こしたものである。金正日の置かれていた状況が

原因である。…金正日を慕う者はいなかった。友人もいなかった。そこで、金正日は「どうすれば自分の立場を良くできるか」と考えた。金正日は目先が利く。…オノ蛮行事件は、金正日がテロを起こして状況を転換しようと試みたものである。オノ蛮行事件が起こると、平壌は要塞となり、戦争準備が進められた。平壌を全員で守ろう、全国を守ろうということになった。…金正日はオノ蛮行事件を起こして、自分と親しくない多くの人々を疎開させてしまった。自分も［金日成の後妻で、金正日の継母である］金聖愛の家に行って教えていたので追い出されそうになった。金正日はこれをきっかけにして状況を変えてしまった。一九七四年に権力を継承し、その二年後に自分の権力を固めるためにオノ蛮行事件を起こした。…金正日は常識的な人物ではない。金正日の指示がなければ軍は動けない。金正日の指示があったからこそ、あのような事件が起こった。金日成が事件の背景を知っていたかどうかは分からない(83)。

そして、事件発生から約一カ月後、平壌駐在のハンガリー大使は本国に次のような報告を行っていた。

八月一九日に布告された準戦時状態［ママ］を、北朝鮮の指導者たちは次のように多くのことにも利用している。

まず、いわゆる住民の組織化を強化し、起こるかどうかも分からない戦争状態において必要なことを演習させている。

第二に、平壌から約五〜六万人を移動させた。トラックの行列が何週間もかけて、数千の家族を移住させた。ちょうど北朝鮮人たちから事実を知ることになったのだが、これは避難演習ではなく住民の強制移住であり、彼らを移動させたのであった。…。別の情報によれば、平壌の知識人の一部の層と、省庁の職員の一部も移住させた。外交部と貿易部でも多数の幹部交代が行われ、察するに、交代させられた幹部たちもまた地方に移動させられた。同時に平壌の教化所（一種の大きい強制収容所）の居住者も地方に移された。

第三に、準戦時状態を経済建設課業の推進に利用した。…。ルーマニアの消息筋から得た情報によれば、戦争遂行には外部条件が不十分であり、北朝鮮自身も戦争遂行に適切な条件を備えていないことを考えると、おそらく内部問題、［つまり］最高位層において観察される意見衝突も、［北朝鮮が］準戦時状態を宣布したり、戦争の雰囲気を醸成したりする要因となった。(84)

こうしたことから、金正日がポプラ事件で軍を直接指揮し、軍事・外交面で手柄を立てることによって、軍に対する影響力を強化しようとする一方、国内の反対勢力を排除するためにもポプラ事件を利用したと考えることができる。その意味でも、ポプラ事件が金東奎事件のわずか二カ月後に発生したという事実は注目に値する。

第6章　第一次核外交——一九九三〜九四年

一九九三年三月一二日、北朝鮮政府は核拡散防止条約（NPT）からの脱退を宣言した。(1) 北朝鮮は、米国が冷戦後、核兵器などの大量破壊兵器の拡散を国際安全保障上の新たな脅威であると位置づけ、不拡散政策に力を入れようとしていたのを逆手にとり、核開発の凍結などに応じる代わりに経済支援や米朝の関係正常化を要求した。その結果、一九九四年一〇月、米朝間で、北朝鮮が核施設の運転・建設を凍結する代わりに、米国が北朝鮮に対して軽水炉を提供するための措置をとることなどを内容とする「アメリカ合衆国と朝鮮民主主義人民共和国との間で合意された枠組み」（以下、枠組み合意）が結ばれた。(2)

1　核開発、危機、枠組み合意

核拡散防止条約脱退宣言

一九九三年二月九日、国際原子力機関（IAEA）は、北朝鮮が同機関に報告していない複数の核関連施設に対する特別査察を要求した。また、同月二五日、IAEA理事会は決議を採択し、ハンス・ブリクスIAEA事務局長に対して、北朝鮮がNPTを遵守しているかどうかを一カ月以内に報告するよう要求した。これに基づき、ブリクスは北朝鮮にIAEAの査察を受け入れるよう求めたが、北朝鮮はこれを拒否した。続く三月九日には米韓連合軍事演習「チーム・スピリット93」が開始された。前回に比べて規模は縮小されたものの、韓国は七万の兵力を参加させ、米国は五万の兵力を展開するとともに、B－2ステルス戦略爆撃機を初めて朝鮮半島に持ち込むなどした。(3)

これに対し、金正日《キムジョンイル》は「チーム・スピリット」が開始される前日に、「全国、全人民、全軍が一九九三年三月九日から準戦時状態に移ること」を指示する朝鮮人民軍最高司令官命令を宣布した(4)。準戦時状態の宣布は、一九八三年以来、初めてのことであった(5)。ドン・オーバードーファーは準戦時状態での北朝鮮の動きを次のように記している。

攻撃が差し迫っていると言われた軍幹部は、地下要塞に待避するよう指示された。軍人の休暇はすべて中止となり、兵士は頭を丸刈りにされて鉄製ヘルメットをかぶらされ、軍隊には小銃の弾薬が配られた。平壌では、装甲車が保安本部近くに何列も並べられ、武装警官が軍隊の通過をチェックした。地方では空襲から身を守るため、市民が家の近くに塹壕を掘るために動員された(6)。

こうした中、北朝鮮は三月一二日にNPTからの脱退を宣言するとともに、危機の高まりを喧伝した。北朝鮮はNPT脱退を宣布する政府声明で、「米国は、我々が軍事基地に対する『特別査察』を拒否すれば『特別査察不履行』というレッテルを貼り、この問題を国連安全保障理事会にもちこんで、我々に対する『集団的な制裁』を加えようとしている」、「もし、我々が米国とその追従者のこうした陰謀を阻止できなければ、全民族を対決と戦争へと追い込み、大国の生贄として差し出す結果だけを招くだろう」などと述べた(7)。また、この頃、北朝鮮が、(1)同国に駐在する外交官を追放することを決めた、(2)政府に対するアクセスを拒否することにした、(3)国外の代表団を本国に召還した、(4)平壌と北京の電話回線を停止した、などと報じられた。

NPT脱退宣言に対する米韓両国の当初の反応は比較的落ち着いたものであった。韓国政府は強い懸念を表明し、北朝鮮が決定を翻すことを強く促すとともに、軍の警戒態勢を引き上げることを決め、すべての南北経済協力を中止した。しかし、一方では金泳三《キムヨンサム》大統領が、「北朝鮮が国際的に孤立したり、苦痛を受けるようなことは決して望んでいない」と述べ(8)、四月には核問題の外交的解決を訴えながら、「我々は武力で対応するのではなく、穏健な姿勢で対応するであろう」と述べるとともに、[9] 北朝鮮の体制が突然崩壊するようなことになれば、非常に不幸な結果を招くとの考えを示した。[10] 米国政府も北朝鮮にNPT脱退の決定を翻すよう促したが、強い圧力をかけることは避けた。

中国は北朝鮮に、より同情的な態度をとった。中国は核問題の外交的解決を訴え、四月一日にIAEA理事会が北朝鮮の核問題を国連安全保障理事会（以下、国連安保理）に付託するとの決議案を採択した後にも、問題解決の手段として制裁を用いることには強く反対するとの態度を明らかにした。

NPT脱退宣言から二週間ほど経った三月二四日、金正日は準戦時状態を解除する声明を発表し、緊張を緩和させた。[11] そして、続く二九日、北朝鮮外交部は米朝の二国間協議で核問題を解決する用意があると表明した。[12] この呼びかけに対し、四月二二日、米国は、核問題は「国際社会と北朝鮮との間の問題」であるとの基本的な立場を示しつつも、米朝協議に応じると発表した。[13] 北朝鮮の核問題が国連で議論される中、米朝間でも三度の実務レベル接触がもたれた。

五月一一日、国連安保理は、北朝鮮がNPT脱退を再考し、NPTの遵守を再確認することを求める決議を採択した。[14] これに対し北朝鮮外交部は、「問題を解決するうえで協議という方法ではなく、圧力という方法に固執している」と米国を非難するとともに、国連安保理が北朝鮮に制裁を課することがあれば、同国はこれを「『宣戦布告』に等しいもの」とみなすと表明し、あくまで米国との二国間協議を要求した。[15]

こうした一連の動きの後、二五日、米朝両国は六月二日からニューヨークで二国間の協議を開催すると発表した。しかし、その一方で北朝鮮は、五月末にそれまでで最も大規模なミサイル実験を行った。二九、三〇日の二日間に、北朝鮮はスカッド三発とノドン一発、計四発の弾道ミサイルを日本海に向けて発射したのである。

米朝高位級協議

米朝高位級協議は六月二日、米側はロバート・ガルーチ国務次官補、北朝鮮側は姜錫柱《カンソクチュ》外交部第一副部長を代表として始まったが、これは北朝鮮のNPT脱退の効力が発生する僅か一〇日前のことであった。姜は、北朝鮮は核兵器を製造する能力をもっていないとの金日成《キムイルソン》北朝鮮国家主席の言葉を翻し、核兵器を製造する能力をもってはいるが、米国が北朝鮮を脅かさなくなれば核兵器を製造しないと約束すると述べた[16]。また、明確な提案ではなかったが、北朝鮮が保有する黒鉛減速炉を軽水炉と交換するオプションをほのめかした。北朝鮮のNPT脱退が発効する直前の一一日、両国は二国間で初めての「共同声明」を発表し、次の三項目にわたる原則に合意したことを明らかにした。

(1)核兵器を含む武力を使用せず、こうした武力による威嚇も行わないことを保証する。
(2)全面的な保障措置適用の公正性保障を含む朝鮮半島の非核化、平和と安全を保障し、相手側の自主権［主権］を相互尊重し、内政に干渉しない。
(3)朝鮮の平和的統一を支持する。[17][18]

同時に北朝鮮政府は、NPT脱退の効力を「必要であると認めるだけ一方的に臨時中止することにした」との立場を表明した[19]。逆にいえば、必要であれば、いつでもNPTを脱退し、核開発を再開するということであった。姜錫柱は六月の米朝協議を「歴史的な会談」であったと述べた[20]。米朝共同声明は、北朝鮮にとって極めて重要な象徴的意味をもっていた。核問題が浮上することによって、米国は突然、北朝鮮を「重要な国」とみなすようになったのである[21]。六月一八日、姜錫柱は北朝鮮の立場を一層明確にした。姜は、核問題が米国の北朝鮮に対する「敵視政策」を発端としており、このため、両国間の「敵対関係という根源」を除去しなければ決して解決することのできない問題であると指摘した[22]。

一方、ニューヨークにおける米朝協議の進展は韓国の不安をかき立てることになった。米朝共同声明の発表後、南北対話、そして北朝鮮とIAEAの協議も再開されたが、核問題解決の主導権が徐々に米朝両国に移り始めたためである。特に、米朝共同声明が発表されてからは、米韓関係がギクシャクし始めた。韓国は交渉を通じた核問題の解決を望んでいたが、その過程で自国が取り残され、米朝関係のみが良好化することを歓迎しなかったのである。

取引条件をめぐる交渉

北朝鮮の核問題解決において米朝の二国間協議が中心的な役割を果たすことが明らかになると、次は、取引条件、つまり何と何を取り引きするかをめぐる問題に焦点が移っていった。北朝鮮は、自国が何を期待しているかを極めて率直に表明した。一九九三年七月、ジュネーブにおける第二回米朝協議で姜錫柱は、国際社会が費用を負担するのであれば、自国の黒鉛減速炉を軽水炉に置き換えてもよいと表明した。軽水炉には、核兵器の製造に必要なプルトニウムの生産が比較的困難であり、また国際的な監視を維持しやすいという特徴があった。このため、ガルーチは基本的にはこの提案に肯定的であったが、慎重さも示していた。軽水炉建設の資金を得るのは極めて困難であると考えられたからである(23)。いずれにせよ、北朝鮮はその野心的な政策目的を米朝協議の早い段階で明らかにしたのである。そして、最終的に北朝鮮はこの目的を達成することになる。第二回米朝協議の結果、双方が七月一九日に発表した声明のポイントは以下の通りである。

(1)双方は、北朝鮮が現存の黒鉛減速原子炉とそれに関連した原子力施設等を軽水炉で代替することが望ましいと認める。
(2)米国は、核問題の最終的解決の一環として軽水炉導入を支持し、そのための方途を北朝鮮とともに探求する用意がある。
(3)双方は、ＩＡＥＡの保障措置を完全に、そして公正に適用することが国際的な核不拡散レジームを強化するうえで必須であることについて見解を同じくした。
(4)これに基づいて北朝鮮は、保障措置と関連した懸案事項とその他の諸問題に関するＩＡＥＡとの協議を可能な

限り早い時期に始める用意を表明する。(24)

第二回協議の声明は北朝鮮にＩＡＥＡとの協議を求めていたが、八月に入ると米国は、北朝鮮がＩＡＥＡに加えて韓国との間でも本格的な協議を開始しなければ第三回米朝協議を行わないとの方針を固めた。(25)こうした条件は、核不拡散の国際レジームを基礎としつつも、同盟国である韓国との関係を良好に維持しながら核問題を解決したいという米国側の意向を反映するものであった。

その後、北朝鮮がＩＡＥＡの査察を十分受け入れなくなると、米国は第三回米朝協議が危うくなると警告した。九月に開かれたＩＡＥＡと北朝鮮の協議は不調に終わり、一〇月一日にはＩＡＥＡ総会が、北朝鮮に改めて査察の受け入れを要求する決議を採択した。そして一一月一日には、ＩＡＥＡ事務局長からの報告を受けた国連総会が、北朝鮮に保障措置協定の完全な実施のため、速やかにＩＡＥＡに協力することを求める決議を採択した。(26)

南北対話も成果を生み出さずにいた。韓国が核問題を協議の最重要課題と考えたのに対し、北朝鮮は南北首脳会談の準備のための特使交換を優先することを求めた。一〇月五日から二五日までに三回開催された協議は不調に終わった。そして、一一月二日に韓国の国防部長官が、北朝鮮が制裁に対して軍事行動をとった場合の対応策を米韓安保協議会議で協議すると発言したのに応える形で、三日、北朝鮮は南北対話を打ち切ると発表した。(27)これを機に北朝鮮は韓国政府を激しく非難するようになり、同三日には金光鎮《キムグァンジン》人民武力部副部長が「対話には対話で、戦争には戦争で応えるというのが我々の立場である」と述べるなど、戦争の恐怖を煽るような行動をとり始めた。(28)

北朝鮮が求めていたのはＩＡＥＡとの協議でも南北対話でもなく、米朝協議の再開であった。九月二二日、北朝鮮外交部は米国が第三回米朝協議の開催に前提条件を設けていることを非難し、その撤回を求めた。(29)そして、一〇月四日、北朝鮮外交部は一日のＩＡＥＡ総会で採択された決議を非難しつつ、「こんにちの実態は、核問題が、唯一、朝米会談を通じてのみ解決できることを改めて実証している」とする談話を発表した。(30)北朝鮮は、韓国やＩＡＥＡとの形式的な対話が米朝協議の実現につながらないとみてとると、それらの対話チャンネルを閉じてしまうことによって米朝協議の再開を迫ろうとしたのである。

北朝鮮は対話と軍事的脅迫という二つの手段を併用することによって、自国の立場を強化しようとしていた。緊張が激化し、制裁の可能性が高まると、北朝鮮は国際社会からの圧力に断固として立ち向かう意志を示した。一一月初めには、北朝鮮が非武装地帯（DMZ）付近の戦力を増強していると伝えられた(31)。そして、同月二九日には北朝鮮外交部が、制裁や戦争という事態に対しても「国の自主権を守護する万端の準備ができている」と指摘しつつ、「米国があくまで朝米共同声明の原則を白紙化し、会談をやめるというのであれば、我々も［NPT］条約脱退効力発生をこれ以上、不便を感じつつ停止させておく必要がなくなるであろう」との強い調子の声明を発表した(32)。

しかし、対立の裏側では同時に、新たな打開への努力が行われていた。一〇月中旬、北朝鮮は非公式に新提案を米国側に提示したが、これは、北朝鮮が広範なIAEAの査察を受け入れる代わりに、米国は「チーム・スピリット」演習の中止と第三回米朝協議の開催に同意するとともに、北朝鮮に対する核威嚇の不行使を約束するというものであった。また、より大きい取引として、北朝鮮が、(1)NPTに残留し、(2)保障措置を全面的に履行し、(3)南北非核化共同宣言の実施に同意する代わりに、米国は、(1)核兵器を含む武力の使用・威嚇をしないという確約を含む平和協定を締結し、(2)軽水炉を供給する責任を負い、(3)外交関係を正常化し、(4)南北朝鮮に対するバランスのとれた政策をとるとの案が提示された(33)。

さらに、一一月一一日には姜錫柱が、米国に対して「一括妥結方式」を提示したことを明らかにしたが、その内容は次の通りであった。

(1)保障措置の継続性(34)保障と保障措置協定の完全な履行は、厳然と区別しなければならない。［筆者注——北朝鮮が主張する「保障措置の継続性保障」とは、保障措置協定の完全な履行に至らない、不完全な保障措置の受け入れを意味し、北朝鮮にとって有利な条件での査察受け入れを意味する。］

(2)保障措置協定の完全な履行問題は、あくまでも今後の朝米会談を通じて、米国の核威嚇と圧殺政策の放棄問題との直接的な関連の中で議論し、解決すべき問題である。
(3)一括妥結方式の合意に従って、米国が我々［北朝鮮］に対する核威嚇と敵視政策を放棄する実践的行動をとり、当方が［NPT］条約に残留して保障措置協定を全面的に履行するようになれば、核問題は円満に解決されるであろう。(35)

他方、九月中旬、韓国の穏健派は米国に、第三回米朝協議で核問題が解決されれば米朝関係正常化のための第四回協議を行うという「包括的アプローチ」を提案した。一一月一五日には米国がこれを承認し、同月二三日には、この案が「徹底的かつ広範なアプローチ」として、米韓共同で発表された。(36)その内容は、第一段階で北朝鮮がIAEAによる査察を受け入れるとともに南北対話の再開に応じる代わりに、米韓側は「チーム・スピリット」を中止する。そして、第二段階においては、第三回米朝協議で北朝鮮が寧辺《ニョンビョン》にある二カ所の核廃棄物施設に対するIAEAの査察を受け入れる問題とともに、米朝の国交正常化および経済関係の強化や、米韓日三カ国による対北投資などを議論するというものであった。(37)

新しい対北政策を打ち出す一方、米国は北朝鮮に対する制裁、軍事力による威嚇および武力行使、核施設の攻撃、韓国への兵力増派など、各種のオプションを検討した。しかし、いずれのオプションにも欠点が多かった。制裁には膨大な艦艇の配備が必要となるうえ、効果は不確実であった。本格的武力行使はコストが高すぎた。核施設を攻撃しても、すでに分離されたプルトニウムは破壊できないうえ、北朝鮮が本格的に報復してくる可能性も排除できなかった。当時はソマリアやハイチにおける米国の軍事作戦が失敗に終わっていた時期でもあった。こうして、一一月一五日に開かれた国家安全保障会議の長官級委員会における結論は、強硬策に否定的なものとなった。(38)

一二月に入ってからのさらなるやりとりの結果、一二月二九日、米朝両国は、(1)北朝鮮が、九月八日にIAEAが示した七カ所の申告済み施設に対する査察を許可し、(2)特使交換のための南北対話を再開し、(3)韓国が「チーム・スピリット」中止を発表し、(4)米朝両国が第三回米朝協議の開催日程を発表するという、四つの「同時かつ相互主義的な」行動をとることで一応の合意をした[39]。

しかし、一九九四年一月、ＩＡＥＡと北朝鮮の協議が進むにつれて、北朝鮮が受け入れるべき査察の内容が米朝間で完全に合意できていなかったことが明らかになった[40]。北朝鮮は「保障措置の継続性」を保障するための査察を限定的に解釈しようとした。米国は査察の範囲を限定的に解釈する余地を北朝鮮に与えてしまっていたが、ＩＡＥＡはあくまで保障措置協定を基礎とした査察を続けようとした。北朝鮮は「保障措置の継続性」を保障するための査察にしか同意していないとして、サンプル採取とガンママッピングを拒否した。

同時期、朝鮮半島における緊張が高まった。米国がペトリオット地対空ミサイルの韓国配備を発表し、韓国の国防部長官は、北朝鮮が査察を受け入れないのであれば「チーム・スピリット」を再開すべきであると発言した。これに対し、一月三一日、北朝鮮外交部は「米国の強硬保守勢力が、我々を軍事的に制圧するための試みの一環として、南朝鮮に対するペトリオット・ミサイル配備を本格的に急いでいる」、「米国が朝米会談を行わないというのであれば、我々も敢えて会談を行うつもりはない」としたうえで、「米国が何か他の方法を選択するならば、我々もこれに相応する対応方法を選択するであろう」と述べた[41]。そして、その一方では、年例の冬季演習を実施中であった北朝鮮軍が通常の活動とは異なる動きをみせていた。また、米国の情報機関は、北朝鮮国内で長距離弾道ミサイル、あるいはそのモックアップ（実物大の模型）らしきものを捉えていた[42]。

しかしながら、最終的には北朝鮮がＩＡＥＡによる査察の範囲について譲歩する姿勢をみせた。そして、二月一二日、米朝両国は、北朝鮮が、より広範な「保障措置の継続性」を保障するための査察を受け入れ、南北対話を再開する代わりに、米国は「チーム・スピリット９４」の中止を約束するとの合意に達した。これに基づき、一五日にはＩＡＥＡと北朝鮮が保障措置の継続性保障のために必要な査察の範囲について合意した[43]。そして、二月二五日には米朝両国が「合意された結論」と呼ばれる合意文を発表し、三月一日を期して、(1)米国が、韓国の「チーム・スピリット９４」中止に同意するとの決定を発表する、(2)ＩＡＥＡと北朝鮮の合意に基づき、「保障措置の継続性」を保障するための査察を開始し、これを合意された期間内に終了する、(3)南北の特使交換のための実務接触を再開する、⑷第三回米朝協議を三月二一日に開始することを発表する、という四つの「同時的措置」を講じることを明らかにした。(44)

この合意に従い、三月一日、ＩＡＥＡの査察チームが、寧辺の核施設を査察するために平壌入りした。また同日、韓国は米韓両国が「チーム・スピリット９４」の中止を発表することで合意したと発表し、三日には特使交換のための南北実務接触が再開された。これらの動きを受けて、米朝両国は第三回協議を三月二一日にジュネーブで開催することで合意した。(45) この時点では、核問題の解決が射程圏内に入ったものと思われた。しかし、この直後、急速に緊張が高まっていった。

「合意された結論」の破綻

南北対話は期待通りに進まなかった。北朝鮮にとって、南北対話は米国との協議を実現するための手段にすぎなかった。金泳三は米朝が韓国の頭越しに協議を進めていると考え、不快感を募らせた。逆に韓国が米国の頭越しで秘密裏に進めようとした南北秘密接触も不調に終わった。(46) この結果、三月一九日の南北実務代表接触に韓国側は強硬な態度で臨み、北朝鮮側が特使交換の手続きに関する韓国の提案を受け入れたにもかかわらず、核問題を最優先の議題とすることを北朝鮮側に突然要求した。(47) 北朝鮮側は韓国の態度に不満を表明し、代表の朴英洙《パクヨンス》が「ここからソウルは遠くありません。戦争が起こればソウルは火の海になってしまいます」と韓国側を恫喝した。(48) こうして南北協議は破綻した。

ＩＡＥＡに対する北朝鮮の態度も同様であった。三月の寧辺におけるＩＡＥＡの査察は申告済みの施設についての状況把握を可能にするものではあったが、北朝鮮は再処理施設でＩＡＥＡが合意済みの活動を行うことを拒否した。三月二一日、査察の結果がＩＡＥＡ理事会に報告され、これを受けた理事会は、北朝鮮に速やかにすべての査察を受け入れることを勧告する決議を採択するとともに、これを国連安保理に報告するようＩＡＥＡ事務局長に要請した。同日、北朝鮮外交部は、第三回米朝協議に代表団を送らないこと、そして保障措置の継続性を保障する義務を放棄することを発表した。同時に、米国の「背信行為」を非難し、「こんにち、朝鮮半島では再び全民族を対決と戦争の局面へと追い込むかも知れない重大な情勢が到来している」と指摘し、米国が対話に応じない限り、NPTを脱退せざるを得なくなると警告した(49)。

二二日、IAEA事務局長は国連安保理に対し、IAEAは核物質の転用、再処理、その他の活動が行われた可能性についての判断を下すことができなくなったと報告した。これに対し、北朝鮮の原子力総局は二四日、「現時点で我々が許容できるのは、単に保障措置の継続性を保障するための査察だけ」であり、保障措置協定に基づく査察を受け入れる義務を負うものではないと主張し、IAEAに対し二一日の決議を撤回することを求めた(50)。さらに三一日、北朝鮮外交部は、「保障措置の継続性」を保障するための査察受け入れに同意したのであって、NPTにおける「特殊な地位」をもつ自国には通常および特定査察を受け入れる義務はないと指摘した。また北朝鮮は、一九九三年一二月の米朝協議で米国側が、自国の「体面を考慮して」、合意された査察が「制限査察」であることを公表しないように要請したと主張した(51)。同三一日、国連安保理は北朝鮮に対する議長声明を発出し、保障措置協定の義務を履行するための一つのステップとして二月一五日のIAEAとの合意に基づく査察を受け入れることを求めた(52)。

米国は第三回米朝協議の開催を拒否し、北朝鮮に対する制裁を検討し始めた。韓国政府は米軍がペトリオット・ミサイルを自国に持ち込むことを許可した。三月末には韓国に最大六個のペトリオット部隊を配備する命令が承認された。

核危機

四月に入ると、北朝鮮はさらに緊張を激化させる措置をとった。四月一日、北朝鮮は五メガワット原子炉の運転を中止し、九日にはIAEAに対し、サンプルの採取は許可しないが、作業に立ち会うことは許すとしつつ、五メガワット原子炉の使用済み燃料棒を取り出す作業を近く開始すると通告した。IAEAは、サンプル採取が許されないのであれば査察官を派遣しないとの立場をとった。その結果、査察官不在のまま、五月九日に燃料棒取り出し作業が開始された。ＩＡＥＡは北朝鮮に対し、保障措置の手続きを無視した燃料棒の取り出しは保障措置協定の重大な違反にあたると通告し、これ以上の作業を中止するよう促した。北朝鮮はこれを拒否したが、この問題について話し合うためのＩＡＥＡ担当者の訪朝を許可した。

燃料棒の取り出しは重大な転換点となった。この時まで、問題の核心は北朝鮮の過去の核開発であったが、これ以後は、過去の核開発とともに未来の核開発も問題化したのである。ウィリアム・ペリー米国防長官は、この時に五メガワット原子炉から取り出された燃料棒を再処理すれば核爆弾五〜六発分のプルトニウムが得られると見積もっていた[53]。

一九九四年に入ってから北朝鮮は活発に軍事演習を行った。北朝鮮は攻撃・防御の双方にわたる軍の演習を活発化させ、危機時に使用する秘匿性の高い通信ネットワークのテストを行った[54]。三月には北朝鮮の軍事演習の規模が、前年に比べて前方地域の地上部隊については四〇パーセント、海軍では一五パーセント、空軍では三〇パーセント、それぞれ拡大したと伝えられた[55]。また四月には、前年比で地上軍の演習回数が八〇パーセント、空軍が五〇パーセント増加したと報道された。特に、機械化部隊による機動訓練、海空協同訓練、予備戦力動員訓練、主要都市における灯火管制・疎開訓練などが大幅に増加した[56]。四月三〇日には北朝鮮が保有する作戦機の半数以上が同時に飛行するという事態が発生した[57]。

こうした中で、北朝鮮は米国との協議再開を求める動きもみせた。五月三日、北朝鮮外交部は、取り出した燃料棒をＩＡＥＡの管理下に置き、米朝協議を通じて核問題が解決された時点でその測定を許容すると表明した[58]。同一二日、姜錫柱は非公式に、燃料棒の取り出しは進んでいるものの、重要な科学的情報は保存されていると米国側に伝えた。また、北朝鮮の外交官の一人は、燃料棒を取り出すには二カ月かかるため、その間に米朝が何らかの合意を模索することは可能であると述べた[59]。

五月一九日に北朝鮮を訪れたＩＡＥＡの査察官は、燃料棒抜き取り作業が予想を上回る速度で進んでいるうえ、装塡されていた場所が分からなくなるようなやり方で燃料棒が保管されており、北朝鮮の核開発の実態を正確に把握することが困難になりつつあることに気づいた[60]。しかし、同月二五～二七日のＩＡＥＡと北朝鮮との協議は不調に終わり、ＩＡＥＡは、燃料棒の抜き出し作業が続いた場合、数日のうちに、定められた基準に則って測定を行うために燃料棒を選択・分別・確保することが不可能になると結論づけた。三〇日、国連安保理は、燃料測定のための技術的可能性を残す形で作業を進めることを北朝鮮に強く勧告した[61]。しかし、六月二日にはＩＡＥＡ事務局長が国連安保理に書簡を送り、燃料棒の取り出しの重要な部分は不可逆的なものであり、北朝鮮で生産されたすべてのプルトニウムが申告されているかどうかを確認することが極めて困難になったと伝えた。

六月三日、米国は、北朝鮮との第三回高位級協議を開催できる状況にないとの認識に基づいて、安保理で後続措置を模索するとともに、北朝鮮の行動に対して「制裁を含む適切な次なる対応」を同盟諸国および国連安保理との間で議論していると明らかにした[62]。韓国では八日、金泳三政権下では初となる国家安全保障会議が開催された。

こうした動きに、北朝鮮は脅迫と呼びかけを織り交ぜた反応をみせた。北朝鮮は五月三一日と六月二日に日本海でシルクワーム地対艦ミサイルの発射実験を行った[63]。そして、六月三日には姜錫柱が次のように述べた。

…もし米国が強権の道を選ぶならば、我々の進路も変わるであろう。我々は原子力開発の次の工程に移り、現在の方式で自立的原子力エネルギー工業を一層拡大せざるを得ない。米国が朝米会談の基礎が崩れたと主張するのであれば、我々が核拡散防止条約脱退の効力発生を臨時停止させている基礎も崩れるであろう。

我々は「経済制裁」が我々に対する宣戦布告となることについて、すでに関係当事者に通知してある[64]。

また、六月九日には金永南《キムヨンナム》外交部長が、北朝鮮は今後もミサイル実験を続けると述べるとともに、朝鮮半島で戦争が起きれば韓国は徹底的に破壊されるであろうと警告した[65]。

しかし、このような強い警告の一方、姜錫柱は三日の声明で、「我々としては、科学技術的にその可能性を保存しているので、朝米間で核問題さえ解決されれば、炉心燃料の測定はもちろん、それより重要な問題も十分に解決できるであろう」と指摘しつつ、「米国が今からでも会談を開く用意があるならば、我々の一括妥結提案はまだ有効である」とも述べた。[66] さらに、六日、北朝鮮の原子力総局長はIAEA事務局長に次のような書簡を送った。

現在、我々は、将来、我々の特殊な地位が解消されることを予見して、炉心燃料の事後測定のための技術的可能性を十分に保存しながら燃料交換作業を進めている。

燃料交換は通路［チャンネル］ごと、区域ごとに順番に進められており、一個の容器に四つの通路から出てくる燃料棒［使用済み燃料棒四チャンネル分］を保管している。[67]

しかし、IAEA理事会は六月一〇日の決議で、北朝鮮が保障措置協定違反を続けていることを理由に医療分野以外の北朝鮮に対する援助を中断するとともに、同決議を国連安保理と国連総会に送付することをIAEA事務局長に要請した。[68] 北朝鮮はこのIAEA理事会決議を受け、さらなるエスカレーションの道を選択した。一三日、北朝鮮外交部は、⑴IAEAから即時脱退する、⑵保障措置の継続性保障のための査察をこれまでのように受け入れられなくなった、⑶国連による制裁は、これを宣戦布告とみなすとの立場を強く再確認する、と明らかにした。[69] そして、続く一四日には、テポドン・ミサイルのものと思われるエンジンの燃焼実験を行った。[70] 北朝鮮は、崖っぷちにまた一歩、歩を進めたのである。

北朝鮮の燃料棒取り出し作業が続く中、米国は北朝鮮に対する制裁や軍事オプションを検討し、また、朝鮮半島における戦争シナリオを真剣に検討した。こうしたシナリオの検討は、北朝鮮が制裁を宣戦布告とみなすと繰り返し明らかにしていたことからも必要であると考えられた。米国はすでに各種の軍事的措置を講じていた。四月、ペトリオットが韓国に到着し、実戦配備された。それ以外にも、アパッチ攻撃ヘリコプター大隊、M－2装甲戦闘車、最新鋭の対火砲レーダー・システム、約一〇〇〇人の米兵が韓国に追加配備された[71]。さらに、この頃、北朝鮮の核施設を攻撃する能力をもつ空母インディペンデンスが朝鮮半島付近に配備された[72]。また、同時期、米国が朝鮮半島周辺に二隻目の空母をひそかに派遣したとの報道もある。

六月に入ると、米国は三つの異なるレベルの戦力増強を仮定した軍事オプションを策定した。第一のオプションは、将来の増派のための準備を行う要員として最大二〇〇〇人の軍人を非戦闘目的で韓国に送るというもので、制裁発動に先立って実施されることになっていた。第二のオプションは、一万人の兵員と複数の航空群を朝鮮半島付近に配備するとともに、一個の空母任務部隊を同地域に追加配備するというものであった。そして、第三のオプションは、五万人以上の兵員、四〇〇機の航空機、五〇隻以上の艦艇に加え、多連装ロケットとペトリオットを配備するというものであった。このオプションは予備役の招集と空母の追加配備を前提としていた[73]。

さらに、六月一四日に開かれた長官級の政策決定委員会で、米国は寧辺の核施設を軍事的に破壊する計画を検討した。そのためのオプションとしては、第一に、再処理施設のみを破壊するというもの、第二に、再処理施設に加え、寧辺の五メガワット原子炉や使用済み燃料棒貯蔵プールを破壊するというもの、第三に、これらに加え、重要軍事施設を破壊するというものがあった[74]。同時に、米国は二段階の対北制裁案を策定した。それによると、北朝鮮がIAEAに十分協力しない場合、国連安保理決議採択後三〇日目に第一段階の制裁を実施し、⑴核開発に資する取引、⑵兵器関連の輸出入、⑶商用の定期便および人道目的のものを除く、北朝鮮に出入りする航空便、⑷経済・開発援助をすべて禁止するとともに、各国は北朝鮮との外交関係の締めつけを図る。さらに、北朝鮮がNPTからの脱退や再処理活動の再開などを行った場合には、資産を凍結し、送金を禁止する。翌一五日、日本と韓国がこの制裁案に同意したため、米国は国連での制裁論議を開始した[75]。

米国の世論は北朝鮮に対する強硬策を支持しているようであった。六月の世論調査によると、八〇パーセントが経済制裁を支持し、北朝鮮が査察を受け入れない場合に核施設を攻撃することに五一パーセントが同意し、四八パーセントが北朝鮮の核開発を防止するためであれば「戦争も辞さぬべき」であると回答した[76]。

しかし、制裁や軍事オプションのリスクは大きかった。これについて五月一八日にワシントンDCで米軍の首脳が会議を開き、朝鮮半島における戦争シナリオを議論した。翌一九日には、前日の議論を踏まえて、ペリー国防長官、ジョン・シャリカシュビリ統合参謀本部議長、そしてゲイリー・ラック在韓米軍司令官がウィリアム・クリントン大統領に対してブリーフィングを行った。このブリーフィングでシャリカシュビリは、朝鮮半島で戦争が勃発すれば四〇万人の兵力投入が必要となり、米軍の死傷者は三万人、韓国軍の死傷者は四五万人に上ると報告した。また、米国防省の見積もりでは、朝鮮半島で全面戦争が勃発した場合、米国人八〜一〇万人を含む一〇〇万人以上の民間人が死傷し、財政支出も六〇〇億ドルを超え、韓国経済に与える損害は一兆ドルを上回るとされていた[77]。そして、制裁は北朝鮮に査察を受け入れさせるどころか核開発を加速化させる可能性も高く、「制裁は宣戦布告とみなす」という北朝鮮の言葉を単純に脅しとして考えるのも危険であった[78]。

核施設に対する攻撃によっても、すでに分離されたプルトニウムを破壊できるわけではないうえ、攻撃が戦争につながる可能性は排除できなかった[79]。米国の政策担当者たちは、北朝鮮が全面戦争に訴えてくる可能性は高くないと判断していたが、少なくともDMZにおける何らかの行動、ソウルに対する砲撃、特殊部隊による攻撃、韓国内における北朝鮮工作員の行動などは十分あり得ると考えていた。そして、そのような事態が発生すれば、事態のエスカレーションをコントロールするのは極めて困難になると予測された[80]。

緊張が高まるにつれ、それまで北朝鮮に対して強硬な態度をとっていた金泳三は武力紛争を懸念しはじめた。金泳三は自身の回顧録などで、(1)米国は寧辺地域を爆撃する計画を立てていた、(2)そのために三三隻の艦艇と二隻の空母を朝鮮半島周辺に配備していた、(3)六月には空爆作戦のために朝鮮半島の東海岸に戦力を移動させ、平壌と寧辺を攻撃できる位置まで近づいていた、と述べている。そして、米国が北朝鮮に対する爆撃を行った場合、「即時、北韓［北朝鮮］は休戦ライン付近に前進配置している膨大な火力を南韓［韓国］に向けて発射するのは火を見るより明らかなこと」であると判断していたと回顧している[81]。

制裁のための準備は外交的にも容易ではなかった。特に中国は当初から北朝鮮に対する制裁に反対するとともに、核問題解決に比較的楽観的な見通しをもっていた。実際に制裁が発動された場合に中国がこれに参加するかどうかは議論の分かれるところではあったが、少なくとも、北朝鮮の最大の貿易相手国であった中国のこうした態度は、北朝鮮に対する制裁発動が容易ではないことを示していた。中朝間の貿易額は九億ドルで、一九九三年の北朝鮮の貿易総額の三四パーセントを占めていた。中国は、北朝鮮の体制維持に不可欠な食糧や燃料を輸出していた(82)。

日本は制裁に参加する意思を表明していた。しかし、日本は制裁の影響についても懸念していた。当時、自民党は野党に転落しており、脆弱な連立政権が国家運営を行っていた。日本の軍事行動は政治的・法的制約を受けており、もし、危機時に日本が米国に意味のある貢献を行えないような場合、日米関係は厳しい試練にさらされることが予想されていた。

ロシアも米国の計画に賛成してはいたものの、実際に計画を実行することについては消極的であった。ロシアは三月、ロシア、中国、米国、日本、南北朝鮮、国連、ＩＡＥＡが参加する、核問題解決のための国際会議を提案していた(83)。この提案は四月に北朝鮮によって拒否されたものの、ロシアは引き続きこれを提唱していた。六月一日の金泳三との会談でボリス・エリツィン大統領は、制裁が避けがたい場合はロシアもこれに参加すると表明したものの、それは消極的な賛成であった(84)。

一方、北朝鮮は、引き続き戦争の可能性を喧伝した。六月五日、北朝鮮の駐中国大使は、第三回米朝協議を呼びかける一方、経済制裁はこれを宣戦布告とみなすと述べた(85)。六日には祖国平和統一委員会が、「『制裁』はすなわち戦争であり、戦争は無慈悲なものである」と警告した(86)。続く九日には北朝鮮外交部が日本の「反共和国」政策を非難し、日本が制裁に参加すれば、それを戦争行為であるとみなし、日本も相応の罰を受けることになるであろうと述べた(87)。しかし、激しいレトリックとは裏腹に、北朝鮮は一定の自制を保っていた。この時期の北朝鮮の軍事的動きは、「挑発的ではなく、慎重なもの」であった(88)。

危機の終息と「合意された声明」

危機は突然、意外な形で沈静化することとなった。事態打開のため非公式に平壌を訪問中であったジミー・カーター米元大統領は、六月一七日、金日成との間で次の通り合意した。

(1)北朝鮮は、第三回米朝協議が再開されるまで核開発を凍結する。
(2)北朝鮮は、近く国外退去になると予想されていた二人のＩＡＥＡ査察官の滞在を許可する。
(3)カーターは、北朝鮮に対する軽水炉の供与を支持するよう米国政府に働きかける。

これに対し、二〇日、米国政府は米朝協議再開の条件として、(1)五メガワット原子炉に燃料棒を再装塡しない、(2)使用済み燃料棒を再処理しない、(3)申告された核施設における保障措置の継続性を保障するためにＩＡＥＡ査察官の北朝鮮滞在を認める、という三点を挙げた。二二日、北朝鮮は、これらの条件を受け入れると米国側に伝達し、これを受けてクリントンは、当面、米国は国連安保理における制裁決議の採択を求めないと表明した[89]。六月二七日、北朝鮮外交部は、第三回米朝協議が七月八日にジュネーブで開催されると発表した[90]。この時点での問題は、八〇〇〇本の使用済み燃料棒が、どのくらいの速度で腐食するかという点にあったが、これについて米国政府は二〜六カ月くらいの期間と見積もっていた[91]。

この時期の一連の動きについて、当時ガルーチの補佐官を務めていたジョエル・ウィットは、六月の危機が「機会の窓（window of opportunity）」を開いたと述べている。つまり、北朝鮮は事態が予想以上に危険な状態になったことを踏まえ、核計画の放棄に高い値段を付けようとしながらも、意味のある譲歩をみせたというのである。そして、米国も同様に、韓国やＩＡＥＡに配慮しすぎる態度を捨て、北朝鮮との直接協議を通じて問題の解決を図るために強力なリーダーシップを発揮するようになったという[92]。

六月三〇日、米国は二段階の問題解決策を北朝鮮に提案することを決定した。それによると、第一段階で北朝鮮がNPTの義務を果たし、新たな原子炉の建設を凍結し、使用済み燃料を海外に搬出するとともに弾道ミサイルの輸出を停止する。これに対し、米国は北朝鮮に非核のエネルギー支援を行い、部分的に制裁を解除し、北朝鮮に対して核兵器を使用しないとの保証を与える。また、米朝が相互に連絡事務所を開設する。そして、第二段階では北朝鮮が通常戦力を削減し、弾道ミサイルの拡散防止措置を尊重し、化学兵器を放棄するとともに自国の人権状況を改善する。これに対し、米国は北朝鮮に軽水炉を提供し、さらなる制裁解除を行い、相互に大使を派遣するとともに、政府高官を訪問させるというものであった(93)。

ところが、第三回米朝協議の初日である七月八日、驚くべき事態が発生した。金日成が心臓麻痺により、八二歳で死亡したのである。これに対して米国が空母一隻を朝鮮半島周辺に追加配備するなど、緊張が高まった(94)。しかし、すでに後継者としての地位を固めていた金正日が速やかに金日成の後を継ぎ、北朝鮮の政策が変更されることはなかった。その後も、米朝間で合意についての条件闘争は続いたが、両国とも意欲的に協議に取り組み、最終的な合意に向かっていった。

第三回協議の最終日である八月一二日、米朝両国は最終合意の基礎となる「合意声明」を発表した(95)。そして、「合意声明」発表から最終合意が成立する一〇月二一日までの間は、もっぱら技術的な問題についての最後の駆け引きが行われた。特に課題となったのは、(1)北朝鮮に提供する軽水炉を韓国製にするかどうか、(2)五〇メガワットと二〇〇メガワットの原子炉解体のタイミング、(3)使用済み燃料をどこで保管するか、(4)特別査察の受け入れとそのタイミング、(5)南北対話の位置づけなどであった。

最後の強制外交と枠組み合意

最終合意に至る過程で、米朝両国は再び武力の威嚇と激しいレトリックの応酬を伴う心理戦を繰り広げた。まず、九月二二日の報道で、米太平洋艦隊司令官ロナルド・ズラトパーが「我々は朝鮮半島の状況が外交的に解決されることを望んではいるが…強力な軍事力は外交に影響を与えることができる」、「そのために我々は空母任務部隊を朝鮮半島沖に配備している」、「これはとても強力なメッセージになっている」などと述べたことが明らかになった。この時、米空母キティホーク、三隻の巡洋艦、一隻のフリゲート艦、二隻の補給艦からなる空母任務部隊が日本海に派遣されていた。[96]二四日、北朝鮮外交部は米空母任務部隊の日本海への配備を強く非難し、「対話には対話で、力には力で最後まで応じることが、我が人民と軍隊の気質であり、意志である」と述べるとともに、米国が軍事的威嚇を続ける場合、「会談のために講じた核活動の一時的な凍結措置を解除し、正常な平和的核活動を再開する道に進まざるを得なくなる」と警告した。[97]

さらに九月二五日にはペリー国防長官が、北朝鮮が核開発に関する約束を守らないのであれば「強制外交」に訴えるであろうと発言した。[98]これに対し、二七日には北朝鮮の人民武力部が、「米国が武力対決に向かっている以上、我々としても、いつまでも会談だけにしがみついているわけにいかない」、「わが人民軍は、圧力を伴う対話には決して期待をもたないであろう」などとする談話を発表した。[99]しかし、こうしたレトリックにもかかわらず、北朝鮮の軍事的動きは比較的抑制されたものであった。

このような心理戦を経ながらも、米朝間に残された懸案事項は一〇月一七日までに解決された。そして、二一日、米国と北朝鮮は「枠組み合意」に調印した。[100]枠組み合意の核心は、北朝鮮が核施設の運転・建設を凍結し、最終的にはこれを解体する代わりに、米国が中心となって北朝鮮に重油や軽水炉を供給するという取引にあった。これは、当初、北朝鮮はＮＰＴの加盟国であるため、同国の核開発を全面的な査察の下におくのは当然であると主張していた米国の立場を考えると、明らかに妥協の産物であった。

枠組み合意の主要な内容は次の通りである。

米国は、

(1)二〇〇三年を目標として、合計出力約二〇〇〇メガワットの軽水炉発電所を北朝鮮に提供するための措置をとる。

(2)そのための資金と設備を確保するために国際的なコンソーシアムを組織する。
(3)軽水炉の一号機が完成するまでの間、北朝鮮に毎年五〇万トン程度の重油を提供する。

北朝鮮は、
(1)一カ月以内に黒鉛減速炉および関連施設を凍結し、このためＩＡＥＡの監視を許可し、これに協力する。
(2)軽水炉が完成するまでに黒鉛減速炉と関連施設を解体する。
(3)五メガワット級実験炉から取り出された使用済み燃料の保管・処理に協力する。
(4)ＮＰＴ締約国として留まり、保障措置協定を履行し、そのために、軽水炉供給契約が結ばれた後、凍結対象になっていない施設に対するＩＡＥＡの特定および通常査察を受け入れる。
(5)軽水炉プロジェクトの主要部分が完了した時点で、ただし、核心となる核関連部品が納入される前に、すべての核物質に関する北朝鮮の冒頭報告の正確性および完全性を検証するために、ＩＡＥＡが必要とみなす、すべての措置をとることを含め、保障措置協定を完全に履行する。

また、米国は、北朝鮮に対して核兵器による威嚇または核兵器の使用を行わないという正式な保証を与え、これに対して北朝鮮は、「朝鮮半島の非核化に関する共同宣言」を履行するための措置をとるとともに、南北対話を行うことを約束した。この他にも両国は、貿易・投資の障壁を緩和し、双方の首都に連絡事務所を設置するための努力を行い、最終的には大使級の関係を結ぶことを目指すとした。

2　環境要因の分析

核開発能力

経済的困窮にもかかわらず、北朝鮮は核開発に多大な資源を投入していた。北朝鮮の核施設は、一カ所の核燃料加工工場、三基の原子炉、一カ所の再処理施設という五つの主要なコンポーネントから成り立っており、これらが枠組み合意によって凍結の対象となった(101)。

第一に、寧辺にある核燃料加工工場は八〇年代後半から運転を開始しており、原子炉の運転に必要な燃料棒はこの施設で生産されていた。第二に、寧辺にある五メガワット級黒鉛減速炉であるが、枠組み合意が成立した時点で唯一実際に稼働していたのがこの原子炉であった。この原子炉の燃料棒には年間七キログラム程度のプルトニウムが蓄積されると考えられていた。のちに、この施設の運転が一九八九年に約七〇日にわたって停止されていたことが判明し、この間にプルトニウムの分離作業が行われたのではないかとの疑惑が生まれた。これが、北朝鮮が一～二個の核爆弾を製造する能力をもっているとの見解の根拠となっていた。さらに、一九九四年五月、北朝鮮はこの原子炉から約八〇〇〇本の燃料棒を取り出したが、この燃料棒には二五～三〇キログラム程度のプルトニウムが含まれているとみられており、これを使用すれば五～六個程度の核兵器を作ることができると考えられていた(102)。

第三、第四の施設は、寧辺と泰川《テチョン》でそれぞれ建設されていた、五〇メガワット級原子炉と二〇〇メガワット級原子炉である。建設が続けば、これらの原子炉はそれぞれ一九九五年と一九九六年に稼働を開始すると考えられており、前者は毎年五五キログラム（核兵器一一発分）、後者は毎年二二〇キログラム（核兵器四四発分）のプルトニウムを生産することができるようになると予想されていた(103)。

最後のコンポーネントは寧辺の再処理施設であるが、この施設の中には二つの再処理工程が建設されていた。一つ目の再処理工程は一九九二年の時点ですでに稼働しており、ほぼ同様の能力をもつ二つ目の工程も、一九九四年三月にＩＡＥＡが査察を行った時点でほぼ完成していることが確認された。これらの工程は、それぞれ毎年五四〜八〇キログラム程度のプルトニウムを分離する能力をもっていると見積もられていた[104]。

米国政府は北朝鮮の核開発を深刻に受け止めていた。当時、国防長官であったペリーは、北朝鮮の核開発について、のちに次のように回想している。

> …一九八九年、北朝鮮はＩＡＥＡの査察を受けない状態で、稼働中の「五メガワット」原子炉から燃料棒を取り出した。我々は原子炉の規模からみて、取り出されたすべての燃料が再処理された場合、北朝鮮は一発、もしかすると二発の原子爆弾を製造するのに十分なプルトニウムを保有した可能性があると判断していた。
>
> 一九九三年秋までに、稼働中の原子炉は最初の燃料サイクルの最終段階を迎えており、二〜三カ月で燃料棒の全量が再処理可能になると考えられていた。この燃料のすべてが再処理されれば、さらに五〜六発の核兵器を製造するに足るプルトニウムが分離されるはずであった。…また、より大型の「五〇メガワットと二〇〇メガワット」原子炉が完成すると、毎年数十発の爆弾が製造されることになると見積もられていた。
>
> 我々は、そのような状況の変化が耐えがたいリスク脅威をもたらすと考えていた。…。それは、韓国、在韓米軍、地域におけるかけがえのない同盟国である日本、そして、その他の世界各国への軍事的脅威を劇的に増大させる可能性を秘めていた。朝鮮半島の緊迫した軍事情勢、過去における北朝鮮の極端な行動、そして北朝鮮が深刻な外貨不足を補う目的でならず者国家やテロリストにプルトニウムを売ることへの懸念などのため、我々は、この拡散問題に大きい関心をもっていた[105]。

このように、北朝鮮の核開発に発展段階の異なる複数の構成要素があったことで、同国が長期にわたって交渉相手に継続的かつ段階的な圧力をかけることが可能になったのであった。

抑止力

北朝鮮の軍事能力、特に米国の武力行使を抑止する能力は、核外交の展開において死活的役割を果たした。北朝鮮は、一方では米国、韓国、日本に対して核による強要（compellence）を行使しながら、他方では自国の核施設に対する予防攻撃を抑止するとともに、米国の強制外交によって何の見返りもなく核開発を放棄させられるような状況に追い込まれるのを防ぐ必要があった。

米国の軍事行動についての北朝鮮の懸念は杞憂ではなかった。事実、一九九四年六月までに、米国は北朝鮮の核施設を破壊する計画を策定していた[106]。しかも当時、全般的な通常戦力バランスは徐々に北朝鮮に不利になってきており、米国は、戦争が発生した場合に勝利を収めることに自信をもっていた。これについて一九九四年六月、ラック在韓米軍司令官は、万一、北朝鮮が一～二個の核兵器を使用したとしても、最終的には同国を軍事的に打倒することができるとの見通しを示した[107]。

こうした中で、北朝鮮は制裁の発動を「宣戦布告とみなす」と宣言することによって、「制裁は即、軍事的報復につながる」という構図を作り上げ、米国などによる強制行動を抑止しようと試みた。そして、北朝鮮の抑止力はもっぱら、全面戦争が勃発した場合に韓国をはじめとする各国に耐え難い損害を与える能力、つまり懲罰的抑止力に依拠していた。その意味でも、姜錫柱が一九九三年三月にＮＰＴからの脱退を宣言するにあたって、米国が国際的圧力や制裁措置を加えてくる可能性を指摘しつつ、「我々は、偉大な党をもっており、首領、党、大衆の一心団結した威力をもっており、強固な自立的民族経済をもっており、強大な軍事力をもっている[108]」、「これを基礎に、我々は敵側のいかなる攻勢や『圧力』にも対処できると断言できる」と述べていたのは興味深い。

事実、核外交に乗り出す頃までに、北朝鮮は米韓両国による強制措置に対処するための準備を行っていた。九〇年代初め、北朝鮮は一九九五年を目標として、攻撃能力を強化するための五カ年計画を開始した[109]。その結果、全般的な通常戦力バランスは北朝鮮に不利に変化しつつあったものの、韓国側に大きい損害を与えることのできる攻撃能力についてはは増強傾向が目立った。第一に、北朝鮮はＤＭＺ付近に長射程の一七〇ミリ自走砲を配備し、一九九三年には同じく長射程の二四〇ミリ多連装砲の西部戦線への配備を開始した[110]。ソウルの北方に配備された自走砲や多連装ロケットは、多数の弾道ミサイルなどと相まって、ソウルを「火の海」にするとの北朝鮮の威嚇の信憑性を高めていた。第二に、北朝鮮は一九九〇～九五年に化学戦能力を強化した。その結果、化学兵器が北朝鮮の戦争計画に不可欠な要素として組み込まれるようになったとみられていた[111]。第三に、北朝鮮は核外交の初期段階において、ノドン・ミサイルの初の飛翔実験を行った。このことは、北朝鮮が朝鮮半島内のみならず、日本にも直接攻撃を仕掛けることが技術的に可能になりつつあることを意味していた。そして、一九八九年から縮小していた軍事演習の規模が、一九九三年末から再び拡大し始めた[112]。

さらに、北朝鮮は一九九二年一〇月から一九九三年七月を戦争準備期間と設定し、戦争準備指揮部を組織し、戦争物資の生産・備蓄を拡大、地下施設の補強を進めた。また、戦時動員年齢を四〇歳から四五歳に引き上げるとともに、学生の入隊や除隊者の復帰を呼びかけるなど、戦時動員体制を強化した[113]。そして、北朝鮮が兵営国家であることも重要な意味をもっていた。北朝鮮は六〇年代前半に採択された「党の軍事路線」に従って全人民を武装し、全国土を要塞化してきたため、短期決戦で北朝鮮を軍事的に打倒することは困難であると考えられた[114]。

いずれにせよ、米国や韓国が北朝鮮との全面対決を回避しようとした最大の理由は、戦争になった場合に米韓側が軍事的に敗北する可能性があったからではなく、戦争によって発生する被害が耐えがたいものになると予想されたためであった。米韓連合作戦計画五〇二七は、戦争が発生した場合、北朝鮮に反攻作戦を行うことを想定していたが、全面戦争のシナリオにおける人的・物的損失は両国にとって耐えがたいものであった。

国際レジームの否定的側面

国際的な核不拡散レジームの存在は、皮肉なことに、いくつかの点で北朝鮮の核外交を助ける役割を果たした。第一に、NPTが存在したが故に、北朝鮮はそこからの脱退を宣言することによって国際的注目を集めることができた。過去二十数年間にわたって比較的高い有効性を示してきたNPTは核不拡散体制の象徴的存在となっており、このことが北朝鮮の脱退宣言に政治的重みを与えたのである。

第二に、NPTは北朝鮮が米国に時間的圧力をかけるための有効な手段として機能した。特に重要であったのはNPTの第一〇条の規定である。まず、第一〇条の一は、各締約国に「異常な事態が自国の至高の利益を危うくしていると認める場合」にはNPTから脱退する権利を与えており、脱退を申請する場合には、締約国および国連安保理に対し三カ月前にその脱退を通知することと規定していた。また、第一〇条の二は、条約発効の二五年後にそれ以降の延長についての会議を開催すると定めていた[115]。

ここで、第一〇条の一は、北朝鮮がNPTから脱退を宣言してから三カ月の間、米国に時間的圧力をかけながら効果的に交渉を行うことを可能にした。本来の趣旨とは異なる形で、この条文は米国の交渉担当者にとっての交渉期限となったのである。第一〇条の二も米国にさらなる交渉期限を課すことになった。核不拡散を冷戦後における安全保障上の重要課題の一つと位置づける米国は、一九九五年に予定されていたNPTの再検討・延長会議で、NPTを「追加の一定期間延長」するのではなく、「無期限に効力を有する」ものに転換することを目指していた。北朝鮮の核問題がこじれれば、この目標達成が困難になると予想された。このように、NPTの第一〇条は米朝協議に短期的・長期的な二つの交渉期限を付けることになったのである。もちろん、核不拡散レジームが過去にもたらした多大な利益を考えると、全体としてその存在が逆効果であったということはできない。しかし、北朝鮮のように明確な意図をもった無法国家が登場したことによって、国際レジームの存在が否定的な効果をもたらすことになったのである。

最後に、IAEAは保障措置協定を強制的に執行することができなかった。締約国が非協力的な態度をとった場合に、情報収集や強制的な法の執行に関して、IAEAは米国に依存せざるを得ないという実態が白日の下にさらされた。国連の場で北朝鮮に対する制裁が議論されることはあったが、そのプロセスも実質的には米国が主導することになった。

北朝鮮体制の特質

北朝鮮の政策決定過程の透明性の欠如は瀬戸際外交における同国の立場を有利にした。不透明性の高い環境において、米国をはじめとする諸国は北朝鮮の脅迫を真剣に捉え、「最悪のシナリオ」を前提に政策決定を行わざるを得ない状況に追い込まれた。事実、ペリーは、核施設を攻撃した場合に北朝鮮が韓国に対して報復してくる可能性は「極めて高い」と判断していたのであり、「制裁は宣戦布告とみなす」とする北朝鮮の脅迫を「受け流す」のは無責任であると考えたと回想している[116]。北朝鮮の真意が不明確である限り、米国の指導者は安全策をとらざるを得なかったのである。

また、北朝鮮は「ならず者国家」であり、北朝鮮の指導部は合理的アクターではないとする認識があったため、北朝鮮の脅迫は一層真剣味をもって捉えられた。特に、金正日は一九八三年のラングーン事件や一九八七年の大韓航空機爆破事件を主導したと考えられており、非合理的で冒険主義的な指導者であると考えられていた。こうした認識を背景に、北朝鮮は戦争が発生する可能性を喧伝するとともに、自らが非合理的かつ危険な存在であるとみられるように振る舞うことによって関係各国を受け身の立場に立たせ、強要、抑止などの効果を高めようとしたのである。

3　軍事・外交行動の特徴

場所と時期

北朝鮮の核開発は、もっぱら平壌の約一〇〇キロ北方にある寧辺と泰川で進められた。その他にも核施設は存在していたが、主要な施設はこれら二つの地域に集中していた。

北朝鮮の核外交はNPT脱退の発表から一年七カ月続いた。北朝鮮が核外交を始動させた時点での国際情勢は同国にとって極めて不利なものであった。一九九〇年にソ連が韓国と国交を樹立したのに続き、一九九二年には中国も韓国と国交樹立した。また、八〇年代末には北朝鮮と友好関係にあった東欧の共産主義政権が次々と崩壊し、一九九一年にはソ連までもが崩壊するに至った。そして、一九九二年一一月には、前年に始まった日朝国交正常化交渉が決裂した。このように、当時、北朝鮮は孤立を深めていた。

核外交は米国と韓国で新しい大統領が就任した直後に始まった。このため米韓両国は意表をつかれた形となり、北朝鮮がイニシアチブをとりやすい環境が醸成された。また、大統領の任期が米国では四年、韓国では五年残っているという状況の中で、北朝鮮は腰を据えて核外交を推進することができた。

もちろん、核外交の開始時期が完全に北朝鮮のイニシアチブによって決められた訳ではなかった。一九九三年三月に北朝鮮がＮＰＴ脱退を宣言したのは、ＩＡＥＡが特別査察の受け入れを要求し、米韓両国が「チーム・スピリット」演習を開始したのを受けてのことでもあった。

軍事力の種類と使用形態

北朝鮮は核外交で実際に武力を行使することはなかった。北朝鮮が瀬戸際外交の手段として用いたのは核開発能力と、準戦時状態の宣布やミサイル発射などの武力示威だけであった。このことは、存在さえ証明されていない潜在的な核能力をもって北朝鮮が対象国の行動に大きい影響を与えたという点で、強制力としての核兵器の価値の高さを証明するものであった。

北朝鮮はこの時期には核実験を行わなかったが、その背景としては、(1)核兵器を爆発させる技術的能力がなかった、(2)少量しかないプルトニウムを使用するのを躊躇した、(3)核実験が外交的に逆効果を生み出すかも知れないと考えた、などが可能性として考えられる。

強度と目標選定

一年半以上にわたる緊張状態の継続にもかかわらず、北朝鮮は相手国に物理的な危害を加えることはしなかった。

これは、八〇年代に北朝鮮が数次にわたるテロ攻撃で韓国に大きな人的・物的被害を与えたのと比べると大きな変化であった。九〇年代における北朝鮮の行動は慎重なものであったといえる。その理由としては、北朝鮮が米国との関係改善を求めていたため、米国側、ひいては韓国側に人的・物的被害を与えるのは得策でなかったことなどが考えられる。北朝鮮は直接的な武力行使の代わりに、韓国に対して激しい非難を繰り返した。そして、一九九四年三月の「ソウル火の海」発言はその代表的事例であった。

軍事と外交の連携

北朝鮮の核外交は長期にわたる複雑かつ洗練された瀬戸際外交であった。一九九三年以前にも北朝鮮が外交目的で武力を行使したことはあったが、その複雑さと洗練度において核外交と比較しうるものではなかった。一九九三～九四年の核外交が極めて巧妙に進められたことを考えると、北朝鮮はＮＰＴ脱退宣言の以前から、かなり明確なゲーム・プランを準備していたものと推定できる。

脱北した北朝鮮の元外交官によると、北朝鮮では一九九一年頃に「核常務組」と呼ばれるタスクフォースが組織されたが、これは外交部、人民武力部、朝鮮労働党、原子力総局などから派遣された約二〇名で構成されていた。核常務組は金正日直属の組織として、姜錫柱の指揮の下で核問題に関する政策決定の中心的役割を果たしたという(117)。また、核常務組の活動は極秘となっており、外交部においてさえ、担当以外の幹部らは準戦時状態の宣布やＮＰＴ脱退宣言を報道で初めて知ったという(118)。

核常務組の下で軍事行動と外交活動は緊密に連携され、姜錫柱が米朝交渉を含めてこれを主導した。人民武力部と朝鮮人民軍は、武力示威行動や声明を通じた軍事的恫喝によって姜の主導する交渉をバックアップした。そして、原子力総局は核開発に関わる技術的な側面について外交部を補佐した(119)。一連の行動や交渉を通じて、北朝鮮側が核開発に関する法的・技術的問題について高い知見を示したことからも、北朝鮮政府内の各部署が緊密に連携しながら核外交を実行したことが窺われた。

なお、核開発計画は核常務組とは別に「一三一指導局」が管理していた。一三一指導局は軍需工業部の指揮の下、第二経済委員会と原子力総局、そして大学や研究機関の核専門家を集め、金正日に直属する組織として運用されていた。[120]

4 政策目的とその達成度

一九九三年一〇月、北朝鮮は「核問題の解決——考慮されるべき諸要素」と題するメモを米国側に渡し、以下のような要求を行った。

(1)核兵器を含む武力を使用せず、その脅しもしないという、法的拘束力のある確約を含む平和協定（ないしは条約）の締結
(2)核問題の最終的な解決のため、朝鮮民主主義人民共和国に軽水炉を供給する責任を負うこと
(3)主権と内政不干渉を確約するための、完全な外交関係正常化
(4)平和的再統一を眼目とした、南北朝鮮に対するバランスのとれた政策の誓約[121]

このメモの内容は、枠組み合意と多くの共通点をもつものであった。つまり、一九九四年一〇月の枠組み合意の核心部分が、署名の一年前にすでに提示されていたことになる。これは、北朝鮮が、初期段階から核を用いた外交攻勢の目的を具体的な形で認識していたことを示すものであろう。核外交の特筆すべき点は、米朝両国が枠組み合意という、本格的かつ実質的な文書に正式に署名したということであった。以下、一九九三年一〇月のメモと一九九四年一〇月の枠組み合意の内容に基づいて北朝鮮の核外交の成果を評価する。

平和協定と核に関する消極的安全保証

北朝鮮は、一九七四年に初めて米国に二国間の平和協定締結を提案し、一九八四年には改めて米国に平和協定の締結を求めるとともに、韓国に不可侵協定の締結を提案した。その後、北朝鮮は一九九二年の南北基本合意書で、朝鮮半島の平和問題を南北間で協議することに同意した。ところが一九九三年に入ると、韓国との間にはすでに基本合意書という「不可侵協定」が結ばれたとの一方的な解釈に立脚し、平和協定は米国との間に締結すべきであると主張し始めたのである。しかし、こうした北朝鮮の主張にもかかわらず、米国の立場は変化しなかった。米国は枠組み合意の中で、「平和協定」という言葉さえも使用することを受け入れなかった。米国との二国間で平和協定を締結しようという北朝鮮の試みは三度《みたび》不調に終わったのである。

一方、枠組み合意で米国は北朝鮮に、「核兵器を使用せず、核兵器によって威嚇することもしないという公式の保証」——いわゆる消極的安全保証——を与えた。北朝鮮は、こうした保証を極めて重要なものと考えていたようである。事実、二〇〇二年一〇月に北朝鮮が米国に「不可侵条約」を提案したときも、「米国が不可侵条約を通じて我々に対する核不使用を含む不可侵を法的に確約するならば、我々も米国の安保上の憂慮を解消する用意がある」と、こうした保証の一層の公式化を求めてきたのである[122]。

しかし、のちに米国による消極的安全保証の信頼性には疑問があることが明らかになった。二〇〇二年三月、米国が地下貫通型の核兵器の開発を検討することを決めたと報道されたが、その使用対象として、北朝鮮を含む大量破壊兵器保有国が挙げられていたのである[123]。北朝鮮は言葉のうえでの保証を得ることには成功したが、実質的な保証を得ることには必ずしも成功しなかったといえよう。

軽水炉と重油の獲得

枠組み合意を受けて、一九九五年三月、日米韓の三カ国は朝鮮半島エネルギー開発機構（ＫＥＤＯ）設立協定に署名し、ＫＥＤＯが発足した。ＫＥＤＯは、二〇〇三年を目標に二基の一〇〇〇メガワット級軽水炉を建設するとともに、一基目の軽水炉完成までは、代替エネルギーとして毎年五〇万トンの重油を供給することになっていた。KEDOは一九九七年に北朝鮮の東海岸にある琴湖《クムホ》で軽水炉施設の竣工式を行い、二〇〇〇年には北朝鮮との間でターンキー契約を結び、二〇〇一年には軽水炉の本工事に着手した[124]。一九九七年には欧州連合も理事会メンバーとなった。また、KEDOの事業のため、韓国は約三二億ドルを、日本は約一〇億ドルを融資することとなった。

しかし、北朝鮮が軽水炉の建設やミサイル問題などで協力的な態度をとらなかったことや、共和党優位の議会が北朝鮮との協力に否定的だったことなどもあり、KEDOの軽水炉供給プロジェクトの実施は予定より遅れた[125]。その結果、二〇〇二年の時点で、完成予定時期は当初の二〇〇三年ではなく第一基目が二〇〇八年、第二基目が二〇〇九年となっていた[126]。北朝鮮は計画の遅延に対する賠償を求めたが、KEDOはこれに応じなかった[127]。さらに二〇〇二年、北朝鮮がウラン濃縮計画をもっていることが明らかになると、米国を中心としてKEDOの事業を見直す方向で事態が進展した。その結果、二〇〇三年に軽水炉プロジェクトの一時停止が決定され、二〇〇六年にはその廃止が決定された。結局、北朝鮮は軽水炉の獲得に失敗したのである。

枠組み合意は、軽水炉が完成するまでの間、米国が北朝鮮に代替エネルギーとして重油を供給するとしていた。これに従い、米国は一九九五年一〇月二一日までに一五万トン、以後は毎年五〇万トンの重油を暖房および発電を目的として北朝鮮に供給した。しかし、二〇〇二年に北朝鮮がウラン濃縮計画をもっていることが発覚すると、同年一一月に重油の供給中断が決定された。この結果、北朝鮮がKEDOから受け取った重油の総量は約三五二万トンとなった[128]。枠組み合意は、軽水炉が完成するまで、ほぼ無条件で北朝鮮に重油を提供し続けることを約束していたという点で欠陥のある合意であった。北朝鮮が軽水炉の建設に非協力的であったのは、このモラルハザードも一つの要因であったと考えられる。

二〇〇五年末までにKEDOは支援国および組織から総額約二五億ドルを受け取り、その中から、約一六億ドルを軽水炉プロジェクトのために、約四億ドルを重油提供のために支出した。国別の支出額では韓国が約一五億ドル、日本が約五億ドル、米国は約四億ドルであった[129]。

北朝鮮は枠組み合意に従って軽水炉と重油の供給を受けることになったが、これらの利得は無償で得られるものではなかった。軽水炉と重油の供給を受ける代償として、北朝鮮は黒鉛減速炉と関連施設を凍結し、将来的にはこれらを廃棄することを義務づけられていた。つまり、合意が完全に履行されれば、核施設に対する過去の人的・財政的投資は無駄になることを意味していた[130]。また、軽水炉供給のための資金は借款であって無償援助ではなかった。北朝鮮は、それぞれの軽水炉の完成から三年間の猶予期間を含む二〇年の間、無利子、一定額の半年ごと分割払い方式でKEDOに借款を返済する義務を負っていたのである[131]。

米朝関係の正常化

枠組み合意は、米朝両国が「政治および経済関係の完全な正常化へと進む」としており、具体的に以下のような措置を挙げていた。

(1)双方は、本文書が署名されたのち、三カ月以内に通信サービスと金融決済に対する制限措置の解消を含む貿易と投資の障壁を緩和する。
(2)双方は、専門家協議において領事およびその他の実務的諸問題が解決され次第、相手側の首都に連絡事務所を開設する。
(3)米国と朝鮮民主主義人民共和国は、相互の関心事である諸問題の解決が進展するのに伴い、両国関係を大使級に昇格させる。

第一の点について、米国は一九九五年一月に北朝鮮に対するいくつかの制裁を緩和した。これによって、直通の電信サービス、北朝鮮からのマグネサイト輸入のための米国企業の契約行為、米国企業による対北朝鮮人道支援供給のライセンスなどが許可されるようになった[132]。しかし、こうした施策は北朝鮮経済にさしたる影響を与えないと考えられていた。また、現実には二〇〇〇年六月まで、これ以上の追加的な制裁緩和は実現しなかった。さらに、北朝鮮が米国によって「テロ支援国家」に指定されていたことも、両国の政治・経済関係の正常化の障碍となっていた。結局、枠組み合意の下でテロ支援国家の指定が解除されることはなかった。

第二の点について、米朝両国は双方の首都に連絡事務所を設置するのに失敗した。北朝鮮は保全上の理由で連絡事務所と宿舎を同じ建物に設置しようとしたが、ワシントンDCの法律によって、それは不可能であった。また、ワシントンの事務所の賃料は高価であるうえ、対敵通商法によって朝鮮系米国人の北朝鮮への寄付も禁じられていた。[133] さらに、韓国に亡命した北朝鮮の元外交官によると、理由は不明であるが、金正日はこの問題の取り扱いについて相当迷っていたという。[134] 結局、後日、米国は平壌のスウェーデン大使館に、北朝鮮はニューヨークにある自国の国連代表部に、それぞれ連絡事務所を設置することで問題が決着した。[135]

最後に第三の点については、米朝の関係改善が思ったように進展しなかったため、両国関係を大使級に昇格させるとの合意は実現しなかった。

米韓関係の悪化

北朝鮮のメモにあった、南北に対する「バランスのとれた政策」という要求は受け入れられなかった。米韓同盟や在韓米軍の存在を考えると、こうした要求は非現実的なものであったといえる。しかし、より限定的な形ではあったが、北朝鮮は核外交を通じて米韓関係を著しく悪化させるのに成功した。米韓関係悪化の背景には、(1)米国とのみ対話を行い、韓国を蚊帳の外に置こうとする北朝鮮の政策、(2)韓国が有効な交渉カードをもっていなかったこと、(3)感情的かつ動揺しやすいという金泳三大統領の個性などがあった。

北朝鮮がＮＰＴからの脱退を宣言してから、核問題は主に米国と北朝鮮との間で取り扱われることになり、韓国やＩＡＥＡは蚊帳の外に置かれることになった。米国からの圧力を受けて、北朝鮮が韓国やＩＡＥＡとの交渉に臨むことはあったが、それはあくまで米国との交渉を進めるための戦術的な動きに過ぎなかった。ＫＥＤＯへの資金提供問題をテコとして核問題の行方に限定的ながら影響力を行使できるようになるまで、韓国は有効な交渉カードを持ち合わせていなかった。

一九九三年六月に米朝が共同宣言を出してから、米韓関係は悪化の一途をたどった。韓国は交渉による核問題の解決を望んではいたが、自国の頭越しに米朝関係が進展しすぎるのを好ましく思っていなかった。当時、米国務省で朝鮮半島問題を担当していたケネス・キノネスは、一九九四年二月の時点で金泳三は核問題の解決よりも米朝関係の進展を妨げることの方が重要であるかのように振る舞っていたと回想している(136)。また、核をめぐる交渉の過程で、金泳三は気が変わりやすく、不安定な指導者であることが明らかになっていった。核問題に対する金泳三の態度は一貫性に欠け、強硬策と柔軟策の間で右往左往した。さらに悪いことに、金泳三は韓国の世論に合わせて政策と優先順位を転換した(137)。これについてキノネスは、「彼は、朝鮮半島の緊張が高い時は、米韓防衛同盟に庇護を求めた。そして緊張が緩和すると、米朝交渉に対するソウルの主導権を主張しようとした」と述べている(138)。

一九九四年の軍事危機によって米韓関係はさらに緊張した。金泳三は、この時、クリントンと口論のようになったと後に回顧している。金泳三によると、クリントンが北朝鮮に態度を変えさせるためには戦争も辞さないと述べたのに対し、金は「あなたは、わが国を舞台に戦争し、あなたの目標を達成しようとしている…。…あなたは、私たちの国土を借りて［北朝鮮を］爆撃しようというわけだが、それは絶対容認できない」と答えたのだという(139)。金は、米国が平壌を爆撃すれば、休戦ライン沿いに配備されているすべての火砲が火を噴き、ソウル、釜山《プサン》、光州《クァンジュ》、済州《チェジュ》は火の海になると考えたという(140)。

「チーム・スピリット」演習の中断

核外交の成果の一つであった「チーム・スピリット」演習の中断は、北朝鮮にとって重大な意味をもっていた。北朝鮮が「チーム・スピリット」をどうみていたかについては、一九八四年六月に東独を訪問した金日成がエーリッヒ・ホーネッカー首相に語った次の発言からも明らかである。

…「チーム・スピリット」演習が実施されると、我々は全国的に非常態勢をとり、労働者たちを軍隊に招集しなければならないため、一月半以上、生産を行えなくなる。その打撃により年間の農作業と生産に大きい支障が生じている。軍事的圧力によって、わが人民たちが皆、死んでいくのだ。(141)

また、朝鮮中央通信は、「チーム・スピリット93」の再開を一九六八年のプエブロ号事件、一九六九年のEC－121撃墜事件、一九七六年のポプラ事件、一九九三年の「核査察騒動」などと並列して論じたこともある。(142)これは、いかに北朝鮮が「チーム・スピリット」の中止を重視していたかを示すものであろう。

もちろん、北朝鮮は「チーム・スピリット」中止に完全に満足したわけではなかった。一九九八年、北朝鮮は、米韓共同演習「ウルチ・フォーカスレンズ」を「『チーム・スピリット』のレプリカ」「第二の『チーム・スピリット』」と呼んで非難した。(143)しかし、「チーム・スピリット」が大規模な戦力を実際に展開して実施される野戦訓練であったのに対し、「ウルチ・フォーカスレンズ」はシミュレーションを用いた米韓指揮所演習であり、北朝鮮が受ける物理的・心理的な圧力を考えれば、「チーム・スピリット」の方がはるかに重要性は高かったといえる。(144)

金正日の権力掌握

北朝鮮の核外交は、軍事指導者としての金正日の地位固めが進む中で始まり、それを確固たるものにするために利用された。軍における金正日の地位の公式化は九〇年代初頭から本格化した。金正日は一九九〇年五月に国防委員会第一副委員長に選出され、一九九一年一二月には朝鮮人民軍最高司令官に推戴、一九九二年四月には共和国元帥の称号を与えられた。(145)また、一九九二年二月には朝鮮労働党中央委員会の責任活動家たちに対して、「人民軍隊を強化し、軍事を重視する社会的気風を打ち立てることについて」と題する談話を行った。(146)金正日は、こうした動きを背景に、一九九三年三月、全国、全民、全軍に対して準戦時状態に移ることを命じたのである。

NPT脱退宣言後も同様の動きが続いた。NPT脱退宣言の約一カ月後の四月九日、金正日は国防委員会委員長に推戴されたが、一九九二年四月の憲法の一部改正によって、北朝鮮では国家主席ではなく国防委員会委員長が全軍を指揮統率する権限をもつことになっていたため、これによって金正日は完全に北朝鮮軍を掌握することになった[147]。そして、同年七月一九日には金正日が「朝鮮人民軍最高司令官命令第〇〇四〇号」に署名し、朝鮮戦争に参加した北朝鮮軍の将官・将校九九名の軍事称号を引き上げたのである[148]。

核外交は国内の不満を抑えるという内政上の目的をもっていた可能性もある。事実、北朝鮮が核外交を開始する直前に、北朝鮮指導部が国内の安定に不安をもっていることを示す兆候がみられた。ＮＰＴ脱退宣言のわずか一一日前の三月一日、金正日は「社会主義に対する誹謗は許されない」と題する談話で次のように語った。

社会主義に反対する帝国主義者や反動たちの策動が、今までになく悪辣に繰り広げられる中、社会主義を誹謗する詭弁が数えきれないくらい流布されている…。

…

社会主義に対する誹謗が荒唐無稽な詭弁であるにもかかわらず人々の間に思想的混乱を引き起こしたのは、人民大衆が社会主義思想でしっかり武装できないところに基本的な原因がある…。

…

…いかなる苦難の中でも、我々の社会主義が揺るがないのは首領、党、大衆の一心団結が確固と実現され、人民大衆が党と首領の領導に従って自らの自主的要求に合うように新しい生活を創造していっているためである[149]。

この時期には、北朝鮮の経済状態も極めて悪かった。一九九三年一二月に開かれた朝鮮労働党中央委員会第六期第二一次全員会議では、一九八七～九三年の第三次七カ年計画の目標が達成されなかったことを受けて、爾後二～三年間を「緩衝期」（調整期間）とすることが発表された[150]。

核外交は金正日の権力掌握と国内の安定確保に少なくとも一定程度は寄与したとみられる。枠組み合意の成立後、北朝鮮当局は核外交の成果を取り上げながら金正日の功績を讃え、彼の能力を賛美するようになった。例えば、二〇〇〇年に出版された『金正日将軍の先軍政治』は次のように述べていた。

［北朝鮮の］人々は、米国が一九九三年初頭に北側の「核開発疑惑」を口実に「特別査察」と「集団制裁」で威嚇してきた時、金正日将軍が準戦時状態宣布とＮＰＴ…脱退で応えることで米国を屈服させ、交渉のテーブルに引きずり出し、北米合意書［枠組み合意］とクリントンの保証書簡まで引き出された事実を忘れていない(151)。

第7章　ミサイル外交――一九九八〜二〇〇〇年

北朝鮮は、九〇年代後半に弾道ミサイルを手段とする一連の瀬戸際外交を展開した。一九九八年のテポドン1発射によってミサイル問題は米朝協議の焦点となり、一九九九年には米国が対北朝鮮政策の見直し作業を行った。その結果、作成された報告書が北朝鮮に対して「包括的」アプローチを用いるべきであると提唱したのを受け、二〇〇〇年には米朝両国の高官が双方の首都を訪問するなど、本格的な米朝関係改善が実現するかにみえた。しかし、ここでクリントン政権の任期は終わり、米朝関係改善への動きは中断された。北朝鮮のミサイル外交は米朝の関係正常化にはつながらなかったのである。

1　ミサイル輸出、発射実験、米朝協議

ミサイル外交の萌芽――イスラエルの北朝鮮接近

北朝鮮のミサイル問題を最初に外交課題として取り上げたのは、米国ではなくイスラエルであった。イスラエルは、米朝両国が初のミサイル協議を開始する四年前、そして、北朝鮮が核拡散防止条約（NPT）からの脱退を宣言する一年前に当たる一九九二年に、北朝鮮にミサイルをめぐる取引をもちかけていたのである。(1)

当時、イランのミサイル保有を憂慮していたイスラエルは、北朝鮮が中東、特にイランへのミサイル売却を中止すれば、その代価として北朝鮮に経済支援を行うことを提案していた。(2) 続く一九九三年にも、イスラエルの担当者は北京で北朝鮮の代表と数次にわたって面会し、イスラエルが石油と現金を提供する引き替えに、北朝鮮が一五〇

発のノドン・ミサイルをイランに輸出する計画を放棄するという内容の提案を行った。これに対し、北朝鮮はミサイル輸出の中止と引き換えに現金による補償を求めた。

その後、核問題解決への悪影響を懸念する米国の働きかけにより、一九九三年八月、イスラエルは北朝鮮とのミサイル交渉の放棄を宣言することとなった。(3) しかし、その後もイスラエルは北朝鮮とのミサイル協議に関心を示し続け、一九九四年三月にも両国が接触したという。(4) 最終的には米国からの圧力によって交渉は頓挫したが、のちに、イスラエルは北朝鮮に一〇億ドルもの経済援助を供与することを検討していたと伝えられた。(5) ミサイルをめぐるイスラエルと北朝鮮との協議は不調に終わったが、北朝鮮にとっては、外交の道具としてミサイルがどの程度の価値をもつかを知るための貴重な学習の場になったのである。

核外交のサイドショー

(1) ノドンとスカッドの発射実験

北朝鮮が弾道ミサイルを外交交渉に利用しようとする最初の兆候がみられたのは、一九九三年五月末のことであった。この時、北朝鮮は僅か二日間のうちに三発のスカッドと一発のノドンの発射実験を行ったが、これは、それまでに北朝鮮が行ったミサイル実験としては数的に最大規模のものであった。この時、ノドンは東京の方向に発射され、その本体は約五〇〇キロ飛翔して、日本海に落下した。当時、ミサイル発射場ではイランとパキスタンの専門家がテストを見学していたという。(6)

核開発をめぐって国際社会からの圧力を受けていた北朝鮮は、三月に、全軍に準戦時状態を宣布したのに続いてNPTからの脱退を宣言していた。(7) 複数のミサイル実験はこうした中で行われたのである。また、実験直後の六月二日には、米朝高位級協議が予定されていた。そして交渉の結果、六月一二日には初の米朝共同声明が発表された。このミサイル実験がどの程度、外交上の効果を発揮したかを測定することは難しいが、北朝鮮がミサイル開発上の技術的必要性やミサイル輸出による外貨獲得の可能性に加え、外交上の意図をもって実験を行ったであろうことは、実験のタイミングからみても明らかである。これ以後、北朝鮮は外交の手段として、しばしばミサイルを用いるようになっていった。

(2) ノドン発射実験準備

一九九四年五月には、再びノドンの実験を準備する兆候がみられた。また、五月三一日と六月二日には日本海で地対艦ミサイルの発射実験が行われた[8]。さらに六月一四日には、テポドンのものと思われるロケットエンジンの燃焼実験が行われた[9]。そして六月九日には金永南《キムヨンナム》外交部長が、北朝鮮は今後もミサイル実験を続けるとともに、朝鮮半島で戦争が起きれば韓国は徹底的に破壊されるであろうと警告した[10]。

この時期は、北朝鮮の核開発をめぐる国際的な緊張がピークに達した時期であった（詳しくは第六章を参照せよ）。結局、六月のカーター訪朝によって危機は沈静化し、米朝交渉が再開された。北朝鮮はミサイル実験の準備を進めることによって米国に圧力をかけながらも、最終的には実験を中止することによって、対話による問題解決を求めているとの立場を伝えようとしたのではないかと考えられる。その後、一〇月には米朝枠組み合意が成立した。

米朝ミサイル協議

枠組み合意によって核問題が一段落すると、米国はミサイル問題により多くの関心を払い始め、ミサイル問題は米朝関係における最重要課題の一つとなった。また、この頃、北朝鮮はミサイルの輸出を活発化させ、イランにノドン・ミサイルの技術を売却し始めたと伝えられた[11]。こうした中、一九九五年初頭に米国が北朝鮮に対してミサイル協議を開始することを提案した[12]。さらに一九九六年一月、トーマス・ハバード東アジア担当国務次官補は、ミサイル拡散問題を議論するための協議を改めて提案した。これに対し北朝鮮側は、協議の日程と会場を決める前に経済制裁が緩和されるべきであると要求し、ミサイルを外交カードとして利用しようとした。そして、米国が北朝鮮に対する緊急食糧援助を決めると、北朝鮮はミサイル協議の開催を受け入れたのである[13]。

（1）第一回米朝ミサイル協議

一九九六年四月、米国側は国務省のロバート・アインホーン不拡散担当副次官補を、北朝鮮側は外交部の李衡《リヒョン》哲《チョル》米州局長をそれぞれ代表として、第一回米朝ミサイル協議がベルリンで開催された。米国は本協議を枠組み合意の延長線上に位置づけ、核問題だけでなくミサイル問題についても北朝鮮を国際的な不拡散体制に組み込むことを目的としていた(14)。会談で米国側は、ミサイル関連技術輸出規制（ＭＴＣＲ）の内容を北朝鮮の代表団に説明するとともに、北朝鮮がミサイルの生産と輸出を中止することに同意すれば、米国は制裁を解除する用意があると伝えた(15)。会談終了後、米国側は「協議は有用であった」とし、北朝鮮側も「今後も協議は継続される」と発表した(16)。

しかし、北朝鮮は米国との協議に応じる一方で厳しく米国を非難した。ミサイル協議から二カ月後の六月末、『朝鮮中央通信』は、「最近、米国はじめ西側のマスコミが共和国［北朝鮮］のミサイルが中東諸国に輸出されていると騒ぎ立てている」と非難し、「ミサイル協議は米国側が提案し、我々は彼らの立場を考慮して応じただけ」であって、「我々は、この協議をしてもしなくても損害を被るものは何もない」と論じつつ、米国側が引き続き強硬な態度をとるのであれば、「ミサイル協議を中断せざるをえない」と報じた(17)。

（2）ノドン発射実験準備

一九九六年九月、工作員回収のために韓国の東海岸に侵入した北朝鮮のサンオ級潜水艦が座礁した事件に対し、金泳三大統領は強く反応し、朝鮮半島エネルギー開発機構（ＫＥＤＯ）への韓国の参加を停止することで軽水炉プロジェクトの実施を遅らせた。こうした緊張状態の中で、北朝鮮はノドンとみられるミサイルの実験準備を開始した。これに対し、米国は継続的に北朝鮮と接触し(18)、ミサイル実験が実際に行われる場合、「強くこれに反対する」と伝達した(19)。北朝鮮は少なくとも公には強硬な姿勢をみせ、二三日には外交部スポークスマンが強い調子の声明を発表した(20)。

北朝鮮は、潜水艦事件をテコにして韓国が米朝関係の改善を妨害しようとするのではないかと懸念していた。北朝鮮外交部は、潜水艦事件を受けて軽水炉提供を遅らせるとした韓国の立場に米国側が理解を示したと指摘しつつ、米国が「軽水炉事業推進問題を南朝鮮当局者の一方的な決心に委ねると言明したのであれば、それは事実上、朝・米基本合意書の履行に決定的な影響をおよぼさざるをえない」と警告した[21]。しかし、その後の米朝協議で枠組み合意を遵守するとの米国の立場が確認されたため、一一月三日、北朝鮮外交部は、米国側が「いかなる外部的影響にもかかわらず」重油供給と軽水炉事業を引き続き推進しようとしているとして満足を表明した[22]。そして、その五日後、米国務省は北朝鮮がミサイル実験を中止したと明らかにした[23]。

（3）第二回米朝ミサイル協議

一九九七年六月一一日、第二回米朝ミサイル協議が開催された。米国は北朝鮮にノドンの配備とスカッドとその部品等の輸出を中止するよう求めたが、北朝鮮はこれに応じず、会談は成果なく終わった[24]。また、北朝鮮は自国の駐エジプト大使が米国に亡命したことを受けて、八月に予定されていた第三回のミサイル協議をキャンセルした[25]。また、同月、米国はミサイル拡散を理由に朝鮮富強貿易会社と朝鮮竜岳山貿易総会社という北朝鮮の企業二社に対し追加的に制裁を科し、ミサイル協議は停滞局面に入った。

ミサイル外交の本格化

しかし、一九九八年二月に韓国で金大中《キムデジュン》政権が発足し、三月に米朝両国がミサイル協議の継続に合意すると、北朝鮮の態度に変化がみられるようになった。北朝鮮がミサイルを取引材料とする可能性をほのめかすようになったのである。六月一六日、『朝鮮中央通信』は次のような論評を伝えた。

現在、我々が行っているミサイル輸出も、今の状況において我々に必要な外貨獲得を目的とするものである。米国が我々を半世紀以上も経済的に孤立させていることによって我々の外貨獲得源は極めて制限されており、したがって、ミサイル輸出は我々がやむをえず選択した道である。米国が本当にミサイル輸出を止めさせようと思うのであれば、一日も早く経済制裁を解消し、ミサイル輸出の中止に対する経済的補償を行う道に進むべきである。(26)

そして、同年八月、北朝鮮の金桂寛《キムゲグァン》外交部副部長は訪朝中の米議会代表団に対し、毎年五億ドルを補償として支払えば北朝鮮はミサイル輸出を中止すると述べたと報じられた。(27)こうした北朝鮮からの呼びかけの背景には、シリア、イラン、パキスタンなどの主要な取引相手国に対するミサイルあるいはプラントの輸出が一段落し、将来的にミサイル輸出による収入が伸び悩むとの見方があったとの分析もあるが、(28)経済難が深刻化したため、ミサイルの輸出などを取引材料に外貨獲得を狙うようになったとの解釈も可能であろう。

(1) 金倉里《クムチャンニ》の秘密地下施設

ミサイルが米朝間の新たな議題となりつつあった一九九八年八月、核開発疑惑が再び浮上した。一九九八年八月一七日、『ニューヨーク・タイムズ』紙は、米国の情報機関が寧辺の四〇キロ北東にある金倉里に、核関連とみられる巨大な秘密地下施設が存在することを発見したと報じた。(29)この施設は、新たな原子炉または再処理施設を収容するためのものと考えられた。

金倉里の地下施設はただちに米朝協議の課題となった。八月二一日から九月五日までニューヨークで開かれた協議で、チャールズ・カートマン朝鮮半島平和会談特使と金桂寛がこの問題をめぐって対峙した。米国側は北朝鮮側に地下施設についての説明を求めつつ、口頭での説明だけでは米国側の懸念は解消されないとの立場を伝えた。(30)米国側は、枠組み合意に署名してからも北朝鮮は核兵器の保有をあきらめていないのではないかとの疑念をもっていた。(31)金倉里の地下施設の発見によって、ミサイル問題とともに核問題も米朝協議の議題として再び取り上げられることになったのである。

（2）テポドン1発射

一九九八年八月三一日、北朝鮮はテポドン1を基礎とする三段式ミサイルを太平洋に向けて発射した。このミサイルは日本の本州北部を越えて飛翔し、日本に大きな衝撃を与えた。米国も、米朝協議の進行中にミサイルが発射されたことに衝撃を受けた。テポドン1の発射によって、北朝鮮のミサイル技術が米国の情報機関の予想を超えるものであることが明らかになった。テポドン1は固体燃料によって推進される第三段目を搭載しており、これが実用化されるとミサイルの射程は劇的に延伸されるものとみられた[32]。実際には、第三段目は飛行中に爆発したが、その残骸は発射地点から四〇〇〇キロ離れた地点まで飛翔した。これは、より射程の長いテポドン2に推進力をもつ第三段目を搭載すれば、少量の生物・化学兵器を米国本土に運搬することが可能になることを示唆していた[33]。テポドン1の発射に対して最も冷静な態度を示したのは韓国であった。韓国全土はすでにスカッドCの射程内に入っており、より射程の長いミサイルが登場しても、必ずしも韓国に対する直接の脅威にはならないと考えられたのである。むしろ、テポドン発射が韓国に与えた影響は、太陽政策の妥当性に疑問を投げかけかねないという政治的なものであった。

予告なしに自国の上空にミサイルを発射された日本政府は北朝鮮に強く抗議するとともに、KEDOに対する資金供与を差し控えるなどの措置をとった[34]。一方、米韓両国は北朝鮮に抗議はしたものの、対北関与・包容政策を強力に推進することでは合意しており、その中心にKEDO事業を据えていたため、日本の動きを対北関与・包容政策を動揺させるものとして否定的に捉えた[35]。結局、米韓両国からの圧力により、一〇月に日本がKEDOへの資金供与を再開することに同意し、事態は収拾された[36]。

テポドン発射は二つの意味でクリントン政権に影響を与えた。第一に、テポドン発射によって対北関与政策に対する議会の支持が低下した結果、KEDOのための資金調達や枠組み合意の維持が困難になった。第二に、テポドン発射によって国家ミサイル防衛の早期開発・配備への支持が高まり、これに反対するクリントン政権の立場を弱めることとなった。その結果、クリントン政権は北朝鮮のミサイル問題に、より積極的に取り組まざるを得なくな

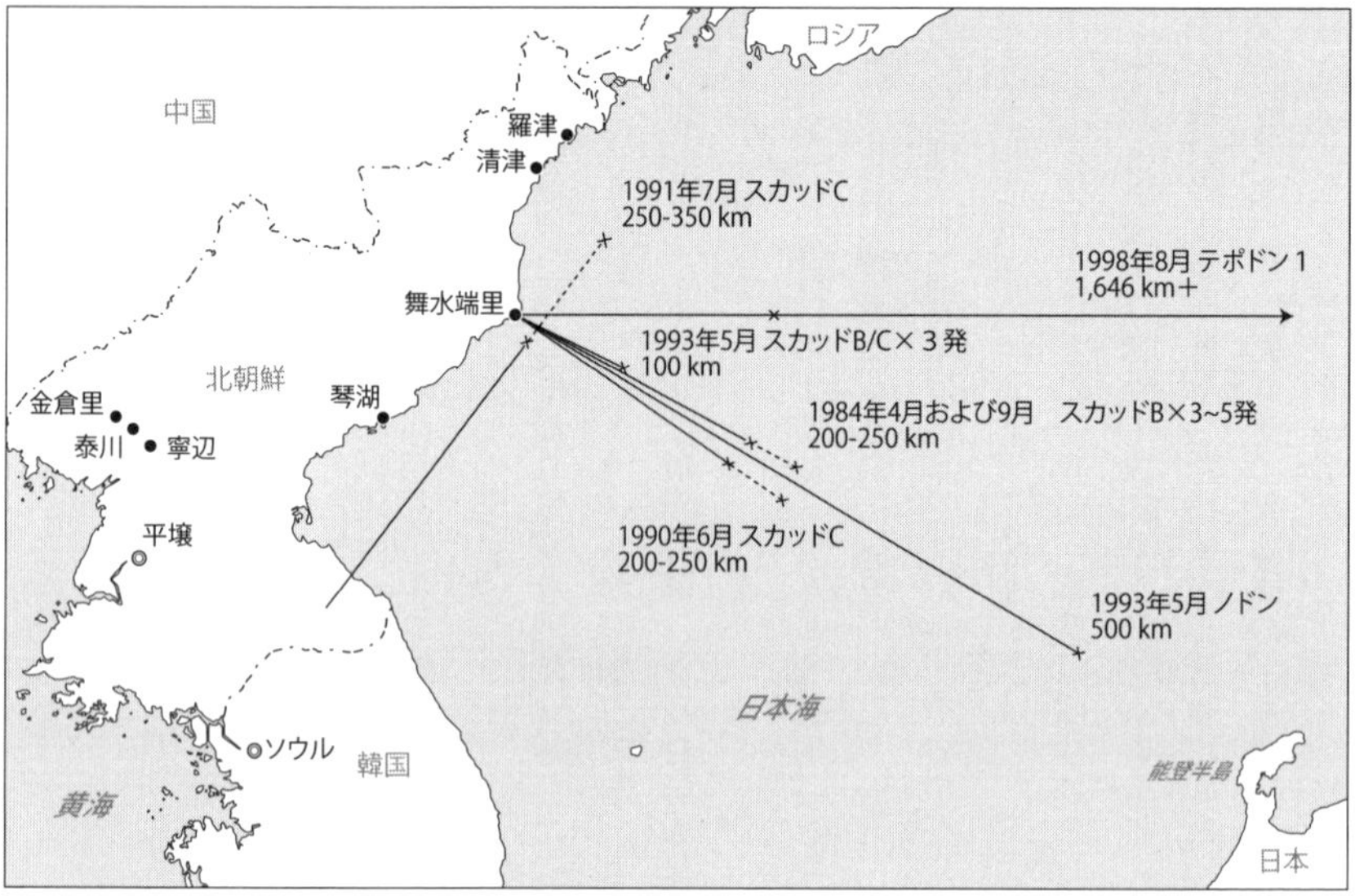

図７－１　北朝鮮のミサイル飛翔航跡図（1984～99年）

出所：次の資料を参考に筆者と横山早春が作成。Joseph S. Bermudez, Jr., “Estimated Flight Paths of Known DPRK Ballistic Missile Tests : 1984-1999.”

ったのである[37]。

テポドン発射を通じて、北朝鮮はミサイルを交渉材料として使用する態度を一層明確にした。九月八日の『労働新聞』は、「世界の世論は、衛星を軌道に乗せることができる運搬ロケットが開発されたというのは大陸間弾道ロケットを保有するのと同じであると、しばしば評価している」と述べ、この「運搬ロケット」が軍事的意義をもつものであることを認めた[38]。また、九月一七日の『労働新聞』は、「人工地球衛星と運搬ロケットの製作にかかる費用を差し引いても、地上の発射場と衛星の操縦、衛星との連携をもつうえで必要な設備を整えるだけでも、専門家は約三億ドル以上の費用がかかると見積もっている」と報じた[39]。さらに、『労働新聞』は別の論評で、「我々がすでに明らかにしたとおり、我々の人工地球衛星発射が軍事的目的で使われるのかどうかは、全面的に米国をはじめとする敵対勢力の態度いかんにかかっている」との立場を示した[40]。こうして北朝鮮はミサイル輸出や実験を金銭的な取引の道具として位置づけたのである。

（3）米朝協議

テポドン発射は、金倉里の地下核施設疑惑などについての米朝協議がニューヨークで進行している最中に実行された。当時、北朝鮮がミサイル発射の準備を進めているとの情報はあったが、米国は協議が続いている間にミサイルが発射されることはないと考えていた。そのため、実際にミサイルが発射されたときのショックも大きかった。さらに、北朝鮮は九月に入ってからも東海岸でミサイルの発射準備を進めていた[41]。テポドン発射後も、北朝鮮は米朝協議を有利に進めるために圧力をかけ続けていたのである。

しかし、テポドンの発射にもかかわらず米朝協議は成功裏に閉幕した。九月五日まで続いた協議で、両国は金倉里の施設について議論するとともに、枠組み合意の遵守、四者会談の開催などで合意した。米国は計画通り軽水炉の建設を進めるとともに、約束された期限までに重油供給を行うことを確認した。また、双方はミサイル協議を再開するとともに、北朝鮮のテロ支援国家指定を解除する問題についても協議を行うことで合意した[42]。

こうして、米朝両国は、すべての懸案事項を包括的に協議することで合意した。これについて北朝鮮外務省[43]は、「双方の懸案問題について一括妥結形式で合意した」と評価した[44]。テポドン発射は米朝協議を妨げるのではなく、その進展の触媒として作用したのである[45]。なお、協議終了後の九月二一日には、米国政府が世界食糧計画（WFP）の要請に応える形で、北朝鮮に対して三〇万トンの小麦を供与すると発表した[46]。これは、公式には「人道援助」とされているが、実際は北朝鮮の譲歩に対する外交上の見返りという側面もあったと考えられている。

（4）第三回米朝ミサイル協議

第三回米朝ミサイル協議は一九九八年一〇月にニューヨークで開催された。会談では米国が北朝鮮に対し、まずミサイルの発射実験を停止し、輸出を削減したうえで、徐々にMTCRの基準を超えるミサイルの生産・開発を中止するとの段階的解決案を提示するとともに、北朝鮮がこれに応じた場合には、米国が北朝鮮に対する経済制裁の解除を本格的に行うと提案した。しかし、北朝鮮は経済制裁の解除はすでに枠組み合意で合意されていると主張し、ミサイル輸出自粛の見返りに巨額の補償金を求める構えをみせた[47]。また米国は、北朝鮮が今後、長距離ミサイルを発射したり、こうしたミサイルや関連技術を輸出したりするようなことがあれば、米朝関係改善に「極めて否定的な結果をもたらす」であろうと警告した。しかし同時に、米国が懸念している北朝鮮のミサイルに関連した活動が中止されるのであれば、米朝関係はそれに見合う形で改善されるであろうと表明した[48]。

(5) テポドン発射準備

一九九八年一一月に入ると、再びテポドンの発射施設や格納庫の建設とみられる動きが始まった。そして一二月には、北朝鮮がテポドンの発射実験を同月中に行う可能性があると報じられた[49]。北朝鮮はこうした軍事的動きをみせる一方、米国に対する外交的な圧力を強化した。まず一二月二日、朝鮮人民軍総参謀部が声明を発表し、「我々の人民軍隊の打撃には限界がなく、その打撃を避ける場所は地球上にはない」と述べつつ、米国の「強硬保守勢力」が北朝鮮の地下施設に対する査察が実現しなければ枠組み合意を破棄すると主張しているのは「宣戦布告と同じだ」と述べた[50]。また、七日には北朝鮮外務省が、外交的解決の余地が失われつつあると警告し[51]、九日には、訪米中の金桂寛・外務省副相[52]が米議会スタッフに対し、ミサイルを「今後も事前通告なしで発射する」と述べたのである[53]。

しかし、北朝鮮は強硬な態度をとる一方、米国に関係改善を求める考えも示した。一二月一八日には『労働新聞』が論評で、北朝鮮の地下施設およびミサイル問題に対する米国の立場を非難しながらも、「人工衛星を再び発射するのかどうか、それが軍事的目的に利用されるのかどうかは敵対勢力の態度にかかっている」と述べ、この問題について米国と交渉する余地があることを明らかにした[54]。

こうした北朝鮮の動きに対し米国は、ミサイル発射には警告を発しながらも北朝鮮との対話を継続させた[55]。一二月四日から一二日まで金倉里の地下疑惑施設をめぐって開催された米朝協議で、双方は最終的な合意には至らなかったが、北朝鮮が米国の査察官による地下施設訪問への見返りとしての補償金要求を取り下げ、代わりに食糧支援を要求したとも伝えられた[56]。結局、ミサイルは発射されず、一二月三一日には、テポドン発射が延期されたとする米情報当局者の言葉が報じられた[57]。

（6）第四回米朝ミサイル協議

一九九九年三月末に開催された第四回米朝ミサイル協議で、北朝鮮は米国側にミサイル輸出中止の補償として、三年間にわたって毎年一〇億ドルずつ支払うことを要求した[58]。これに対し米国側は、ミサイルの輸出中止に対していかなる補償を行うこともあり得ないと伝えた[59]。会談終了直後の三一日、北朝鮮外務省は、「我々は、ミサイルの開発、生産、試験、配備の問題は徹頭徹尾、我々の自主権に属する問題であり、誰とも絶対に取引する問題ではないという一貫した立場を明確にした」と強調しながら、「我々がミサイル輸出を中断する場合、それによって得られなくなる分の外貨を現金で補償する条件でのみ、ミサイル輸出中止問題を論議することができる」との立場を強調した[60]。

（7）金倉里施設への訪問

一九九八年一二月まで続いた協議を経て、北朝鮮は金倉里の地下施設への米調査団の訪問の対価として金銭的補償を求めるのを止め、食糧援助を要求するようになった[61]。米朝協議は一九九九年二月二七日から三月一五日まで開催され、その結果、北朝鮮は五月に米調査団が金倉里を訪問するのを認め、その後も施設の使用状況についての懸念を払拭するために米国側が当地を訪問することを受け入れた。代わりに、米国は両国の政治・経済関係を改善するための措置をとることに同意した[62]。そして四月、米朝両国は、北朝鮮におけるジャガイモ生産プロジェクトに合意した。これは米朝初の二国間援助協定であり、歴史的な意義をもつものであった[63]。

そして五月には米調査団が金倉里を訪問し、六月末には国務省が訪問の結果を発表したが、それは、金倉里の地下施設にはプルトニウム生産炉も再処理施設も存在せず、それらの建設にも適していないというものであった[64]。

（８）ペリー・プロセス

一九九八年後半、金倉里の地下施設疑惑の浮上やミサイル発射などによって、米国の対北朝鮮政策は本格的な見直しを迫られることになり、同年一一月にウィリアム・ペリー元国防長官が対北朝鮮政策調整官に任命された。[65]ペリーは韓国や日本とも緊密な政策調整を行いながら対北朝鮮政策の見直しを進め、一九九九年九月、「米国の対北政策に関する報告書」（ペリー報告書）を大統領と議会に提出した。[66]

報告書は、核問題とミサイル問題を別々に扱うのではなく、両者を一体的に取り扱う「包括的かつ統合されたアプローチ」を導入すべきであると述べるとともに、「平和共存」と「封じ込め」という「二つの道」からなる戦略を採用すべきであると提唱した。第一の「平和共存」への道とは、北朝鮮が、(1)核兵器開発計画を有していないことを保証し、(2)ＭＴＣＲの基準を超えるミサイルの実験、製造、配備を中止し、(3)同様に、そうしたミサイルと関連部品・技術の輸出を中止するという三つの最終目標に向かっていくのと並行して、米国が北朝鮮との経済・外交関係を本格的に正常化させるための努力を行うというものであった。しかし、北朝鮮が第一の道を歩むことを拒否する場合は、第二の道、すなわち「封じ込め」に向かうことになり、米国が北朝鮮との間に新たな関係を築くことは不可能になるとしていた。スカッド、ノドン、テポドンは投射重量五〇〇キログラム以上、射程三〇〇キロメートル以上というＭＴＣＲの基準を超えるものであり、もし第一の道が実現されることになれば、これらのミサイルの実験、製造、配備、輸出などが影響を受けることになると考えられた。また、ペリー報告書は、北朝鮮に核・ミサイル開発を中止させることは中国の国益にも合致していると述べ、核やミサイルの開発を中止するよう中国が北朝鮮に圧力をかけるべきであるとしていた。

ペリーは報告書の発表に先立ち、一九九九年五月に四日間にわたって北朝鮮を訪問し、このような米国の包括的アプローチを北朝鮮側に示した。この提案は、「アメとムチ」の両方を含むものであり、一方的に北朝鮮に譲歩を与えるものではなかったが、北朝鮮にとっても「魅力的なもの」であるように考慮されたものであった。[67]五月のペリー提案に対し、六月の北京での米朝協議で北朝鮮は初めてミサイル発射のモラトリアム（凍結）を提案した。[68]

こうして、ミサイル問題は米朝関係における重要な議題の一つとなっていった。[69] つまり、北朝鮮は米国に対する交渉カードとしての自国のミサイル問題の有用性を高めることに成功し、米国との関係正常化を進めるうえでこれを積極的に活用しようとしたのである。そして、ペリー訪朝後もミサイル発射準備の動きは続いた。

(9) テポドン2発射準備[70]

一九九九年五月、北朝鮮は再び東海岸の実験場で、テポドンとみられるミサイルの発射準備を行う徴候をみせ、エンジンの噴射や燃料の注入実験を行った。[71] 関係各国からの警告にもかかわらず実験の準備は進み、七月末には発射台がほぼ完成していることが確認された。発射台の高さが約二二メートルから約三三メートルに延長されたことから、今回の実験準備はテポドン2のためのものであると推定された。また、八月初旬にはテポドン2が組み立てられ、発射台の近くに格納されているものと判断される状況になっていた。こうした動きは、八月に予定されていたジュネーブでの米朝協議に先立ってとられたものであった。

こうした中、北朝鮮はミサイル開発・輸出などをめぐって米国と取引を行う用意があることを明らかにした。北朝鮮外務省は七月二六日、「米国の対朝鮮孤立・圧殺政策によって、恒常的に脅威を感じている我々としては、独自の防衛力を強化せざるをえないし、その一つの手段としてミサイルを開発せざるをえなかった」とミサイル開発を行っていることを認めつつ、「米国が真に…我々と『関係改善』を望むならば…経済制裁を全面的に撤回し、我々に反対する『同盟国との』共助』企図を中止し、軍事的脅威を与えないという実践的措置を、まずとるべきである」と述べ、「米国が…信義を示せば、我々も信義をもって応えるであろう」と指摘した。[72] 北朝鮮は、ミサイル問題をテコに米国との関係改善を進める用意があることを明らかにしたのである。

一方、米国では九月に国家情報会議が報告書を発表し、北朝鮮はテポドン1ではなく、より能力の高いテポドン2を大陸間弾道ミサイル（ＩＣＢＭ）として兵器化しようとするであろうとの見方を示した。[73]

米朝関係正常化への動き

こうした中、八月にはジュネーブ、九月にはベルリンで、それぞれ核・ミサイル問題をめぐる米朝協議が開催されたが、九月七〜一二日に開催されたベルリン協議で米朝関係に特筆すべき進展がみられた。北朝鮮が、米朝両国が正常化に向けて前進している間はミサイルの発射を凍結すると約束したのである[74]。これに対し、同月一七日、ウィリアム・クリントン大統領は対敵通商法、国防生産法、商務省の輸出管理規則により課せられている北朝鮮に対する制裁の一部を解除する決定を発表した[75]。そして同二四日、今度は北朝鮮が、米朝会談が進んでいる間はミサイルを発射しないと正式に発表した[76]。これらの動きは、米朝両国が一歩ずつ相互に譲歩を積み重ねていくという、ペリー報告書に示されていた方式に従ったものであった。こうして、北朝鮮はミサイル開発をテコにして、米国との関係改善の糸口をつかむに至ったのである。

ベルリン合意後、米朝関係の進展は停滞局面を迎えたが、二〇〇〇年の中盤から再び動きがみられるようになった[77]。まず、六月一九日、米国が前年九月に表明していた北朝鮮に対する制裁の緩和を実施することを発表したのに対し、同月二〇日、北朝鮮外務省がミサイルの発射実験の凍結を継続すると発表した[78]。また、七月にはクアラルンプールで第五回米朝ミサイル協議が開催された[79]。協議終了後、北朝鮮側は、ミサイル輸出を中止する補償として一〇億ドルを要求したと明らかにした[80]。

しかし、これらの動きは、基本的にすでに一九九九年に形成されていた状況を再確認するに留まっており、本格的な米朝関係の改善には、より高いレベルにおける接触が不可欠であった。一九九九年五月のペリー訪朝以降、米国は北朝鮮高官の訪米に期待を表明してきたが、二〇〇〇年に入ってからも北朝鮮側から肯定的な反応がなく、ペリー・プロセスに沿った米朝関係改善の動きが鈍化したかのようにみえた。北朝鮮側が動きをみせたのは一〇月に入ってからのことであった。

一〇月九〜一二日、金正日《キムジョンイル》の特使として国防委員会第一副委員長の趙明録《チョミョンノク》次帥が訪米し、これによって、米朝関係が大きく動き始めた。趙明録は、北朝鮮のナンバー2としては初めてワシントンを訪れ、クリントン大統領、マデレーン・オルブライト国務長官、ウィリアム・コーエン国防長官らと相次いで会談した。その結果、米朝両国は「米朝共同コミュニケ」を発表し、「ミサイル問題の解決は、両国関係の抜本的改善とアジア太平洋地域の平和と安定にとっての重要な寄与となる」という点で一致したことを明らかにするとともに、北朝鮮側は、米朝協議継続中はミサイルを発射しないことを再確認した。[81]

また、趙明録の訪米に先立つ一〇月六日、米朝両国は「国際テロリズムに関する米朝共同声明」を出し、この中で北朝鮮は、「すべての国家あるいは個人に対する、あらゆる形態のテロリズムに反対」すると宣言した。これに対し米国は、北朝鮮が必要な条件を満たした場合、同国に対するテロ支援国家指定を解除する努力を行うと約束した。[82] 金倉里の核施設疑惑が解決し、北朝鮮がミサイル発射の凍結を発表してからは、国際テロ支援問題が米朝関係改善の最大の障碍となっていた。米国政府は北朝鮮をテロ支援国家と規定しており、この問題が解決されない限り米朝関係の本格的改善はあり得なかったのである。「国際テロリズムに関する米朝共同声明」は、米朝関係正常化の障碍を取り除く重要なステップの一つであった。

そして、一〇月二三～二四日、今度は、オルブライトが米国の国務長官としては初めて北朝鮮を訪問した。この訪朝は、クリントンの考えを金正日に直接、伝達するとともに、クリントン訪朝の可能性を探ることを目的とするものであった。

オルブライトは平壌滞在中、数回にわたって金正日と会談したが、この中で金正日は、一九九八年の衛星発射は最初で最後のものになると述べた。そして、双方は、北朝鮮がミサイル実験を中止する代わりに、米国が北朝鮮の人工衛星打ち上げを肩代わりするという金正日の提案を議論した。[83] また、金正日は、(1)射程五〇〇キロを超えるミサイルの生産、実験、追加配備をしない、(2)すべてのミサイル輸出を中止する、(3)これまでの金銭的補償の要求を放棄し、代わりに一〇億ドル分の食糧やエネルギーなどの非軍事援助を求めるとの考えを示し、米朝関係改善に向けて積極的な態度をみせたのである。[84] しかし会談では、査察、すでに配備済みのミサイル、北朝鮮に対する非軍事援助の額などについて折り合いがつかず、具体的な詰めは実務協議で行われることとなった。[85]

長官レベルでの協議を受け、一一月に第六回米朝ミサイル協議が開催された。この場で米国が北朝鮮に提示した要求は、(1)射程三〇〇キロメートル以上で五〇〇キログラム以上の搭載能力をもつ、すべてのミサイルの製造、実験、配備の禁止、(2)保有するミサイルの数および種類の申告を含む検証措置の受け入れ、(3)現有ミサイルの廃棄の約束、というものであった(86)。さらに米国側は、北朝鮮がミサイル関連の活動を抑制する代わりに、米国が北朝鮮のために人工衛星を打ち上げるという取引を行う可能性を探った(87)。

これに対して北朝鮮の代表は、金正日の提示したミサイル生産凍結案はノドンとテポドンには適用されるものの、スカッドには適用されないと述べた。そして非公式に、スカッドの生産凍結は、より幅広い安全保障の議論の中でのみ検討が可能であると主張した。また同様に、何らかの「補償」が行われるのであれば、ノドンとテポドンの漸進的な撤廃を考慮する用意があるとも述べた。検証について北朝鮮側は、協調的メカニズムを構築することに同意したが、その詳細は明らかにされなかった。最後に、北朝鮮は食糧やエネルギーを「補償」として受け入れたが、その量と具体的な内容については双方の折り合いがつかず、合意は得られなかった(88)。

長官級の相互訪問を含む度重なる協議にもかかわらず、結局、一連の交渉は時間切れとなり、クリントン政権下での米朝関係正常化は不調に終わった。二〇〇〇年一二月二八日、クリントンは、「我々の努力は…北朝鮮のミサイル開発と輸出からくる脅威を完全に除去することはできないにしても、それを大幅に減少させるための機会をもたらした」と述べるとともに、金正日が「ミサイル計画に関する真摯な提案」を行ったと評価しながらも、彼自身は任期中に北朝鮮を訪問しないことを決断したと表明したのである(89)。

2 環境要因の分析

ミサイル能力(90)

北朝鮮が弾道ミサイル開発に関心をみせ始めたのは七〇年代半ばのことであったが、ミサイル開発が本格化したのは八〇年代に入ってからのことであった。北朝鮮の弾道ミサイルは、大きく(1)スカッド、(2)ノドン、(3)テポドンの三種類に分けられる。射程三二〇キロメートル、弾頭重量一〇〇〇キログラムのスカッドBは八〇年代初めに開発が開始され、一九八六年に本格的な生産が始まった。八〇年代後半にはスカッドBの射程を延長したスカッドCの開発が本格化し、一九八九年には実戦化された。スカッドCの特徴は、弾頭重量を七七〇キログラムに減らしたことであり、これによって射程距離が五〇〇キロメートルまで延長され、韓国全土をその射程に収めることになった。スカッドは移動式発射台に載せて運用することができるため、発射前に発見・破壊するのが困難であった。二〇〇〇年の時点で、北朝鮮はスカッドBおよびCを合わせて五〇〇発以上保有しているとみられていた(91)。

八〇年代後半には、北朝鮮指導部が目標までの距離を基準に弾道ミサイルの所要能力を決定するという重要な動きがあり、この決定に基づいてノドンやテポドンの開発が進められた。東京など日本の主要都市を射程に収める準中距離ミサイルのノドンの開発が始まったのは、一九八八年頃のことであった。ノドンは、一〇〇〇キログラムの投射重量をもち、射程は一三〇〇キロメートル、半数必中界（ＣＥＰ）は二・五キロメートル程度である。ノドンは通常弾頭、クラスター爆弾、化学弾頭に加え、核弾頭、生物弾頭も搭載できると考えられており、一九九三年五月の発射実験を経て、一九九八年頃に実戦化された。ノドンはスカッドと同様、移動式発射台で運搬できるため、発射前に発見・破壊することが困難であった(92)。一九九九年の時点で、北朝鮮はノドンを五〇〜一〇〇発、移動式発射台を九両保有しているとみられていた(93)。

九〇年代初めには、二段式の弾道ミサイルであるテポドンの開発が始まった。テポドンは、そのモックアップ（実物大の模型）が一九九四年に初めて米国の情報機関によって確認された。テポドン1は、一段目としてノドンを、二段目としてスカッドを使用しており、一〇〇〇キログラムの弾頭を搭載し、一五〇〇キロメートル以上の射程をもつと推定されていた。テポドン1が配備されれば、沖縄を含む日本の領土のほとんどが射程内に入ることになる。テポドン1の初の発射実験は一九九八年八月に行われた。

テポドン2は、一段目に新型のブースターを、二段目にノドンを使用し、一〇〇〇キログラムの弾頭を搭載した場合で射程三五〇〇～六〇〇〇キロメートル程度になると推定されていた。このミサイルが完成すれば、アリューシャン列島（北朝鮮から四五〇〇キロ）やアラスカ（同五〇〇〇キロ）などが射程に入る可能性があった[94]。また、三段目の飛翔体が付加された場合、テポドン2は北朝鮮から約七〇〇〇キロ離れているハワイを含む、米国本土全域に弾頭を運搬することが可能になるとみられていた[95]。北朝鮮は一九九九年末までに一～一〇発のテポドン1と一～二発のテポドン2の試作品を生産したと推定されており、米国家情報会議は、二〇〇五年までに北朝鮮が数発のテポドン2を配備する可能性があると見積もっていた[96]。

つまり、九〇年代を通じて、北朝鮮はノドンとテポドン1の発射実験を行い、テポドン2を発射可能な段階にもっていくなど、着実かつ迅速にミサイル開発を進めたのである[97]。北朝鮮が次々と新型ミサイルを開発し、あるいは長射程化していったプロセスは刮目すべきものであった。それにもかかわらず、一九九八年のテポドン1発射までは、米国の情報機関は北朝鮮のミサイル能力を控え目に評価していた。例えば、一九九七年の時点で米国防省は、北朝鮮には多段式弾道ミサイル、あるいはその関連技術を実験した経験がないうえ、テポドンの技術はすでに実証されているスカッドのものと大きく異なるとして、テポドンの開発は困難であろうと予測していたのである[98]。米国が北朝鮮のミサイル能力を控え目に見積もっていたことによって、テポドンの発射実験が与えた心理的ショックは倍加した。こうした中で、唯一、北朝鮮のミサイル開発が目覚ましい速度で進んでいると指摘していたのが、米連邦議会の組織した「米国に対する弾道ミサイル脅威評価のための委員会」（いわゆる「ラムズフェルド委員会」）が一九九八年七月に発表した報告書であった[99]。そして、この報告書が発表された一カ月半後にテポドン1が発射されたのである。

ミサイル輸出

八〇年代の終わりまでに、北朝鮮は世界有数のミサイル輸出国となり、ミサイルだけでなく、その関連技術やプラントを各国に提供するようになった。一九八七年にはイランとの間で五億ドルに上るミサイル輸出契約を結び、イラン・イラク戦争時にイランに九〇～一〇〇発のスカッドBとミサイルの組み立て工場を輸出した[100]。韓国統一部の推計によると、一九八七年から九二年までに、北朝鮮はミサイルの完成品を売却して約五億八〇〇〇万ドルの収入を得た[101]。同じく韓国統一部によると、北朝鮮は毎年一〇〇発程度のスカッドを生産し、一九九六年までにイランやシリアに約四〇〇発のミサイルを販売した。一九八〇年から九三年までの一四年間に、北朝鮮の武器輸出は、同国の輸出総額二〇四億ドルの三〇パーセント以上を占めていた[102]。同様に米国政府は、北朝鮮がスカッドとその製造技術を輸出することで、二〇〇〇年までの一〇年間に一〇億ドル以上の対価を得たとみていた[103]。また、在韓米軍によると、北朝鮮が二〇〇一年初頭までに少なくとも四五〇発のミサイルをイラン、シリア、パキスタンなどに売却した[104]。また、別の情報源によると、一九八五年から二〇〇〇年の間に、北朝鮮はイラン、イラク、リビア、エジプトなどの中東諸国に対して少なくとも五四〇発のミサイルを輸出し、その中にはリビアに売却された五〇発のノドンが含まれていたという。スカッドは一発につき二〇〇～二五〇万ドルで、ノドンは七〇〇万ドル程度で売却されていたという[105]。北朝鮮のミサイル輸出額の見積もりにはばらつきがあり、時期によっても輸出額に変動があったと考えられるが、北朝鮮がミサイル輸出により大きい外貨収益を上げていたのは明らかであった。

北朝鮮の協力を得て、イランとパキスタンはノドンを基礎とするミサイルを開発・実験した。一九九八年四月に、まずパキスタンがガウリの発射実験を行い、続く七月には、イランが同様にシャハブ3号の発射実験を行った[106]。北朝鮮のミサイル関連輸出と国際技術協力は極めて広範なものであったため、米国はこれを国際安全保障上の主要な懸念材料の一つとみなすようになった。ペリーは、北朝鮮のミサイル計画が核、生物、化学兵器と結びついた場合の脅威について、次のように述べている。

北朝鮮はミサイルの射程延長を図っている。ノドンと呼ばれるミサイルは日本を射程に収めており、テポドンと呼ばれるものは、おそらく米国の一部に到達することができるであろう。高性能爆薬［の通常］弾頭を搭載したものであれば、これらのミサイルの軍事的脅威は取るに足らないものであるが、核兵器計画と結びついた場合

には極めて危険な脅威となる。(107)

3　軍事・外交行動の特徴

場所と時期

北朝鮮のミサイル開発のほとんどは北朝鮮領土内で進められており、一九九三年から二〇〇〇年までの弾道ミサイルの発射実験もすべて同国領土内の東海岸から行われた。北朝鮮は、発射実験やエンジン燃焼実験など、いくつかの異なる方法で自国のミサイル能力を誇示した。特に発射実験はミサイル開発の中でも最も重要なステップの一つであるため、軍事技術上、そして外交上も重要な意味をもっていた。しかも、北朝鮮の場合は一～二回しか発射実験を行っていなくてもミサイルの配備を決定することがあったため、その重要性は無視できないものであった。これについてラムズフェルド委員会の報告書は次のように述べている。

唯一のものであると考えられる［一九九三年の］発射実験の成功を経て北朝鮮がノドンの配備を決定したことは、［その予想しがたい開発方式の］好例の一つである。［米国の］情報機関は、米国とロシアの経験に基づいて、いかなる国でも弾道ミサイル・システムを生産・配備する前に、信頼性を確保するのに必要な一定回数の実験を行うものと予測していた。しかし、北朝鮮は［一定回数の実験を経ずして］ノドンを配備したのである。(108)

北朝鮮の核外交とミサイル外交は時間的に連続性をもつものであった。一九九六年に米朝両国が初のミサイル協議を行ったのは、北朝鮮がＫＥＤＯと軽水炉プロジェクトに関する供給協定を結んでから、わずか四カ月後のことであった。こうした連続性の背景には、核問題が一段落したのを受けて、ミサイル問題の解決に取り組もうとした米国の意図があった。

また、北朝鮮のミサイル関連の活動は、外交上の思惑のみによって規定されているわけではなかった。例えば、ミサイル発射実験のタイミングは、外交上の意図以外にも、軍事技術上の要素や、外貨獲得という経済上の要請にも影響を受けていた。ミサイル実験には、当然のことながら軍事能力を向上させる目的があった。また、一九九三年五月の発射実験以前にも、北朝鮮は一九九〇年五月、一九九〇年一一月、一九九二年六月と三度にわたってノドンの発射実験を試みたが、すべて失敗に終わっていた。しかし、ミサイル実験が準備・実行あるいは中止されたタイミングを考えると、外交上の必要性が北朝鮮のミサイル関連の活動の重要な決定要因であったことは明らかである。

軍事力の種類と使用形態

一九九三年五月の発射実験では四発のミサイルが発射されたが、これは、それまでで最も大規模な実験であった。一九九八年、テポドン1は単独で発射されたが、さらなるミサイル実験を準備する徴候が確認されていた。しかし、いずれのミサイル実験時においても北朝鮮軍が臨戦体制に置かれることはなかった。北朝鮮は一九九三～九四年の核外交では核兵器の起爆実験を行わなかったのに対し、ミサイル外交においては実際に発射実験を行うことによって自国のミサイル能力を世界に印象づけようとした。

ミサイル外交において北朝鮮の抑止力は大きい役割を果たさなかったが、これはミサイルの発射実験が軍事的にそれほど挑発的なものとは考えられておらず、米国などによる懲罰的軍事・経済措置のとられる可能性が高くなかったためである。また、九〇年代の核危機の教訓などから、関係各国は北朝鮮に対して懲罰措置をとるのが容易ではないことを理解するようになっていた。その結果、北朝鮮のミサイル問題の解決手段として、ムチよりもアメが優先された。

強度と目標選定

北朝鮮は米国や日本に攻撃的な言葉を浴びせかけはしたが、ミサイル発射実験やその他のミサイル関連活動は、他国に物理的な損害を与えるものではなかった。発射された北朝鮮のミサイルは、すべて公海に落下した。ノドンは日本を、テポドンは米国をそれぞれ攻撃対象として設計されたミサイルであると考えられ、実際、一九九三年にノドンは東京の方向に、一九九八年にテポドン1はハワイの方向にそれぞれ発射された。ただし、テポドンは地球の自転を利用する形で東方向に発射されており、それが人工衛星であったとする北朝鮮の主張と技術的には矛盾していなかったため、その意図にははっきりしない点もあった。

軍事と外交の連携

一九九八年六月までの北朝鮮のミサイル関連活動には外交との関連性が認められなかったが、それ以降、両者は極めて緊密に連携されるようになった。特に、一九九八年六月から一九九九年九月にみられた軍事行動と外交行動の巧みな連携は刮目すべきものであった。まず、一九九八年六月の『朝鮮中央通信』声明を受けて、八月にはニューヨークで米朝協議が開催されている最中にテポドンが発射された。また、一九九八年末におけるテポドン再発射の準備は米朝協議の再開を促すための外交の後ろ盾として利用され、一九九九年のテポドン2の発射準備は、同年六月、八月、九月に開かれた米朝協議における北朝鮮の交渉力の源泉となった。

北朝鮮のミサイル関連活動が外交の手段として有効に機能したのにはいくつかの理由がある。まず、ミサイル関連の活動は核関連の活動より顕在性が高い。ミサイルの発射実験やエンジン燃焼実験あるいはそれらの準備活動は、その多くが偵察衛星などの手段で比較的容易に探知できるものであった。そして、北朝鮮はテポドン発射の映像を世界中に配信することによって、瀬戸際外交推進のための心理的効果を得た。また、ミサイルの発射実験を準備・実行するのには、それほど時間がかからないため、ミサイル実験を外交と同期させるのは、それほど困難ではなかった。これについてラムズフェルド委員会は、テポドン2の場合でさえ、発射実験の決定から実施まで六カ月もかからないと評価した[109]。

4　政策目的とその達成度

米朝関係の正常化

北朝鮮は、米国との関係改善、ひいては関係正常化を外交の最重要課題と位置づけていた。これについて、テポドン1の発射は、米朝の関係改善などについての両国間の協議を促進する役割を果たした。同様に、テポドン2の発射準備も米朝協議の進展を促し、その結果、一九九九年九月には米国が北朝鮮に対する経済制裁を部分的に解除する意向を、北朝鮮はミサイルの発射実験を凍結する方針をそれぞれ発表した。北朝鮮の外交努力は韓国の太陽政策によっても後押しされた。金泳三と異なり、金大中は米朝関係の改善を支持していた。

その結果、クリントン政権末期に米朝の関係正常化プロセスは加速した。米朝両国は二〇〇〇年一〇月の米朝共同コミュニケで、「二国間関係を根本的に改善するための措置をとる」こと、そして、「朝鮮半島における緊張を緩和し、一九五三年の停戦協定を強固な平和保障体系に転換することによって朝鮮戦争を公式に終息させる」ことで合意した。米国は、米朝が二国間で平和協定を結ぶべきであるとする北朝鮮の要求は受け入れなかったが、停戦協定を「平和保障体系」に転換するとは明言した。また、双方が「主権の相互尊重と内政不干渉の原則」で合意したことは、米国に体制保証を求める北朝鮮にとっては重要な意味をもつものであった[110]。

オルブライトの訪朝および第六回米朝ミサイル協議において、妥結に向けたさらなる議論がなされた。クリントン政権下で大統領特別補佐官および北朝鮮政策調整官を務めたウェンディ・シャーマンは後日、当時を回想して、合意は「手の届くところまで来ていた」と述べた[111]。これは、過去の米朝関係を考えれば、極めて大きな進展であった。しかし、最終的に双方は合意に至らず、米朝関係改善への試みは頓挫したのである。

経済的利益の獲得

経済的利益の獲得は、北朝鮮にとってもう一つの重要課題であった。ここでは北朝鮮のミサイル外交の効果を正当に評価するため、ミサイル輸出などによる収益を評価の対象から除外し、瀬戸際外交を通じて得られた経済利益のみを検討することとする。

第一に、北朝鮮はミサイル輸出と長距離ミサイル開発中止の代償として金銭的補償を求めたが、米国がこれに応じなかったため金銭的利益の獲得は失敗に終わった。その代わり、北朝鮮は食糧などの支援を獲得したのであるが、米朝協議の開催時期と食糧支援のタイミングの相関関係を勘案すると、ミサイル外交は米国の対北食糧支援を促進し、また、そのタイミングに影響を与えたと判断できる。

ハガードとノーランドの研究によると、本章の対象期間中にミサイル問題と関連して提供された食糧支援は、一九九七年四月の五万トン、一九九八年九月の三〇万トン、一九九九年四〜五月の六〇万トン（および一〇〇〇トンの種芋）であった。ただし、ミサイル問題以外にも四者会談や核問題が影響を与えており、特に、一九九九年の援助の規模が大きかったのは、金倉里の地下施設への立ち入りの見返りという要素が作用していたという。[112]ちなみに、米国が北朝鮮に提供した食糧支援の総量（総額）は、一九九六年に一万九五〇〇トン（八三〇万ドル）、一九九七年に一七万七〇〇〇トン（五二四〇万ドル）、一九九八年に二〇〇万トン（七二九〇万ドル）、一九九九年に六九万五一九四トン（二億二二一〇万ドル）、二〇〇〇年に二六万五〇〇〇トン（七四三〇万ドル）であった（一九九八年の支援量について、先に挙げた数値との間に齟齬があるのは、統計データのとり方の違いや、約束した時期と供給された時期にずれがあったことなどが原因であると考えられる）。[113]これらの事実から、北朝鮮のミサイル外交は限定的にではあるが、食糧の獲得に一定の貢献をしたといえる。

第二に、米国が部分的に対北経済制裁を解除したのは、明らかにミサイル外交の結果であった。[114]制裁の緩和によって、ほとんどの消費財の二国間貿易、個人・商業資金の送金、商業航空・海上運輸などが可能となった。だが、それがすぐに経済活動の増加につながることはなかった。例えば、米朝間の貿易額は一九九八年には四五〇万ドルで北朝鮮の貿易総額の〇・〇〇三一パーセント、一九九九年には一一三〇万ドルで〇・〇〇七六パーセント、二〇〇〇年には二九〇万ドルで〇・〇〇一五パーセントに過ぎなかったのである。[115] また、ミサイル制裁のような米国内法による規制や、両用技術の輸出を管理するワッセナー・アレンジメントなどの多国間レジームに基づく規制は解除されなかった。[116] 制裁の緩和は、北朝鮮経済にほとんど何の利益ももたらさなかったのである。

日米韓関係の緊張

北朝鮮のミサイル外交は、日米韓の関係を緊張させる効果も生み出した。一九九八年のテポドン発射に対し、米韓両国は比較的落ち着いた反応をみせたのに対し、日本が強い反応を示したことで、一時的に米韓両国と日本の間に摩擦が発生した。また、北朝鮮のミサイル外交は、大統領就任直後に太陽政策を発表した金大中に対する圧力としても作用した。金大中はテポドン発射の後も太陽政策を継続すると表明し、[117] 一九九九年七月には北朝鮮が再度ミサイル実験を行ったとしても太陽政策を続けると述べた。[118] その結果、金大中政権は北朝鮮に「甘い」と、国内で対北強硬派からの批判に晒されることになった。

さらに韓国では、ミサイル協議が韓国の頭越しに米朝間で行われたことに対する不満も高まった。一九九六年四月に米朝ミサイル協議が始まると、韓国の日刊紙『京郷新聞』は、朝鮮半島の安全保障に直接関係するミサイル問題が米朝間で議論されることによって、韓国は「疎外感」を感じており、また、米朝ミサイル協議によって、一九九四年の枠組み合意と同様、韓国が「とんでもない財政的負担」を負わされるのではないかとの懸念を表明したのである。[119]

金正日の地位強化

ミサイル関連活動と北朝鮮の国内政治の関係については、ミサイルの発射実験がしばしば金正日の軍関連の職責への就任と軌を一にしていたことは特筆すべきである。具体的には、まず一九九〇年五月に最高人民会議第九期第一次会議で金正日が国防委員会第一副委員長に選出されたとき、ノドンの初の発射実験が試みられた。次に、一九九三年四月の最高人民会議第九期第五次会議で金正日が国防委員会委員長に推戴された一カ月半後、ノドンの発射実験が行われた。最後に、一九九八年八月のテポドン1発射直後、金正日は最高人民会議第一〇期第一次会議で国防委員会委員長に再選された。[120] つまり、ミサイルの発射実験は、金正日の軍関連の職責への就任を記念するという内政上の手段として利用されていた可能性が高いのである。

特に、一九九八年のテポドン発射は、国内の宣伝目的のために広範に利用された。テポドン発射数日後の九月四日、北朝鮮の国営メディアは北朝鮮の打ち上げた「衛星」が「不滅の革命頌歌『金日成将軍の歌』と『金正日将軍の歌』の旋律と共に、『主体朝鮮』というモールス信号」を発信していると伝えつつ、「我が国初の人工地球衛星の成果ある発射は、偉大な指導者金正日同志の賢明な指導のもとで社会主義強盛大国を建設するために共に立ち上がった我々人民を大きく鼓舞している」と報じた。[121] その翌日、最高人民会議で金正日を国防委員会委員長に「推戴」することが提議されたが、そこでも、「我々の科学者、技術者らが多段階運搬ロケットで初の人工地球衛星を成功裏に打ち上げた」ことが言及された。[122] そして、同日、金正日は国防委員会委員長に「推戴」されたのである。[123]

5　瀬戸際外交のマイナス効果

日米韓の政策協調の制度化

ミサイル外交は、北朝鮮に不利な結果ももたらした。テポドン発射の最も重要な外交上の影響の一つは、日米韓の政策協調の制度化であった。前述の通り、北朝鮮のミサイル外交は、当初、日米韓の関係を緊張させたが、その後、これら三カ国は緊密に対北朝鮮政策の調整を行うようになった。対北朝鮮政策調整官のペリーは、当初から対北政策を成功させるためには日韓両国との政策調整が不可欠であることを認識していた。一連の対北政策見直しの過程で、ペリーは三度も日韓両国を訪問するとともに、両国と緊密に調整しつつペリー報告書を作成した。さらに、一九九九年四月に日米韓三国調整グループ（TCOG）が設置されたことによって、政策協調が一層強化・制度化された。その結果、一九九九年に北朝鮮が再びミサイルの発射実験を行う兆候をみせたとき、日米韓の外相は共同で声明を出し、北朝鮮に警告を与えたのである[124]。

弾道ミサイル防衛計画の加速化

北朝鮮のミサイル外交がもたらしたもう一つの影響は、日米両国の弾道ミサイル防衛計画を加速化させたことであった。テポドンの発射は米国の国家ミサイル防衛計画を後押しすることとなった。北朝鮮がICBM能力をもつかもしれないとの認識は、国家ミサイル防衛に対する米国内の支持を強め、その開発を促進した。また、テポドン発射は日本のミサイル防衛への取り組みも加速化させた。テポドン発射後の一九九八年一二月、日本政府は海上配備型上層システム（のちに、イージス弾道ミサイル防衛と改称）についての日米共同技術研究を行うことを正式に決定するとともに、テポドンに対する直接的な対応として四機の情報収集衛星を打ち上げることを決めたのである[125]。

こうした動きに対し、北朝鮮は外交上の対応を試みた。二〇〇〇年一月、北朝鮮外務省は、米国が国家ミサイル防衛の迎撃体の実験を行ったため、自国もミサイル発射の凍結解除を検討せざるを得なくなったと発表した[126]。また、二月にも『朝鮮中央通信』は、米国が国家ミサイル防衛と戦域ミサイル防衛を導入するために「北朝鮮のミサイル脅威」を口実として利用していると非難した[127]。そして、七月に署名された朝露共同声明は、米国が「『ミサイル脅威』を口実として」一九七二年の弾道弾迎撃ミサイル制限条約の修正を正当化しようとしていると非難するとともに、アジア太平洋地域に戦域ミサイル防衛システムが配備されれば地域の安定と安全を「深刻に破壊する」ことになりうると警告した[128]。しかし、こうした北朝鮮の努力にもかかわらず米国と日本の危機感はすでに高揚しており、ミサイル防衛システムの開発は加速することになったのである。

第8章　停戦体制の無効化工作——一九九三〜二〇〇二年

北朝鮮は核外交とミサイル外交と同時期に、共同警備区域（JSA）、非武装地帯（DMZ）、そして黄海において軍事的緊張を高めつつ、米国や韓国に「新たな平和保障体系」を受け入れさせるための外交攻勢を展開した。北朝鮮の主張する「新たな平和保障体系」とは、一九五三年に結ばれた停戦協定を米朝の平和協定に置き換えることによって、法的には現在も交戦状態にある米国との関係を平和な状態に転換・正常化することを通じ、自国の体制維持に有利な環境を醸成しようとするものである。

こうした一連の瀬戸際外交は、極めて長期にわたって継続されたという点、また、巧妙な法的議論が展開されたという点で、北朝鮮の瀬戸際外交の歴史において特筆すべきものであった。しかし、これらの努力にもかかわらず「新たな平和保障体系」の樹立は実現せず、北朝鮮の試みは総じて不調に終わった。

1　停戦体制の無効化に向けた軍事・外交攻勢

軍事停戦委員会の無効化

北朝鮮が現在の停戦体制を無効化するための軍事・外交攻勢を本格化させたのは、核問題に関する米朝協議が始まってから四カ月後の一九九三年一〇月のことであった。しかし、停戦体制無効化に向けての動きは、すでにそれ以前に始まっていた。(1)

一九九一年三月、国連軍司令官は、それまで米軍少将が務めていた軍事停戦委員会（以下、軍事停戦委）の首席代表に韓国陸軍少将の黄源卓《ホァンウォンタク》を任命した。(2) 軍事停戦委は停戦協定の実施を監督し、違反があった場合などに必要な協議を行う組織であるが、その首席代表に韓国人を任命したのは、可能な限り多くの防衛任務を韓国に移管することによって、朝鮮半島の安全保障を韓国に任せるという一連の流れの中における決定であった。しかし、この人事は、停戦協定の当事者はあくまで米朝両国であるとする北朝鮮の主張に反するものであったし、韓国の頭越しに米朝の関係改善を進めようという北朝鮮の意図をくじくものであった点でも北朝鮮にとって不都合なものであった。

このため、黄源卓の首席代表任命についての連絡を受けた軍事停戦委の朝鮮人民軍・中国人民志願軍（以下、人民軍）側代表は、黄の信任状の受け取りを拒否し、黄を国連軍司令部の代表として認めないとの立場をとった。(3) それ以降、人民軍側は軍事停戦委の本会議、首席代表同士の連絡、軍事停戦委への報告をすべて中止するとともに、黄の任命によって軍事停戦委が「麻痺することになった」との立場を表明した。(4) この結果、一九九一年二月一三日の会議を最後に、軍事停戦委の本会議は開催されなくなったのである。

北朝鮮側は、韓国は停戦協定の締約国ではなく、国連軍の構成国でもないため国連軍司令部を代表する資格がないと主張した。米軍が主導する国連軍司令部はこれに反論し、国連軍司令官は国連軍構成国を代表して停戦協定に署名したのであり、この中には韓国も含まれると主張した。さらに国連軍司令部は、(1)停戦協定に署名したのは特定の構成国あるいは軍司令官ではない、(2)一九五三年以来、韓国軍の将校は軍事停戦委の要員として継続的に勤務してきた、(3)双方の司令官は、相手側の承認の有無にかかわらず構成員を任命する権限をもっている、との立場を表明した。(5) これに対して北朝鮮は、軍事停戦委を無効化するため、一九九二年に軍事停戦委の人民軍側首席代表を解任し、その後任を任命しないという措置をとった。(6)

「新たな平和保障体系」、武力示威、ヘリコプター事件

一九九三年六月に核問題に関する米朝協議が開始されると、北朝鮮は現行の停戦体制を無効化し、米国との協力の下に「新たな平和保障体系」を樹立するための努力を本格化させた。同年一〇月、北朝鮮の宋源浩《ソンウォンホ》外交部副部長

は国連総会における演説で、停戦協定は「時代遅れ」になっており、停戦体制も「麻痺状態にある」と述べた。こうした前提の下、宋は、停戦協定を平和協定に置き換えることができれば、その時はじめて核問題を解決することが可能となり、南北の敵対関係は解消され、朝鮮半島における平和、そして朝鮮半島の平和統一実現に有利な局面を開くことができると述べた。また宋は、一九七五年の第三〇回国連総会で採択された決議三三九〇Bに従って、韓国に置かれている国連軍司令部を解体し、停戦協定を平和協定に転換するべきであると論じた（決議三三九〇Bについては、二一四頁を参照せよ）[7]。

そして、北朝鮮は核危機が最高潮に達した一九九四年四月から六月にかけて興味深い外交行動をとった。まず、四月二八日、北朝鮮外交部は米国に対して、「新たな平和保障体系の樹立」を呼びかける声明を発表した。声明は、核問題をはじめとする各種の問題が発生しているのは、北朝鮮と米国を「敵対者同士」と規定している停戦体系が存在するからであり、朝鮮半島における平和と安全を保障するためには停戦協定を平和協定に置き換える必要があると主張した[8]。しかし、この声明に続いて宋浩敬《ソンホギョン》外交部副部長は、「新たな平和保障体系」が確立するまで停戦協定を遵守しつつ、この問題を協議するために米軍と接触を続けると述べた[9]。

その一方で、同二八日、軍事停戦委の人民軍側秘書長が国連軍司令部側に対し、人民軍側は軍事停戦委から要員をすべて撤収し、軍事停戦委の業務にも参加せず、以後、国連軍司令部をカウンターパートとして認めないと通告した[10]。そして翌二九日、北朝鮮軍は約一〇〇人の重武装した兵士をＪＳＡに送り込んだが、これはＪＳＡに入ることができるのは三五人までの軽武装の要員であるとした停戦協定追加合意の重大な違反であり、ＪＳＡにおける示威行為としては一九七六年のポプラ事件以来、初めてのものであった[11]。

さらに五月二四日、北朝鮮は「朝鮮人民軍板門店代表部」（以下、人民軍板門店代表部）の設置を国連軍側に通知したが、この組織は、朝鮮半島における緊張緩和と平和の問題、ＤＭＺとＪＳＡの管理の問題、米兵の遺骨返還などの人道問題を米軍側と協議することを目的とするとされた[12]。そして、翌六月には国連軍司令部が軍事停戦委の秘書長会議の開催を求めたのに対し、北朝鮮側はこれを拒否した[13]。

八月に入ると、「合意された声明」によって核問題についての米朝協議が進展をみせる中、北朝鮮は停戦体制の無効化と、「新たな平和保障体系」樹立のための動きを加速化させた。八月末、北朝鮮は中国人民志願軍代表部の軍事停戦委からの撤収決定を発表し[14]、九月には同代表部が北朝鮮から撤収した[15]。

また、北朝鮮はこの時期に偶然発生した事件を利用して、軍事停戦委の無効化を進めるとともに、米国とのハイレベルの対話チャンネル開設という目的を達成しようとした。一九九四年一二月、方向感覚を失った米陸軍所属のヘリコプターが軍事分界線を越えて北朝鮮側に侵入し、撃墜されるという事件が発生した。乗員のうち一人は死亡し、もう一人は身柄を拘束された。これを受けて北朝鮮は、軍事停戦委に代わる少将級の米朝軍事接触を提案し、二一日には板門店《パンムンジョム》で米海兵隊のレイ・スミス少将と朝鮮人民軍の李賛福《リチャンボク》少将の間で会議が開かれた。会議では死亡した乗員の遺体の返還が合意されたが、この会議の位置づけについては双方の見解が一致しなかった。国連軍司令部はこの会議を国連軍司令部と朝鮮人民軍の会議と位置づけたのに対し、北朝鮮側はこれを米朝の将官による会議と位置づけようとしたのである[16]。国連軍司令部は、この会議が軍事停戦委の一部を構成するものであるとの立場を維持するため、本会議の直前にスミスを国連軍司令部側の軍事停戦委の要員に任命する手続きをとっていた[17]。

二二日、北朝鮮側は乗員一名の遺体を返還したが[18]、米朝の将官級直接協議を実現しようという北朝鮮の努力はその後も続いた。二八日にトーマス・ハバート国務次官補代理が訪朝し、双方は生存し拘束されている乗員の引き渡しで合意した。これについての覚書には、朝鮮半島の緊張緩和のため、双方が「適切な場」で軍同士の接触を継続すると書かれていたが[19]、これは双方の立場の違いから出た妥協の産物であった。これについて米国務省は、軍事停戦委こそが「適切な場」であるとの立場を表明したのに対し[20]、北朝鮮は「朝米間の軍部接触」の維持で同意したと報じたのである[21]。三〇日、クリントン米大統領は金泳三《キムヨンサム》韓国大統領に対し、米国は停戦体制の維持を重視しており、スミス少将は停戦体制の枠組みの中で、国連軍司令部の要員として北朝鮮側との会合に出席したと語った[22]。

武力示威、「暫定協定」、韓国の過剰反応

一九九五年二月二〇日と二二日の二日にわたり、北朝鮮は停戦協定に違反する形で、弾薬、ヘルメット、自動小銃、迫撃砲、対戦車砲などを携行した約八〇人の要員をＪＳＡに投入した(23)。これに対し米国務省は二三日、停戦協定を無効化することによって米国と平和協定を結ぶことができると考えているのであれば、それは重大な過ちであるとの声明を発表し、平和体制の構築は、一九九一年に南北間で署名された「南北間の和解と不可侵および交流・協力に関する合意書」（以下、南北基本合意書）に則って韓国と北朝鮮が努力すべき事項であると指摘した(24)。しかし、北朝鮮外交部は従来の立場を繰り返すとともに、米国が責任逃れを続けるのであれば、問題を解決するためにさらなる措置を講じざるをえなくなると警告するとともに、一九五〇年の国連安保理決議は「国連軍」を編成することを決定したものではなく、「国連軍司令部」とは「米国が、自国の統率する追従国の軍隊に、勝手に『国連』という名前を付けたものに過ぎない」と主張した(25)。

米国務省の警告にもかかわらず、北朝鮮の停戦協定無効化のための行動は続いた(26)。三月には人民軍板門店代表部が将官級の対話チャンネルの再構築を提案し、国連軍司令部との協議が開始された。北朝鮮側の目的は米朝直接協議の場を設けることと、停戦協定について米国と交渉することであったため、当初は米朝間の直接対話を求めた。これに対し、国連軍司令部側の目的は危機管理のための対話チャンネルを再構築することであったので、あくまで韓国人メンバーを含む国連軍司令部として対話チャンネルを構築しようとした。

協議が続く中、北朝鮮は停戦体制の無効化に向けてさらなる軍事攻勢をかけた。四月一四日、北朝鮮将校二人と兵士三人が軍事分界線を越えて一〇〇メートルほど南側に侵入し、約三〇分にわたってその場に留まった後、国連軍司令部側の警告を受けて北側に帰還した(27)。この事件は、将官級会談についての協定を議論するための会議がＪＳＡで開催された日に発生したものであった(28)。さらに同月一九日には北朝鮮外交部が談話を発表し、平和体制の樹立問題を枠組み合意の実施問題とリンクさせる動きをみせた(29)。

北朝鮮外交部の声明後も、四月一九日および二三日に、武装した北朝鮮兵士が軍事分界線を越えて南側に侵入す

る事件が発生した[30]。また、韓国国防部は、四月二～二七日の間に北朝鮮軍がＤＭＺ全域一八カ所で四〇回にわたって活発な偵察活動を展開したと発表した。韓国国防部は、北朝鮮の行動の多くが日中にとられたことから、北朝鮮は挑発的な軍事行動をとることによって緊張を高め、停戦体制が機能していないとする自国の主張を裏づけようとしていると分析した[31]。

五月九日には、再び北朝鮮軍の将校が軍事分界線を越えて南側に侵入するという事件が発生し[32]、続く一二日には北朝鮮外交部が、米国が「新たな平和保障体系」の樹立に応じない場合は、一層強硬な行動も辞さないとの立場を表明した[33]。これに対して国連軍司令部は、米国、韓国、英国、カナダの将校をメンバーとする軍事停戦委の枠組みの中で将官級会談を開催するという妥協案を北朝鮮側に示した[34]。北朝鮮側はこれを拒否し、改めて米朝の将官級会談を求めたが、国連軍司令部側はこれを拒否した[35]。

国連軍司令部側が原則を貫こうとするのをみて、六月二九日、北朝鮮外交部は備忘録で、在韓米軍の撤退や平和協定の締結が困難であるならば、当面は国連軍司令部の解体が優先されればよいとの立場を示した。また、この備忘録は、一九六八年のプエブロ号事件と一九九四年のヘリコプター事件に言及し、これらの事件はいずれも停戦体制の枠組みではなく、「朝米間の直接的協議」を通じて解決されたと指摘した[36]。

七月に入ってからも北朝鮮側の挑発行動が続いた。七月五日、人民軍板門店代表部は、米朝の将官級会談が設置されなければ不測の事態が発生するかも知れないと警告しつつ[37]、同日、停戦協定に違反する形で小隊規模の兵力をＪＳＡに侵入させた。さらに八月一五日には、再度、停戦協定に違反する形で武装した兵力をＪＳＡに投入した[38]。また同月二二日には、北朝鮮軍の将兵が軍事分界線の境界標示板を勝手に取り外すという事件が発生した。

九月に入ると北朝鮮外交部は、米朝間に「新たな平和保障体系」が構築されれば、南北基本合意書の実施についても進展があるだろうと表明した[39]。これは、南北関係の進展を示唆することによって、米朝関係の改善を促進させようとしたものである。しかし、同月一六日には北朝鮮軍の将兵が軍事分界線の南方に侵入し、九本の木杭を設置するなどした[40]。このように、北朝鮮は引き続き挑発的な行動をとることによって、米国に二国間対話の場を設けるよう働きかけたのである。[41]

自国の提案に米国が肯定的な反応を示さないとみるや、北朝鮮は状況を打開するためさらなる行動に出た。一二月、北朝鮮外交部は、米国が韓国および日本と手を組んで自国に対する軍事的挑発行動をとる準備をしているため、これへの対応策を考慮せざるをえないと表明した。[42] そして、一九九六年二月一五日には自動小銃や対戦車ロケットなどで武装した北朝鮮軍の兵士六名がＪＳＡに侵入した。これに対して国連軍司令部は抗議文を伝達しようとしたが、北朝鮮側は受け取りを拒否し、[43]続く二二日には北朝鮮外交部が公式に、(1)「暫定協定」の締結、(2)「朝米共同軍事機構」の組織・運営、(3)これらを議論するための協議開催、の三点を提案した。ここで暫定協定は、完全な平和協定が締結されるまでの間、停戦協定を代替するものとされ、その内容としては、軍事分界線やＤＭＺの管理、武力紛争や突発事件などの解決手段、共同軍事機構の構成・任務・権限、そして暫定協定の修正・補充など、安全と秩序の維持に関するものが含まれるとされた。また、朝米共同軍事機構は軍事停戦委に代わって活動を行い、暫定協定を履行・監督すると位置づけられた。[44]

「暫定協定」提案後、北朝鮮は停戦協定を無効化するための攻勢をさらに活発化させた。まず、三月八日、人民軍板門店代表部が備忘録を発表し、協議の提案に米国が応じない場合、「我々は古い停戦体系を新たな装置に代えるための、最終的かつ主動的な措置をとる方向に向かうであろう」と警告した。[45] そして、同月二九日には、金光鎮《キムグァンジン》人民武力部第一副部長が、「今や問題は朝鮮半島で戦争が起きるか起きないかということではなく、その時期がいつなのかというところにある」、「我々の対応策には、軍事分界線と非武装地帯の地位をこれ以上維持できなくなった状況に伴う措置が含まれるであろう」、「火には火で、棍棒には棍棒で教え諭すことが、我が軍隊の気質である」と、一層強硬なレトリックをもって警告した。[46] また四月四日、人民軍板門店代表部は軍事分界線とＤＭＺの維持・管理に関する業務を放棄すると宣言した。[47]

その後、北朝鮮は四月四日の声明を速やかに実行に移した。ＪＳＡの北朝鮮警備兵が停戦協定に定められた記章を着用せず、ＤＭＺにおける車両の運行時も必要な標示を装着しなくなった。そして、四月五～七日には、自動小銃、重機関銃、ロケット擲弾発射機、無反動砲などを携行した二〇〇人以上の警備兵をＪＳＡ内に送り込んだ。兵士たちはＪＳＡ内に数時間留まり、防御陣地を構築するなどした[48]。さらに四月九日、金光鎮は、韓国が管理する南側のＤＭＺは緩衝地帯としての意味を完全に喪失していると主張した[49]。

こうした北朝鮮の一連の行動が続く中で、予想外の事態が発生した。ＪＳＡにおける北朝鮮の示威行動に対し、韓国が過剰反応したのである。四月五日、韓国側からの要求によって、米韓連合軍司令部が監視態勢（ＷＡＴＣＨＣＯＮ）を３から２に引き上げた[50]。続く六日、韓国政府は国家安全保障会議を緊急に招集し[51]、七〜八日には韓国の尹龍男《ユンヨンナム》陸軍参謀総長が前線部隊を訪問し、韓国将兵に対して「決戦の意思」を固めるよう促した。また、陸軍は配付した発表文で、九日には同参謀総長が野戦軍指揮官会議で、「敵が軍事境界線の南側に一歩でも入った場合には全員射殺せよ」との指示を下達する予定であると明らかにした。その後、韓国陸軍は発表文を回収し、交戦規則（ＲＯＥ）に従って迅速に措置をとると訂正したが、発表文はエスカレーションも辞さずという韓国陸軍の意思を示す証左であった[52]。

この時、米軍が主導する国連軍司令部と韓国政府との間に深刻な認識の違いが発生した。韓国政府がＪＳＡ侵入事件を重大なものと捉えたのに対し、国連軍司令部は特別深刻なものとは考えなかった[53]。韓国国防部は、この事件は以前の事件と根本的に異なるものであり、北朝鮮は戦争に備えて徐々に軍事挑発のレベルを上げているとの見方を示した。これに対し、ペリー米国防長官は、北朝鮮の行動が軍事攻撃に結びつくことはなく、この事件は「挑発的政治行動」であろうと述べた[54]。そしてホワイトハウスの高官も、北朝鮮の行動は韓国の安全保障に脅威を与えるものではないとの見方を示した。事実、一九九五年二月に同様の事態が発生した際には、韓国政府はこれを北朝鮮の瀬戸際外交の一環に過ぎないとみなして静観していた[55]。こうしたことから米国は、韓国は米朝が自国の頭越しに関係改善を進めるのを防ぐために過剰な反応をみせているものと解釈した[56]。また米国は、四月一一日に韓国で総選挙が予定されていたことから、金泳三大統領が南北の対立の深刻さを強調することによって保守票を掘り起こそうとしたのではないかとみていたのである[57]。

陸上における北朝鮮の軍事行動とともに、海上においても同様の動きが活発化した。北朝鮮がJSAに二〇〇人以上の警備兵を送り込んだ事件から二週間後の一九九六年四月一九日、北朝鮮の高速警備艇二隻が北方限界線（NLL）を越え、延坪島《ヨンピョンド》の南西九カイリ付近に一時間半にわたって留まるという事件が発生した。韓国海軍が複数の艦艇を現場に派遣すると、北朝鮮警備艇はNLLを越えて北方に帰還した(58)。続く五月二三日には、北朝鮮の警備艇五隻が延坪島付近のNLL南方四カイリの海域に進入し、同地域に一時間半にわたり留まった。これに対して韓国海空軍が現地に高速艇と戦闘機を派遣したところ、北朝鮮の艦艇はやはりNLLの北方に移動した(59)。

潜水艦事件の波紋

一九九六年九月一七日、北朝鮮のサンオ級特殊作戦用潜水艦（三〇〇トン級）が、韓国に侵入した工作員を撤収させるために、同国江陵《カンヌン》市の東海岸で活動していたところ誤って座礁し、身動きがとれなくなるという事件が発生した。乗組員一一名は集団自決したが、同乗していた工作員が逃走したため、韓国は軍と警察を動員して掃討作戦を行い、一三人を射殺、一人を生け捕りにした（もう一名は行方不明(60)）。

九月二二日、北朝鮮の人民武力部は、座礁した潜水艦は、通常の訓練中にエンジン故障のため南側に漂流したとの見解を示すとともに、潜水艦および乗組員（遺体を含む）の返還を要求した(61)。続く二八日、北朝鮮は潜水艦および乗組員の返還を要求しつつ、将官級会談の開催を要求した(62)。北朝鮮は、潜水艦の事故さえも米朝協議の開催という外交目的に利用しようとしたのである。

一九九六年末までには同事件は幕引きとなったものの、事件に対して韓国政府が強硬な態度をとったのに対し、米国は穏便に事態を収拾しようとしたため、一時、米韓関係が著しく悪化した。事件発生に際し、金泳三は「私は今後、彼らの対南赤化戦略に効果的に対応することに重点を置き、すべての対北朝鮮政策を再整理しようと思います」と述べ、韓国政府は北朝鮮に対し明確な謝罪と再発防止の保証を求めた(63)。同時に、韓国は朝鮮半島エネルギー開発機構（KEDO）の軽水炉建設事業への支援を凍結した(64)。報道によると、当時、金泳三は元山にある北朝鮮の潜水艦基地に対する空爆さえも検討していたという[65]。

一方、米国は北朝鮮の核開発再開を阻止するとともに、状況の複雑化を回避することを優先した[66]。さらに、事件発生直後にウォレン・クリストファー米国務長官が「すべての関係国」に対して自制を呼びかけたことも火に油を注いだ。韓国は、これを北朝鮮だけでなく自国に対する警告でもあると認識した[67]。金泳三は激怒し、のちに自身の回顧録でクリストファー発言について、「極めて異例なもの」であり、米朝間に「裏取引」があったのではないかと疑う者さえいたと記している[68]。金泳三の強硬な態度と米側の対応のまずさが相まって、米韓関係は険悪な状態に陥った。これについて当時の『ニューヨーク・タイムズ』紙は、「米国の政府関係者の中には、朝鮮半島における最大の頭痛の種は韓国政府であると考えている者さえいるようである」と報じた[69]。

最終的に、米国は北朝鮮に対して遺憾表明を要求するとともに、韓国に対してはそれを受け入れるよう促した[70]。その結果、北朝鮮外交部は一二月二九日に「深い遺憾」の意を表明し、同様の事故が再び発生しないよう努力すると約束したのである[71]。

エスカレーション

一九九七年二月、北朝鮮は、米朝が直接の軍事会談をもつべきであるとする立場を軟化させ、韓国人を含む国連軍司令部側の代表はすべて同等の発言権をもつという前提を受け入れた。また北朝鮮は、将官級会談においては停戦協定に関する事項のみが議題となるという点、そして、会談は軍事停戦委の会議室で行われるという点を受け入れた[72]。しかし、すでに金泳三は北朝鮮に対する態度を硬化させており、将官級会談の開催に応じようとしなかった[73]。

韓国政府の将官級会談開催拒否を受け、北朝鮮は再び緊張を高める行動をとり始めた。三月から六月にかけ、北朝鮮の兵士が頻繁に軍事分界線を越えて南側への侵入を繰り返した。また四月一〇日には軍事分界線を挟んで南北双方が警告射撃を行うという事態が発生した。しかも、これは米国のウィリアム・コーエン国防長官が板門店を訪れる九〇分前のことであった[74]。また、三月一九日には、北朝鮮警備兵がＪＳＡで国連軍司令部側の警備兵に火器の照準を合わせて威嚇するなどした[75]。

同様に、海上においても北朝鮮の行動はエスカレートした。六月五日、九隻の漁船とともに一隻の北朝鮮の警備艇が延坪島付近でＮＬＬを越え、韓国の警備艇と対峙した。三隻の韓国の高速艇が接近すると、北朝鮮の警備艇は無反動砲三発を海面に向けて発射した。これに対して韓国側が四〇ミリ砲を二発発射すると、北朝鮮の警備艇はＮＬＬの北側に帰投した。同警備艇がＮＬＬを越えてから一時間半後のことであった[76]。

このような小競り合いが繰り返された後、ついに南北間に銃撃戦が発生した。一九九七年七月一六日、江原道《カンウォンド》鉄原《チョルウォン》の山岳地帯で、北朝鮮警備隊一四名が軍事分界線を越えて南側に一〇〇メートルほど侵入した。韓国側の監視哨所からの警告や警告射撃にもかかわらず北朝鮮側は活動を継続した。このため韓国側から同警備隊の近くに警告射撃を行ったところ、警備隊と北朝鮮側監視哨所の二カ所から、韓国側の監視哨所二カ所に向かって小銃および機関銃弾約八〇発が撃ち込まれた。韓国の警備兵が機関銃で反撃したところ、今度は北朝鮮側が八二ミリ無反動砲二発と迫撃砲二〇発を南側に発射した。これに対し、韓国側は小銃数十発と五七ミリ無反動砲一発で反撃し、結局、銃砲撃戦は約一時間にわたって続いた。最終的に韓国側が拡声器で停戦を呼びかけ、北朝鮮側がこれに応じて北側に帰還した。韓国側には負傷者は出なかったが、北朝鮮側には死傷者が発生したものとみられた[77]。

本事件は、北朝鮮側が一九七〇年代初頭以来、初めて迫撃砲や無反動砲を使用するなど事態をエスカレートさせたこと、そして、韓国側が北朝鮮側の警備兵に直接攻撃を加えたという点で特筆すべき出来事であった[78]。また、韓国側が北朝鮮の攻撃に対して強力な反応をみせたことは、北朝鮮側を驚かせたようであった[79]。この事件以来、北朝鮮はＤＭＺにおける活動内容を事前に米韓側に伝えるようになった。これに対して韓国合同参謀本部は、「北朝鮮側は我が方の攻勢的対応にかなりの衝撃を受けたとみられる」との見方を示した[80]。

七月一六日の銃砲撃戦を受けて、米国は事態のエスカレーションを一層懸念するようになり、これを回避するための信頼醸成措置や緊張緩和措置への関心が高まった[81]。北朝鮮は軍事的には敗北したものの、すぐに事件を外交的に利用しようと試みた。七月一八日、人民軍板門店代表部は一六日の韓国の行動を非難しつつ、米国が暫定協定や米朝将官級会談開催の提案に応じないばかりか、DMZの管理を韓国に「一任」してしまったために今回の事件が発生したとの考えを示した(82)。

一九九八年に金大中《キムデジュン》が大統領に就任すると、韓国は積極的な対北対話路線を打ち出し、国連軍司令部と人民軍板門店代表部が将官級会談を開催するのを容認するようになった。これを受けて二月、国連軍司令部は将官級会談の手続き事項に関する文書を北朝鮮側に送付した。この文書によると、国連軍司令部側の代表は韓国、米国、英国、その他の国連軍司令部構成国の計四カ国から一人ずつ選ばれ、四人の代表は同等の発言権を有するとされていた(83)。これに対し北朝鮮側は、同文書が軍事停戦委に言及している点や、国連軍司令部側の首席代表が明らかになっていない点を問題視した。北朝鮮は、将官級会談は停戦協定と無関係の存在であり、国連軍司令部を代表するのは米国人であるとすることを求めていたのである(84)。

北朝鮮は、「新たな平和保障体系」が樹立されない限り軍事的危機は回避できないと主張し、自国の要求を実現するため、再び軍事行動を活発化させた。三月一二日、一二人の北朝鮮兵士が軍事分界線を越え、四〇～五〇メートル南側に侵入した。五月一八日には、国連軍司令部側のヘリコプターがJSAの上空を飛行することを許可しないと伝達した。さらに六月一一日には、北朝鮮兵士が自動小銃で三～四発の弾丸を南側の監視哨所に向けて発射し、監視タワーの上部にも銃弾を一発撃ち込んだ(85)。

結局、六月八日、国連軍司令部と人民軍板門店代表部は将官級会談について、国連軍司令部側の「会談進行者」を米軍少将とする一方、韓国軍准将を含む他の代表全員が「同等な発言権」をもつという位置づけで妥協し、同一八日に「板門店将官級会談手順」に合意した(86)。そして、国連軍司令部側の代表は米軍少将一名、韓国軍准将一名、英国軍准将一名、その他の国連軍参加国の大佐一名の四名となり、北朝鮮側の代表は人民軍中将（少将級）一名、少将一名（准将級）、大佐一名の三名で構成されることになった(87)。しかし、北朝鮮側は、将官級会談の主体が朝鮮人民軍と国連軍司令部であるとの解釈を完全に受け入れたわけではなく、北朝鮮のメディアは将官級会談を「朝鮮人民軍の将官と米軍の将官が引率する、朝鮮人民軍側と国際連合軍の間の将官級会談」であるとし、微妙な位置づけを行っていた[88]。また、北朝鮮側は、将官級会談を軍事停戦委の枠組みの中にあるものではなく、広い意味での停戦協定の下における対話の窓口であると定義づけていた[89]。

六月二三日、第一次将官級会談が開催されたが、偶然にもその前日、北朝鮮のユーゴ級小型潜水艦が日本海の韓国領海内で拿捕されるという事件が発生していた[90]。このため、韓国代表は北朝鮮側に謝罪を要求したが、北朝鮮側は、将官級会談は「新たな平和保障体系」の樹立を議論する場であるとして、これを拒否した。

一〇月に入ると北朝鮮は非公式の将官級会談で、北朝鮮、米国、韓国の三カ国が軍事停戦委に代わる共同軍事機構を設置することを提案した。しかし、新提案においても国連軍司令部は無効であり、実質的な当事者は米朝両国であるという北朝鮮の立場に変化はなかった。北朝鮮の解釈によると、新提案に韓国が含まれる根拠は、韓国が大規模な軍隊を保有しているという点のみにあった。このため、国連軍司令部は、この提案を国連軍司令部や停戦協定を無効化しようとする政策の一環であるとみなし、これを拒否した[91]。

延坪海戦と朝鮮西海海上軍事分界線

一九九六年四月以降、黄海のＮＬＬ周辺海域で北朝鮮の敵対的行動が活発化していたが、一九九九年六月、ついに南北海軍間の交戦が発生した[92]。北朝鮮は西海五島の周辺海域やＮＬＬの法的地位をめぐる係争を再燃させることによって、停戦協定の無効化を促進させようとしたのである。

まず、六月六日、北朝鮮の『朝鮮中央通信』は、韓国が「我が方の領海深く戦闘艦船を不法侵入させる重大な軍事的挑発行為を敢行した」と報じた[93]。これは、韓国側は受け入れていなかったが、一九七三年以来、北朝鮮が主張してきた一二カイリ領海に基づく議論であった。そして同日、北朝鮮の漁船二十数隻と警備艇三隻がＮＬＬを越えて二～三キロ南下したため、韓国は高速艇を現地に派遣した。北朝鮮の漁船は北朝鮮海軍の管轄下で活動しており、警備艇と漁船は一体として行動していた。その後、北朝鮮の警備艇が艦砲を韓国の艦艇に向けたり、進路の遮断を試みたりしたため、韓国は海軍第二艦隊の全艦艇に非常招集をかけ、待機態勢をとらせた。船体の大きい北朝鮮の艦艇に対し、韓国の高速艇は包囲機動を行うなどして、北朝鮮側の消耗を誘導した。

いったん撤収した北朝鮮艦艇は、七日に再びNLLを越える作戦を開始し、八日まで行動を続けた。北朝鮮の艦艇は六隻に増え、NLLの南方一一キロまで進入した。北朝鮮の漁船二十数隻も引き続き、これに随伴してNLLを越えた。緊張の高まりを受けて、八日の一一時四五分には、同海域で操業していた韓国漁船に対して操業中止の指示が出された。また一六時四五分には、韓国の合同参謀本部が作戦指示99—5を下達し、ROEに従って北朝鮮の挑発行為に断固として対応するよう命じた(94)。

九日になると、南下する北朝鮮の警備艇と、これを阻止しようとする韓国の高速艇が軽く接触する事態が発生した。これに対し、国連軍司令部は将官級会談の開催を提案し、韓国国防部は北朝鮮側に挑発的行動の中止を求める声明を発表した。それにもかかわらず、同日の夜、北朝鮮の艦艇一隻がNLLの南方一三・七キロの地点まで南下し、自国の主張する一二カイリ領海線に漁業用のブイ七個を束ねた物体を設置した。

一〇日にも、NLL越線を阻止しようとした韓国の高速艇が北朝鮮警備艇と軽く衝突した。北朝鮮の行動が意図的なものであると判断した韓国政府は、同日、国家安全保障会議の常任委員会を開催し、(1)NLLを地上の軍事分界線と同様に防衛すること、(2)当該海域の海軍力を増強すること、(3)北朝鮮に対し、すべての艦艇を直ちにNLL北方に引き上げるよう促すことを決定した。

続く一一日には、北朝鮮の警備艇一〇隻が同時に突進してきたのに対し、韓国の高速艇は「艦尾衝突式押し出し作戦」で応えた。「艦尾衝突式押し出し作戦」とは、相手側の後方に回り込んで艦尾に衝突することによって、北朝鮮艦艇にNLL北方への撤退を迫るという実力行使であった。韓国側は攻勢に転じたのである。その結果、NLL南方で活動する北朝鮮の警備艇二隻が艦尾に甚大な損傷を負い、別の二隻も軽微な損傷を負った。韓国側では高速艇一隻の船体に穴が開き、三隻が軽微な損傷を負った。もちろん、「押し出し作戦」といっても、実際には韓国艦艇より北朝鮮の艦艇の方が大型であったため、NLLの北方まで押し出すのは不可能であった。しかし、機動力に勝る韓国艦艇の攻勢作戦によって北朝鮮艦艇が一定の損害を受け、艦艇のエンジンが焼きつくなどした。

北朝鮮艦艇を阻止しようとする韓国艦艇（1999年6月12日撮影）（AFP＝時事）

続く一二日頃、韓国は船体の大きい救助艦を派遣し、北朝鮮の艦艇に衝突させようとしたが速力が不足し、この作戦は不調に終わった。北朝鮮は救助艦の配備に対抗し、一三日に魚雷艇三隻を配備し、韓国への圧力を高めた。三隻の魚雷艇は韓国の艦艇に高速接近するなどの示威を行ったのち、海州方面のケモリにある基地に入った。魚雷艇の登場をみた韓国の現地司令官は、戦闘が発生する可能性が高まったとして隷下の司令官に戦闘準備を指示した。

黄海での事態に対し、金大中大統領は、(1)NLLを必ず確保する、(2)先制攻撃はしない、(3)北朝鮮が先制攻撃をしてくるときには強力に懲罰する、(4)交戦が起きても拡大しないようにするとの作戦指針を示した。しかし、これらの指針を示した以外は、すべてを韓国軍に一任した[95]。そして、韓国の合同参謀本部は現地の司令官に「賢明に対処せよ」との漠然とした指示を伝えたという。その結果、警告射撃さえ許さずに、しかしNLLを確保せよという、矛盾を含んだ指示をどのように実施に移すかは、現地司令官に一任されることになったのである[96]。

一方、趙成台《チョソンテ》国防部長官は韓国海軍の大型艦艇を動員することを提案し、一四日、韓国海軍は七六ミリ速射砲と四〇ミリ機関砲を備えた一二〇〇トン級のポハン級哨戒艦（コルベット）「天安《チョナン》」および「榮州《ヨンジュ》」を当該地域に配備した[97]。

六月一五日、NLLをめぐる動きは、ついに本格的な「延坪海戦」に発展した。当日朝、韓国海軍は西方に高速艇四隻と哨戒艦「天安」

（二二三戦隊）を、東方に同じく高速艇四隻と「榮州」（二五戦隊）を配備していた。また、その後方には、駆逐艦などの大型艦艇に戦闘態勢をとらせた状態で待機させ、対艦ミサイルや海岸砲による攻撃に備えていた。一方、北朝鮮側は西方に七隻の警備艇を、東方に三隻の魚雷艇を配置していた。こうした中、北朝鮮の漁船がＮＬＬを越え、続いて警備艇もＮＬＬを越えて南下し始めた。これに対し、韓国海軍の二二三戦隊が艦艇五隻で「艦尾衝突式押し出し作戦」を実施したところ、韓国の高速艇三二五号の艦首が北朝鮮の警備艇三八一号の艦尾に乗り上げ、艦上にいた北朝鮮の船員が轢死するという事態が発生した。これに驚いた北朝鮮側は三二五号に手榴弾を投擲した。その後も南北の艦艇が分離できないままになってしまったため、もう一隻の韓国高速艇三三八号が北朝鮮の警備艇の舷側に衝突して両者を引き離したところ、今度は北朝鮮側が小銃を発砲した。これによって、韓国側の艦艇の一部が破損し、三三八号の艇長が負傷した。北朝鮮側の発砲によって韓国側は自衛権を発動することができるようになり、〇九時二八分から高速艇および哨戒艦「天安」が、北朝鮮艦艇に対し二〇ミリバルカン砲、四〇ミリ機関砲、そして七六ミリ速射砲を用いて本格的な射撃を開始した。

一方、東方に配備されていた北朝鮮の魚雷艇三隻も南下し、韓国の高速艇二隻に向かって正面から高速機動するなどの危険な行動をとった。両者が接近する中、結局は北朝鮮側が回避行動をとったが、その時、艦上の北朝鮮船員七名が船から転落して海に落ちた。また、双方が機動戦を展開する中で、韓国側が北朝鮮の魚雷艇の船尾に衝突したため、魚雷艇が出火するなどした。交戦は〇九時四二分まで一四分間続き、韓国側は計四五八四発の銃砲弾を発射した。現場は凄惨な状況であり、甲板の上にいた北朝鮮兵士はほとんど戦死するか重傷を負い、原形を留めないほどバラバラになった死体が散乱していた。韓国側は交戦を継続することもできたが、敢えて北朝鮮を全滅させるのは控えた。こうして、生き残った北朝鮮の艦艇は多くの死傷者を乗せたまま、甚大な被害を受けた姿で自国の港に戻っていったのである(98)。

この交戦によって、北朝鮮側では魚雷艇一隻と警備艇一隻が沈没、その他三隻が大破するという大きな損害が出た(99)。韓国国防部は、北朝鮮側に一七〜三〇名あるいはそれ以上の死者が発生したと推定したが(100)、関係者の中には、実際の死者数は一〇〇名以上に達するのではないかとの見方もあった[101]。一方、韓国側では、高速艇一隻と哨戒艦一隻が軽微な損傷を受け、一一名が負傷した（うち六名が銃傷）[102]。

爾後、すべての北朝鮮艦艇は北側に帰還し、NLLの越線行為は終息した。この間、敵対行為の再発に備えて同地域の韓国軍部隊の準備態勢が強化され、一一時〇二分には米韓軍事委員会常設会議で監視態勢（WATCHON）がレベル3から2に引き上げられた[103]。一方、北朝鮮は戦闘機にいつでも発進できるよう準備態勢をとらせていた[104]。

延坪海戦は、執拗にNLLを越えてくる北朝鮮の艦艇に対し、機動力に勝る韓国側が攻勢をかけ、追い詰められた北朝鮮側が発砲したのを捉えて、韓国側が圧倒的な火力で制圧したというものであった[105]。同日、北朝鮮の『朝鮮中央通信』は、自国の海軍が一隻の撃沈、三隻の大破を含む大きい損害を受けたと述べつつ、「敵による武装挑発が全面戦に拡大しなかったのは、全面的に我が人民軍軍人の高い忍耐力と自制力の結果である」と報じた[106]。

延坪海戦での軍事的敗北にもかかわらず、北朝鮮は米韓を相手取って、将官級会談の場で外交攻勢をかけた。六月一五日に開かれた第六次将官級会談で、北朝鮮代表は韓国側が最初に発砲したと主張するとともに、北朝鮮の「沿海」に韓国の海軍艦艇が侵入したと非難した。また北朝鮮側は、NLLは国連軍司令部によって一方的に設定されたものであり、設定の事実について通報を受けたこともなく、これに同意したこともないと述べた。これに対し米国の代表は、緊張緩和のために双方がNLLを「実用的な［戦力］引き離し線」として用いることを提案した。韓国代表はNLLの南方水域を自国の「領海」と主張し、北朝鮮代表は、自国の主張する境界線の北方水域は北朝鮮の「領海」であると主張した[107]。

六月二二日には第七次将官級会談が開催されたが、双方の対立は続いた。北朝鮮側は会談の中で、停戦協定は第一三項bで西海五島のみが国連軍側の支配下にあると規定していると指摘し、「黄海道と京畿道の境界線を延長した線の北側のすべての水域」は北朝鮮の領海であると主張した。また、NLLの存在が紛争を惹起する根本原因になっているとし、米韓側にその放棄を要求した。

これに対して韓国の代表は、複数の信頼醸成措置を提案するとともに、これまでの慣例に従ってNLLを遵守すべきであり、ＮＬＬは南北基本合意書の第一一条でも確認されていると述べた。そして、海州湾に出入りする北朝鮮の商船がＮＬＬの北方を迂回する大回りの航路をわざわざ使用し、ＮＬＬを遵守している事実を指摘した。また韓国の代表は、基本合意書の規定に従ってＮＬＬに代わる新たな不可侵境界線を南北軍事共同委員会で協議することは可能であると述べた(108)。

七月二日には第八次将官級会談が開催された(109)。この場で北朝鮮側は、自国の議論を正当化するために次のような詳細な主張を展開した。北朝鮮の議論は、国際法の解釈、米国政府の立場、韓国内における議論などを紹介しつつ、自国の立場を正当化しようとする内容となっており、その意味で巧妙なものであった。

第一に、「北方限界線」を主張するのは停戦協定を無視し、これを放棄する行為である。

…

第二に、米軍側の「北方限界線」についての主張は国際法にも著しく背馳する。国際海洋法は、各国の領海を基線から一二カイリ内の海域であると明確に規定している。国際法は、また、我が国のように停戦状態という特殊な状況で相手国の領海内に位置する島の水域問題を規定する場合、双方が締結した停戦協定に基づいて合意すべきであるとしている。したがって、米軍側が停戦協定を無視して、我々との一切の事前協議もなしに、一方的に我々の領海内に「北方限界線」というものを設定したことは国際法の重大な違反である。

第三に、米軍側が設定した「北方限界線」というものは法と道理に反するものであるため…［米韓両国］においてさえも撤回すべきとの主張が出てきている。去る六月一七日、米国務省スポークスマンは西海事件と関連して、問題の水域は自国の領海であるという傀儡ども［韓国］の立場とは異なり、「『北方限界線』は公式には認められていない」として、北朝鮮軍の艦船が領海を侵犯したとみることはできないと述べた。傀儡［韓国］の外交通商部長官という者も、自らが設定した西海海上境界線と関連し、北と南の間で討議しようと述べたが、これは、彼ら自身が「北方限界線」は不適切なものであると認めたことを意味する。

最近、南朝鮮の政界、学会で、西海の「北方限界線」は停戦協定と国際法に違反するものであり、問題があるとの声が高まっているのも、決して偶然ではない。去る六月一八日、南朝鮮で行われた「西海交戦事態の平和的解決のための討論会」の場で、南朝鮮のある教授は、「北方限界線」は一方的なものであるため、「北の警備艇」がこの線を越えたのを「領海侵犯とみるのは難しい」と主張した。

米軍側自体は「北方限界線」を正当化しようと大変苦労をしているが、いかなる法的妥当性も提示できない状況で、北南合意書［南北基本合意書］がどうの、「慣例」がどうのというが、それは事実上、論争の余地がない強弁である。停戦協定を扱うこの場で、北南合意書について論じること自体が相応しくないことであるが、強いて言えば、北南合意書のどこに「北方限界線」を容認するという文言があるのか。北南合意書の付属合意書の五章二〇条には「北と南は北南間に確固たる平和状態が実現するときまで、現軍事停戦協定を誠実に遵守する」とある。これは、北南合意書も、停戦協定の通りにしなければならないと要求しているということではないのか。

いわゆる「慣例」について言えば、我々は米軍側の言う、そのような「慣例」を知りもしないし、認めたこともない。我が方の船舶がどのような航路をとるかは、我々が必要に応じて設定することであり、米軍側が口出しすることではない。それにもかかわらず、我々が定めた船舶の航路を根拠に「慣例」だなどということは、馬鹿げたことだといわざるを得ない(110)。

そして、北朝鮮はこうした主張を背景に、⑴一方的に設定された「北方限界線」を撤回し、停戦協定と国際法に従って新たな海上境界線を確定する、⑵北朝鮮の領海に対する侵犯行為と軍事的挑発を直ちに中止する、⑶六月一五日の交戦を直接指揮した当事者を処罰する、などの要求を行った(111)。

続く七月二一日に開催された第九次将官級会談で、北朝鮮側は改めて停戦協定と国際法に基づいて海上境界線の問題を解決することを求め、「停戦協定と国際法に立脚して設定した」とする「西海海上境界線」を提案した。この線は、黄海道と京畿道の境界線の西端から南西方向に約九〇カイリ延びるもので、NLLのはるか南方に位置し

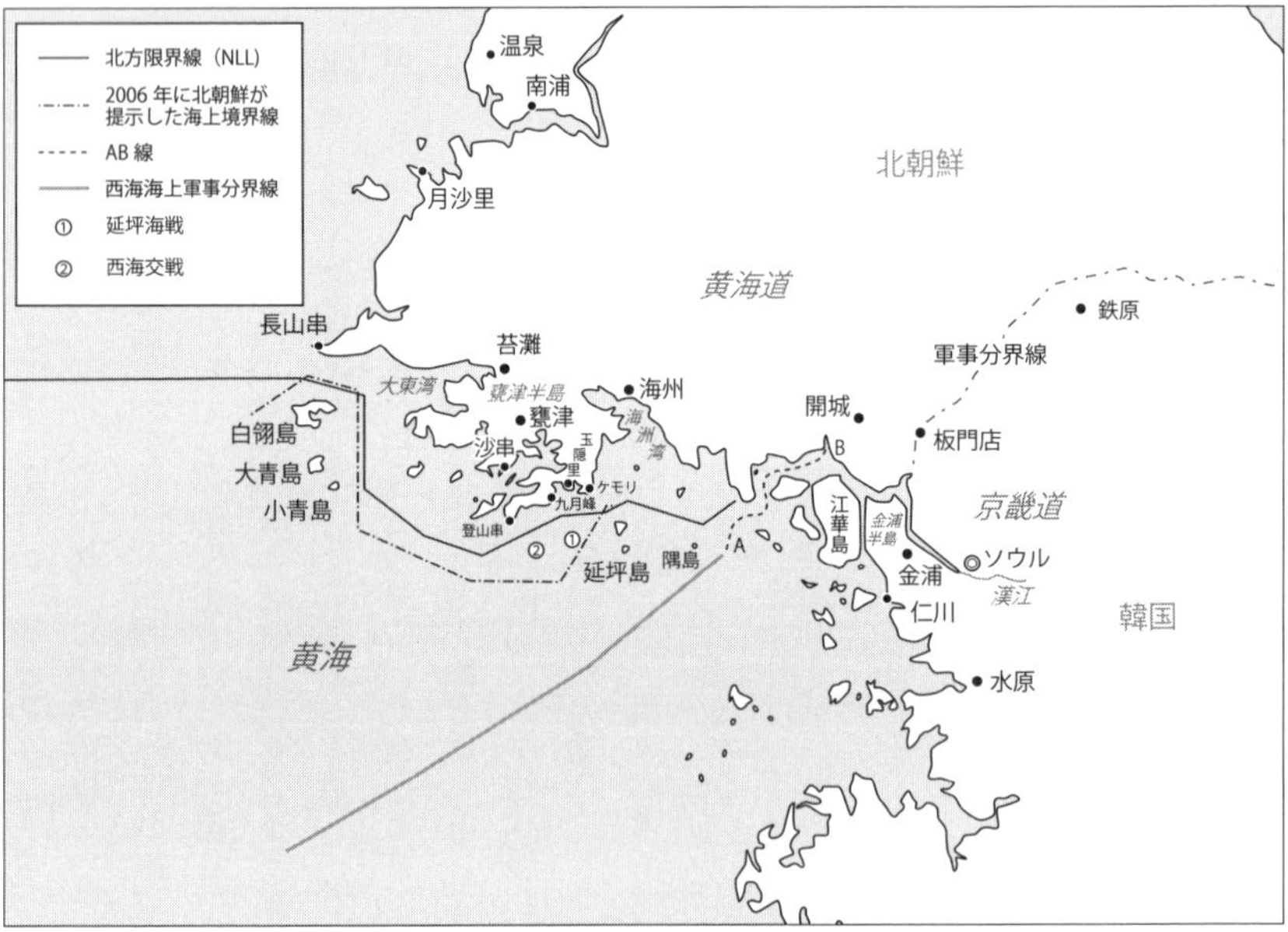

図 8－1　北方限界線と西海海上軍事分界線

出所：各種資料を参考に筆者と横山早春が作成。

ていた。国連軍司令部は改めて信頼醸成措置の実施を提案するとともに、新しい海上境界線は南北軍事共同委員会で協議されるべきであるとの立場を示した。これに対して北朝鮮は、新しい境界線を検討するための「実務接触」を提案し、そこには朝鮮人民軍、米軍と共に韓国軍も参加できると述べた[112]。

その後、八月一七日に開かれた第一〇次将官級会談で、北朝鮮は実務接触の具体案を提示した[113]。また、九月一日の第一一次将官級会談で、北朝鮮は自国の提案に対する最終的な回答を求めたが、国連軍司令部は改めてこれを拒否した[114]。

これに対し、九月二日、朝鮮人民軍総参謀部は特別報道を通じ、(1)黄海道と京畿道の境界線を南西方向に延長した線を「朝鮮西海海上軍事分界線」とする、(2)この線の北側水域を北朝鮮側の「海上軍事統制水域」とする[115]、(3)北方限界線は無効である、と宣言した。この内容は将官級会談における北朝鮮側の主張と同一であり、それに新しい名称を付与したものであった。南北双方の立場を比較するならば、「朝鮮西海海上軍事分界線」

は韓国にとってのNLLにあたり、「海上軍事統制水域」は韓国がNLLの南に設定している「作戦海域」にあたるものであった。韓国政府は、この宣言の受け入れを拒否し、NLLの有効性を強調した[116]。一方、国連軍司令部は北朝鮮の発表を無視しつつ、(1)北朝鮮の決定には法的根拠がない、(2)北朝鮮は発表された内容を軍事的に担保する能力をもっていない、との判断を下した[117]。

「平和的」な領海侵犯と北方限界線の越線[118]

延坪海戦から二年後の二〇〇一年六月、北朝鮮は自国の貨物船や商船に韓国の領海を侵犯させ、あるいはNLLを越えさせることによって、朝鮮半島周辺の海洋秩序に変更を迫ろうとする新たな行動を開始した。通常、外国船舶には無害通航権が認められ、済州《チェジュ》海峡を含む韓国の領海を通過することが許される。しかし、南北間には平和協定が結ばれておらず、停戦状態にあるため、韓国は北朝鮮の船舶に対して無害通航権を認めていない。北朝鮮は、貨物船や商船を用いることによって韓国側に軍事的対応をとりにくくしつつ、こうした韓国の政策に変更を迫ろうとしたのである。

二〇〇一年六月二日から三日にかけ、三隻の北朝鮮貨物船がそれまでの慣例を破って次々と韓国の領海内に入り、朝鮮半島の南西方面に位置する済州海峡を通過した。そして、韓国側が要求すると、これらの貨物船は素直に目的地、貨物の内容、船員数などを伝えてきた。しかし、韓国の艦艇が済州海峡から退去するよう要求するとともに、退去を促すための機動を行うと、貨物船は、「[自分たちは]国際船舶が利用する済州北方航路を選択している」と主張しつつ、韓国側に「我々の無事故安全航海に対する支援を希望する」と伝えた。韓国側がさらに領海からの退去を求めたところ、北朝鮮側は、「[これは]国際通航路だ。我々は上部の指示で運航している。この航路は金正日将軍が開拓して下さったものであり、変更は不可能だ」と回答してきた。また、別の一隻も韓国側の呼びかけに対し、「済州海峡は他国の船舶がすべて航海している航路」であり、韓国側の要求は「不当であり、我々はこれに応じられない」と伝達してきたのである[119]。

六月三日、韓国国防部は国連軍司令部を通じ、三隻の北朝鮮船舶が韓国の領海を侵犯したことを北側に通知したが、北朝鮮側はその事実を否定した。また、同日、韓国政府は国家安全保障会議（ＮＳＣ）常任委員会を招集し、今回だけは北朝鮮船舶の領海通過を許容するが、以後、同様の事件が再発した場合には強力な対応をとることを決定した。

しかし、韓国側の警告にもかかわらず、その後も北朝鮮の行動は続いた。六月四日、済州海峡を通過した貨物船のうちの一隻が、黄海の小青島と延坪島の間に南から進入し、一一時〇五分にＮＬＬを横切って北朝鮮の海州港に入ったのである。しかし、この船舶は国連世界食糧計画（ＷＦＰ）に提供された人道支援のコメを運んでいたため、韓国政府は強い対応をとることができなかった。

さらに同日一五時一五分頃、黄海から航行してきた別の商船一隻が、朝鮮半島の南西方面で韓国領海に侵入した。韓国の海洋警察の警告に対し、同船は「本船は本社の指示により現針路で航海する」、「我々は純粋な民間船舶」である、「国際的に公認された国際海峡を通過しており、自由を要求する」などと返答した。さらに、韓国の海洋警察が、「国交が樹立していないので摩擦が起こりうる。国際海峡だというが、過去五〇年間、使用してこなかったではないか」と伝えたところ、北朝鮮の商船は、「今からでも、このようにする［済州海峡を使用する］のが良い。南北が往来する方が良いではないか」と答えて済州海峡に向かった(120)。このため、韓国の海軍と海洋警察は駆逐艦一隻、大型輸送艦一隻、哨戒艦四隻、高速艇三隻の計九隻を動員し、押し出し機動、包囲機動を行い、また、大型輸送艦で北朝鮮の貨物船の進路を遮断するなどして北朝鮮船舶の済州海峡通過を防ぐための攻勢的な作戦を展開した。結局、商船は海峡を通過したものの、二一時〇〇分には、今後は手続きに従うとの意思を表明し、六月五日の〇一時〇〇分には韓国領海を離れ、〇一時三〇分には「領海侵犯をしない」とのメッセージを韓国側に伝えた。

これらの一連の事態を受け、四日、韓国の林東源《イムドンウォン》統一部長官は北朝鮮側に抗議するとともに、同様の事態が再度発生した場合には、より強硬な措置をとると警告した。しかし、林は同時に、北朝鮮の船舶が韓国領海を通過する場合は事前許可を得なければならないと指摘しつつ、条件つきで海峡の航行を認めることを明らかにし、南北が海運合意書を採択する必要性を強調した[121]。

一方、六月五日になると北朝鮮は態度を軟化させた。日本から朝鮮半島の西海岸に向けて航行する北朝鮮の貨物船一隻と、朝鮮半島の西海岸から東海岸に向けて航行するもう一隻の北朝鮮船は、済州島の南方航路を使用し、韓国の領海は通過しないと韓国側に伝達し、その通りの航路をとったのである。

西海交戦[122]

二〇〇一年の領海侵犯事案から一年後、再び南北間の緊張が高まった。二〇〇二年六月二九日、黄海で二隻の北朝鮮警備艇が二手に分かれてNLLを越え、南方に進入した。最初の警備艇は〇九時五四分に延坪島の西方七カイリ地点、二隻目の警備艇は一〇時〇一分に同一四カイリ地点でそれぞれNLLを越えた。これに対応するため、四隻の韓国警備艇が二手に分かれて、それぞれの地点に向かった。一〇時二五分頃、韓国の警備艇が北朝鮮警備艇の前方で遮断機動を行っていたところ、突然、二一五トン級の北朝鮮の警備艇一隻がおよそ七三〇メートルの距離から八五ミリ砲で韓国側に攻撃を開始した。砲弾は韓国警備艇の艦橋・操舵室に命中し、韓国側がこれに応戦したため、双方による交戦が始まった。その後、韓国の警備艇四隻と哨戒艦二隻が現場に駆けつけ、反撃に加わった。最終的に、北朝鮮の対艦ミサイルのレーダーが稼働し始めて、衝突が拡大する危険性が高まり、さらに、攻撃をかけてきた北朝鮮の警備艇が火と煙に包まれた状態で曳航されて北上したため、一〇時五六分に韓国側も射撃を中止した。この交戦の結果、韓国側では一隻の警備艇が沈没、六名の海軍将兵が死亡、一八名が負傷した。一方、北朝鮮側では一隻の警備艇が大破し、約三〇名が死傷したと推定された。

交戦当日、韓国の国防部長官は北朝鮮に抗議し、謝罪と責任者の処罰、再発防止を要求し、国連軍司令官は北朝鮮の行動を重大な停戦協定違反であると述べた。一方、朝鮮人民軍海軍司令部は三〇日、自国はNLLを一度も認めたことがなく、韓国側がこの「幽霊線」を盾にして「問題の水域に多くの漁船と戦闘艦船を進入させたことこそ、彼らの侵犯行為を自ら認めることである」と主張した[123]。

しかし、その後、北朝鮮の態度に変化がみられた。当初の強気な態度を翻し、七月二五日、北朝鮮は韓国に、「過日、西海海上で偶発的に発生した武力衝突事件は遺憾なことであり、北南双方は、今後このような事件が再発しないよう共同で努力すべきであると考える」との通知文を韓国側に送った[124]。この通知文は西海交戦を「偶発的」なものであると形容してはいるものの、一九七六年のポプラ事件と一九九六年の潜水艦事件時に続く、三度目の公式の遺憾表明という点で意義深いものであった。

北朝鮮は八月、この遺憾表明について、「南朝鮮と国際社会は…通知文を肯定的に評しつつ、それを南北対話ひいては米朝、日朝対話の門を開いていくための重要な契機とみている」との論評を出した[125]。そして、翌九月に日本の小泉純一郎総理が訪朝し、平壌《ピョンヤン》で日朝首脳会談が開催されることになるのであるが、この会談を秘密裏に準備した田中均は、北朝鮮の遺憾表明は首脳会談開催に対する北朝鮮の意欲をテストするために日本側が要請したものであったと述べている[126]。もしこれが事実であるならば、北朝鮮の遺憾表明は必ずしも誠実なものであったとはいえないことになるであろう。

2　環境要因の分析

韓国防衛の韓国化

一九九〇年代初め、冷戦の終焉と南北朝鮮間の力関係の変化を背景に、米韓両国は米国から韓国への防衛負担の移譲、つまり韓国防衛の「韓国化」を推進した。一九九〇年、米国は韓国を含む東アジアで米軍を削減する三段階の計画を発表し、一九九一年には韓国に配備されていた核兵器をすべて撤収したことを明らかにした。そして一九九四年には、それまで米陸軍大将である米韓連合軍司令官が行使していた韓国軍部隊に対する停戦時の作戦統制権が、韓国の合同参謀議長に委譲された[127]。こうした動きと並行して、米韓両国は停戦体制の韓国化も進めた[128]。一九九一年三月には韓国陸軍少将である黄源卓が軍事停戦委の国連軍司令部側首席代表に任命され、同年一〇月には韓国軍がJSAを除くDMZ全域において、単独で警備の任務を担当するようになった[129]。

韓国防衛の韓国化は、米韓および南北の関係にいくつかの重要な変化をもたらした。まず、停戦時の作戦統制権の移譲によって、北朝鮮の挑発行動にどのような対応をとるべきかについて、米韓両国が対立する余地が生まれた。米韓連合軍司令官が米韓両軍に対する作戦統制権を行使していたときには、米韓間の意見の相違が深刻化することはなかった。しかし、作戦統制権の移譲後は韓国側の行動の自由度が高まり、その結果、米韓両国が対立する余地も広がったのである。第二に、作戦統制権の移譲によって、北朝鮮側が米軍との対立を避けつつ、韓国軍のみに対して軍事行動をとることが容易になった。一九九九年の延坪海戦のような低強度紛争において、北朝鮮は韓国だけを直接の対象として軍事行動をとることができるようになった。第三に、作戦統制権の移譲によって米韓間の意思決定上の複雑なプロセスが不必要となったため、韓国が以前より柔軟かつ迅速に軍事行動をとることができるようになった[130]。最後に、DMZ防衛の韓国化によって、JSAは米朝の軍人が直接対峙する唯一の場所となった[131]。

北方限界線をめぐる議論

北朝鮮政府がNLLの有効性を否定したのに対し、韓国政府は南北基本合意書に加え、一九九四年に発効した国連海洋法条約（UNCLOS）などの国際法を根拠にその正当性を主張した。一九九九年版の『国防白書』などによると、韓国の主張は以下の通りであった[132]。

(1) UNCLOSは第一五条で、「歴史的権原その他特別の事情により必要であるとき」には領海の確定に中間線を適用しないと規定している。

(2) NLLは、海上戦力の引き離しを規定した、停戦協定の第二条第一三項を忠実に履行するための措置であった。したがって、NLLは黙示的ではあるが明確な停戦協定上の海上軍事分界線であるといえる[133]。

(3) NLLは過去四六年間、海上境界線としての効力と機能を維持してきており、北朝鮮も黙示的にこれを認め、遵守してきたことから、実効性の原則と定着の原則によって正当化される。また、過去に北朝鮮がＮＬＬを黙示的に認めた具体的な事例が複数ある。

(4) 南北基本合意書の不可侵に関する付属合意書は第一〇条で、南北の「海上不可侵区域は、海上不可侵境界線が確定する時まで、双方が今まで管轄してきた区域とする」と規定しており、ＮＬＬが実質的に海上境界線であることを公式に認めている。(134)

しかし、こうした韓国の立場には、いくつかの弱点があった。まず、韓国は、北朝鮮がＮＬＬを黙示的に認め、遵守してきたと主張していたが、実際には、北朝鮮は一九七三年以降、ＮＬＬの有効性を否定する主張を行い、それを担保するために艦艇や航空機でＮＬＬを越えるなどの行動をとってきていた。また、北朝鮮が基本的にＮＬＬを守ってきたのは事実であるが、それは北朝鮮がＮＬＬを認めたからというよりも、ＮＬＬを越えた場合、韓国側が軍事的な対応措置をとっていたからであった。北朝鮮の行動が韓国の軍事力によって制約を受けていたのであれば、国際法上の定着の原則は必ずしも適用されない。(135)

第二に、国連軍司令部はＮＬＬを設定した際、その事実を北朝鮮側に通知していなかった。これは、ＮＬＬが米韓の艦艇や航空機を統制するために設けられた線であったことを考えれば当然のことではあったが、相手側に正式に通知しないままＮＬＬを北朝鮮側の艦艇や航空機を統制するために用いるというのは無理があった。(136)

第三に、南北基本合意書には「北方限界線」という名称およびその座標が具体的に示されていなかった。さらに、韓国政府自身もＮＬＬと「海上境界線」を統一的に取り扱っていなかった。韓国の公式見解を精査すると、ＮＬＬの存在は停戦協定によって正当化され、軍の行動を統制する目的で軍によって運用されていることが分かる。他方、「海上境界線」は基本合意書によって規定され、統一部によって管理される概念上の線であった。(137)

第四に、当時、韓国政府内にもＮＬＬやその南方海域の法的位置づけに関して混乱があった。例えば、一九九九年六月一〇日、趙成台国防部長官は国会で、北朝鮮の黄海における行動について、「いかなる場合でもＮＬＬ「の南方海域」を我々の領海として確保する」のが政府の方針であると語った。しかし、合同参謀本部の趙富根《チョブグン》作戦企画次長は、NLLの南方に位置する緩衝地帯は領海ではなく、合同参謀本部はそれを単に「海域」と呼んでいると述べていた(138)。つまり、NLLを管理する国防部内においてさえ、NLLやその周辺海域の法的位置づけが正確に理解されていなかったのである。

最後に、韓国国防部は、NLLは一九五三年当時の領海基準である三カイリ線ならびに西海五島と甕津半島の中間線を基準に引かれたものであることをその正当性の根拠として指摘し、NLLは国際法に従ったものであると論じていた(139)。しかし、その後、国際社会では一二カイリ領海の原則が一般化しており、その原則に従って領海線を引いた場合、小青島と延坪島の間のNLL南方海域の一部は北朝鮮の領海となるのであった。

さらに、米韓間にはNLLとその周辺海域をめぐる微妙な立場の違いがあった(140)。第一に、米国は一九九九年に延坪海戦が発生した際、NLLの南方海域は公海であるとの解釈を表明するとともに、同海域において南北朝鮮の間に領海と管轄権をめぐる紛争が存在するとの認識を示した(141)。第二に、韓国はNLLを停戦協定上の海上軍事分界線であると位置づけていたのに対し、米国はNLLを停戦体制の一部であるとはみなしていなかった。このため、韓国がNLLの越線を停戦協定違反とみなしたのに対し、米国はそのような解釈をとらなかった。もちろん、米国も北朝鮮に対してNLLに従うよう促していたが、これは停戦協定や国際法を基礎とするものではなく、その実用性に基礎を置くものであった。米国政府はNLLの意義を次のように説明していた。

…北方限界線は過去から現在まで、戦力を引き離す実用的な方法として国連軍司令部によって設定されてきた。我々は一九五三年から四六年間、それが北朝鮮軍と韓国軍の軍事的緊張を防止する効果的手段であり続けてきたと考えている。つまり、それは双方にとって好ましい、有益な目的に資するものであった。

我々は今後とも北朝鮮がその実用性を認め、艦艇を北方限界線の北に留めおくように求めていく。一九五三年の時点では、この海域は紛争地帯であり、ご存じの通り交戦地域であった。そして、領域の管轄権については今日においても係争中である。したがって、我々はこれ［ＮＬＬ］を実用的な措置、あるいは緊張緩和のための実用的なメカニズムであると考えているのである。(142)

最後に、韓国が南北基本合意書の当事者である一方、米国はそうではなかったため、両者の間にＮＬＬの地位についての解釈の違いが生じた。韓国はＮＬＬこそが基本合意書にある「海上不可侵区域」の境界線であると主張することができたのに対し、国連軍司令部も米国も同様の主張を行う法的根拠を有していなかった。将官級会談で、国連軍司令部側がＮＬＬに代わる新しい海上境界線は南北軍事共同委員会で協議されるべきであると主張したのはこのためであった。

海洋法の変化

海洋法の発展、特にＵＮＣＬＯＳの採択は、北朝鮮が領海についての主張やＮＬＬに対する軍事・外交攻勢を活発化させる背景となった。一九九四年に発効したＵＮＣＬＯＳは、すべての国が「条約の定めるところにより決定される基線から測定して一二カイリを超えない範囲でその領海の幅を定める権利を有する」と定めていた。領海一二カイリは、米国や韓国に先立って北朝鮮が主張してきたところであり、これを公式化したＵＮＣＬＯＳは北朝鮮の主張を後押しするものであった。(143) 一九九九年七月、北朝鮮は延坪海戦が発生した海域に関して、「領海を一二カイリと規定している国際海洋法や彼ら［韓国］の『領海法』に照らしてみても、問題のその水域は確実に我々の領海だ」と、ＵＮＣＬＯＳに言及しながら自国の主張を展開した。(144)

しかし、北朝鮮の主張は自国の立場を弱めている部分もあった。例えば、ＵＮＣＬＯＳは第一二一条で、「島の領海、接続水域、排他的経済水域及び大陸棚は、他の領土に適用されるこの条約の規定に従って決定される」と定めており、この原則に従えば、国連軍司令部の主張する通り、西海五島も領海をもつことになる。(145) また、韓国は一九九六年にＵＮＣＬＯＳを批准したのに対し、二〇一三年一月現在、北朝鮮はこれを批准していない。(146)

黄海における軍事バランス

一九九九年の時点で、黄海における軍事バランスは次の通りであった。北朝鮮側には、沙串《サゴッ》にある海軍第八戦隊の基地に魚雷艇二三隻と高速ミサイル艇四隻を含む、七五隻の艦艇が配備されていた。また、延坪島北方の九月峰《クウォルボン》には射程距離二一キロの一〇〇ミリ海岸砲四門が、登山串《トゥンサンゴッ》にはシルクワーム対艦ミサイルが、玉稳里《オグンニ》とケモリには射程距離一三キロの海岸砲がそれぞれ四門ずつ配備されていた。そして、温泉《オンチョン》と苔灘《テタン》の空軍基地にはMiG－17／19戦闘機およびAn－2輸送機が配備されていた。

一方、韓国側では、仁川《インチョン》にある海軍第二艦隊司令部に、三五〇〇トン級駆逐艦三隻、一二〇〇トン級護衛艦（フリゲート）二隻、一二〇〇～一四〇〇トン級哨戒艦十数隻に加え、高速艇などの小型艦が所属していた。また、白翎島《ペンニョンド》には海兵旅団一個に加え、沿岸砲とレーダサイトが配備されており、大青島《テチョンド》には海兵連隊一個と高速艇編隊が、延坪島にも高速艇編隊が配備されていた(147)。

一九九九年までに、西海五島周辺の局地的軍事バランスは韓国側に有利になっていた。一九七〇年代前半の西海事件から教訓を得た韓国は、一九七〇年代から一九八〇年代にかけて戦力増強計画である「栗谷《ユルゴク》計画」の一環として新しい高速艇や哨戒艦を調達しており、実際、これらの艦艇が一九九九年の延坪海戦で中心的な役割を演じた。延坪海戦における韓国の勝利は、艦艇の速度や操作性、そして火力や射撃管制装置における優位に起因するところが大きかった。高い速度と操作性があったため、韓国の警備艇は北朝鮮の警備艇や魚雷艇に対し、効果的に遮断機動、逆包囲機動、押し出し、阻止衝突などの作戦を実施することができたのである。さらに、一九九九年までに韓国は対艦ミサイルを装備した艦艇を多数導入し、この点における北朝鮮側の優位を相殺することにも成功していた。また、一九九四年に導入された韓国海軍戦術資料処理体系（ＫＮＴＤＳ）も延坪海戦で重要な役割を演じた。このシステムによって海軍司令部は、戦域における船舶や航空機の位置、また、その速度や方向などの戦術情報を即座に入手することができたのである(148)。

3　軍事・外交行動の特徴

場所と時期

北朝鮮は「新たな平和保障体系」の樹立を図るため、主にJSA、DMZおよび黄海で軍事行動をとった。特に、JSAと黄海は北朝鮮の武力示威行動の重要な舞台となった。北朝鮮は延坪島の西方海域でたびたび軍事行動をとり、その結果、一九九九年の延坪海戦は延坪島の西方六カイリの地点で、二〇〇二年の西海交戦は同一四カイリの地点で発生した。これは、米国がこの海域を「公海」と規定するなど、この海域がNLLの正当性を主張する韓国側の弱点であることを北朝鮮が理解していたためであった。

「新たな平和保障体系」のための瀬戸際外交は核危機が頂点に達した一九九四年に本格化した。JSAにおける示威行動は一九九四年から一九九六年に繰り返し行われ、NLLの越線は一九九六年に始まり、一九九七年に拡大し、一九九九年には海戦に発展した。なお、二〇〇二年の西海交戦は、北朝鮮側にとっては延坪海戦での敗北に対する報復という色彩の強い出来事であったが、この奇襲攻撃は日韓共催で開催中のワールドカップ・サッカー大会が最高潮に達したときに合わせて敢行されたという点で政治的象徴性の高い行動であった。

軍事力の種類と使用形態

北朝鮮の軍事行動にはもっぱら陸海軍が用いられた。一方、二〇〇一年に北朝鮮が瀬戸際外交の一部として貨物船や商船を用いたところに、同国の政策決定者が有する独創性がみてとれる。また、多くの場合、北朝鮮の軍事行動は強要を目的とする瀬戸際外交の手段であった。JSAや黄海における北朝鮮の軍事行動のほとんどは日中に発生しており、明らかに相手側の反応を意識したデモンストレーションであったといえる。

北朝鮮は局地的な軍事バランスの優位を背景に軍事行動をとる傾向が強いが、延坪海戦において北朝鮮は不利な立場に立たされていた。交戦が発生する前段階で、韓国側の「押し出し作戦」などによって北朝鮮側はすでに守勢に立たされていたのである。それにもかかわらず敢えて軍事行動を継続したのは、北朝鮮にとって軍事的勝利よりも、黄海に領海をめぐる紛争が存在することを周知させることと自体の方が重要だったからであろう。

ただし、二〇〇二年の西海交戦では外交目的よりも、延坪海戦における敗北の雪辱を果たすという軍事目的の方が重視されていたと考えられる。西海交戦で韓国の警備艇を撃沈した北朝鮮の警備艇六八四号は一九九九年の延坪海戦にも参加しており、当時、甲板長であった人物が二〇〇二年には艦長として攻撃を指揮していたといわれる。結局、この人物は戦死したが、のちに英雄称号を授与されたという(149)。

強度と目標選定

北朝鮮の軍事行動の物理的目標は主に韓国であった。DMZや黄海において北朝鮮の攻撃目標になったのはすべて韓国人であった。DMZや黄海では数回の交戦があったのに対し、米兵が配置されているJSAでは北朝鮮による物理的な攻撃は発生しなかった。一九九四年に米陸軍のヘリコプターが撃墜されたことはあったが、これは同ヘリコプターが北朝鮮側に侵入したのが原因であり、北朝鮮側が意図的に引き起こした事件ではなかった。

なお、報道文などにみられる激しいレトリックに反し、北朝鮮の実際の行動は慎重に制御されていた。一九九六年、一九九七年、一九九九年、そして二〇〇二年と交戦が発生したが、北朝鮮は過度に状況をエスカレートさせるのを避けた。その結果、一九九四年から二〇〇一年までの間、事故が原因であった潜水艦事件を除き、米韓側に死者は出なかった。逆に北朝鮮側では延坪海戦で多数の死傷者が出た。そして、二〇〇二年の西海交戦では六名の韓国人が死亡したが、これは、北朝鮮側に多くの死傷者が出た延坪海戦に対する報復という色彩が強かったのである。

実はこの時期、韓国は軍事バランスの好転を背景に北朝鮮の挑発行動に強力な軍事的対応をとるようになっていたのであり、北朝鮮はしばしば守勢に立たされていたというのが実態であった。韓国の強力な対応は延坪海戦でピークに達した。そして、軍事的に不利な立場に置かれた北朝鮮は、それを克服するために二〇〇二年に韓国の警備艇に対して奇襲攻撃を敢行したのである。

軍事と外交の連携

北朝鮮の軍事行動と外交活動は緊密に連携されていた。北朝鮮は、軍事行動と外交行動を同時にとることが多かったが、そのパターンは、(1)軍事行動によって緊張を高める、(2)危機が高まっており、朝鮮半島でいつ戦争が起きても不思議ではない状況になっていると主張する、(3)問題を解決するために、米朝間に「新たな平和保障体系」を樹立することを米国に提案する、というものであった。

このような瀬戸際外交を展開するにあたって、北朝鮮では朝鮮人民軍、人民軍板門店代表部、外務省などの組織が緊密な政策調整を行っていた。そして、人民軍板門店代表部は朝鮮労働党の組織指導部、朝鮮人民軍、外務省によって共同で管理されていた。(150)

4　政策目的とその達成度

米国との関係改善

北朝鮮の一連の行動は、米国との関係改善という高次の戦略目標を達成するために、核・ミサイル外交と並行してとられたものであった。そして、その具体的目標は、米朝の軍当局間に直接の対話チャンネルを開設するとともに、それを基礎として二国間の平和協定を結び、「新たな平和保障体系」を構築するというものであった。

こうした北朝鮮の行動はいくつかの成果を生みだした。第一に、軍事停戦委を中心とする既存の停戦体制の機能を低下させ、その無効化を進めた。第二に、中国を停戦体制から排除するとともに、人民軍板門店代表部を国連軍司令部のカウンターパートとして認めさせた。第三に、米朝の直接軍事会談、あるいは、それに韓国を加えた三者の軍事会談を設置することには失敗したが、韓国人が首席代表を務めるようになった軍事停戦委の本会議を骨抜きにし、米国人が事実上の首席代表を務める将官級会談をこれに代替させた。第四に、南北朝鮮を中心として多国間で平和問題を協議しようとする四者会談を挫折させた。四者会談は、米韓両国の提案で一九九七年末から九カ月にわたって開催されたが、北朝鮮は平和体制構築についての独自の動きを強化しつつ、米韓の試みを阻止した。最後に、平和協定のあり方について米国に柔軟な姿勢をとらせることに成功した。延坪海戦後の一九九九年七月、米国は韓国に対し、北朝鮮との間に三つの個別の平和協定――一つは米朝で、一つは南北で、もう一つは四者会合の参加国で――を締結することを秘密裏に提案した。この提案は韓国の反対によって実現しなかったが、北朝鮮は平和協定について米国の態度に重要な変化をもたらすことには成功したのである。(151) ただし、最終的には、北朝鮮の瀬戸際外交の成果は限定的であったといわざるを得ない。一九九三年以降の継続的努力にもかかわらず、北朝鮮は米国と平和協定を結ぶことに失敗し、「新たな平和保障体系」も構築されなかったのである。

米韓関係の複雑化

北朝鮮のもう一つの目的は、米韓関係を複雑化させ、両国を離間することによって、外交上有利な立場に立つことであった。北朝鮮はこのため、機会があるたびに米韓両国の立場の違いを際立たせようと試み、実際、金泳三政権の末期にはこうした努力が大きな成果を上げげた。

米国は、一九九六年のJSAにおける北朝鮮の示威行動や潜水艦事件に対する韓国側の過剰反応を目の当たりにして、エスカレーションの危険性に一層の関心を払うようになった。この頃の韓国軍の雰囲気について、当時、駐韓米国大使であったジェームズ・レイニーは、ゲイリー・ラック在韓米軍司令官と共に韓国の外務・国防両長官と会談したときの様子を次のように回想している。

韓国がこうした問題［北朝鮮の挑発行動への反撃］について、より好戦的な立場をとっていることが判明した。韓国はしばしば、単に反撃するだけでなく、より激しい反撃を許可していたのである。我々［レイニーとラック］

がこれについての説明を求めたところ…彼ら［韓国の外務・国防長官］は［韓国軍に］自制を求める命令を出す権限をもっていないということであった。彼らはその事実を恥ずかしそうに認めた(152)。

このため、潜水艦事件後に開催された米韓首脳会談で、クリントンは金泳三に米国の同意なしに北朝鮮に対する軍事行動をとらないよう求め、金泳三はこの求めに応じる姿勢をみせた。後日、韓国の政府高官は、クリントンは金泳三の返事に納得したようだったと述懐したが、米国の当局者は、金泳三の反応には「まだ疑いの余地があった」と述べ、米韓双方に不信感が残っていたことを明らかにしている(153)。

続く一九九七年のＤＭＺにおける銃砲撃戦でも韓国側が強硬な態度をみせたことは、すでに高まっていた米韓間の相互不信を一層深刻化させた。その結果、米国は北朝鮮との間に信頼醸成と緊張緩和のためのメカニズムを作り出す必要性を強く感じるようになったのである。

その後、金大中政権が発足すると米韓関係は著しく改善した。ＮＬＬの法的地位についての立場の違いなど技術的課題は残っていたが、対北政策をめぐる米韓間の対立はほぼ解消された。そして、米韓両国は政策協調を強化し、米韓の分断を図ろうとする北朝鮮の企てに乗せられてはならないという点でも合意したのである。

韓国への牽制

韓国を牽制し、韓国の立場を弱めることも北朝鮮の重要な目的であった。この点についても北朝鮮はいくつかの成果を上げた。第一に、北朝鮮は停戦体制の韓国化を阻止することに成功した。停戦体制の韓国化は、韓国は米国の「傀儡」であり、軍事統制権をもっている米軍と北朝鮮軍こそが黄海の海上境界線の問題を議論する主体となるべきである、という北朝鮮側の主張を無力化してしまうものであった(154)。また、北朝鮮にとって、韓国人が軍事停戦委の首席代表になることを拒否するとともに、将官級会談における韓国代表の地位を米朝両国の代表よりも下位に置いておくことは重要な意味をもっていたのである。

第二に、北朝鮮はNLLに関する韓国の主張の正当性を損なわせることに成功した。北朝鮮はNLLをめぐる問題を顕在化させ、黄海の海上境界線や領海について係争が存在することを国際社会に喧伝することによって、NLLの地位についての韓国の立場に弱点があることを明確化させた。延坪海戦後、韓国の洪淳瑛《ホンスニョン》外交通商部長官は、「もし北朝鮮が北方限界線に関して平和的な方法で異議を提起するのであれば、この問題を協議する用意がある」と述べたが、これは韓国が直面するジレンマを明らかにするものであった(155)。すなわち韓国は、海上境界線について議論しなければこの問題をめぐる紛争が長期化するが、反面、海上境界線を画定するための議論を始めるとNLLの正当性が疑問視されるというジレンマに直面していたのである(156)。一九九九年、二〇〇一年、二〇〇二年と続いた北朝鮮の行動によって、NLLの法的地位や、北朝鮮の挑発にどのように対処すべきかをめぐる議論が韓国内で高まり、左右勢力の対立が激化した。その結果、NLLは、もはや数年前までのように「神聖不可侵」なものではなくなったのである(157)。

その後、二〇〇六年五月に開かれた第四次南北将官級軍事会談で、北朝鮮側は黄海の海上境界線について、「西海五島に対する南側の主権を認め、島周辺の管轄水域問題も合理的に合意し、［海岸が］近く向かい合っている水域の海上軍事境界線は半分とし［＝中間線を用い］、その他の水域は領海権を尊重する原則で設定すべきである」とする新たな提案を行った(158)。北朝鮮がこうした原則に基づいて提案した新たな境界線は、西海五島の両端付近ではNLLと類似していたが、小青島と延坪島の中間海域ではNLLの南方に深く食い込んでいた。つまり、この線は、北朝鮮の海岸線と西海五島の距離が二四カイリ以下の部分では中間線を用い、韓国の島が存在しない部分については北朝鮮の海岸線から一二カイリの線を引いたものであった(159)。そして、この線こそ、平時を仮定した場合にUNCLOSが規定する南北の海上境界線であった。北朝鮮はついに、南北対話の場で平時の国際法からみると妥当ともいえる提案をしてきたのである(160)。なお、一九九九年の延坪海戦と二〇〇二年の西海交戦のいずれも、この線とNLLに挟まれた海域内で発生していることからも、この海域こそが南北間の最大の争点となっていることが分かる（二一四頁の地図8-1を参照）。

北朝鮮の提案に対し韓国側は、「国防長官会談を開いて西海上の海上境界線問題を議論しよう」と提案し、NLLの問題は協議しないという、それまでの立場を緩和させた(161)。そして、二〇〇七年の南北首脳会談後、韓国の盧武鉉《ノムヒョン》大統領はNLLについて、「その線は、はじめは我が軍の作戦禁止線だった」、「これを今になって『領土線』であるとする人もいるが、このような言い方は国民を誤導するもの」であると発言するに至った(162)。しかし、その後、NLLについて強硬な立場をとる李明博《イミョンバク》政権が登場したこともあって南北間の協議は進展せず、二〇一二年一二月現在まで、海上境界線の画定問題は未解決のままである。

最後に、延坪海戦は韓国軍に、北朝鮮の挑発行動に対して強力な反応をとりにくくするという心理的な影響を残した。当時、第二艦隊司令官として現地で指揮をとっていた朴正聖《パクジョンソン》海軍少将は延坪海戦を韓国の大勝利に導いたが、海戦後の同年一一月、海軍本部で待機という人事発令を受けて閑職に追いやられ、進級できないまま二〇〇四年に転役した。つまり、延坪海戦の英雄は「勲章を得るどころか左遷」されたのである。これについて当事者の朴は、「海軍第二艦隊の将兵たちが…延坪海戦で勝利を収めたことは…大きい誇りであるにもかかわらず、あたかも大きい罪でも犯したかのようになってしまった」と述べている(163)。その背景には、南北軍事会談で北朝鮮が「延坪海戦における南朝鮮側の責任者を処罰せよ」と要求し、北朝鮮との関係を重視する金大中政権がこれに配慮を示したことがあったといわれる。つまり、韓国軍では、北朝鮮の行動に強い対応をとると昇進に不利になるという前例ができたのである。こうした結果は必ずしも北朝鮮が当初から想定していたものではなかったであろうが、九〇年代後半から北朝鮮の挑発行動に強い対応をとるようになっていた韓国軍の行動に一定の影響を与えたと考えられる。

経済的利益の獲得

西海五島の周辺海域は豊かな漁場であり、特にNLLの南側は北側に比べて四倍の漁獲量を誇っていた。このため、一九九九年六月の北朝鮮によるNLL越線には経済上の要請、特に外貨獲得という目的があったとする見方もある(164)。事実、北朝鮮は一九九八年に二八〇万ドル分のワタリガニを日本に輸出しており、ワタリガニ漁の時期に北朝鮮船のＮＬＬ越線が増加する傾向がみられた。韓国の趙成台国防部長官は、北朝鮮軍がワタリガニ漁に直接関与していることを考えると、ＮＬＬをめぐる衝突の背景には外貨取得のノルマを果たすという目的があったのかも知れないと述べた[165]。

また、一九七〇年代と同様に、北朝鮮は海上輸送の近道としてこの海域を使いたがっていたのも事実である。ＮＬＬを横切ることができれば、海州港に出入りする北朝鮮船舶は航行距離を大幅に短縮することができた。同様に、済州海峡の通航も航行距離の短縮につながる。しかし、北朝鮮の貨物船や商船がＮＬＬを越え、あるいは済州海峡を通過したのは二〇〇一年だけであり、北朝鮮は瀬戸際外交によって海上輸送距離の短縮を図ることには失敗したのである。

それにもかかわらず、北朝鮮の瀬戸際外交が海上輸送距離の短縮に部分的に貢献した可能性はある。西海交戦の二年後である二〇〇四年六月、北朝鮮と韓国は南北海運合意書とその付属合意書に調印した[166]。これによって、双方の商船は新しく指定された航路を用いて、直接相手側の港に入ることが可能になった[167]。そして、これに従い、二〇〇五年八月には、韓国が北朝鮮の商船に済州海峡の通過を認めた[167]。そして、二〇〇七年一〇月の南北首脳会談で双方は「西海平和協力特別地帯」を設置することに同意したが、その内容は、南北の間に共同漁労区域と平和水域を設定するとともに、民間船舶がＮＬＬを越えて海州港に出入りできるようにするというものであり、その一部は、まさに北朝鮮側が黄海における瀬戸際外交によって得ようとした結果そのものであった[168]。ただし、二〇一二年一二月現在、まだ、この合意は実施されていない。また、二〇一〇年五月には、韓国政府が哨戒艦「天安《チョナン》」の撃沈事件を受けて、北朝鮮船舶が海運合意書で許可されている韓国の海域内の海上交通路を利用することを禁じると発表した[169]。

一九九九年以降の一連の北朝鮮の行動は、韓国に紛争防止措置の必要性を認識させ、二〇〇七年の合意に至る一連のプロセスを加速させる促進剤として作用したようである[170]。ただし、これらの南北合意をもたらした真の原動力は、北朝鮮に関与し、広く南北交流・協力を進めようとする韓国の政策意図であり、北朝鮮の瀬戸際外交の果たした役割はあくまで副次的なものであった(171)。

金正日の地位強化

北朝鮮はまた、金正日の立場を強化するという国内政治上の目的のためにも、JSA、DMZおよび黄海における軍事行動を利用した可能性がある。まず、延坪海戦の翌日である一九九九年六月一六日、『労働新聞』と『勤労者』は「我が党の先軍政治は必勝不敗である」と題する共同論説を掲載した(172)。黄海で武力衝突が発生した直後に、この極めて重要な論説が発表されたのは、金正日の指導力を称賛する機会として、また、党指導部によって採用された「先軍政治」を正当化する機会として利用するという北朝鮮政府の意図を示すものであった。

また、二〇〇二年の西海交戦は、北朝鮮側には、韓国のナショナルチームが大活躍していた日韓共催のワールドカップの成功に水を差すという目的もあったと考えられる。北朝鮮は、同年の四月二九日から西海交戦が発生した六月二九日までの間、金日成の活動を称える初の「アリラン祭」を平壌で開催していた。しかし、「アリラン祭」への観客動員数は期待を裏切るものであったため、ワールドカップの成功は北朝鮮指導部にとって不都合なものとなっていたのである。つまり、西海交戦は、ソウル五輪を阻止するために北朝鮮が引き起こした大韓航空機爆破事件と類似したケースでもあったといえる。しかし、西海交戦はワールドカップにほとんど影響を与えなかった(173)。

5　瀬戸際外交のマイナス効果

米韓の政策調整の強化

北朝鮮の行動は、同国の意図に反して米韓協力を強化させるという結果をもたらした。特に一九九九年の延坪海戦は、米韓両国にNLLの地位についての立場を緊密に調整する努力を促した。その結果、同年一一月に開催された第三一次米韓安保協議会議の共同声明は初めてNLLに言及し、次のように述べた。

両国の長官は、去る六月の延坪海戦と関連し、北朝鮮に対して過去四六年間、南北朝鮮軍の間の軍事的緊張を予防するための効果的手段であり続けてきた北方限界線の実質的価値を認め、これを遵守することを促した。(174)

本声明の内容からも分かるように、NLLについての米国の立場が本質的に変化した訳ではなかった。しかし、米韓両国が閣僚レベルの安保協議会議で、初めてNLLを維持することの重要性を確認したことは政治的に意義深いことであった。

韓国の軍事的優位の明確化

一九九七年七月のDMZにおける衝突事件、そして、一九九九年六月の延坪海戦によって、南北朝鮮の軍事バランスが韓国側に有利になっていることが明らかになった。一九九七年のDMZにおける銃砲撃戦によって、韓国軍とその装備が北朝鮮側より優れていることが明らかになり、北朝鮮は衝撃を受けたという。さらに、一九九九年の延坪海戦では北朝鮮の通常戦力が韓国に大きく落後していることが証明された。(175)軍事バランスの変化によって、北朝鮮の軍事恫喝の効果は低下しつつあった。これについて元駐韓米国大使のドナルド・グレッグは、延坪海戦が北朝鮮側に「教訓」を与えたと指摘し、次のように述べている。

私の経験は、彼ら［北朝鮮］がプエブロ号を拿捕した一九六八年に遡る。私はCIA［米中央情報局］で働いており、［北朝鮮への］報復手段をみつけることも私の仕事の一部であったが、我々は報復することができなかった。我々は、何もしなかったのだ。青瓦台襲撃、ラングーン爆破事件、そして大韓航空機爆破事件が起こっても我々は何もしなかった。去る六月、初めて北朝鮮が鼻っ面にパンチを食らうことになったのだ。(176)

そして、延坪海戦を機に、韓国は白翎島と延坪島に四〇キロ以上の射程をもつ、国産の一五五ミリ自走砲K－9

を配備した[177]。これによって韓国の長距離火力は強化され、黄海における韓国の軍事的優位が一層確固たるものとなったのである[178]（二〇一〇年の延坪島砲撃事件では、K－9の砲撃がさしたる効果を上げなかったことが批判の対象となったが、これはK－9の性能に問題があるというより、韓国側が完全に虚を突かれて奇襲されたことが原因であった）。

また、二〇〇二年の西海交戦を受け、同年七月に韓国海軍の行動を規定するROEが五段階から三段階に簡素化された。従来、韓国の海軍艦艇は、NLLを越えてくる北朝鮮の艦艇に対して、(1)警告放送、(2)示威機動、(3)遮断機動（押し出し作戦など）、(4)警告射撃、(5)照準撃破射撃という順で対応することになっていた。しかし、修正されたROEでは、(1)示威機動、(2)警告射撃、(3)照準撃破射撃の順で迅速に対応することになった[179]。そして、二〇〇四年六月に南北艦艇間の無線通信が稼働してからは、これに警告通信を加え、(1)警告通信および示威機動、(2)警告射撃、(3)照準撃破射撃の三段階のROEとなった[180]。こうしたROEの改訂によって、韓国の警備艇が敵の奇襲攻撃にさらされるリスクは減少した。

最後に、北朝鮮にとって西海交戦は軍事的には成功であったが、NLLを無効化するという点では否定的な面もあった。西海交戦で六人の若い韓国人将兵が死亡したことによって、韓国内の保守層の中では、NLLを死守すべきだとの世論が高まってしまったからである。こうした国内世論の変化によって、韓国政府、特に保守政権がNLLについて柔軟な立場をとる余地は一層狭まることとなった[181]。

第9章　第二次核外交――二〇〇二～〇八年

二〇〇二年一二月、北朝鮮は核施設の運転再開を宣言するとともに、翌年一月には核拡散防止条約（ＮＰＴ）からの脱退を表明し、一九九三～九四年の核外交に続く第二次核外交を始動させた。しかし、米国は北朝鮮との本格的な対話に消極的であったばかりか、二〇〇五年には北朝鮮に対して金融制裁を発動した。これに対し北朝鮮は二〇〇六年に、複数のミサイル発射、そして核実験を敢行し、米国に圧力をかけた。北朝鮮の核外交は成功であった。核実験後、米国は対北政策を変更し、本格的な米朝二国間対話に臨むようになったのである。

その結果、二〇〇七年の六者会談の合意に基づき、北朝鮮は重油等の援助を受け取った。また、二〇〇八年には米国が北朝鮮に対する対敵通商法の適用を終了し、テロ支援国家の指定を解除した。これによって、北朝鮮は米国との関係改善の重要な足がかりを築いたのである。しかし、最終的には米朝国交正常化は実現せず、また、北朝鮮は核実験を行ったことによって、自国の核保有についての曖昧性を喪失することにもなった。

1　第二次核外交の展開

新たな核外交の始まり

二〇〇二年一〇月三日に平壌で開催された米朝会談で、米国のジェームズ・ケリー国務次官補は北朝鮮の金桂寛《キムゲグァン》外務省副相に対し、北朝鮮が一九九四年の米朝枠組み合意などに違反して、秘密裏に濃縮ウランによる核開発計画を進めているとの情報を得ていると伝えた。これに対し翌日、金正日《キムジョンイル》の右腕である姜錫柱《カンソクチュ》外務省第一副相は、「われわれがウラン（HEU）計画を持っていて何が悪いのか。われわれは高濃縮ウラン計画を進める権利を持っているし、それよりもっと強力な兵器もつくることになっている」と反駁した。[1]姜は、「枠組み合意は米側の不正行為によって、無効になったとみなす」との立場を示しつつ、核問題を解決するためには、⑴米国が北朝鮮の自主権（主権）を認めること、⑵米朝が不可侵条約を結ぶこと、⑶米国が北朝鮮の経済開発を妨害しないこと（対北禁輸を解除し、また、北朝鮮と日本および韓国との関係正常化の動きを妨害しないこと）、⑷軽水炉建設の遅延についての補償を行うこと、が必要であると述べた。姜はまた、米朝首脳会談を通じてこれらの問題を解決することも可能であると指摘し、交渉を通じて米国との間に新たな合意を得ようとした。しかし、ケリーは姜の提案に応じず、米代表団は交渉の席を立った。[2]

米国は北朝鮮からの対話の呼びかけに応じる代わりに、同国への圧力を強めた。一〇月一六日、米国政府は、米朝会談において北朝鮮側が「核兵器製造のためのウラン濃縮計画をもっている」ことを認めたと発表し、[3]高濃縮ウランの問題を朝鮮半島エネルギー開発機構（KEDO）の場に持ち込んだ。その結果、一一月にはKEDOが枠組み合意に基づく北朝鮮への重油の供給を中断するとともに、将来の重油供給は北朝鮮が核開発を中止するかどうかによるとの決定を行った。[4]また一二月には、米国の要請によってスペインの艦艇が、イエメン沖でスカッド・ミサイルを輸送していた北朝鮮の貨物船に立ち入り検査を行った。[5]

これに対して北朝鮮も強硬策に転じ、事態をエスカレートさせた。一二月一二日、北朝鮮外務省は核施設の運転と建設を再開すると発表し、同月末、国際原子力機関（IAEA）の査察官を追放した。[6]さらに二〇〇三年一月一〇日、北朝鮮はNPTからの脱退を宣言するとともに、核施設を再稼働させた。[7]その後も、一月末には寧辺《ニョンビョン》の五メガワット原子炉から使用済み燃料を持ち去り、二月には北朝鮮外務省が、電力供給のために核施設を稼働させていると発表した。[8]そして同時期に、再処理施設の運転を再開するための準備が開始された。[9]

核施設の再稼働と軌を一にして、軍事的示威行動も活発化した。二月一七日には朝鮮人民軍板門店代表部が、米国側が現在のように「停戦協定を恣意的に違反し、悪用するのであれば」、北朝鮮のみが同協定に拘束されることはなくなるであろうとの声明を出し[10]、その三日後には北朝鮮のＭｉＧ－１９戦闘機が黄海で北方限界線（ＮＬＬ）を越えて南下した[11]。そして、その四日後には、三年ぶりに対艦ミサイルが日本海で発射された[12]。

さらに三月二日には、二機のＭｉＧ－２９戦闘機を含む四機の北朝鮮戦闘機が、日本海上空を飛行していた米空軍の弾道ミサイル観測機ＲＣ－１３５Ｓコブラボールに接近し、うち一機のパイロットが手信号によって北朝鮮の領土内に着陸するよう要求した。結局、米軍機は信号を無視して無事帰還したが、米政府当局者によると、北朝鮮の行動は「明らかに同機を北朝鮮に着陸させ、乗員を人質に取ることを意図するもの」であった[13]。その後も北朝鮮は、三月一〇日に日本海で再び対艦ミサイルを発射した。

核兵器開発宣言

二〇〇三年三月にイラク戦争が始まると、北朝鮮は「抑止力」としての核兵器の保有を公に論じるようになった。同年四月に北朝鮮外務省は、「物理的な抑止力」「強大な軍事的抑止力」だけが戦争を防止し、国の安全を守ることができるというのがイラク戦争の教訓であると指摘しつつ、国連安全保障理事会が米国の北朝鮮に対する「敵視圧殺政策」に同調するのであれば、「戦争の抑止力をもたざるを得なくなる」との立場を表明した[14]。そして六月には、米国が「核による脅しを継続するのであれば」、自国も「核抑止力」を保有せざるをえなくなると宣言したのである[15]。その後、北朝鮮はさらに緊張を激化させた。七月一七日、北朝鮮軍は非武装地帯（ＤＭＺ）で韓国側に向けて四発の機関銃弾を発射し、韓国の監視哨所に損害を与えた。韓国側は一七発の銃弾を撃ち返したものの、それ以上の軍事行動は回避した[16]。

五月に入ると米国と日本は、北朝鮮が挑発的行動をとり続ける場合、経済制裁を含む措置をとることで合意した。そして、七月にはドナルド・ラムズフェルド米国防長官が、「作戦計画五〇三〇」と呼ばれる新たな軍事計画を策定するよう軍首脳部に命じたと報じられた。この作戦計画は、北朝鮮に対する陽動作戦を実施し、同国の限られた資源を浪費させ、軍を緊張させ、さらに可能であれば北朝鮮の軍指導部に金正日に対する反乱を起こさせることを目的としたものであった[17]。

多国間交渉の開始

北朝鮮がＮＰＴ脱退を宣言してからも、関係国は問題を外交的に解決するべきであると主張した。一月にケリー国務次官補は、「核問題が解決されれば、エネルギー分野で北朝鮮に支援を与えることが可能になるかもしれない」と述べた[18]。また、ジョージ・Ｗ・ブッシュ米大統領は、この問題は平和的手段によって解決されるであろうと述べるとともに、北朝鮮が核開発計画を断念するならば、米国は「大胆なイニシアティブ」をとる可能性を考えると表明した[19]。

対話による解決という方針に基づき、四月には米国、北朝鮮、中国の間の三者会談が北京で開催された。しかし、北朝鮮は三者会談について、中国は会談のホスト役を演じているだけであり、会談自体は米国と北朝鮮の間でとり行われるとの立場をとった[20]。会談中、北朝鮮代表の李根《リグン》は米側代表のケリーに対して、北朝鮮は核兵器を保有しており、必要であればそれを公に示し、また売却することも可能であると内々に伝えた[21]。

外交的対応と並行して、関係各国は北朝鮮への圧力を強化した。五月、米国は大量破壊兵器（ＷＭＤ）と関連資材の拡散を防止するための「拡散に対する安全保障構想（ＰＳＩ）」を提案し、各国に参加を呼びかけた。また日本の警察は、核兵器開発のために使用される機械部品を不法に輸出した疑いで北朝鮮系の商社を取り調べるとともに、新潟港に入った北朝鮮の貨客船「万景峰《マンギョンボン》９２」を検査した。

三者会談ののち、各国は、より広範な多国間協議を開催する可能性を模索し始めた[22]。その結果、北朝鮮、米国、中国、韓国、日本、ロシアをメンバーとする第一回六者会談が八月に北京で開催された。この会談で北朝鮮は、相互主義的措置を四つの段階で同時にとることを提案した。それによると、第一段階で米国が重油提供を再開するとともに人道的食糧支援を大幅に拡大し、北朝鮮は核計画放棄の意思を宣言する。次に、第二段階で米国が北朝鮮と不可侵条約を結ぶとともに、軽水炉建設の遅れに起因する電力の損失を補償した時点で、北朝鮮は核施設の運転と核物質の製造を凍結し、これに対する監視と査察を受け入れる。そして、第三段階では日朝国交樹立と同時に北朝鮮がミサイル問題を解決（発射実験を凍結し、輸出を中止）する。最後に、第四段階では軽水炉が完工した時点で北朝鮮が核施設を解体する、ということであった。[23]

会談終了後、中国の団長はホスト国総括を発表し、その中で、「北朝鮮のもつ、自国の安全についての合理的な懸念が考慮・解決されなければならない」と指摘するとともに、核問題は、「段階的に、かつ同時的あるいは並行的に」解決されなければならないと述べた。[24]

しかし、交渉の進展が不十分であるとの立場をとる北朝鮮は、緊張を高める動きに出た。一〇月二日、北朝鮮外務省は、自国の核開発の目的を発電から核抑止力の強化に変更したと発表した。[25] そして、北朝鮮は同月末、三度にわたって日本海で対艦ミサイルの実験を行った。これに対し一一月、KEDOは軽水炉プロジェクトの一年間停止を決定した。[26]

一方、この時期には前向きな動きもあった。一〇月、ブッシュ大統領は、六者会談の枠組みの中で米国が北朝鮮に書面で安全の保証を提供することを考慮すると述べた。[27] これに対し一二月、北朝鮮外務省は不可侵条約の代わりに書面での安全の保証を受け入れる用意があると明らかにするとともに、初期段階の措置として北朝鮮が核活動を凍結する代わりに、米国が北朝鮮に対するテロ支援国家指定を解除し、政治・経済・軍事的制裁と封鎖を撤回し、重油や電力などのエネルギー支援を行うという取引を提案した。[28]

しかし、北朝鮮政策について米国政府は一枚岩ではなかった。北朝鮮が提案を発表した三日後、リチャード・チェイニー米副大統領は、「我々は邪悪なもの［北朝鮮］とは交渉しない。我々は、それを打ち破るだけだ」と述べたと伝えられた。[29]

それから約一カ月後の二〇〇四年一月、北朝鮮は、ロスアラモス国立研究所の上級研究員シーグフリード・ヘッカーを含む米国の核物理学者と朝鮮半島問題の専門家を寧辺に招き、核施設を見学させた。そして、その場で北朝鮮側はヘッカーに「プルトニウム」であるとするサンプルを手渡し、彼はそれを金属プルトニウムであると判断した。[30]北朝鮮は、より明確な形で自国の核能力を米国側に示すようになったのである。

同年二月に開かれた第二回六者会談では、分科会の設置が合意されたものの、北朝鮮は米国が提示した「すべての核計画の完全、検証可能かつ不可逆的な廃棄（ＣＶＩＤ）」を六者会談の目的とすることは拒否した。[31]ケリーは、核問題が解決されれば、朝鮮停戦協定を「恒久的な平和メカニズム」に転換することができるかも知れないと示唆した。[32]

六月に開催された第三回六者会談では、米国が「ＣＶＩＤ」という用語を使用するのを止め、原則としてのＣＶＩＤは維持しつつも、表現としては「包括的廃棄」という言葉を使用し始めた。また、北朝鮮に対して積極的な関与を行うべきであるとの日本からの圧力もあり、米国は初めて北朝鮮に対する具体的な提案を行った。それは、北朝鮮が核計画を廃棄する過程で、他の各国が北朝鮮に重油および暫定的な多国間の安全の保証を提供するための措置をとるというものであった。[33]北朝鮮は、米国が段階的解決案を提示したことについては「留意する価値がある」と評価したが、北朝鮮が核開発を放棄した場合にのみ見返りについて議論する用意があるとしている点には不満を示した。[34]一方、北朝鮮は、自国が核兵器関連施設の運転を凍結するとともに核兵器の生産・移転・実験を控える代わりに、米国は重油と電力の供給による二〇〇〇メガワット分のエネルギー支援を行うとともに、北朝鮮に対するテロ支援国家指定と制裁および封鎖を解除することを求めた。[35]そして、最終的に議長報告では、「言葉対言葉」と「行動対行動」という段階的かつ相互主義に基づくプロセスの必要性が強調された。[36]

会談と前後して、北朝鮮の武力示威行為も続いた。北朝鮮は六月の六者会談開始の数日前に日本海でミサイルを発射した。また、九月にはノドン・ミサイルが発射準備の兆候をみせた。そして、一一月一日には、北朝鮮の警備艇数隻が三度にわたって黄海上のＮＬＬを越え、南側に進入した。韓国の警備艇はこれに対して威嚇射撃を行ったが、直接的な衝突には発展しなかった。[37]

逆に、米国も北朝鮮に圧力をかけるための行動をとった。一〇月、米国議会は北朝鮮人権法を制定し、ブッシュがこれに署名した。北朝鮮人権法は、民間組織が北朝鮮の人権問題に取り組むことや、北朝鮮国内への情報の流入を奨励するものであった。そして、一一月にはKEDOが、再度、軽水炉プロジェクトの中断を一年間延長する決定を行った(38)。

この時点で、北朝鮮が二〇〇四年の米大統領選の結果を待つ戦術をとったため、外交上の動きは停滞した。そして、一二月にブッシュの再選が決まると、北朝鮮外務省は第二期ブッシュ政権の北朝鮮政策を見極めるため、「もう少し時間をおいて…忍耐をもって見守る」との意向を明らかにした(39)。しかし、その一カ月後に国務長官に指名されたコンドリーザ・ライスは、北朝鮮を「暴政の前哨基地」の一つであると述べ、ブッシュは大統領就任演説で、米国の目的は「世界の暴政」に終止符を打つことであると宣言したのである(40)。

核実験の脅しと会談の再開

第二期ブッシュ政権の発足から三週間後の二〇〇五年二月一〇日、北朝鮮外務省は六者会談への無期限参加停止を宣言するとともに、「自衛のための核兵器」を製造し、北朝鮮は核兵器保有国になったと発表した。ただし、北朝鮮は同時に、対話を通じて問題を解決する用意があることも再確認した(41)。北朝鮮は、さらなる圧力をかけない限り、ブッシュ再選後も米国の政策は変わらないと判断したのであろう。

この時期には米国政府内で重要な人事異動があった。二月、クリストファー・ヒルが六者会談の米国代表に任命され、四月にはアジア太平洋問題担当の国務次官補に就任したのである。その後、ライスとヒルは北朝鮮との本格的な直接協議を検討し始めた。そして三月末、ライスは、米国は北朝鮮を「主権国家」と認識しており、同国に対して武力行使を行うことはないと述べた(42)。

四月に入ると、北朝鮮は再び緊張を高めるための行動をとり始めた。まず、北朝鮮の当局者が米国の専門家に、原子炉から使用済み燃料を取り出す計画があると語った(43)。そして、金永春《キムヨンチュン》朝鮮人民軍総参謀長が、米国が北朝鮮に対して「敵視政策」をとればとるほど、「先軍の旗を高く掲げ…自衛的な核抑止力を強化するであろう」と警告した(44)。また北朝鮮外務省は、六者会談再開のためには米国が「暴政の前哨基地」発言を撤回しなければならないと述べるとともに、国連安全保障理事会が北朝鮮に制裁を課した場合、これを「宣戦布告」とみなすと警告した。[45] これに対し、ブッシュは金正日を「暴君」と呼ぶことで応えた。[46]

北朝鮮は、四月二九日に短距離弾道ミサイルKN－02を発射したが失敗し、五月一日に改めて同ミサイルを発射した。[47] また五月五日には、前年一〇月から北朝鮮北東部の吉州《キルチュ》付近で核実験の準備が進んでおり、過去数週間にその動きが活発化したとの米側の分析が報じられた。[48] そして五月一一日、北朝鮮外務省は五メガワット原子炉から八〇〇〇本の使用済み燃料棒を取り出し終え、これから五〇メガワットと二〇〇メガワットの原子炉の建設を再開すると宣言した。[49] これに対し五月末、米国は韓国に一五機のF－117ステルス攻撃機を配備した。[50]

その一方で、北朝鮮は対話の用意があることを再確認した。五月八日、北朝鮮外務省は、米国が六者会談の枠組の中で米朝二国間協議を開催する意思があるのかどうかを確認したいと表明したのである。[51]

二〇〇五年の春から夏にかけて、米国では対北朝鮮政策の見直しが進み、米国政府は外交交渉と「防衛措置」と称される強制手段を組み合わせた硬軟両用の政策を採用することになった。[52] これに従い、ライスとヒルは北朝鮮と本格的な直接協議を始めるための措置をとった。[53] 五月九日、ライスは北朝鮮を「主権国家」と認識しているとの立場を改めて表明し、[54] 五月と六月には、ジョセフ・デトラニ六者会談担当大使が国連で北朝鮮代表と面会した。六月一七日、金正日は、米国が自国を「認めて尊重する」ならば七月にも六者会談に戻る用意があると表明した。金正日はまた、米朝関係が正常化されれば、すべての中・長距離弾道ミサイルを廃棄するであろうと示唆したと伝えられた。[55] 一方、六月末には、北朝鮮が五〇メガワットおよび二〇〇メガワット原子炉の建設を再開したと報じられた。[56] そして、金桂寛は七月のヒルとの会談で、六者会談に戻ることに同意したのである。[57]

寧辺、共同声明、「防衛措置」

二〇〇五年七月二六日、第四回六者会談の第一セッションが北京で開催された。この会合では米国が行き詰まりを打開する目的で高濃縮ウラン計画についての態度を緩和させたため、北朝鮮に軽水炉を供与すべきかどうかが争点となった。[58]

同年八月、再び訪朝した核専門家のヘッカーに対し、北朝鮮の核開発担当者は次のようなメッセージを伝えた。

・二〇〇三年二月から二〇〇五年三月まで五メガワット原子炉をフルパワーで稼働させた。
・プルトニウムを分離するため、四月に燃料棒を取り出した。
・この原子炉には、一九九四年以前に生産された燃料の最後の残存分を再装塡し、六月中旬に稼働を再開させた。
・取り出した八〇〇〇本の使用済み燃料棒から再処理によってプルトニウムを分離する作業は六月末に始まり、八月末までにほぼ完了した。
・核燃料棒製造施設は、追加的に燃料を製造するために改修中である。[59]

北朝鮮は六者会談の開催を前にして、米国にさらなる圧力をかけようとしたのである。

九月には中断していた第四回六者会談が再開され、北朝鮮は再び軽水炉の提供を要求したが、米国はこれを拒否した。こうした中、米国は政府部内の意見対立を解消するために独自の妥協案を考案したが、それは、共同声明では軽水炉供給に言及するものの、声明発表後、その内容に留保条件をつけるというものであった。その結果、九月一九日に六者会談で採択された共同声明の内容は次のようなものとなった。

・北朝鮮は、すべての核兵器および既存の核計画を放棄すること、そしてＮＰＴおよびＩＡＥＡ保障措置に早期に復帰することを約束した。
・米国は北朝鮮に対して核兵器または通常兵器による攻撃または侵略を行う意図を有しないことを確認した。
・米国と北朝鮮は、それぞれの政策に従って国交を正常化するための措置をとることを約束した。
・北朝鮮と日本は、平壌宣言に従って国交を正常化するための措置をとることを約束した。

・北朝鮮は原子力の平和的利用の権利を有する旨発言した。他の参加者は、この発言を尊重する旨述べるとともに、適当な時期に、北朝鮮への軽水炉提供問題について議論を行うことに合意した。
・六者は、エネルギー、貿易および投資の分野における経済面の協力を、二国間または多数国間で推進することを約束した。
・直接の当事者は、適当な話し合いの場で、朝鮮半島における恒久的な平和体制について協議する。(60)

この共同声明は、すべての参加国の要求を満たす形で長期的目標を明らかにしたという点で意義深いものであった。しかし、その解釈については関係国の間に重大な見解の違いが残った。

共同声明が採用された直後、ヒルは軍備管理・国際安全保障担当のロバート・ジョセフ国務次官が中心となって作成した声明を発表した。(61)その声明は、北朝鮮への軽水炉供給が可能になる「適当な時期」とは、北朝鮮がすべての核兵器とすべての核開発計画を廃棄し、NPTとIAEAの保障措置協定を完全に遵守するようになった時を意味する、との米国政府の立場を明らかにするものであった。同声明はまた、米国は二〇〇五年末までにKEDOの活動を終了する決定を支持するとしていた。(62)

これに対し北朝鮮は極めて迅速に反応した。声明発表の翌日、北朝鮮外務省は、「信頼醸成の物理的担保」である軽水炉提供なしには、「我々がすでに保有している核抑止力」を放棄することは万が一にもありえないと警告したのである。(63)

さらに、六者会談が開催中であった九月一五日、米財務省は資金洗浄の疑惑を理由に、マカオの銀行であるバンコ・デルタ・アジア(BDA)の北朝鮮口座を凍結することを発表した。(64)これは、米国政府の硬軟両用政策における強制にあたる「防衛措置」の一部として実施されたものであったが、PSIや経済・金融関連の行動を含む「防衛措置」は、北朝鮮によるWMD拡散やその他の違法行為を抑止・攪乱・阻止することを目的としていた。(65)九月一五日にBDAにおける北朝鮮資産の凍結措置が発表されると、世界中の銀行が北朝鮮との取引を中断し始めた。一〇月に入ると、米国政府は北朝鮮が高品質の偽一〇〇ドル札である「スーパーノート」を製造したとして、初めて公にこれを非難した[66]。米財務省はまた、WMDに関連する活動を行ったかどで北朝鮮企業八社の米国内資産を凍結すると発表した。米国は北朝鮮に対する交渉力を強化するため、より攻勢的措置をとり始めたのである[67]。

二〇〇五年一一月に開かれた第五回六者会談の第一セッションで、北朝鮮は共同声明の段階的実施を要求するとともに、金融制裁が解除されない限り核問題についての協議に応じないとの立場をとった[68]。こうして、六者会談は意味ある成果を生み出さないまま閉幕した。また同月、米国際開発庁（USAID）は、北朝鮮への食糧援助を中止すると発表し、KEDOは軽水炉プロジェクトの打ち切りを協議し始めた。さらに米国は、北朝鮮政府による深刻な人権抑圧を非難する決議を国連総会で共同提案し、同決議案は一二月に採択された[69]。

北朝鮮が金融制裁に抗議しつつも米国との直接協議を求め続けたのに対し、ヒルは金融制裁の内容についての説明会を開く用意があると北朝鮮側に伝えた。しかし、説明会が予定通りに開かれなかったため、一二月に北朝鮮外務省は米国を非難し、六者会談の再開は米国の姿勢如何にかかっているとの立場を表明した[70]。その後、二〇〇六年一月までに、KEDOは軽水炉プロジェクトの現場からすべての労働者を撤収させた。ブッシュは、北朝鮮が米ドルの偽造をやめない限り金融制裁を解除しないと述べた。

すると二月には、北朝鮮外務省が米国を非難しながらも、「金融分野におけるすべての不法行為に反対する」と表明し、「今後も国際的な資金洗浄防止のための活動に積極的に参加する」と宣言した[71]。三月にニューヨークで開催された米朝会談においても、北朝鮮は金融制裁の解除が六者会談への復帰の前提条件であると繰り返した[72]。そして、その翌日、北朝鮮は日本海で二発の対艦ミサイルを発射した[73]。三月三〇日、米財務省は、北朝鮮との取引を理由に、スイスの会社と個人をWMD拡散支援者リストに載せた[74]。

一連の「防衛措置」の実施に対し、北朝鮮は一層の抵抗姿勢をみせた。五月には、北朝鮮でミサイル実験を準備する兆候が確認された[75]。その後まもなく、KEDOが軽水炉プロジェクトの取りやめを決定すると、北朝鮮外務省は六月一日、米国が「圧迫を一層高めていくのであれば、我々は自己の生存権と自主権を守るため、やむをえず超

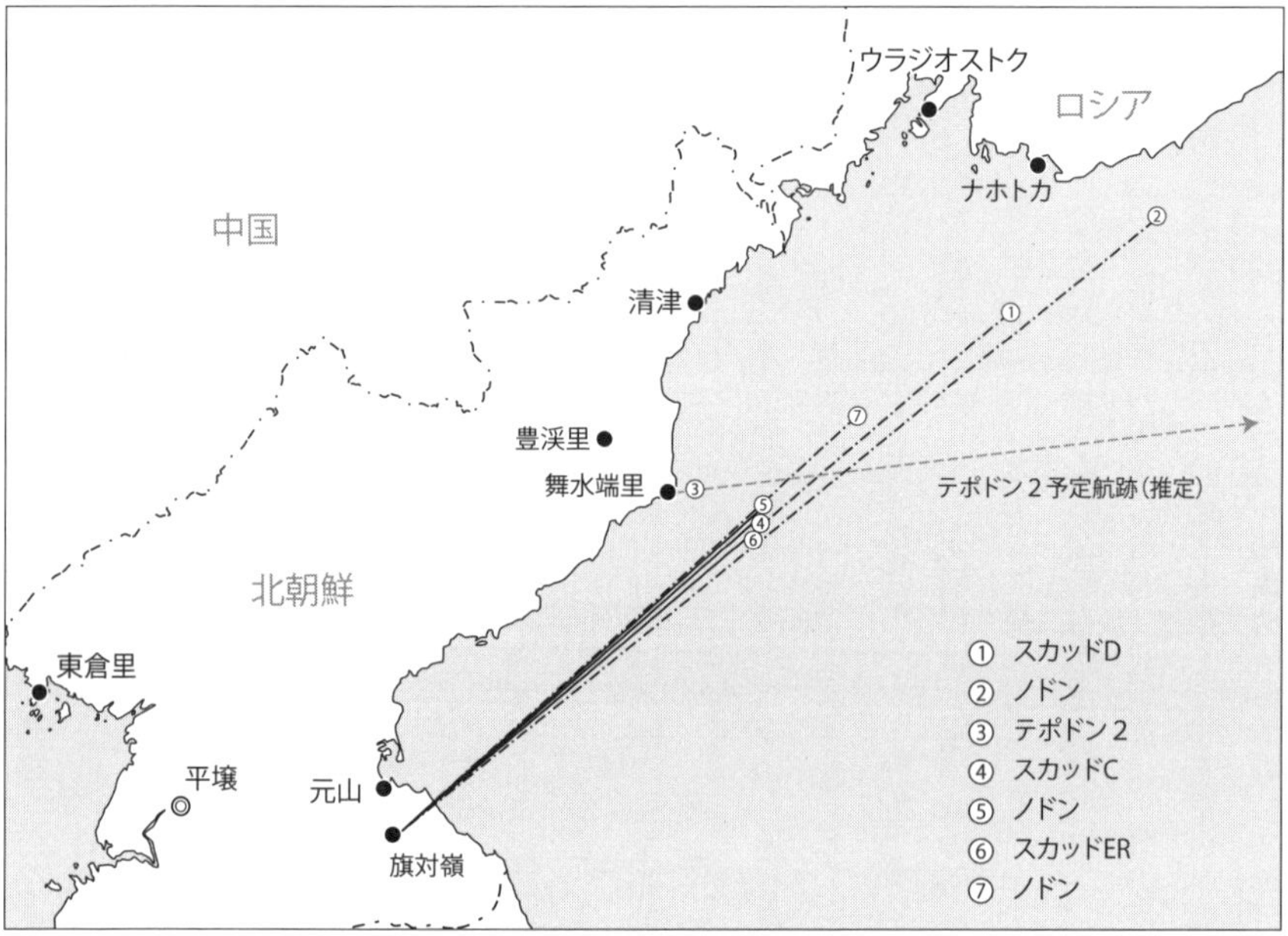

図９－１　北朝鮮のミサイル飛翔航跡図（2006年）

出所：次の資料を参考に筆者と横山早春が作成。「独占！北ミサイル着弾『全データ』」『読売ウイークリー』2006年８月６日号，23頁。

強硬措置をとらざるを得なくなる」と警告しつつ、同時に、ヒルに対して平壌訪問を呼びかけた(76)。米国政府は、この北朝鮮提案を拒否した。

独立記念日のミサイル発射

米国の独立記念日である七月四日の午後（北朝鮮の現地時間では五日深夜）、国際社会からの強い警告を無視し、北朝鮮はスカッド、ノドン、テポドン2の各ミサイルを相次いで発射した。ミサイルは〇三三三時、〇四〇四時、〇五〇一時、〇七一二時、〇七三一時、〇七三二時、一七二〇時に一発ずつ発射された。一、四、六発目のミサイルは、それぞれスカッドD、スカッドC、スカッドERミサイル、二、五、七発目はノドン、三発目はテポドン2であったと推定された(77)。スカッドとノドンはロシア極東と北海道の中間方面の公海上に成功裏に着弾したが、テポドン2は発射から数十秒後に空中分解し、発射は失敗に終わった(78)。

七月六日、北朝鮮外務省はミサイル発射について、(1)自衛的な国防力強化のための通常の軍事訓練の一環であり、(2)今後も自衛的抑止力の強化の一環としてミサイル発射実験を続ける、(3)これに対して圧力をかけようとすれば、やむを得ず、異なる形態の、より強硬な物理的行動措置をとらざるを得なくなるであろう、との声明を出した[79]。七月一五日、国連安全保障理事会は満場一致で決議第一六九五号を採択し、すべての加盟国に対して、北朝鮮からのミサイルとミサイル関連品目、資材、物品、技術の調達ならびに、北朝鮮のミサイルやWMD計画に関連する資金の移転を阻止するよう求めた[80]。この決議は武力行使を容認するものではなかったとはいえ、中国がこれを支持したのは画期的なことであった。翌日、北朝鮮外務省は、米国が「朝鮮と米国の間の問題を朝鮮と国連の間の問題に」すりかえようといるのに対し、「すべての手段と方法を用いて、自衛的戦争抑止力をあらゆる面で強化していく」と宣言した[81]。北朝鮮外交のターゲットはあくまで米国であった。七月二六日、米国務省は中国銀行がマカオ支店の北朝鮮資産を凍結したことを確認した[82]。

核実験

八月中旬、ある米政府当局者は、北朝鮮が核実験の準備をしている可能性があると指摘した。核実験場とみられる場所で、疑わしい車両の動きや、地下実験をモニターするために使用されるワイヤーの束が確認された[83]。九月二一日、ヒルは、北朝鮮が六者会談に復帰すれば、金融制裁を議論するための二国間の専門会合を開催する用意があると明らかにした[84]。

しかし、一〇月三日、北朝鮮外務省は声明で、(1)これから、安全性が徹底的に担保された核実験を行う、(2)朝鮮民主主義人民共和国は絶対に核兵器を先に使用することはなく、核兵器による威嚇や核の移転は決して行わない、(3)朝鮮半島の非核化を実現し、世界的な核軍縮と核兵器撤廃のためにあらゆる面で努力する、と述べた[85]。

一〇月九日一〇時三五分、北朝鮮は同国北東地域にある咸鏡北道《ハムギョンプクト》吉州郡豊渓里《プンゲリ》の付近で核実験を実施した。続く一一日、北朝鮮外務省は次のような声明を発表した。

確かに我々は米国のせいで核実験を行ったが、対話と協議を通じた朝鮮半島の非核化実現の意志には依然として変化はない。

・・・

我々の核実験は、核兵器と現存の核計画の放棄を公約した九・一九共同声明と矛盾せず、その履行のための積極的な措置となる。

・・・

もし、米国が我々を引き続き苦しめ、圧力を加えるのであれば、それを宣戦布告とみなし、相次いで物理的な対応措置を講じていくことになるであろう(86)。

一〇月一四日、国連安全保障理事会は満場一致で決議第一七一八号を採択し、北朝鮮による(1)主要な通常兵器システム、(2)核関連、弾道ミサイル関連またはその他の大量破壊兵器関連の計画に資するその他の品目、資材、機材、物品および技術、(3)奢侈品などの獲得を抑制するため、すべての国連加盟国に必要な措置をとるよう求めた(87)。この決議は、経済関係の中断や外交関係の断絶などの措置を可能とする国連憲章第四一条に言及していたが、武力行使を容認する第四二条には言及していなかった。

米国の政策転換

北朝鮮の核実験を目の当たりにした米国は、国連決議に従って行動するのではなく、北朝鮮との対話を進める方向に政策を大転換させた(88)。この結果、一〇月三一日、米朝両国は北京で二国間協議を開催し、席上、ヒルは六者会談とは別途、ＢＤＡ問題を解決する用意があると表明した(89)。これに対し、北朝鮮外務省は一一月一日に六者会談に復帰すると発表した(90)。

一一月末、さらに米朝協議が北京で開催されたが、その場で米国は、とりあえず実施可能な措置を優先するという、「早期収穫」提案を金桂寛に提示した。この提案は、北朝鮮に寧辺の核活動を停止し、IAEAの査察官を復帰させ、核計画と施設のリストを提出するとともに、二〇〇八年までに核実験場を閉鎖するよう迫るものであった。そして、北朝鮮がこれらの要求に応えるのであれば、食糧とエネルギーの援助を実施し、米国はBDAに対する制裁を中止するための方法を議論するとともに、北朝鮮との関係を正常化し、朝鮮半島における平和体制を樹立するというのである。これに対し北朝鮮側は、なによりも先にBDA問題を解決すべきであると主張した(91)。

一二月一八日、一三カ月にわたる中断の後に第五回六者会談の第二セッションが開催された。ここで金桂寛は、BDA制裁が解除されなければ共同声明の実施は不可能であると述べた(92)。協議が続く中、米朝の当局者はBDA問題に関して、別途、実務者協議を開いた。六者会談終了後、金桂寛は制裁を解除しなかったとして米国を非難した。この頃、米国の情報機関は、北朝鮮の核実験場で新しい動きを確認した(93)。

これと時期を同じくして、米国で重要な政治的変化が起こった。一一月の中間選挙で民主党が勝利を収め、上下両院で多数を占めたことで、共和党は苦境に陥った。さらに、政権内でも重要な人事上の変動があった。対北朝鮮強硬派の代表格であるジョン・ボルトン国連大使、ラムズフェルド国防長官、ジョセフ国務次官が、二〇〇六年末から二〇〇七年初めにかけて相次いで辞任したのである。この結果、米国の対北朝鮮政策は関与の方向に大きくシフトすることになった。

二〇〇七年一月には米朝協議がベルリンで開催され、ヒルと金桂寛は、六〇日以内に北朝鮮が寧辺の核施設を閉鎖する代わりに重油の供給を受けるとの内容で合意した。この「ベルリン合意」の内容は、次回の六者会談で正式に合意されることとされた(94)。そして同月、米朝の当局者は金融制裁についての話し合いのための会合をもった。

共同声明の履行

二月一三日、第五回六者会談の第三セッションが、二〇〇五年の共同声明を実行するための二段階の行動計画を採択して閉幕した。行動計画の内容は次のようなものであった。まず、六〇日間の第一段階で、北朝鮮が再処理施設を含む寧辺の核施設の停止および封印を行うとともに、IAEAの要員を現地に復帰させる。これに対して他の参加国は、北朝鮮に五万トンの重油に相当する緊急エネルギー支援を行う。そして第二段階では、北朝鮮がすべての核計画についての完全な申告を行い、黒鉛減速炉および再処理施設を含むすべての既存の核施設を無能力化する。これに対して他の参加国は、当初の五万トン相当分を含む、重油一〇〇万トン相当の経済、エネルギー、人道支援を提供する。(95)

一方、米国は、BDAに対する制裁を終了するための協議を三〇日以内に開始することを北朝鮮側に約束した。(96)そして三月に入ると米財務省が、BDAで凍結されている二五〇〇万ドル程度の資金を北朝鮮が移動させることを容認し、事実上、金融制裁を解除した。(97)そして、六月一五日にマカオ当局が資金の移動が完了したと発表すると、その翌日、北朝鮮の原子力総局は、IAEAの事務レベル代表団を北朝鮮に招待した。(98)

さらに、七月には北朝鮮が寧辺の五メガワットおよび五〇メガワット原子炉、再処理施設、核燃料棒製造施設と、泰川の二〇〇メガワット原子炉における活動を停止した。(99)そして、韓国が重油提供を開始した二日後、北朝鮮は施設の活動停止を米国に報告したのである。(100)

その後、一〇月三日には、第六回六者会談の第二セッションでの協議に基づいて、「共同声明の実施のための第二段階の措置」に関する合意が発表された。ここで北朝鮮は、二〇〇七年末までに寧辺の五メガワット原子炉、再処理工場、核燃料棒製造施設の無能力化を完了させるとともに、年末までにすべての核計画の完全かつ正確な申告を行うことに同意した。一方、他の六者会談参加国は、北朝鮮に対する援助の提供を再確認した。また米国は、北朝鮮のテロ支援国家指定を解除し、同国への対敵通商法の適用を終了することを示唆したのである。(101)

合意された期限には間に合わなかったものの、三つの主要な核関連施設の無能力化作業は二〇〇八年二月までにほぼ完了し、五月初めには北朝鮮が一万八〇〇〇ページを超える寧辺での活動記録を提供した。さらに、六月末には北朝鮮が核計画についての申告書を中国政府に提出し、これを受けてブッシュは北朝鮮に対する対敵通商法の適用を終了するとともに、北朝鮮のテロ支援国家指定を解除する意思を議会に通知した。(102)その直後、寧辺では五メガワット原子炉の冷却塔が破壊され、七月には六者会談の枠組みの中に検証メカニズムを設置することが合意され、検証措置には施設への訪問、文書の検討、技術者との面談などが含まれることとなった。(103)

しかし、検証措置の具体化は容易ではなかった。韓国と日本が検証についての合意書が必要であると主張したため、(104)七月には米国が厳しい検証措置を求める「検証措置についてのディスカッションペーパー」を北朝鮮に提示した。そして、検証措置について書面による合意が得られない限り、北朝鮮のテロ支援国家指定解除を行わないとの立場をとったのである。(105)すると北朝鮮は八月、核施設の無能力化作業を即時中断するとともに、寧辺の核施設を早期に復旧することを検討すると発表した。(106)さらに九月には、再処理施設からIAEAの封印と監視機材を取り外させた。(107)そして、北朝鮮は射程の短いミサイルの発射実験やテポドン・ミサイルのエンジン燃焼実験を実施するとともに、再度、核実験の準備を開始したのである。(108)

こうした中、一〇月初めにヒルが検証措置についての協議のため訪朝し、以前のものより緩和された条件の検証合意書を提示した。これに対し、北朝鮮はIAEAの査察官に寧辺の核施設への立ち入りを禁じるとともに、同施設の再稼働のための準備を開始したと伝え、米側にさらなる圧力をかけた。(109)

最終的には同月一一日、米国は査察措置について北朝鮮との合意に至ったと発表した。そして、この合意は、(1)六者会談の全参加国がすべての申告された施設と、双方が同意する施設にアクセスすることができる、(2)サンプル採取と核鑑識活動を含む科学的手段を用いる、(3)検証措置はプルトニウム関連およびウラン濃縮関連活動の双方に適用される、というものであるとされた。(110)この合意に基づき、米国は同日中に北朝鮮のテロ支援国家指定を解除した。米朝間の合意の重要な部分は文書化されていない、口頭での約束であったが、ブッシュは日韓両国の反対を押し切って、テロ支援国家指定の解除に踏み切った。(111)「ブッシュの任期の最後の一〇〇日に北朝鮮が核実験を実施すること」に対する危惧が、この決定の重要な背景であったと報じられた。(112)

その後、一〇月一三日には北朝鮮がIAEAに寧辺の核施設への立ち入りを承認した。(113)しかし、一二月に開かれた第七回六者会談で米国、韓国、日本は、北朝鮮が検証措置についての合意書を受け入れなければエネルギーの供

給を中止するとの立場をとり、再び北朝鮮との関係は膠着状態に陥った。(114)

2　環境要因の分析

イラク、政府内の亀裂、中間選挙

皮肉なことに、第二次核外交の展開は、北朝鮮の行動そのものよりも、アフガニスタン戦争、イラク戦争、米政府内の亀裂、米国の中間選挙の結果などの外部要因に大きい影響を受けた。第一に、アフガニスタンおよびイラクでの戦争が米国にとっての重要課題となったことによって、北朝鮮問題の重要性は低下した。これについて、当時、国務副長官であったリチャード・アーミテージは、アフガニスタンとイラク政策が優先課題であったため、米国政府は北朝鮮問題に本格的に取り組むのに消極的であったと回想している。(115)その結果、米国は北朝鮮の核開発を「米朝間の問題でなく、北朝鮮と国際社会の間の問題」と位置づけ、これを多国間枠組みの中で取り扱おうとしたのである。(116)そして、その多国間枠組みを中国が主導することを期待した。(117)さらに、米国の指導者たちは、イラク政策を成功させることが、北朝鮮に対する最も効果的な圧力になるとも考えていた。(118)

第二に、ブッシュ政権は北朝鮮政策をめぐって内部分裂していた。チェイニー副大統領は北朝鮮への関与政策に反対し、これを妨害し続けた。政権内の強硬派は、北朝鮮のレジーム・チェンジ（体制転換）を目標としていた。逆に、穏健派は、関与と圧力を併用することによって、北朝鮮に核開発放棄という「戦略的決断」を迫ろうとした。その結果、チェイニー副大統領の立場が弱まり、強硬派の主要人物が辞任するまで、米国政府は一貫した北朝鮮政策を形成することができなかったのである。また、その背景にはブッシュ自身が明確な方針を打ち出せなかったことや、ライスの発言力不足もあったと考えられる。(119)

最後に、イラクの状態が悪化したこともあり、二〇〇六年一一月に開催された米国の中間選挙で共和党が大敗した。これ以上の失敗が許されなくなった状況の中、ブッシュ政権は北朝鮮問題で外交上の得点を稼ぐべく方向転換を行ったのである(120)。

韓国と中国の対北政策

北朝鮮の脆弱性は、逆説的に同国の強靱性の源泉としても作用した。北朝鮮の崩壊は、中国にとっては回避すべき事態であり、そのため、中国は北朝鮮を不安定化させるような強圧的な政策には強く反対し続けた。また当時、韓国は北朝鮮を宥めつつ漸進的な変化を誘導するため、積極的な関与政策を推進していた。その結果、南北朝鮮間の交易は、二〇〇二年の六億四二〇〇万ドルから二〇〇六年には一三億五〇〇〇万ドルにまで増加した。韓国政府の北朝鮮に対する公的支援は、二〇〇三年には九三七七万ドル、二〇〇四年には一億二三六二万ドル、二〇〇五年には一億三五八八万ドル、二〇〇六年には一億九三七七万ドルに上った。民間支援は変動が大きかったが、二〇〇二年には四五七七万ドル、二〇〇三年には六三八六万ドル、二〇〇四年には一億三二五〇万ドル、二〇〇五年には七六六六万ドル、二〇〇六年には八〇四八万ドルと、高い水準を維持した。また、南北間では鉄道や道路の連結、金剛山観光事業、開城工業団地の開発などの共同プロジェクトが進んでいた(121)。

韓国の政治上の大変動も北朝鮮に有利に働いた。二〇〇二年、大方の予想に反して保守派の候補が落選し、進歩派の盧武鉉《ノムヒョン》が大統領に選ばれたが、彼は北朝鮮に宥和的な関与政策を強力に推進した。二〇〇四年一一月、盧は、核兵器とミサイルは外部からの脅威を抑止するための安全保障手段であるという北朝鮮の主張には「一理ある面もある」とも語った(122)。ある米政府高官は、盧の政策方針によって、北朝鮮に対する軍事オプションを考えることが難しくなったと指摘した(123)。

さらに、韓国の指導者たちは軍事的緊張が経済に悪影響を与えることを懸念していた。事実、核危機の再燃を受けて、二〇〇三年二月には米国の格付け会社ムーディーズ・インベスターズ・サービスが韓国の長期格付をプラスからマイナスに変更していた(124)。韓国の指導者たちは、こうした評価の影響を強く意識しており、朝鮮半島における不安定性を最小化することに腐心していた。

高度成長を続ける経済力を背景に、中国も北朝鮮体制の維持に重要な役割を果たした。二〇〇〇年以降、中国は北朝鮮に毎年二億ドル程度の援助を提供し続けた。二〇〇五年と二〇〇六年の中朝首脳会談で、中国は北朝鮮に五〇〇〇万～一億ドル規模の援助を供与することを約束した。[125] さらに、二〇〇六年のミサイル発射や核実験にもかかわらず、中朝貿易は二〇〇〇年の五億ドルから、二〇〇五年には一三億ドル、二〇〇六年には一七億ドルと上昇した。二〇〇六年の中朝貿易額は、北朝鮮の貿易総額のおよそ四〇パーセントに達した。二〇〇〇年から二〇〇五年まで、二国間貿易は年平均三〇パーセントの成長を記録し、これは毎年、北朝鮮経済に約三・五パーセントの成長をもたらしたと推計された。[126] なお、二〇〇五年四月に、ヒルが北朝鮮に協議への復帰を促すための圧力として石油パイプラインを止めるよう中国に求めたとき、中国はこれを拒絶したが、[127] この点について、チャールズ・プリチャードは次の通り的確な分析を行っている。

中国が北朝鮮に対して相当の影響力をもっているというのは事実である。しかし、中国の国家安全保障にとって北朝鮮の核開発は副次的な問題に過ぎず、これを食い止めるために北朝鮮に対して過剰な影響力を行使することはないであろう。なぜなら、過剰な影響力行使が、中国にとって最も重要な国家安全保障上の優先事項である地域安全保障に否定的な影響を及ぼすことを懸念しているからである。[128]

最後に、北朝鮮経済は一九九〇～九八年に年平均四・三パーセントのマイナス成長を記録したものの、国際社会からの人道支援もあって、一九九九～二〇〇五年にはプラス成長に転じていた。[129] 二〇〇六年にはマイナス成長となったが、穀物生産高も二〇〇五年までの五年間には増え続けた。[130] このため、北朝鮮は比較的良好な地域および国内環境を背景に核外交を展開することができ、米国からの圧力をしのぐことも可能となった。

核能力

第二次核外交を可能にした最も重要な要因は、北朝鮮の核開発の進展であった。米朝枠組み合意は起爆装置の開発、核兵器の小型化、運搬手段の開発などを禁じていなかったため、北朝鮮は一九九四年以降もこうした能力の開発を継続することができた。二〇〇六年一〇月の核実験の爆発規模は一キロトン未満であり、北朝鮮が予告した四キロトンに大きく及ばなかった。つまり、実験の結果は期待通りとはいえないものであった(131)。しかし同時に、北朝鮮が核兵器の起爆に成功したことは極めて重要な成果であったといえる(132)。同年七月のテポドン2の発射が失敗に終わっていたことを考えれば、核実験を行うにあたって北朝鮮の核物理学者やエンジニアたちが神経質になっていたであろうことは想像に難くない。それにもかかわらず核実験を指示した金正日、それを実行した科学者、エンジニアらは、その成功に賭け、それなりに満足のいく結果を生みだしたのである。

当時の北朝鮮のプルトニウム保有量について、米国の情報機関は核実験前の時点で最大で五〇キログラム保有していた可能性があり、これによって少なくとも六個の核兵器を生産することができると見積もっていた(133)。また、米国のシンクタンクである科学・国際安全保障研究所によると、北朝鮮は一九九四年の核危機時に〇〜一〇キログラムの分離されたプルトニウム（〇〜二個の爆弾に必要な量）を保有していたが、二〇〇六年には三三〜五五キログラム（六〜一三個の爆弾に必要な量）を保有するようになっていた(134)。

これについて北朝鮮は二〇〇七年一二月に、それまでのプルトニウムの生産量は約三〇キログラムで、うち約一八キログラムを核開発に、約六キログラムを核実験に使用したと米国側に伝えた。その後、二〇〇八年六月には数値を訂正し、生成されたプルトニウムの総量は約三八・五キログラムで、分離されたプルトニウムは約三一キログラム、そのうち約二六キログラムを核兵器の製造に、約二キログラムを核実験にそれぞれ使用し、約二キログラムを廃棄したと申告した(135)。

さらに、核実験が行われた時点で燃料棒製造施設の改修は最終段階にさしかかっており、二〇〇七年には新たな燃料棒製造が開始されることになっていた。そして、作業が再開されれば約一年以内に全炉心分の新しい燃料棒が製造できると予測されていた[136]。

北朝鮮の核開発のもう一つの手段は、ウラン濃縮であった[137]。北朝鮮は一九九六年にパキスタンと秘密合意し、パキスタンがウラン濃縮技術を北朝鮮に提供することになった。そして、九〇年代末、北朝鮮は本格的なウラン濃縮計画に着手したのである[138]。パキスタンは、第一世代および第二世代の遠心分離機二〇台程度を、設計図や、濃縮ウラン製造インフラ建設に必要な購入品目リストと共に北朝鮮に提供した。そして二〇〇〇年、北朝鮮は数千台の遠心分離機を備えたウラン濃縮施設を建設することを決定した。二〇〇二年一一月、米中央情報局は、北朝鮮がフル稼働時で年二発以上の核兵器用濃縮ウランを生産できる工場を建設しており、早ければ二〇〇五年頃に完成するとの見通しを示した[139]。二〇〇三年四月には、ドイツ企業が購入した高強度アルミ管二二トンが北朝鮮に輸送される途中で阻止された。これらアルミ管の諸元は、ウレンコ社製の遠心分離機に用いられるものと合致していた。のちに、さらに二〇〇トンのアルミ管が北朝鮮に送られることになっていたことが判明した。

北朝鮮の核能力の強化は、二つの効果をもった。第一に、二〇〇六年の核実験は米国の政策を転換させる契機となった。この実験によって、それまでの米国の対北朝鮮政策が不調に終わったこと、そして、北朝鮮に積極的に関与しない限り、再度の核実験が行われる危険があることが明らかになった[140]。第二に、北朝鮮の核能力は抑止力としても作用した。これについてある米政府高官は、一九九四年に比べて北朝鮮の核開発が進歩していたことによって、同国に対する武力行使が困難になったと指摘した[141]。

ミサイル能力

第二次核外交が始まった時点で、北朝鮮の弾道ミサイル能力も大きく前進していた[142]。二〇〇三年までに、北朝鮮は日本のほぼ全域を攻撃できる、約一七五～二〇〇発のノドンを配備していた。ノドンは、北朝鮮が約三〇基保有していた移動式発射台によって運搬されるため、発射前に発見するのが困難であり、このため、先制攻撃も有効な対抗手段となり得ない[143]。さらに、北朝鮮は二〇〇六年までに長射程のテポドン2を開発した。二〇〇七年、米国政府は、テポドン2は二段式のもので一万キロ、三段式のものでは一万五〇〇〇キロの射程をもつとの見方を明らかにした。[144] 二〇〇六年七月の発射実験は失敗に終わったものの、少なくとも同ミサイルは飛翔実験を行うことのできる段階には達していたのである。[145]

北朝鮮はミサイルの運用能力も強化していた。一九九九年末、朝鮮人民軍はミサイル指導局を組織し、のちに、すべての弾道ミサイル部隊を同局に隷属させた。また、二〇〇一～〇二年の演習時からは弾道ミサイルの訓練を砲兵中隊レベルから大隊レベルに引き上げるとともに、その後、スカッドおよびノドンの部隊の年次演習を拡大し、多くの弾道ミサイル部隊を再配置した。[146]

二〇〇六年七月のミサイル実験は、北朝鮮が実戦的なミサイル運用能力を向上させていることを示すものであった。この実験では六発のスカッドとノドンが短時間に連続して発射され、そのうち三発は、それぞれの射程距離の違いにもかかわらず、目標となった海域の比較的狭い範囲内に着弾した。また、これらのミサイルは移動式発射台から発射されたうえ、一部は夜間に発射されたのである。[147] これについて、ある米政府高官は、北朝鮮のミサイル能力の向上が、同国に対する武力行使への抑止力として一定の役割を果たしたと述べた。[148] しかし、このミサイル実験によって、米国が対北政策を転換したわけではなかった。[149]

「先制攻撃」と抑止

第二次核危機における基本的な抑止構造は一九九四年のそれとほぼ同様であり、北朝鮮の抑止力はもっぱら通常戦力に依拠していた。二〇〇二年、米国は「先制攻撃」を国家安全保障戦略として公式に採用した。[150] しかし、米国の先制攻撃に対して北朝鮮が報復攻撃を行えば、多数の犠牲者と損害が発生することが予想されたため、米韓両国、特に韓国は北朝鮮に対する武力行使を回避しようとした。北朝鮮の保有する一七〇ミリ長距離砲の配備数は、一九九〇年代はじめの約二〇〇門から二〇〇一年には六〇〇門まで増加し、二四〇ミリ多連装ロケット砲は二〇〇一年までに四三〇門に達していた。[151] さらに、もし、これらの装備に化学兵器が装着されれば、被害が劇的に増加すると予想された。その結果、すべての政策オプションを検討するという米国政府の公式の立場とは異なり、米国防省の政策担当者たちは北朝鮮への武力行使には極めて消極的であった[152]。

3　軍事・外交行動の特徴

場所と時期

一九九〇年代と同様、北朝鮮の核開発は基本的には国内で進められたが、北朝鮮は海外から核関連装備を調達し、また、核兵器の国外売却をほのめかすなど、国際的な核取引ネットワークを活発に利用するようになっていた。

第二次核外交は二〇〇二年から二〇〇八年まで六年間にわたって展開された。第二次核外交の開始のタイミングは、必ずしも北朝鮮が選択したものではなかった。北朝鮮が新たな核外交に着手したのは、米国が秘密のウラン濃縮計画の存在に気づき、それを外交問題化したため、やむなくこれに対応したという面が強かった。

北朝鮮指導部は、一〇〇パーセント成功するという技術的保証がなかったにもかかわらず、核およびミサイル実験という外交的ギャンブルともいえる行動をとった。事実、核・ミサイル実験のいずれも、技術的には大成功といえるものではなかった。しかし、これらの実験が諸外国に与えた心理的インパクトは大きかった。北朝鮮は二〇〇三年にＮＰＴから脱退し、また二〇〇六年にはミサイル発射および核実験を敢行することによって、三度にわたって国際社会に衝撃を与えたのである。

軍事力の種類と使用形態

北朝鮮の戦略は、抑止と強要（compellence）という二つの要素によって構成されていた。北朝鮮は抑止によって政権の生き残りという最も基本的な目的を達成しつつ、強要によって米国に自国との関係正常化を迫るとともに、経済援助の獲得を企図した。北朝鮮は強要の効果を高めるため、ヘッカーのような米国の専門家を招待し、核能力を誇示したりもした。しかし、北朝鮮はこのような黙示的な手段が期待通りの成果を生みだせないとみるや、より明示的な脅迫手段であるミサイル実験および核実験に踏み切ったのである。

なお、二〇〇三年に北朝鮮側がミサイル問題を六者会談の主要な課題として取り上げるよう提案したにもかかわらず、これが議題にならなかったことは極めて興味深いことであった。これは、ミサイル防衛計画を推進しようとするブッシュ政権にとって、北朝鮮のミサイル問題が外交的に解決されるのは必ずしも好ましいことではなかったため、米国政府がとりあわなかったためであったともいわれる[153]。

強度と目標選定

北朝鮮が実際に核実験を敢行したという点は、第一次核外交との特筆すべき違いであったが、第一次核外交と同様、第二次核外交においても北朝鮮は直接的に武力を行使することはせず、関係各国に人的・物的な損害は発生しなかった。これは、北朝鮮の目的が米国との関係改善や経済援助の獲得にあったことや、韓国が北朝鮮に融和的な関与政策をとっていたためであったと考えられる。

北朝鮮の瀬戸際外交のターゲットは明らかに米国であった。北朝鮮の動きは常に米国の動きに対応する形でとられていた。二〇〇六年のミサイル発射が米国の独立記念日に実施されたことは、これを象徴するものであった。

軍事と外交の連携

北朝鮮は第二次核外交における政策立案および実施のため、「六者会談常務組」と呼ばれるタスクフォースを組織していたとされる[154]。北朝鮮の軍事行動と外交行動は緊密に連携されており、多くの場合、軍事行動のあとには、それを実利に結びつけるための外交行動が続いた。

ただし、第二次核外交が始まった当初は、必ずしも北朝鮮の軍と外交当局の間の意思疎通が十分とられていたわけではなかったようである。二〇〇二年に米国の代表が高濃縮ウラン計画の存在を北朝鮮側に問いただしたとき、北朝鮮の外交当局者は同計画の存在を知らなかったのではないかとみられた。これについて姜錫柱は、「この計画はわが外務省も知らなかった」、「その計画に驚いている」、「それは軍が管理している」と語ったという。[155] なお、一九九〇年代と同様、核兵器製造計画は「一三一指導局」によって管理されていた。[156]

4 政策目的とその達成度

核実験を含む挑発的行動にもかかわらず、第二次核外交における北朝鮮の政策目的は過去のものと変わるところはなかった。北朝鮮は米国や日本との関係改善を通じた政権の生き残りを目指していたのである。北朝鮮は核外交の初期段階で繰り返しこの点を明らかにしたが、その具体的内容は二〇〇三年に北朝鮮が提示した「一括妥結方式と同時行動の手順」に示されている。この提案で、北朝鮮は米国に対して、(1)米朝不可侵条約を締結し、(2)北朝鮮と外交関係を樹立し、(3)日朝および南北経済協力の実現を担保し、(4)軽水炉提供の遅れによる電力の損失を補償したうえで軽水炉を完成させることを求めた。[157] すなわち、北朝鮮は米国に対し、安全の保証と新たな平和保障体系の樹立、関係正常化、エネルギー支援の提供、経済的利益の担保などを要求していたのである。

安全の保証と新たな平和保障体系

米国は二〇〇五年の六者会談の共同声明で、北朝鮮に対して「核兵器あるいは通常兵器による攻撃・侵略を行う意図を有しないこと」を確認した。これは、北朝鮮にとって極めて意義深い声明であった。北朝鮮の指導者たちは、米国が「先制攻撃」を公式の戦略として採用したうえに、北朝鮮を含むＷＭＤ保有国に対する使用を念頭に置いて、地中貫通核爆弾の開発を決定したことに強い懸念を抱いていた。[158] 例えば、二〇〇五年六月に北朝鮮のメディアは、「南朝鮮に核攻撃手段のステルス戦闘爆撃機が大量投入され、地下貫通ミサイルが配備され、『制度転覆［レジームチェンジ］』のための別動隊である『迅速機動団』創設準備事業が進んでいる」と報じた。[159] 米国はすでに一九九四年の枠組み合意で、北朝鮮に対して「核兵器を使用せず、核兵器で威嚇もしないという公式の保証」――いわゆる消極的安全保証――を与えていたのであるが、二〇〇五年の共同声明では、これに加えて通常戦力についての安全の保証までも提供した。

また、二〇〇六年に入ると、ブッシュ政権内で北朝鮮との平和協定締結を柱とする平和体制の構築が模索されるようになった。同年春、ライス国務長官とロバート・ゼーリック国務副長官はこうした構想をブッシュに提案し、四月にはブッシュが中国の胡錦濤《フージンタオ》国家主席に対し、北朝鮮と平和条約を締結する意思があることを伝達した。しかし、米国の考えを中国から伝えられた北朝鮮は、金融制裁の解除を要求するとともに、平和条約締結と核問題の解決との関係を明らかにすることを求め、議論は進展しなかった(160)。その後、二〇〇七年に共同声明についての行動計画が合意されると、その中に朝鮮半島の恒久的な平和体制について協議することが盛り込まれた。さらに同年、ヒルは平和条約についての協議を来年にも始めることができると述べた(161)。

一九九三年以降、北朝鮮が幾度も停戦体制を平和体制に転換することを求めてきたことや、平和体制の樹立が金正日体制の生き残りや米朝の関係正常化に寄与するであろうことを考えれば、二〇〇五年以降にみられた一連の動きは北朝鮮にとって望ましいものであった。しかし、二〇〇六年の米国の提案は、十分に練り上げられた戦略というよりも、多分に思いつきによる場あたり的な試みであったのであり、結局、平和体制の構築に関する具体的な成果が生まれることはなかった。

米国との関係正常化

二〇〇八年六月、米国は北朝鮮に対する対敵通商法の適用を終了し、同年一〇月にはテロ支援国家の指定を解除した。ブッシュ政権は、これらの措置は象徴的なものであり、他の多くの制裁――二〇〇六年の核実験、拡散活動、人権侵害に関するものなど――は継続される点を強調したが、対敵通商法とテロ支援国家指定についての措置は、米朝関係の将来に重要な意味をもちうるものであった(162)。

これに対し北朝鮮は、米国の措置を歓迎しつつも、検証についての合意が完全に履行できるかどうかは、テロ支援国家指定解除が「実際的効力」をもつかどうか、そして関係各国が経済的な「補償」を行うかどうかにかかっていると釘を刺した(163)。いずれにせよ、対敵通商法の適用とテロ支援国家指定が米朝関係改善の重大な障害となってきたことを考えれば、二〇〇八年六月と一〇月にとられたこれらの措置は、両国の外交関係の改善に向けた重要な前進であった。

さらに、これらの米国の措置は、米朝の経済関係についても重要な潜在的意味をもっていた。例えば、対敵通商法の適用解除によって、北朝鮮から米国への輸入について許可をとる義務が軽減された(164)。また、テロ支援国家指定解除によって、兵器関連の輸出・販売の禁止、軍民両用品の輸出管理、経済支援の禁止、米国の国内法によって課せられていた金融その他の規制が基本的に解除されることになった。そして、最も重要な変化は、世界銀行やアジア開発銀行などの国際金融機関による対北朝鮮融資に、米国が承認を与えることが法的に可能になった点であった(165)。ただし、こうした重要な変化にもかかわらず、米朝関係が大きく進展することはなかった。

軽水炉と重油の獲得

二〇〇七年七月、韓国は行動計画の第一段階の措置である核施設凍結の見返りとして、北朝鮮に重油五万トンを提供した。そして、同年一〇月には六者会談の参加国が、第二段階の措置として、四五万トンの追加重油支援に加え、五〇万トンの重油に相当する物資と機材を北朝鮮に提供することで合意した(166)。さらに、二〇〇八年二月までに、北朝鮮に対する非重油援助として、炭鉱や火力・水力発電所を修復するための物資や機材を提供することが非公式に合意された(167)。

これらの合意に従い、二〇〇七年七月から、六者会談が中断された二〇〇九年三月までの間に、北朝鮮は重油五〇万トンと重油二四・五万トンに相当する非重油援助を受け取った。このうち、重油については米国とロシアが二〇万トンずつ、韓国と中国が五万トンずつ、非重油援助については中国が一五万トン相当、韓国が九・五万トン相当をそれぞれ提供した。なお、日本は拉致問題に進展がないことを理由に北朝鮮への援助提供を拒否した。こうして、北朝鮮は合意された重油五〇万トンの全量と、非重油援助については合意された五〇万トン相当の約半分である二四・五万トン分を獲得したのである[168]。

なお、韓国がＳＫエネルギーから調達した重油五万トンの価格は二二〇〇万ドルであった[169]。また、米国は二〇万トンの重油を提供するために一億四六〇〇万ドルを支出した[170]。これらを基に単純計算すると、北朝鮮に供与された七四・五万トンの重油にあたる支援の価額は四億三〇〇〇万ドル程度であったといえる。

第二次核外交によって北朝鮮が獲得した物質的利益は、第一次核外交におけるそれを大きく下回っていた。一九九四年の枠組み合意は、北朝鮮に年間五〇万トンの重油を約八年にわたって提供するとしていた。これは約四〇〇万トンの重油提供を意味するものであり、二〇〇七年の行動計画が提示した量は、その四分の一に過ぎなかった。ただし、石油価格の上昇によって、支援国側からみると、重油供給のために支出した金額は枠組み合意の下で提供した重油の価額（約四億ドル）とほぼ同様になるという皮肉な結果となった。

また、二〇〇五年の共同声明は軽水炉供給の可能性には言及していたが、枠組み合意と異なり、軽水炉供給を約束するものではなかった。この点でも、二〇〇七年の合意によって北朝鮮が獲得した利益は、枠組み合意に比べるとはるかに限定的なものであったといえる。

日本および韓国との経済協力

北朝鮮が再度、核外交を展開し始めたことによって日本との関係改善は困難になり、日朝経済協力の実現は遠のいた。二〇〇二年七月、北朝鮮は経済管理方式を改善するための一連の措置を施行し、同年九月には日本の小泉純一郎首相を平壌に招き、日朝首脳会談を開催した。首脳会談で日本側は、国交正常化が実現すれば、北朝鮮に大規模な経済支援を行う用意があると表明した。両首脳が合意した平壌宣言は、日本が北朝鮮に対して無償資金協力、低金利の長期借款供与および国際機関を通じた人道支援等の経済協力を実施し、また、民間経済活動を支援する見地から国際協力銀行等による融資、信用供与等を実施することを謳っており、その額は数十億ドルに達するものと考えられていた[171]。経済改革を本格的に推進しようとするのであれば、膨大な資金を海外から導入しなければならない。その意味で、北朝鮮は、経済管理方式の改善措置と日朝首脳会談を一つの流れの中に位置づけていたものと考えられる。

しかし、ウラン濃縮計画の発覚による核問題の再燃とともに、北朝鮮による日本人の拉致が事実であり、また拉致被害者の多くが死亡しているとの情報がもたらされたことによって、日朝の国交正常化プロセスは行き詰まった。さらに、二〇〇六年一〇月の核実験の直後に日本政府が単独で北朝鮮に制裁を課したことによって、両国の関係改善は一層困難になっていった[172]。その結果、日本は平壌宣言に謳われている経済援助はもとより、二〇〇七年に六者会談で合意された比較的小規模なエネルギー支援の提供をも拒否することとなったのである。

これに対し、南北朝鮮間の経済協力は、核危機の発生により減速したものの継続された。二〇〇三～〇六年の間、韓国政府は北朝鮮に年平均一億三六七六万ドルの公的支援を行い、また、共同開発プロジェクトを進めた。ただし、こうした韓国による対北支援は北朝鮮の核外交によってもたらされたものではなく、韓国の積極的な関与政策の結果であった。事実、第二次核外交によって南北の経済協力はかなり減速したのであり、核問題が再燃しなかったとしたら、南北経済協力は、はるかに急速な進展をみせていたと考えられる[173]。

国威発揚

北朝鮮指導部は、核実験の成果を国内宣伝のために活発に利用した。核実験後、核実験を祝賀するスローガンが全国に登場した。そして核実験の数週間後には、「歴史的な核実験の成功」を歓迎する平壌市の軍民大会が金日成広場で開催され、党、軍、国家の幹部を含む一〇万人が参加したと報じられた[174]。また、二〇〇七年一月一日に発表された新年共同社説は、「我が軍隊と人民は先軍の旗を掲げ、反米対決戦と社会主義守護戦で百戦百勝をとどろかせ、国の最高利益と民族の運命を強固に守護するための強力な自衛的国防力を確保した」と指摘し、「我々が核抑止力をもつようになったことは、何人にも干渉を許さない不敗の国力を渇望してきた我々人民の世紀的宿願を実現する民族史的慶事であった」と述べたのである。[175]

5　瀬戸際外交のマイナス効果

二〇〇六年の核実験によって北朝鮮が実際に核兵器を保有していることが確実になり、それまで存在していた同国の核保有についての曖昧性が失われた。実験前には、米国が北朝鮮の核保有を疑わなかったのに対し、中国はそうした見方に疑念を表明していた。また、北朝鮮自身も、自国の核保有についての曖昧性をしばしば外交的に利用してきていたのである。

しかし実験後、この曖昧性が失われ、北朝鮮の瀬戸際外交の柔軟性は低下した。北朝鮮の核保有が一〇〇パーセント確実でなければ、関係各国も核保有を疑いつつも、「北朝鮮が核兵器を保有しているとは限らない」との前提で交渉を進め、また政治的な妥協を受け入れる余地がある。しかし、核保有が明確になったことで、各国が北朝鮮と関係を改善したり、北朝鮮に経済支援を与えたりするにあたっての国内政治的な敷居ははるかに高くなってしまったのである。

料金受取人払郵便

山科局承認

99

差出有効期間
平成26年11月
20日まで

郵便はがき

607-8790

（受　　取　　人）
京都市山科区
日ノ岡堤谷町1番地

ミネルヴァ書房
読者アンケート係 行

◆ 以下のアンケートにお答え下さい。

お求めの
書店名＿＿＿＿＿＿市区町村＿＿＿＿＿＿書店

＊ この本をどのようにしてお知りになりましたか？ 以下の中から選び、3つで○をお付け下さい。

A.広告（　　　）を見て　B.店頭で見て　C.知人・友人の薦め
D.著者ファン　E.図書館で借りて　F.教科書として
G.ミネルヴァ書房図書目録　H.ミネルヴァ通信
I.書評（　　　）をみて　J.講演会など　K.テレビ・ラジオ
L.出版ダイジェスト　M.これから出る本　N.他の本を読んで
O.DM　P.ホームページ（　　　）をみて
Q.書店の案内で　R.その他（　　　）

書 名 お買上の本のタイトルをご記入下さい。

◆ 上記の本に関するご感想、またはご意見・ご希望などお書き下さい。
「ミネルヴァ通信」での採用分には図書券を贈呈いたします。

◆ よく読む分野(ご専門)について、3つまで○をお付け下さい。

1. 哲学・思想　2. 宗教　3. 歴史・地理　4. 政治・法律
5. 経済　6. 経営　7. 教育　8. 心理　9. 社会福祉
10. 高齢者問題　11. 女性・生活科学　12. 社会学　13. 文学・評論
14. 医学・家庭医学　15. 自然科学　16. その他（　　　　　　）

〒

ご住所　Tel　（　　　）

年齢　性別

お名前《ふりがな》　歳　男・女

ご職業・学校名
（所属・専門）

Eメール

ミネルヴァ書房ホームページ　http://www.minervashobo.co.jp/

終章　瀬戸際外交の有用性と限界

1　瀬戸際外交の目的と軍事行動

政策目的の変遷

北朝鮮の瀬戸際外交は、時代とともに攻勢的なものから防勢的なものに大きく変化してきた。六〇年代から七〇年代にかけて、北朝鮮は朝鮮半島や国際情勢の現状に変更を加えようとする大胆かつ攻勢的な行動をとっていたが、八〇年代を境に徐々に防勢的な行動が目立つようになり、九〇年代以降は、もっぱら自国の体制維持を目的とする、防勢的な瀬戸際外交を展開するようになった。

六〇年代における北朝鮮の政策目的は攻勢的かつ野心的なものであった。プエブロ号事件やEC－121撃墜事件は、米国の諜報活動を阻止するとともに、ベトナム戦争に対する米韓両国の関与を制約することを目的としていた。そして、青瓦台襲撃事件は韓国の大統領を殺害し、韓国政府を転覆させようとするものであった。

七〇年代における北朝鮮の政策目的は六〇年代ほど野心的なものではなかったが、それでも攻勢的なものであった。北朝鮮は西海事件で、米韓両国に領海範囲の変更を求めるとともに、米国に平和協定の締結を迫った。またポプラ事件では、国連をはじめとする国際社会における自国への支持を拡大させ、これを背景に国連軍司令部の解体や在韓米軍の撤退を促そうとしたのである。

しかし、八〇年代に入ると北朝鮮の政策目的に変化がみえ始めた。この時期、北朝鮮はラングーン事件で韓国大統領の暗殺を企図し、ソウル・オリンピックの開催を阻止するために大韓航空機爆破事件を引き起こすなど、一連の極めて攻撃的な行動をとったが、実際は、これらの行動は北朝鮮の懸念と焦りを反映したものであった。当時、韓国は高度成長を遂げつつあり、北朝鮮は経済面で韓国に落後しつつあった。全斗煥のビルマ訪問は韓国が東南アジアにも影響力を伸ばしつつあることの象徴であったし、ソウル・オリンピックが成功すれば、国際社会における韓国の地位が格段に向上することは確実であった。

北朝鮮は韓国との正統性競争で土俵内に踏みとどまるためにも、こうした流れに歯止めをかけなければならなかったのである。つまり、ラングーン事件や大韓航空機爆破事件は、韓国との競争で不利になりつつある状況を打破し、巻き返しを図るために北朝鮮がとった苦肉の策であったといえる。しかし、いずれの試みも北朝鮮の立場をさらに悪化させることとなり、北朝鮮はついに韓国に対して守勢に立たされるようになったのである。

そして、九〇年代に入ってからは北朝鮮の政策目的は一層、防勢的なものとなり、体制維持や経済支援の獲得などが瀬戸際外交の目標となった。北朝鮮は数次にわたって派手な瀬戸際外交を展開したが、その目標は「体制の生き残り」という極めて限定的なものであった。

なお、北朝鮮の政策目的は、当初は極めて敵対的なものであったが、七〇年代を境に徐々に協力的な要素もみられるようになった。例えば一九七四年、北朝鮮は米国に平和協定の締結を求めるなど、両国の関係改善を模索し始めた。こうした傾向は九〇年代に入るとさらに強くなり、北朝鮮は、より明確な形で米国や日本との関係正常化を要求するようになったのである。ただし、七〇年代と九〇年代では異なる点もあった。七〇年代に北朝鮮は米国との関係改善を通じた現状変更、つまり在韓米軍の撤退などを追求していたのに対し、九〇年代には米国との関係改善を通じた現状維持、つまり自国の体制生き残りを追求していたのである。

また、北朝鮮の瀬戸際外交の歴史を長い目でみると、時とともに軍事・戦略上の目的の重要性が低下する一方、政治・経済上の目的の重要性が高まっていったことが分かる。六〇年代末のプエブロ号事件やEC−121撃墜事件の主要目的は軍事的なもの、つまり米国の諜報活動の妨害や北ベトナムへの支援であったのに対し、九〇年代以降の核・ミサイル外交の主要目的は政治・経済的なもの、つまり、米国との関係改善や経済支援の獲得にあった。

政策目的と軍事行動の関係性

北朝鮮の軍事行動は、同国の政策目的を達成する手段として用いられてきた。つまり、北朝鮮の指導者は合目的に軍事力を使用してきたのである。こうした事実は、北朝鮮の軍事行動、特に、その強度と目標選定パターンが政策目的の変化と軌を一にして変化してきたことから読み取ることができる。まず大きい流れとして、北朝鮮の軍事行動の強度と、それによる米韓側の死傷者数は時代とともに低下してきた。六〇年代、北朝鮮は極めて野心的な目的をもって、数多くの武力行使を行った。当時の武力行使は直接的かつ強度の高いものであり、これによって多数の韓国人や米国人が死傷した。しかし、七〇年代になると協力的な政策目的の登場とともに、北朝鮮の軍事行動による死傷者数は減少した。北朝鮮は軍事行動と外交活動を連携させつつ、限定的かつ間接的な形で軍事力を使用するようになったのである。八〇年代には、国内外における韓国の成功に焦った北朝鮮が相次ぐテロ攻撃を敢行したことによって民間人の死傷者数が一時的に増加した。しかし、九〇年代には、北朝鮮の政策目的が防勢的なものになるにつれて直接的な武力行使が影を潜めるようになり、強制を目的とする間接的な軍事行動が目立つようになった。その結果、派手な核外交やミサイル外交にもかかわらず、北朝鮮の軍事行動による死傷者数は減少し、特に米国や米国人に対する直接的武力行使は完全に姿を消したのである（巻末の資料編を参照）。

北朝鮮の軍事行動による年間死傷者数は、六〇年代における五〇七人をピークに七〇年代には九四人まで減少し、八〇年代には一時的に一四〇人以上となったが、九〇年代はゼロ、二〇〇〇〜〇八年には六人となった(1)。こうした変化には二つの原因があると考えられる。第一に、北朝鮮は核や長距離ミサイルなど、戦略的に重要な意味をもつ兵器を開発するようになったため、実際に軍事力を行使する必要が低下した。核や長距離ミサイルは、実際に使用しなくても強制力として十分な効果を発揮した。第二に、北朝鮮の政策目的が協力的な要素の強いものになったため、軍事力を実際に用いることが得策ではなくなった。特に、米国との関係改善を求めている北朝鮮としては、米国に人的・物的被害を与えることは外交的にも好ましからざることであった。米国人を殺傷すれば、米朝関係の進展が著しく阻害されることになるからである。

北朝鮮が政策目的に従って軍事行動をとっていたことは、その目標選定パターンの変化からも理解することができる。六〇年代、北朝鮮は攻撃目標の区別を行っておらず、米韓双方が北朝鮮の攻撃対象となった。韓国を主要目標とする青瓦台襲撃事件と、米国を主要目標とするプエブロ号事件は、ほぼ同時に発生した。しかし七〇年代に入ると、西海事件においてはもっぱら韓国に対する挑発を敢行する一方、ポプラ事件においては米軍将校を主たる攻撃目標とするなど、北朝鮮は目標を区別するようになっていった。そして八〇年代にはいると、より一層目標の区別が明確になった。一九八一年の米空軍SR－71戦略偵察機に対する攻撃を最後に、北朝鮮は一切、米国あるいは米国人を直接の攻撃対象としなくなったのである。そして、米国を攻撃の対象としないという方針は現在まで維持されている。米国は武力攻撃の目標ではなく外交攻勢の対象となったのである。また一九八三年のラングーン事件以降、現在まで北朝鮮は韓国指導部に対する攻撃を行っていないという事実も注目に値する。北朝鮮は、韓国政府の転覆という目標を事実上放棄したのである。

瀬戸際外交の有効性

北朝鮮の瀬戸際外交は、成功したこともあったが失敗したこともあり、瀬戸際外交が思わぬ逆効果を生み出したことさえあった。プエブロ号事件と第一次核外交は北朝鮮の瀬戸際外交の特筆すべき成功例であり、六〇年代の非武装地帯（DMZ）における攻勢、七〇年代の西海事件、九〇年代のミサイル外交、そして二〇〇二年以降の第二次核外交も、限定的ではあるが成功を収めた。しかし、九〇年代の停戦体制の無効化努力はこれといった成果を生み出さず、一九七六年のポプラ事件および一九八七年の大韓航空機爆破事件は、北朝鮮にとって極めて不利な結果をもたらすこととなった。

本研究によって、北朝鮮の指導者は軍事力を合理的に用いてきたことが明らかになったが、合理的な指導者が失敗を犯さないというわけでは決してない。例えば、ポプラ事件当時、国際環境は極めて北朝鮮に有利であり、北朝鮮は共同警備区域（JSA）における軍事的チャンスを外交的に利用しようとした。しかし、米軍将校二名を残忍な方法で殺害するという戦術的過ちによって、北朝鮮の試みは惨憺たる失敗に終わった。一九九九年の延坪海戦においては、北朝鮮の指導部が韓国の対応を過小評価した結果、北朝鮮側は軍事的大敗北を被り、多くの人命と艦艇が失われた。

北朝鮮が敢行した非正規戦の多くも失敗に終わった。四度にわたる韓国大統領暗殺の企てはすべて失敗し、ゲリラの大量投入もさしたる結果を生み出さなかった。そして、一九八七年の大韓航空機撃墜事件によって、国際社会における北朝鮮の地位は決定的に失墜した。

これらのことから、北朝鮮の指導者たちは合理的ではあったが、彼らの展開してきた瀬戸際外交が極めて効果的であったとはいえず、金日成《キムイルソン》や金正日《キムジョンイル》が「軍事の天才」であったともいえないことが分かる。北朝鮮の指導者たちは積極的に軍事力を用いてきたが、軍事力の使用について彼らが特別に高い能力を発揮したわけではない。

次に、核およびミサイル外交について、北朝鮮の瀬戸際外交の有効性を金銭的なバランスシートという観点から分析する。まず、核外交は北朝鮮にとってそれなりに好ましい結果を生み出した。一九九四年の枠組み合意に基づき、日米韓を中心とする各国は朝鮮半島エネルギー開発機構（ＫＥＤＯ）の事業のために総額で約二五億ドルを支出した。また六者会談での合意に基づき、二〇〇七年以降、各国は北朝鮮への援助のために四億三〇〇〇万ドル程度を支出した。つまり、単純計算すると、二度にわたる核外交によって北朝鮮は各国から合計二九億ドル程度の支援を引き出したことになる。

しかしながら、各国の支出額がそのまま北朝鮮にとっての利益につながったわけではない。例えば、ＫＥＤＯは約一六億ドルを軽水炉プロジェクトのために支出したが、結局、軽水炉は完成前に建設中止となってしまった。建設途中の軽水炉は北朝鮮にとって何らの実質的な利益ももたらさない。つまり、北朝鮮がＫＥＤＯ事業から実質的に得た利益は約四億ドル相当の重油のみであり、核外交から得た利益の総額は、これに二〇〇七年以降に受け取った重油等の支援額を追加して総額八億ドル程度ということになる。

一方、北朝鮮の核開発には一定の費用がかかっている。韓国国防部の試算によると、北朝鮮はプルトニウム型の核開発のために二億九〇〇〇万～七億六四〇〇万ドルを支出した。その内訳は、五メガワット原子炉の建設に五七〇〇万～一億七〇〇〇万ドル、再処理施設に二〇〇〇万～五九〇〇万ドル、核兵器一発分のプルトニウム生産に二四〇〇万～七三〇〇万ドル、核兵器の設計と生産に三三〇〇万～一億六〇〇万ドルであったという(2)。

これらの見積もりに基づいて北朝鮮の核外交の費用と利益を単純計算すると、低位の推定費用を用いると北朝鮮は最大で五億ドル程度の純利益を上げたことになるが、高位の推定費用を用いると、ほとんど純利益を得られていないことになる。

第二にミサイル外交のバランスシートについては、具体的な取引が成立しなかったため最終的な結論を導き出すことはできないが、北朝鮮にとってもそれなりに利益となる取引が議論されていた。例えば、九〇年代初頭の交渉で、イスラエルは北朝鮮の中東に対するミサイル輸出の中止に対して一〇億ドル程度の見返りを提示していた。また、米朝間では二〇〇〇年に金正日がオルブライトに対し、射程五〇〇キロを超えるミサイルの生産・実験・追加配備の中止と、すべてのミサイル輸出の中止と引き替えに、一〇億ドル分の食糧やエネルギーなどの非軍事援助を要求していた。こうしたことから、ミサイルについての合意ができていれば、北朝鮮に一〇億ドル程度の見返りが提供されていたとみることができる。

一方、ミサイル開発の費用であるが、韓国政府の見積もりによると、北朝鮮は二〇〇九年までの一〇年間でミサイル開発に約二六億ドルを投資した(3)。また、二〇〇九年四月の銀河2号の発射には二～五・五億ドルの費用が、同年七月の複数のミサイル発射には三四〇〇～四六〇〇万ドルの費用が、それぞれかかったと推定されている(4)。二〇〇六年七月に実施された七発のミサイル発射は二〇〇九年の二度にわたるミサイル発射を合計したものと同等の規模であったことから、この時の費用は二億三四〇〇万ドル～五億九六〇〇万ドル程度であったと推定できる。なお、一九九八年のテポドン1発射の費用については、北朝鮮自身が約三億ドル以上であったと報道している(5)。これらを総合すると、一九九八～二〇〇九年にかけて、北朝鮮はミサイルの開発および実験に三八億ドル程度の投資を行ったことになる。

なお、核についての合意が黒煙減速炉や再処理施設の廃棄を前提にしていたのに対し、ミサイルについての合意は必ずしもミサイルの廃棄を前提としていなかった。こうしたことから、ミサイルの開発および実験にそれなりの費用がかかっているとはいえ、合意が成立していた場合の北朝鮮にとってのメリットは小さくなかったと推定できる。また、米国政府は、北朝鮮がスカッドとその製造技術を輸出することで、二〇〇〇年までの一〇年間に一〇億ドル以上の対価を得たとみていた。[6]つまり、北朝鮮はミサイル外交を通じてミサイル輸出額の一〇年分に相当する見返りを得ようとしていたのである。

以上、核およびミサイル外交の金銭的バランスシートを検討してきたが、これらはあくまで表面的な費用と利益を比較したものである。より総合的にバランスシートを検討するためには、北朝鮮の瀬戸際外交を背後から支えている強大な軍事力の維持費用や、瀬戸際外交によって国際社会で孤立することによるコストなども算定する必要がある。このような総合的な推計は容易ではないが、そこまで考えると北朝鮮にとってのコストは膨大なものとなり、北朝鮮が瀬戸際外交によって「儲かっている」とはいえなくなるであろう。

2　軍事バランスと北朝鮮の行動パターン

促進要因としての軍事的優位

北朝鮮の軍事行動は軍事的優位によって促進され、また軍事バランスの変化によって制約を受けてきた。北朝鮮は新しい装備の導入などによって得られた軍事的チャンスを積極的に活用し、武力行使あるいは軍事的脅迫を行ってきた。例えば、六〇年代後半のＤＭＺにおける攻勢、プエブロ号事件、ＥＣ－１２１撃墜事件などは、六〇年代前半に採択された「党の軍事路線」に従った大規模な戦力増強を背景とするものであった。[7]七〇年代の西海事件における行動は、六〇年代後半にみられた高速ミサイル艇の導入などによる海軍力増強があったからこそ可能となった。そして、九〇年代における核・ミサイル外交は、八〇年代に本格化した核・ミサイル開発の成果であった。

その意味で、八〇年代に北朝鮮の軍事行動が停滞したという事実は示唆するところが大きい。朝鮮半島における軍事バランスが北朝鮮に不利になったことが、軍事行動の停滞につながったと考えられるからである。韓国は一九八六年までに第二次戦力増強計画を完了させ、米韓両国は、より攻勢的な要素を防衛計画に取り入れるようになった(8)。一九七六年以降は韓国の国防費が北朝鮮のそれを上回り、全般的な軍事バランスは米韓側に有利にシフトした(9)。北朝鮮は限られた資源を核やミサイル開発に優先的につぎ込むようになり、その結果、通常戦力の近代化は遅れた。

軍事的優位と「場」の選択

北朝鮮が軍事行動をとる「場」も、軍事バランスの変化に従って移り変わってきた。六〇年代にDMZ周辺と東海岸に集中していた北朝鮮の軍事行動は、DMZにおける米韓の防衛態勢が強化されると、七〇年代には北朝鮮が局地的な軍事バランスで優位に立つ黄海の西海五島周辺で活発化した。これに対して、韓国は西海五島の要塞化に着手するとともに、海軍力増強を進めた。こうして海上における軍事バランスが韓国に有利になると、今度は北朝鮮は軸足を黄海からJSAに移し、ポプラ事件を引き起こしたのである。そして九〇年代に入ると、北朝鮮は今や数少ない「聖域」となった自国領土内で核やミサイルを開発し、活発な瀬戸際外交を展開した。

つまり、北朝鮮は自国が軍事的に優位にある場所で、活発に軍事力を使用する傾向をみせてきたのである。逆にいえば、米韓両国の防衛努力によって、北朝鮮が軍事的に優位に立つ場が縮小するにつれて、その行動範囲も徐々に限定されてきたのである。その結果、九〇年代以降の北朝鮮の軍事行動は、自国領土内とともに黄海の西海五島周辺やJSAといった限定的な地域以外ではほとんどみられなくなっていった。

非正規作戦も同様のパターンを辿った。六〇年代には北朝鮮の工作員の多くがDMZを突破して韓国に侵入していた。しかしDMZの防衛が強化されると、北朝鮮はDMZの地下にトンネルを構築し始め、また地上に代わって海上からの侵入作戦を敢行するようになった。さらに韓国の海軍力増強によって海上における軍事バランスが韓国に有利になると、今度は北朝鮮は特殊工作用の潜水艦の建造に着手した。一九九六年と一九九八年の潜水艦事件は、いずれも北朝鮮の特殊工作用の潜水艦が作戦遂行に失敗した結果発生したものであったが、これは、海中における北朝鮮の活動が活発化していたことの傍証であった。また八〇年代に発生した三度の重要なテロ攻撃のうち、ラングーン事件と大韓航空機爆破事件は朝鮮半島の外部で発生したが、これは朝鮮半島内での韓国の防衛態勢が強化されたため、脆弱性の高い海外で攻撃を敢行したものとみることができる。

これまで、北朝鮮は常に軍事行動をとるための新たなフロンティアを模索し続けてきた。そして、北朝鮮が軍事行動をとる「場」は、もっぱら局地的軍事バランスの変化によって決定づけられてきたのである。

成功の鍵としての戦略的軍事能力

北朝鮮の瀬戸際外交の成否を決める最も重要な要因の一つは戦略的軍事能力の存在の有無であり、そうした能力を背景とする瀬戸際外交は成功する場合が多かった。つまり、北朝鮮の瀬戸際外交の成否は交渉術などの戦術的な要素ではなく、より高次の構造的要因によって決定づけられてきたのである。

九〇年代以降、北朝鮮が停戦協定や北方限界線（ＮＬＬ）の無効化を目指してＪＳＡや黄海で展開した一連の瀬戸際外交は、活発な軍事・外交行動や洗練された法的議論を伴っていたにもかかわらずみるべき成果を生み出さなかった。一方、核外交は枠組み合意を生み出し、ミサイル外交は米朝の関係改善を促進した。ここで、核・ミサイル外交がその他の北朝鮮の瀬戸際外交と異なっていたのは、それが戦略的軍事能力に裏づけられていたという点である。そして、その軍事的能力があったからこそ、北朝鮮の核・ミサイル外交は高い効果を発揮したのである。

軍事行動の強度の面からいえば、ＪＳＡにおける示威行動、ＤＭＺにおける攻撃、そして黄海における行動は取るに足らないものとはいえなかった。ＤＭＺと黄海では実際に交戦があり、双方に死傷者が発生した。しかし、これらの軍事行動は直接的な武力行使を伴うものであったにもかかわらず、戦略的な重要性や強制力の面では核兵器やミサイルに遙かに及ばなかったのである。

もちろん、このことは戦術的要素が重要ではないことを意味するわけではない。核・ミサイル外交においても、洗練された外交行動と巧みな心理的ショックの活用が重要な役割を果たした。巧妙な戦術によって、北朝鮮は核・ミサイル能力を外交・経済上の成果に結びつけることに成功した。しかし、交渉の巧妙さなどの戦術的な要素は、あくまで二次的な要因でしかなかったのである。

過去からの教訓

北朝鮮は多くの経験から教訓を学びつつ、瀬戸際外交を徐々に洗練させていった。そして九〇年代に入ると、北朝鮮の瀬戸際外交は極めて緻密に計算され、巧妙に実行されるようになった。例えば、北朝鮮は六〇年代のプエブロ号事件の教訓を九〇年代の核外交に反映させていた。プエブロ号事件でアメリカ人乗組員を人質にし、これを取引材料として米国を交渉の場に引きずり出すことに成功した北朝鮮は、九〇年代には核開発を取引材料として米国を交渉のテーブルに着かせることに成功した。いずれの場合も、北朝鮮は米国の重視するもの——前者においてはプエブロ号とその乗組員、後者においては核開発——を取引材料として利用した。したがって、序章で述べたとおり、北朝鮮がこれら二つの事案を、それぞれ米国に対する金正日の「第一次頭脳戦」、「もう一つの対米知恵戦」として一つの流れの上に位置づけていたことは極めて示唆に富む。プエブロ号の拿捕に始まった米朝交渉を通じ、北朝鮮は軍事行動と外交交渉を適切に連携させることによって多くの利益を得ることを学んだのである。

また九〇年代以降、北朝鮮は過去の焼き直しとも思われる行動を頻繁にとり始めた。例えば、九〇年代中盤のJSAにおける武力示威行為は死者を伴わないポプラ事件であり、一九九九年、二〇〇一年、二〇〇二年、そして二〇一〇年の黄海における行動は七〇年代前半の西海事件における行動と似かよったものであった。さらに、二〇〇二年に始まった第二次核外交は、ウラン濃縮計画や核実験という新しい要素を伴うものではあったが、基本的には九〇年代の核外交とミサイル外交をミックスして再現したものであった。

軍事と外交の連携という点についても、北朝鮮は過去からの教訓を学んできた。六〇年代、北朝鮮の軍事と外交は必ずしも緊密に調整されていなかった。DMZにおける米韓両軍への攻撃が、明確な形で外交的に利用されることはなかった。プエブロ号事件やＥＣ－１２１撃墜事件についても、金日成は「入ってくるから攻撃する」というように、比較的単純に事態を理解していたのである。プエブロ号事件発生後の米朝会談は計画どおりの結果というよりも僥倖であったし、一九六九年のＥＣ－１２１撃墜事件のあとには、米朝間にいかなる外交交渉もみられなかった。

しかし、七〇年代に入ると北朝鮮の軍事と外交は緊密に連携されるようになった。西海事件で北朝鮮のとった一連の軍事行動は、明らかに板門店における自国の主張を裏づけるためのものであったし、ポプラ事件においても外交目的を達成するために軍事行動がとられた。

八〇年代にテロ攻撃を活発化させたのち、九〇年代に入ると北朝鮮は長期にわたる極めて洗練された瀬戸際外交に乗り出した。特に核・ミサイル外交において、北朝鮮は軍事行動と外交行動を極めて緊密に連携させるとともに、奇襲的な行動によって瀬戸際外交の効果を最大化させることに成功した。また、停戦体制を無効化するための一連の動きは、軍事行動と外交行動が緊密に調整された極めて洗練されたものであった。

なお、北朝鮮は自国の軍事行動と外交行動が必ずしもうまく連携されておらず、軍と外交当局が対立しているとの印象を外部に与えようとすることがあった。北朝鮮がこうした行動をとったのは、その方が瀬戸際外交がうまく機能すると考えたからであろう。

3　瀬戸際外交の特徴

抑止力の重要性

北朝鮮の軍事戦略に関する研究は、どちらかといえばその攻撃的な側面に注目する傾向が強い。しかし、北朝鮮の瀬戸際外交においては抑止力が常に重要な役割を果たしてきているのであり、「抑止力」としての北朝鮮の軍事力にも十分な注意を払い、その分析を行う必要がある。北朝鮮が瀬戸際外交を効果的に展開するためには、米国や韓国からの報復攻撃を抑止することが不可欠であった。青瓦台襲撃事件、プエブロ号事件、EC－121撃墜事件、ポプラ事件、そして一九九四年の核危機において、米韓双方、あるいはいずれかが北朝鮮に対する軍事行動を真剣に検討した。そして、二〇〇二年に核問題が再燃したとき、米国は「先制攻撃」を国家安全保障戦略の中に正式に位置づけていたのである。しかし、いずれの場合においても米韓両国は抑止され、結局、武力行使は見送られた。

それでは、北朝鮮の抑止力の源泉とは、どのようなものであろうか。最も重要な抑止力の源泉の一つは六〇年代前半に形成された「党の軍事路線」である。「党の軍事路線」は、しばしば北朝鮮の攻撃的な軍事態勢を象徴するものとして理解されるが、実際には抑止あるいは防衛的な側面を強調するものでもあった。金日成は「党の軍事路線」を説明するにあたって、全軍の幹部化、全軍の現代化などの四つの路線のうち、全人民の武装化と全国土の要塞化について、「全人民が武装し、全国土を要塞化すれば、どんな敵でも容易に我々に手を出すことはできなくなり、敵が無謀にも闘いを挑んできたとしても、彼らは惨敗を免れないでしょう」と防衛の観点からその重要性を指摘している。[10]六〇年代から現在まで、北朝鮮の軍事行動に対して米韓両国が本格的な報復行動をとらなかった理由の一つは、高度に武装化され、要塞化された北朝鮮との軍事衝突が、極めてコストの高い、不毛な結果を生み出すことを理解していたからであった。

「党の軍事路線」によって生み出された抑止力は六〇年代から機能していたが、北朝鮮の抑止力の源泉は時代とともに変質していった。八〇年代までの北朝鮮の抑止力は、本格的な軍事衝突が発生した場合でも自国を防衛することができるという、拒否的抑止に依拠していたといえる。しかし、九〇年代初頭までに米韓両国の軍事的優位が明らかになり、戦争が発生した場合には米韓連合軍が平壌の占領を目指すことが知られるようになると、拒否的抑止に代わって、紛争が発生した場合に米韓両国に耐え難い損害を与える能力、つまり懲罰的抑止が北朝鮮の抑止力の中核となった。[11]九〇年代、北朝鮮は長射程の火砲や多連装砲をDMZ沿いに多数配備した。[12]北朝鮮は、米国や韓国からの報復攻撃や予防攻撃を「拒否」する能力は喪失したが、「懲罰」の脅しによってこれらを抑止する能力は維持・強化してきたのである。[13]

法的問題の利用

北朝鮮の瀬戸際外交において、法的問題は重要な役割を果たしてきた。北朝鮮は、しばしば国際法や国際的な取り決めに反する行動をとるが、北朝鮮の政策担当者の中には豊富な法的知識を備え、それを利用するのに長けている者が少なくない。そして、それを背景に、北朝鮮は瀬戸際外交において、各種の法的問題を巧妙に利用してきたのである。例えば七〇年代の西海事件では、停戦協定に南北の海上境界線の規定がないことを利用し、ＮＬＬの合法性を争点化した。そして九〇年代の核外交においては、核拡散防止条約（ＮＰＴ）が脱退宣言から脱退発効までに三カ月の留保期間を設けているのを利用し、米国に時間的圧力をかけながら交渉を有利に運んだ。

法的要素は時として極めて重要な役割を果たした。一九九九年の延坪海戦で北朝鮮側に大きい被害が出たことからも明らかなように、当時、黄海における軍事バランスは韓国に有利になっていた。しかし、それにもかかわらず北朝鮮の艦艇が繰り返しＮＬＬを越える危険な行動を繰り返したのは、北朝鮮がそれだけＮＬＬに関する法的問題の外交上の有用性を高く評価していたからであると考えられる。つまり、北朝鮮はＮＬＬをめぐる法的議論においては優位に立てるとの前提で、軍事的に不利であっても果敢に軍事力を使用したのであろう。さらに、ＮＬＬをめぐる七〇年代の北朝鮮の主張と九〇年代の主張を比較すると、後者の方が洗練された内容になっていたことが分かる。そして、二〇〇六年に北朝鮮が提案した黄海における新たな海上分界線は、国連海洋法条約に準拠するものであり、一定の正当性をもつものであった。

北朝鮮が瀬戸際外交で巧みに法的問題を利用することができた理由の一つに北朝鮮の人事制度の特徴がある。北朝鮮では少数の専門家が長期にわたって特定の政策分野を担当することが多いため、担当者は法的・技術的な問題について深い知識をもつようになり、組織の記憶保持能力も高い[14]。この点について韓国に亡命した北朝鮮の元外交官は、北朝鮮外務省には多くの高齢の専門家がおり、また外務省の職員の九〇パーセント程度が一生、一つの部署で働くようになっていると証言している。このような人事制度は組織の硬直性を生み出しやすいという欠点はあるが、専門性、継続性、一貫性という点では有利に作用するのである[15]。

奇襲的行動

北朝鮮の瀬戸際外交において、奇襲的行動によって対象国に心理的ショックを与える手法は極めて重要な役割を果たしてきた。プエブロ号拿捕、ＥＣ－１２１撃墜、ポプラ事件、ＮＰＴ脱退宣言、ミサイル発射、核実験などは、しばしば対象国が想像もしないようなタイミングで突如として敢行された。

また近年においては、北朝鮮が米国や韓国の国内政治情勢も踏まえたうえで軍事行動をとる兆候がみられるようになった。九〇年代の核外交とミサイル外交は、いずれも米国や韓国で新政権が発足して間もない時期に発生した。そうすることによって、北朝鮮は米国や韓国の政策決定者の虚をつき、爾後の交渉を有利に展開することを狙ったとみられる。こうした奇襲的行動は巧みに実行に移され、高い効果を発揮した。

北朝鮮がこうした手法を用いることができた背景には、独裁的政治体制のおかげで政策の自由度が高かったこと、奇襲的行動を実行するために必要な軍事能力を確保していたこと、そして、それを実際に活用するための外交手腕を備えていたことなどがある。北朝鮮が奇襲的行動をとること自体は驚くべきことではないが、特筆すべきは北朝鮮が対象国や対象者に心理的ショックを与える機会を的確に見出し、それを実行する能力を備えていた点にある。ただし、このような行動をとることによって北朝鮮の国際的信用は失墜し、誰にも信頼されないアウトロー国家となってしまった。頻繁に奇襲的行動をとることは北朝鮮にとってマイナス面もあったのである。

国内政治

国内政治は北朝鮮の瀬戸際外交の主たる決定要因ではなかったが、一定の影響は与えたと考えられる。例えば六〇年代末、金日成は軍事優先の政策を正当化するとともに、金昌奉《キムチャンボン》らの政敵を粛清するためにプエブロ号事件を利用し、またＥＣ－１２１電子情報収集機を撃墜することで軍の掌握を図ろうとした。一九七六年のポプラ事件は、金正日が国内の批判を押し切って金日成からの権力継承を進める中で発生した。九〇年代の核・ミサイル外交は、党と軍における金正日の地位の公式化の最終段階と時期的に一致していた。一九九八年のテポドン発射は金正日が国防委員会委員長に「推戴」される直前に実施された[16]。そして、二〇〇六年の核実験は金正日の指導力を賞賛する国内宣伝の手段として広範に利用された。

しかし全体としてみると、北朝鮮が国内政治上の問題を解決するために軍事行動をとってきたとする見方は正しくない。事実、朝鮮戦争後、金日成が政敵の粛清に追われていた時期には北朝鮮の対外軍事行動は低調であったが、六〇年代に金日成の権力基盤が強化されると北朝鮮の軍事行動は活発化した[17]。また、八〇年代にラングーン事件をはじめとする一連のテロ事件が発生したのは、金正日が北朝鮮のナンバー2として正式に登場し、対外工作機関の責任者になったのちのことであった[18]。つまり、北朝鮮は国内政治上の問題を解決するために軍事行動をとったのではなく、国内政治上の問題が解決したのちに活発に軍事行動をとってきたのである。

さらに、北朝鮮の軍事行動は、しばしば失敗に終わっていたのであるから、国内政治の手段としてはマイナスの効果さえ生み出していたといえる。例えば一九七六年のポプラ事件は外交的な大失敗であったし、一九九九年の延坪海戦では北朝鮮海軍が一方的な敗北を喫した。非正規活動についても、ラングーン事件や大韓航空機爆破事件は大失敗であり、これらの事件により国際社会における北朝鮮の地位は完全に失墜した。これらの事件が金日成や金正日を政治的に利したとは考えにくい。

ただし、北朝鮮の国内政治についての情報が限られているため、外部からは知ることのできない政治上の理由によって北朝鮮の瀬戸際外交が影響を受けていた可能性を排除することはできない。例えば、ポプラ事件は金正日が自分と親しくない人々を排除するために直接指揮して引き起こしたものであったという金賢植《キムヒョンシク》の指摘（一二六～一二七頁を参照）に着目すれば、ポプラ事件の最大の目的は国内政治上の理由であったとの解釈も可能となる。もちろん、第五章で述べたとおり、現時点ではポプラ事件の前後における各種の動きから、外交目的が最も重要な役割を果たしたと解釈すべきであるが、北朝鮮の瀬戸際外交における国内政治要因の重要性については、今後とも検討を続けていく必要がある。

国際環境

北朝鮮は国際環境が悪化したときに軍事行動をとる傾向があるとの分析もあるが、これは誤りである。北朝鮮は国際環境にかかわりなく頻繁に軍事行動をとってきた。確かに、一九九三年および二〇〇二年に核外交が開始されたとき、北朝鮮は極めて厳しい国際環境に直面していた。しかし、六〇年代後半の活発な軍事行動は、中ソ対立という否定的な要素はあったものの、基本的には米国がベトナム戦争に足を取られるという北朝鮮にとって有利な国際環境の中でとられたし、七〇年代のポプラ事件も、国際社会、特に国連の場で北朝鮮への支持が高まるという、極めて有利な国際環境の中で発生した。また九〇年代末のミサイル外交は、米韓両国が北朝鮮に対する関与政策の推進で合意するという好ましい環境の中で開始され、一九九九年の延坪海戦は、米国のペリー特使が平壌を訪問して対北関与の方針を伝えた直後に発生したのである。

国際環境の良し悪しは、北朝鮮の瀬戸際外交の成否を決定づけるものでもなかった。極めて良好な国際環境の下で発生したポプラ事件は大失敗に終わったが、最悪の国際環境の中で進められた第一次核外交は北朝鮮が誇るべき成果を生み出したのである。

瀬戸際外交のマイナス効果

北朝鮮の瀬戸際外交は、短期的な成果を生み出した場合でも、米韓両国を中心とする周辺諸国の対抗措置を促進することなどによって、中長期的には北朝鮮にとって否定的な結果をもたらすことがあった。例えば、六〇年代の北朝鮮の軍事行動は米韓両国によるＤＭＺの防衛強化を促し、七〇年代の西海事件は西海五島の要塞化や韓国の海軍力増強を促進した。一九九九年の延坪海戦で韓国海軍が圧倒的な勝利を収めたのは、七〇年代に始まった韓国の海軍力増強の成果であった。また一九九八年のテポドン発射は日米韓の緊密な政策協調につながり、弾道ミサイル防衛についての日米協力を促進したのである。

こうしたことから、北朝鮮の瀬戸際外交の効果を総合的に評価するためには、短期的成果ばかりでなく、中長期的な成果や逆効果・副作用をも考慮すべきであることが分かる。いくつかの場合、短期的な成功が中長期的な失敗につながった。この意味で、瀬戸際外交の対象となる国々が、軍事的あるいは非軍事的な手段で効果的な対抗措置をとりうるかどうかは、北朝鮮の瀬戸際外交の中長期的な効果を予測・評価するにあたって、重要な意味をもつといえよう。

エピローグ　金正恩時代の瀬戸際外交

二〇一一年一二月に金正日《キムジョンイル》が死去し、二〇一二年には金正恩《キムジョンウン》体制が発足した。金正恩体制下の北朝鮮は、早速、世界を驚かせる瀬戸際外交に乗り出してきた。北朝鮮は二月末に米朝合意を結び、米国が北朝鮮に二四万トンの栄養食品を提供する代わりに、北朝鮮は核実験、長距離ミサイル発射およびウラン濃縮活動を一時停止することを約束した。(1) しかし、それからわずか二週間後の三月一六日、北朝鮮は金日成《キムイルソン》の生誕一〇〇周年に合わせて四月中旬に「人工衛星」を発射すると発表したのである。(2) そして四月一三日、北朝鮮は人工衛星「光明星3」号を打ち上げるという名目で、テポドン2を基礎とする「銀河3」と呼ばれる運搬ロケットを発射した。しかし、ロケットは発射から一～二分後に爆発し、発射は失敗に終わった。(3) その後、北朝鮮は人工衛星が軌道進入に失敗したことをいち早く認め、その原因を究明すると発表した。(4) 北朝鮮が失敗を認めたのは、ロケット発射が平和利用を目的とするものであるとの自国の主張を裏付けるためであるとみられた。

ロケット発射を受けて、国連安全保障理事会は四月一六日に北朝鮮を非難する議長声明を採択した。(5) また米国は、二月の米朝合意で北朝鮮側に約束していた食糧支援を棚上げした。こうした動きに対して一七日、北朝鮮外務省は声明を発表し、「米朝合意に我々もこれ以上拘束されない」との立場を示した。(6)

発射失敗から約八カ月後の一二月一二日、北朝鮮は再び衛星の打ち上げを試み、今度は衛星を軌道に投入するのに成功した。北朝鮮当局によると、銀河3は同日〇九時四九分に北朝鮮の北西部に位置する西海衛星発射場から打ち上げられ、発射から約九分後に光明星3号の二号機を軌道に投入した。衛星は地球観測に必要な測定機材と通信機材を搭載し、九七・四度の軌道傾斜角で、近地点高度四九九・七キロメートル、遠地点高度五八四・一八キロメートルの極軌道を九五分二九秒の周期で飛行しているとされた[7]。北朝鮮は一九九八年に「衛星打ち上げのためのロケット発射」との主張を始めてから一四年かけて、ついに衛星の軌道投入を成功させたのである。なお、銀河3の一段目は約四三〇キロ飛翔して韓国の西方海上に落下し、二段目は約二六〇〇キロ飛翔してフィリピンの東方海上に落下した[8]。打ち上げ成功後、北朝鮮外務省は衛星発射について、「偉大な領導者金正日同志の遺訓であり、経済建設と人民生活向上のための科学技術発展計画に従った平和的な事業だ」と主張した[9]。

北朝鮮はロケットを同国北西部の東倉里《トンチャンニ》にある新しい基地から発射し、しかも地球の自転を利用できる東向きではなく、技術的にハードルの高い南向きに発射した。北朝鮮がロケットを敢えて南向きに発射したのは、これが米国本土を目標とする大陸間弾道ミサイル（ＩＣＢＭ）を目指すものであったからであろう。銀河3の軌道を北方に折り返すと、米国の本土に向かう軌道に近いものになる。つまり、北朝鮮は米国本土を攻撃する場合と似かよった条件でロケットを発射したのである[10]。

四月のロケット打ち上げ時、北朝鮮は衛星の重量を一〇〇キログラムであるとしていた[11]。また、専門家の見積もりによると、銀河3をＩＣＢＭとして使用した場合、最大射程距離は一万三〇〇〇キロに達するという[12]。つまり、一二月のロケット打ち上げ成功によって、北朝鮮は小型の爆弾や少量の生物・化学兵器をワシントンやニューヨークの上空まで運搬する潜在的能力を実証したのである。もちろん、今回のロケットでは最低でも数百キログラムある核兵器を米国本土に投射することはできないし、弾頭を大気圏内に再突入させることができなければ爆弾を目標に投下することはできない。それでも、生物・化学兵器による潜在的攻撃能力が米国に与える心理的・象徴的影響は小さくないであろう。

北朝鮮が二月にわざわざ米国との間に合意を結んだ上で、それを反故にする形で四月にロケットを発射したのは、新たな対米瀬戸際外交の始まりを予感させるものであった。もしそうであるとすれば、一二月の衛星の打ち上げ成功によって、今後の交渉における北朝鮮の立場は大幅に強化されたといえる。また、北朝鮮がわざわざ独力で軽水炉を建設することを通じて「自国のウラン濃縮計画は平和目的である」との主張を展開していることを考えると、今回、衛星の打ち上げに成功したことで、「ウラン濃縮計画とロケット計画は平和利用のためのもの」、「プルトニウム型核計画は抑止力のためのもの」という論理で対米交渉に臨んでくるであろう。これについては、すでに二〇一二年一〇月一五日に、北朝鮮の代表が国連総会の演説で、「我々は責任ある核保有国としての本分を果たしつつ、平和的な宇宙および核エネルギーの開発・利用も引き続き推進するであろう」と述べている。(13)

いずれにせよ、金正恩時代の北朝鮮がどのような瀬戸際外交を展開することになるのかについては、今後の動きを見守っていくしかない。ただ、一つ確実なのは、金正恩に与えられている政策手段のほとんどは金正日から引き継いだものであり、金正恩も金正日とほぼ同様の可用資源――その中核は核開発、ミサイル開発、そして巨大な軍事力であるが――を用い、過去に自国が展開してきた瀬戸際外交の経験を参考にしつつ、今後の舵取りを行っていくしかないという事実である。

註

プロローグ　新たな瀬戸際外交の幕開け

（1）朝鮮記録映画「白頭の先軍革命偉業を継承されて」『朝鮮中央テレビジョン』二〇一二年一月八日（映画の三四分経過地点）、http://www.youtube.com/watch?v=VxBLe9A2gXY。
（2）大韓民国国防部『国防白書　二〇一〇』ソウル、国防部、二〇一〇年、二五五頁。
（3）哨戒艦撃沈事件の詳細については次を参照せよ。Ministry of National Defense, Republic of Korea, *Joint Investigation Report on the Attack against ROK Ship Cheonan*, Ministry of National Defense, 2010.
（4）国防部『国防白書　二〇一〇』二五六、二六七頁。北朝鮮軍が第一派の攻撃で発射した多連装砲および海岸砲一七〇発のうち九〇余発は海上に落下するなど、必ずしも軍事的能力の高さを示したとはいえなかったが、六〇余発は軍部隊と民家に落下するなど、一定の成果を上げることに成功した。また、第二派の攻撃では約二〇発の砲弾を延坪部隊指揮所とレーダー基地一帯に撃ち込んだ。なお、北朝鮮の砲撃に対し、韓国の海兵隊延坪部隊はK—9自走砲で合計八〇発の対応射撃を実施し、四五発が北朝鮮に着弾し（うち、一四発は田畑に着弾）、三五発は海上に着弾した。
（5）同右。それ以外にも、砲撃によって延坪島の建物一三三棟が被害を受け、電気・通信施設が破損し、一〇カ所で山火事が発生した。
（6）韓国の元政府関係者への筆者によるインタビュー。

序章　北朝鮮の瀬戸際外交を読み解く

（1）『労働新聞』一九九九年六月一六日、一頁。
（2）目標選定の議論については次を参照せよ。道下徳成「戦略論の将来」道下徳成・石津朋之・長尾雄一郎・加藤朗『現代戦略論——戦争は政治の手段か』勁草書房、二〇〇〇年、一三九〜一八六頁。
（3）キム・ナムジン他『嚮導の太陽　金正日将軍』平壌、平壌出版社、一九九五年、三九九頁。
（4）「支配戦略（controlling strategy）」と「強制戦略（coercive strategy）」の区別については次をみよ。Lawrence Freedman, "Strategic Coercion," in Lawrence Freedman, ed., *Strategic Coercion: Concepts and Cases*, Oxford University

Press, 1998, pp. 16, 20-23; and Lawrence Freedman, *Deterrence*, Polity Press, 2004, pp. 84-89. 「体制転覆（subversion）」の定義については次をみよ。Department of Defense, *Dictionary of Military and Associated Terms*, Joint Publication 1-02, April 12, 2001, p. 416. なお、これらの概念整理については、Gary Schaub, Jr., "Compellence: Resuscitating the Concept," in Freedman, ed., *Strategic Coercion* および道下「戦略論の将来」を見よ。

第1章　瀬戸際外交の歴史

（1）James P. Finley, *The US Military Experience in Korea, 1871-1982: In the Vanguard of ROK-US Relations*, San Francisco: Command Historians Office, HQ USFK/EUSA, 1983, p. 114.

（2）国防部『国防白書　一九九一～一九九二』ソウル、国防部、一九九一年、四三〇頁。「初公開『板門店の生き証人』――ジェームズ・リーの肉声証言①ＤＭＺはない」『新東亜』一九九七年一二月号、http://www.donga.com/docs/magazine/new_donga/9712/nd97120100.html。

（3）EC-121撃墜事件については次を見よ。U.S. Department of State, *Foreign Relations of the United States, 1969-1976*, vol. 19, part 1, *Korea 1969-1972*, U.S. Government Printing Office, 2010; U.S. Congress, House, Hearings before the Special Subcommittee on the U. S. S. *Pueblo* of the Committee on Armed Services, *Inquiry into the U. S. S. Pueblo and EC-121 Plane Incidents*, 91st Congress, First Session, March 4, 5, 6, 10, 14, 17, 19, 20, April 25 and 28, 1969, H. A. S. C. no. 91-101, U. S. Government Printing Office, 1969, pp. 889-891; Richard Nixon, *The Memoirs of Richard Nixon*, vol. 1, New York: Warner Books, 1979, pp. 472-476; Henry A. Kissinger, *White House Years*, Boston: Little, Brown and Company, 1979, pp. 312-321; Daniel P. Bolger, *Scenes from an Unfinished War: Low-Intensity Conflict in Korea, 1966-1969*, U. S. Government Printing Office, 1991, pp. 101-109; Public Affairs Office, UNC/CFC and USFK/EUSA, Yongsan Army Garrison, Seoul, Korea, "Serious Incidents in the DMZ," USFK Backgrounder, no. 16, current as of June 1993, http://www.korea.army.mil/PAO/backgrounder/bg16.htm, accessed on July 12, 2002; Joseph S. Bermudez, Jr., *North Korean Special Forces*, 2d ed., Naval Institute Press, 1998, p. 94; and "North Koreans Down Navy Recon Plane," *Pacific Stars and Stripes*, April 17, 1969. また、李文恒『ＪＳＡ――板門店（一九五三～一九九四）』ソウル、小花、二〇〇一年も参照せよ。

（4）Kissinger, *White House Years*, p. 320.

（5）最近では、韓国に派遣された工作員は三三名であった可能性も報じられている。『中央日報』二〇一一年二月六日。

（6） "The Korean Situation," Telegram From the Commander in Chief, Pacific (McCain) to the Chairman of the Joint Chiefs of Staff (Wheeler), Honolulu, November 16, 1968, in U. S. Department of State, *Foreign Relations of the United States, 1964–1968*, vol. 29, part 1, *Korea* [hereafter *FRUS, 1964–1968*], U. S. Government Printing Office, 2000, pp. 447–448; and "Mr. Bundy's Meeting with Mr. Colby, June 22, 1967," Memorandum of Conversation, Washington, June 22, 1967, in *FRUS, 1964–1968*, pp. 180–181.

（7） Telegram From the Commander in Chief, United Nations Command, Korea, and the Commander of the United Forces, Korea (Bonesteel) to the Commander in Chief, Pacific (Sharp), Korea, July 21, 1967, in *FRUS, 1964–1968*, p. 264.

（8） 中央情報部『北韓対南工作史　第二巻』ソウル、中央情報部、一九七三年、四六九～四七二頁。Bermudez, *North Korean Special Forces*, pp. 86–88.

（9） 李文恒『ＪＳＡ――板門店』三七三頁。

（10） Taik-young Hamm, *Arming the Two Koreas: State, Capital and Military Power*, Routledge, 1999, p. 100. 咸澤英『国家安保の政治経済学――南北韓の経済力、国家力量、軍事力』ソウル、法文社、一九九八年、二二〇頁。

（11） 統計庁『統計で見た大韓民国五〇年の経済社会像変化』ソウル、統計庁、一九九八年、三〇四頁。

（12） 国防軍史研究所『建軍五〇年史』ソウル、国防軍史研究所、一九九八年、二三四～二三八頁。東清彦「日韓安全保障関係の変遷――国交正常化から冷戦後まで」『国際安全保障』第三三巻第四号、二〇〇六年三月、八八～九〇頁。倉田秀也「朴正熙『自主国防論』と日米『韓国条項』――『総力安保体制』の国際政治経済」小此木政夫・文正仁編『市場・国家・国際体制』日韓共同研究叢書四、慶應義塾大学出版会、二〇〇一年、一六五～一七一頁。産業政策研究院（韓国）「韓国の高度経済成長に果たした円借款の役割」国際協力銀行、二〇〇四年、七三頁、http://www.jica.go.jp/activities/evaluation/oda_loan/after/2004/pdf/theme_06_full.pdf。姜先姫「韓国における日本の経済協力――浦項総合製鉄所建設をめぐる日韓経済協力」『現代社会文化研究』第二一号、二〇〇一年八月、四四、五〇～五一頁。

（13） Paul F. Crickmore, *Lockheed SR-71 Operations in the Far East*, New York: Osprey, 2008, pp. 77–78; and "Conflict & Tension on the Korean Peninsula! A Chronology (28 Jul 53–Aug 98)," obtained from the Secretariat, United Nations Command Military Armistice Commission (UNCMAC) on July 18, 2001, p. 58.

（14） 国防軍史研究所『対非正規戦史（Ⅱ）一九六一～一九八〇』ソウル、国防軍史研究所、一九九八年、三五九～三六〇頁。

（15）Bermudez, *North Korean Special Forces*, pp. 116-117.

（16）Hamm, *Arming the Two Koreas*, p. 100. 咸澤英『国家安保の政治経済学』二二〇頁。

（17）Joseph S. Bermudez, Jr., *Terrorism : The North Korean Connection*, New York : Crane Russak, 1990, p. 43.

（18）『アウンサン暗殺爆発事件判決文（*The Judgment of the Burmese Martyr Mausoleum Bombing Case*）』ソウル、南北問題研究所、一九九一年。Bermudez, *North Korean Special Forces*, pp. 133-136.

（19）Bermudez, *Terrorism*, p. 48.

（20）Bermudez, *North Korean Special Forces*, pp. 136-139.

（21）金賢姫拘束の経緯については次が詳しい。砂川昌順『極秘指令——金賢姫拘束の真相』日本放送出版協会、二〇〇三年。

（22）金賢姫によると、党対外情報調査部の人物は大韓航空機爆破の目的を、「８８（パルパル）ソウル・オリンピックを前にして、南朝鮮傀儡政府の『二つの朝鮮』策動を封じ、敵に大きな打撃を与えること」だと述べたという。趙甲済『北朝鮮女秘密工作員の告白——大韓航空機爆破事件の隠された真実』池田菊敏訳、徳間文庫、一九九七年、五六頁。

（23）『労働新聞』一九九四年六月一五日、六頁。

（24）国防部『国防白書　一九九八』ソウル、国防部、一九九八年、二一四頁。国防部『国防白書　一九九九』ソウル、国防部、一九九九年、一九七頁。

（25）「北韓の潜水艦浸透事件関連　北韓外交部代弁人声明」一九九六年一二月二九日（統一部報道資料、統一部ホームページ）。

第2章　非武装地帯の攻防——一九六六～六八年

（1）次の資料はこの時期の朝鮮半島情勢の全体をカバーするものであり、極めて有用である。Christian F. Ostermann and James F. Person, eds., *Crisis and Confrontation on the Korean Peninsula, 1968-1969 : A Critical Oral History*, Woodrow Wilson International Center for Scholars, 2011 ; and James Person, Mitch Lerner, Shin Jong-dae, Erin Choi, Eunice Eun, Grace Jeon, Charles Kraus, Kevin Shepard, and Min Heeseon, compiled, *Crisis and Confrontation on the Korean Peninsula, 1968-1969 : A Critical Oral History*, September 2008 conference material, part 1, Woodrow Wilson International Center for Scholars, 2008.

（2）金日成「現情勢とわが党の課業」朝鮮労働党代表者会で行った報告（一九六六年一〇月五日）『金日成著作集』第二〇巻、平壌、朝鮮労働党出版社、一九八二年、三八一～三八二頁。

（3）"Armed Incidents Along the Korean DMZ," Intelligence Memorandum, no. 1620/66, Washington, November 8, 1966, in U.S. Department of State, *Foreign Relations of the United States, 1964-1968*, vol. 29, part 1, *Korea* [hereafter *FRUS, 1964-1968*], U.S. Government Printing Office, 2000, pp. 209-210; Daniel P. Bolger, *Scenes from an Unfinished War: Low-Intensity Conflict in Korea, 1966-1969*, U.S. Government Printing Office, 1991, pp. 37-38. 李文恒『ＪＳＡ——板門店（一九五三～一九九四）』ソウル、小花、二〇〇一年、一六、三七四頁。

（4）Bolger, *Scenes from an Unfinished War*, p. 39.

（5）"Armed Incidents Along the Korean DMZ," in *FRUS, 1964-1968*, p. 210.

（6）Ibid., pp. 209-210.

（7）Ibid.

（8）『労働新聞』一九六六年一一月六日、一頁。

（9）同右、三頁。

（10）『労働新聞』一九六七年四月一五日、一頁。

（11）Central Intelligence Agency（CIA）, "Kim Il-Sung's New Military Adventurism," Intelligence Report, November 26, 1968, p. 35, in ESAU papers, no. 39, "Cold War Era Hard Target Analysis of Soviet and Chinese Policy and Decision Making, 1953-1973," Central Intelligence Agency Information Management Services, http://www.foia.cia.gov/CPE/ESAU/esau-39.pdf.

（12）"Conflict & Tension on the Korean Peninsula! A Chronology（28 Jul 53-Aug 98）," obtained from the Secretariat, United Nations Command Military Armistice Commission（UNCMAC）on July 18, 2001, p. 17. これ以外にも、北朝鮮による同様の攻撃については本資料を参照した。

（13）"Situation in Korea as of mid-July 1967," Telegram From the Commander in Chief, United Nations Command, Korea and the Commander of United States Forces, Korea（Bonesteel）to the Commander in Chief, Pacific（Sharp）, Korea, July 21, 1967, in *FRUS, 1964-1968*, p. 265.

（14）Bolger, *Scenes from an Unfinished War*, p. 42; and Joseph S. Bermudez, Jr. *North Korean Special Forces*, 2d ed.,

Annapolis : Naval Institute Press, 1998, p. 77.

(15) 李文恒『JSA』一六頁。

(16) 金日成「国家活動のあらゆる分野で自主、自立、自衛の革命精神を一層徹底的に具現しよう」朝鮮民主主義人民共和国最高人民会議第四期第一次会議で発表した朝鮮民主主義人民共和国政府政治綱領（一九六七年一二月一六日）『金日成著作集』第二一巻、平壌、朝鮮労働党出版社、一九八三年、五〇一頁。

(17) "Armed Incidents Along the Korean DMZ," in *FRUS, 1964–1968*, p. 209.

(18) Ibid.

(19) Notes of the President's Meeting With Cyrus R. Vance, Washington, DC, February 15, 1968, in *FRUS, 1964–1968*, pp. 380–382 ; and Memorandum From Cyrus R. Vance to President Johnson, Washington, DC, February 20, 1968 in *FRUS, 1964–1968*, pp. 384–391.

(20) 『朝鮮日報』二〇一一年二月七日。

(21) Memorandum From Cyrus R. Vance to President Johnson, in *FRUS, 1964–1968*, p. 387.

(22) Ibid., p. 386.

(23) Ibid., pp. 386 and 389.

(24) Notes of the President's Meeting With Cyrus R. Vance, in *FRUS, 1964–1968*, p. 378.

(25) Memorandum From Cyrus R. Vance to President Johnson, in *FRUS, 1964–1968*, p. 385.

(26) Notes of the President's Meeting With Cyrus R. Vance, in *FRUS, 1964–1968*, p. 378.

(27) Ibid., pp. 381–382.

(28) Quoted in CIA, "Kim Il-Sung's New Military Adventurism," p. 10.

(29) "Situation in Korea as of mid-July 1967," in *FRUS, 1964–1968*, p. 263.

(30) "The Likelihood of Major Hostilities in Korea," Special National Intelligence Estimate, SNIE 14.2–68, Washington, DC, May 16, 1968, in *FRUS, 1964–1968*, p. 429.

(31) Telegram From the Department of State to the Embassy in Korea, Washington, DC, February 12, 1968, in *FRUS, 1964–1968*, p. 372.

(32) "Situation in Korea as of mid-July 1967," in *FRUS, 1964-1968*, p. 264.

（33）Telegram From the Commanding General, United States Eighth Army, Korea, and the Commander in Chief, United Nations Command, Korea（Bonesteel）to the Chairman of the Joint Chiefs of Staff（Wheeler）, Seoul, November 10, 1966, in *FRUS, 1964–1968*, pp. 213–214.

（34）Joseph S. Bermudez, Jr., *North Korean Special Forces*, Jane's Publishing Company, 1988, pp. 86–87.

（35）「ソビエト社会主義共和国連邦と朝鮮民主主義人民共和国間の友好・協助および相互援助に関する条約」モスクワ、一九六一年七月六日、http://untreaty.un.org/unts/1_60000/12/29/00023405.pdf。

（36）中華人民共和国外交部編『中華人民共和国友好条約匯編（中・外文本）』北京、世界知識出版社、一九六五年、四九頁。

（37）Record of Conversation between A.A. Gromyko and Deputy Chairman of the Cabinet of Ministers, Minister of Foreign Affairs of the DPRK Comrade Pak Song-ch'ol, November 20, 1967, in Bernd Schaefer, "North Korean 'Adventurism' and China's Long Shadow, 1966–1972," Working Papers Series #44, Cold War International History Project, Woodrow Wilson International Center for Scholars, October 2004, pp. 42–45.

（38）Memorandum to Holders of Special National Intelligence Estimate Number 14.2–67, Washington, DC, February 29, 1968, in *FRUS, 1964–1968*, p. 398.

（39）国防軍史研究所『建軍五〇年史』ソウル、国防軍史研究所、一九九八年、二三二〜二三三頁。

（40）Telegram From the Embassy in Korea to the Department of State, Seoul, May 14, 1968, in *FRUS, 1964–1968*, pp. 425–426.

（41）Telegram From the Embassy in Korea to the Commander in Chief, Pacific（Sharp）, Seoul, April 16, 1968, in *FRUS, 1964–1968*, p. 418.

（42）"U. S. Policy toward Korea," Paper Prepared by the Policy Planning Council of the Department of State, Washington, DC, June 15, 1968, in *FRUS, 1964–1968*, p. 436.

（43）李文恒『ＪＳＡ』三七〇頁。

（44）Bermudez, *North Korean Special Forces*, 2d ed., pp. 76–77.

（45）李文恒『ＪＳＡ』三七三頁。

（46）金日成「現情勢とわが党の課業」三七九、三八一〜三八二頁。

(47) Merle Pribbenow, "North Korean Pilots in the Skies over Vietnam," North Korea International Documentation Project E-Dossier, no. 2, November 2011, http://www.wilsoncenter.org/sites/default/files/Pribbenow_edossier.pdf なお、北朝鮮のベトナム派兵については次の論文も参照した。宮本悟「朝鮮民主主義人民共和国のベトナム派兵」『現代韓国朝鮮研究』第二号、二〇〇三年二月。

(48) 『労働新聞』一九六六年一一月三〇日、一頁。

(49) "Record of Conversation between Soviet Politburo member Nikolai Podgorny and Kim Chung-wong, 20 January 1967," in Sergey S. Radchenko, "The Soviet Union and the North Korean Seizure of the USS Pueblo: Evidence from Russian Archives," Cold War International History Project, Woodrow Wilson International Center for Scholars, Working Papers Series #47, p. 59.

(50) Telegram From the Embassy in Korea to the Department of State, Seoul, November 22, 1966, in *FRUS, 1964-1968*, pp. 216-220.

(51) Editorial Note, in *FRUS, 1964-1968*, p. 273.

(52) Telegram From the Embassy in Korea to the Department of State, Seoul, September 19, 1967, in *FRUS, 1964-1968*, p. 276.

(53) Summary of Conversations Between President Johnson and President Pak, Honolulu, April 17, 1968, in *FRUS, 1964-1968*, p. 419. 五〇〇〇人の民間人は、南ベトナムの後方地域に配備されていた五〇〇〇～六〇〇〇人を擁する韓国軍一個戦闘部隊を代替することになっており、これによって、同戦闘部隊を他の地域に展開することが可能になるはずであった。

(54) "Additional ROK Troop Contribution to Vietnam," Telegram From the Embassy in Korea to the Department of State, Seoul, November 25, 1967, in *FRUS, 1964-1968*, pp. 291-292.

(55) Summary of Conversations Between President Johnson and President Pak, Honolulu, April 17, 1968, in *FRUS, 1964-1968*, pp. 419-421.

(56) CIA, Directorate of Intelligence, "North Korean Tactics Against South Korea : 1968," *Weekly Summary Special Report*, January 24, 1969, p. 1, in CIA Records Search Tool, Archives II Library, U.S. National Archives and Records Administration.

（57） "Vice President's Meeting with Prime Minister of Korea," Telegram From the Embassy in Vietnam to the Department of State, Saigon, October 31, 1967, in *FRUS, 1964-1968*, pp. 286-287.

（58） "North Korean Harassment and U. S. Commitments," Memorandum of Conversation, Washington, DC, November 13, 1967, footnote no. 2, in *FRUS, 1964-1968*, p. 289.

（59） Memorandum to Holders of Special National Intelligence Estimate Number 14.2-67, Washington, DC, February 29, 1968, in *FRUS, 1964-1968*, pp. 397-398.

（60） 『労働新聞』一九六六年一一月六日、一頁。

（61） Telegram From the Embassy in Korea to the Department of State, Seoul, November 29, 1966, in *FRUS, 1964-1968*, p. 222.

（62） Ibid., p. 223.

（63） Footnote no. 7, in *FRUS, 1964-1968*, p. 272.

（64） CIA, "Kim Il-Sung's New Military Adventurism," pp. 2-5.

（65） Bolger, *Scenes from an Unfinished War*, p. 47.

（66） Ibid., pp. 47-55.

（67） "Conflict & Tension on the Korean Peninsula ! A Chronology," p. 17. 国防部『国防白書　一九九九』ソウル、国防部、一九九九年、二八六頁。

（68） Bolger, *Scenes from an Unfinished War*, pp. 52 and 54.

（69） 国防軍史研究所『国防史年表　一九四五〜一九九〇』ソウル、国防軍史研究所、一九九四年、三一九頁。

（70） 国防軍史研究所『建軍五〇年史』二四一頁。

（71） Bolger, *Scenes from an Unfinished War*, pp. 47-48, 78 and 108.

第3章　プエブロ号事件——一九六八年

（1） 特に断りのない限り、プエブロ号事件についての記述は次の資料に依拠している。"Findings of Fact, Opinions and Recommendations of a Court of Inquiry, Convened by Order of Commander in Chief, United States Pacific Fleet to Inquire into the Circumstances relating to the Seizure of USS Pueblo（AGER-2）by North Korean Naval Forces which Occurred in the Sea of Japan on 23 January 1968 and the Subsequent Detention of the Vessel and the Officers and Crew," from Harold G. Bowen, Jr. to Commander in Chief, U.S. Pacific Fleet, April 9, 1969 ; U.S. Congress, House, Hearings before the Special Subcommittee on the U.S.S. *Pueblo* of the Committee on Armed Services, *Inquiry into the U.S.S. Pueblo and EC-121 Plane Incidents*, 91st Congress, First Session, March 4, 5, 6, 10, 14, 17, 19, 20, April 25 and 28, 1969, House Armed Services Committee no. 91-101, U.S. Government Printing Office, 1969 ; Trevor Armbrister, *A Matter of Accountability : The True Story of the Pueblo Affair*, New York : Coward-McCann, 1970 ; Donald S. Zagoria and Janet D. Zagoria, "Crisis on the Korean Peninsula," in Barry M. Blechman, Stephen S. Kaplan, et al. *Diplomacy of Power : Soviet Armed Forces as a Political Instrument*, Brookings Institution, 1981 ; Ralph McClintock, "*Pueblo* Incident : AGER Program Background," http://www.ussPueblo.org/v2f/background/agerback.html ; Harry Iredale, "*Pueblo* Incident : Attacked by North Korean Military Forces," http://www.ussPueblo.org/v2f/attack/attacked.htm ; and Christian F. Ostermann and James F. Person, eds., *Crisis and Confrontation on the Korean Peninsula, 1968-1969 : A Critical Oral History*, Washington, DC : Woodrow Wilson International Center for Scholars, 2011.

(2) Iredale, "*Pueblo* Incident."

(3) 朝鮮日報『月刊朝鮮』編『金正日——その衝撃の実像』黄民基訳、講談社、一九九四年、二〇九頁。

(4) U.S. Congress, *Inquiry*, p. 1642 ; and James Bamford, *Body of Secrets : Anatomy of the Ultra-Secret National Security Agency*, New York : Anchor Books, 2002, p. 251.

(5) Armbrister, *A Matter of Accountability*, p. 26.

(6) 軍事停戦委員会は停戦協定の実施を監督し、協定違反があった場合などに必要な協議を行う組織である。

(7) 『労働新聞』一九六八年一月二五日、四頁。

(8) Military Armistice Commission (MAC), United Nations Command (UNC) Component, "Two Hundred and Sixty-First Meeting of the Military Armistice Commission," January 24, 1968, pp. 10-11 and 20.

(9) 宋孝淳『北傀挑発三〇年』ソウル、北韓研究所、一九七八年、六一頁。

(10) "Notes of the President's Luncheon Meeting," Notes of Meeting, Washington, DC, January 25, 1968, in U.S. Department of State, *Foreign Relations of the United States, 1964-1968*, vol. 29, part 1, *Korea* [hereafter *FRUS, 1964-1968*], U.S. Government Printing Office, 2000, p. 510 ; and "On the current problems of the international situation and on the struggle

of the CPSU for the unity of the international communist movement," Excerpt from a speech by Leonid Brezhnev at the April (1968) CC CPSU Plenum, April 9, 1968, in Sergey S. Radchenko, "The Soviet Union and the North Korean Seizure of the USS *Pueblo*: Evidence from Russian Archives," Cold War International History Project, Woodrow Wilson International Center for Scholars, Working Papers Series, no. 47, p. 64.

（11） Telegram From the Embassy in Korea to the Department of State, Seoul, January 27, 1968, in *FRUS, 1964–1968*, p. 536.

（12） 『労働新聞』一九八六年二月九日、一頁。金日成「朝鮮人民軍創建二〇周年を迎えて」英雄的朝鮮人民軍創建二〇周年慶祝宴会で行った演説（一九六八年二月八日）『金日成著作集』第二二巻、平壌、朝鮮労働党出版社、一九八三年、七頁。

（13） "Summary Minutes of *Pueblo* Group," Summary Minutes of Meeting, Washington, DC, January 24, 1968, in *FRUS, 1964–1968*, p. 469.

（14） "Notes of the President's Meeting," Notes of Meeting, Washington, DC, January 24, 1968, in *FRUS, 1964–1968*, pp. 493–494.

（15） "Meeting on Korean Crisis Without the President," Minutes of Meeting, Washington, DC, January 24, 1968, in *FRUS, 1964–1968*, pp. 489–491.

（16） Department of State, Korea Task Force, "Situation Report," January 31, 1968, in James Person, Mitch Lerner, Shin Jong-dae, Erin Choi, Eunice Eun, Grace Jeon, Charles Kraus, Kevin Shepard and Min Heeseon, compiled, *Crisis and Confrontation on the Korean Peninsula, 1968–1969: A Critical Oral History*, September 2008 Conference material, part 1, Woodrow Wilson International Center for Scholars, 2008, p. 241.

（17） Zagoria and Zagoria, "Crises on the Korean Peninsula," p. 360.

（18） "Notes of the President's Breakfast Meeting," Notes of Meeting, Washington, DC, January 25, 1968, in *FRUS, 1964–1968*, p. 502.

（19） Central Intelligence Agency, Center for the Study of Intelligence, "Looking for the *Pueblo*," https://www.cia.gov/library/center-for-the-study-of-intelligence/csi-publications/books-and-monographs/a-12/finding-a-mission.html.

（20） ジェームズ・リー「『板門店の生き証人』――ジェームズ・リー肉声証言②」『新東亜』一九九八年一月号、http://

www.donga.com/docs/magazine/new_donga/9801/nd98010260.html。

(21) "Notes of the President's Breakfast Meeting," in *FRUS, 1964-1968*, pp. 500-501.

(22) "Notes on the President's Thursday Night Meeting on the *Pueblo* Incident," Notes of Meeting, Washington, DC, January 25, 1968, in *FRUS, 1964-1968*, p. 519.

(23) Report on Meeting of the Advisory Group, Washington, DC, January 29, 1968, in *FRUS, 1964-1968*, p. 559.

(24) Editorial Note, in *FRUS, 1964-1968*, pp. 570-571.

(25) 一九六八年六月、米太平洋軍司令官は非公式の場で、韓国陸軍組織内のすべてのレベルで米国の影響力と統制力を維持し、緊張時においてはこれに自制を促し、プエブロ号事件後の戦力増強や軍の現代化の過程においてはアドバイザーとしての米国の役割を維持することが「最重要事項（of the utmost importance)」であると論じた。Historical Branch, Office of the Joint Secretary, Headquarters CINCPAC, *Commander in Chief Pacific : Command History 1968*, vol. II, Hawaii : Camp H. M. Smith, 1969, p. 61.

(26) "Briefing of ROK Minister of Defense on *Pueblo* incident," Telegram From the Commander in Chief, United Nations Command, and Commander of United States, Korea（Bonesteel）to the Commander in Chief, Pacific（Sharp）, Seoul, January 23, 1968, in *FRUS, 1964-1968*, p. 463.

(27) Notes of the President's Meeting With Cyrus R. Vance, Washington, DC, February 15, 1968, in *FRUS, 1964-1968*, pp. 376-377 ; and "The Objectives of My Mission," Memorandum From Cyrus R. Vance to President Johnson, Washington, DC, February 20, 1968, in *FRUS, 1964-1968*, p. 385.

(28) Daniel P. Bolger, *Scenes from an Unfinished War : Low-Intensity Conflict in Korea, 1966-1969*, U. S. Government Printing Office, 1991, p. 49.

(29) Telegram From the Department of State to the Embassy in Korea, Washington, DC, January 23, 1968, in *FRUS, 1964-1968*, p. 466.

(30) Telegram From the Embassy in Korea to the Department of State, Seoul, January 28, 1968, in *FRUS, 1964-1968*, p. 541.

(31) Telegram From the Embassy in Korea to the Department of State, Seoul, February 4, 1968, in *FRUS, 1964-1968*, pp. 324-325.

(32) Telegram From the Embassy in Korea to the Department of State, Seoul, February 6, 1968, in *FRUS, 1964–1968*, pp. 331–334.

(33) "Mission of Cyrus R. Vance," Special Instruction, Paper Prepared in the Department of State, Washington, DC, undated, in *FRUS, 1964–1968*, pp. 355–356.

(34) "The Objectives of My Mission," in *FRUS, 1964–1968*, p. 385.

(35) "Next Korean Moves," Memorandum From Alfred Jenkins of the National Security Council Staff to the President's Special Assistant (Rostow), Washington, DC, February 2, 1968, in *FRUS, 1964–1968*, p. 584.

(36) "*Pueblo*-Policy Issues Raised at Second Meeting of Senior Representatives," Memorandum From the Director of the Korean Task Force (Berger) to Secretary of State Rusk, Washington, DC, February 4, 1968, in *FRUS, 1964–1968*, p. 602.

(37) "Summary of Panmunjom Meeting February 4," Telegram From the Embassy in Korea to the Department of State, Seoul, February 4, 1968, in *FRUS, 1964–1968*, p. 598 ; Telegram From the Department of State to the Embassy in Korea, Washington, DC, February 4, 1968, in *FRUS, 1964–1968*, p. 605 ; "Summary of Panmunjom Meeting, Feb. 5," Telegram From the Embassy in Korea to the Department of State, Seoul, February 5, 1968, in *FRUS, 1964–1968*, p. 608. 李文恒『ＪＳＡ——板門店（一九五三～一九九四）』ソウル、小花、二〇〇一年、三一、三三、四一頁。

(38) "Panmunjom Talks–Next Steps," Action Memorandum From the Director of the Korean Task Force (Berger) to Secretary of State Rusk, Washington, DC, February 7, 1968, in *FRUS, 1964–1968*, p. 616.

(39) Footnote no. 6, in *FRUS, 1964–1968*, p. 618.

(40) "5th Closed Senior MAC Members Meeting Feb 10," Telegram From the Embassy in Korea to the Department of State, Seoul, February 10, 1968, in *FRUS, 1964–1968*, p. 621.

(41) "Sixth Closed Meeting at Panmunjom," Action Memorandum From the Director of the Korean Task Force (Berger) to Secretary of State Rusk, Washington, DC, February 15, 1968, in *FRUS, 1964–1968*, p. 624.

(42) 『労働新聞』一九六八年二月一八日、二頁。

(43) Telegram From the Department of State to the Embassy in Korea, Washington, DC, February 7, 1968, in *FRUS, 1964–1968*, p. 338.

(44) "USS *Pueblo*," Memorandum From Secretary of State Rusk to President Johnson, Washington, DC, March 14, 1968, in

FRUS, 1964-1968, p. 666.

(45) "*Pueblo*," Telegram From the Embassy in the Soviet Union to the Department of State, Moscow, March 26, 1968, in *FRUS, 1964-1968*, p. 675.

(46) "*Pueblo*," Memorandum of Conversation, Washington, DC, August 13, 1968, in *FRUS, 1964-1968*, p. 694.

(47) "Eleventh Senior MAC Members Meeting at Panmunjom, March 9, 1968," Telegram From the Embassy in Korea to the Department of State, Seoul, March 9, 1968, in *FRUS, 1964-1968*, p. 656.

(48) "Summary of Sixteenth Senior MAC Members Meeting at Panmunjom, May 8, 1968," Telegram From the Embassy in Korea to the Department of State, Seoul, May 8, 1968, in *FRUS, 1964-1968*, p. 684.

(49) Action Memorandum From the President's Special Assistant (Rostow) to President Johnson, Washington, DC, May 19, 1968, in *FRUS, 1964-1968*, p. 688.

(50) "Status of *Pueblo* Talks at Panmunjom," Action Memorandum From the Deputy Assistant Secretary of State for East Asian and Pacific Affairs (Brown) to Secretary of State Rusk, Washington, DC, September 4, 1968, in *FRUS, 1964-1968*, p. 698.

(51) "22nd Senior MAC Members Closed Mtg [Meeting] and Panmunjom Sep 30, 1968," Telegram From the Embassy in Korea to the Department of State, Seoul, September 30, 1968, in *FRUS, 1964-1968*, pp. 707-708, and 711.

(52) Editorial Note, in *FRUS, 1964-1968*, pp. 740-741.

(53) Ibid., pp. 742-744.

(54) 「大同江畔に展示された『プエブロ』号に光を当ててみる――『韓民戦』平壌代表」『朝鮮中央通信』一九九九年一二月七日。

(55) Editorial Note, in *FRUS, 1964-1968*, p. 461 ; and "Notes of the President's Breakfast Meeting," in *FRUS, 1964-1968*, p. 501.

(56) Benjamin Welles, "North Korean Military Linked to 1966 Meeting," *New York Times*, February 1, 1968, as quoted in Seung-Hwan Kim, *The Soviet Union and North Korea : Soviet Asian Strategy and Its Implications for the Korean Peninsula, 1964-1968*, Seoul : Research Center for Peace and Unification of Korea, 1988, p. 155.

(57) "North and South Korean Forces," Annex to "The Likelihood of Major Hostilities in Korea," Special National Intelligence

Estimate, SNIE 14.2-68, Washington, DC, May 16, 1968, in *FRUS, 1964-1968*, p. 432.

(58) "Summary Minutes of Pueblo Group," in *FRUS, 1964-1968*, p. 475 ; "Notes of the President's Meeting With the National Security Council," Notes of Meeting, Washington, DC, January 24, 1968, in *FRUS, 1964-1968*, p. 477 ; and Armbrister, *A Matter of Accountability*, p. 239.

(59) "Notes of the President's Meeting with the Joint Chiefs of Staff," Notes of Meeting, Washington, DC, January 29, 1968, in *FRUS, 1964-1968*, p. 560 ; and U. S. Congress, *Inquiry*, p. 916.

(60) Central Intelligence Agency, "Kim Il-Sung's New Military Adventurism," Intelligence Report, November 26, 1968, in ESAU papers, no. 39, "Cold War Era Hard Target Analysis of Soviet and Chinese Policy and Decision Making, 1953-1973," Central Intelligence Agency Information Management Services, p. 41, http://www.foia.cia.gov/CPE/ESAU/esau-39.pdf.

(61) "Notes of the President's Meeting With the National Security Council," in *FRUS, 1964-1968*, p. 477.

(62) "Meeting on Korean Crisis Without the President," in *FRUS, 1964-1968*, p. 489.

(63) Radchenko, "The Soviet Union and the North Korean Seizure of the USS *Pueblo*," p. 20.

(64) Record of Conversation between Soviet Deputy Foreign Minister Vasily Kuznetsov and the North Korean Ambassador to the Soviet Union Kim Pyong-chik, 21 May 1965, in Radchenko, "The Soviet Union and the North Korean Seizure of the USS *Pueblo*," p. 44.

(65) Telegram From the Department of State to the Embassy in the Soviet Union, Washington, DC, February 6, 1968, in *FRUS, 1964-1968*, pp. 609-611.

(66) "Notes of the President's Foreign Affairs Luncheon," Notes of Meeting, Washington, DC, January 30, 1968, in *FRUS, 1964-1968*, p. 574.

(67) Radchenko, "The Soviet Union and the North Korean Seizure of the USS *Pueblo*."

(68) "On the current problems of the international situation," pp. 65-66.

(69) Record of Conversation between Chairman of the Council of Ministers of the USSR Aleksei Kosygin and North Korean Ambassador in the USSR Chon Tu-hwan, May 6, 1968, in Radchenko, "The Soviet Union and the North Korean Seizure of the USS *Pueblo*," pp. 70-71.

(70) "Panmunjom Talks-Next Steps," in *FRUS, 1964-1968*, p. 616.

(71) "Notes of the President's Breakfast Meeting," in *FRUS, 1964-1968*, p. 502.
(72) Robert R. Simmons, *The Pueblo, EC-121, and Mayaguez Incidents : Some Continuities and Changes*, Occasional Papers/Reprints Series in Contemporary Asian Studies, no. 8, School of Law, University of Maryland, 1978, p. 12.
(73) "Report, Embassy of Hungary in the Soviet Union to the Hungarian Foreign Ministry," January 30, 1968, obtained from James Person, North Korea International Documentation Project (NKIDP), Woodrow Wilson International Center for Scholars [unpublished].
(74) "Notes of the President's Luncheon Meeting With Senior American Advisors," Notes of Meeting, Washington, DC, January 29, 1968, in *FRUS, 1964-1968*, p. 567.
(75) Simmons, *The Pueblo, EC-121, and Mayaguez Incidents*, p. 3.
(76) "North Korean Intentions," Memorandum From Director of Central Intelligence Helms to Secretary Defense McNamara, Washington, DC, January 23, 1968, in *FRUS, 1964-1968*, p. 465.
(77) *Jane's Fighting Ships, 1987-88*, London : Jane's Publishing Company, no publication year indicated, pp. 330-331.
(78) "Summary of Fourteenth Senior MAC Members Meeting at Panmunjom, April 11, 1968," Telegram From the Embassy in Korea to the Department of State, Seoul, April 11, 1968, in *FRUS, 1964-1968*, p. 678.
(79) "Eighteenth *Pueblo* Meeting," Telegram From the Embassy in Korea to the Department of State, Seoul, June 27, 1968, in *FRUS, 1964-1968*, p. 693.
(80) U. S. Congress, *Inquiry*, pp. 922-923.
(81) Editorial Note, in *FRUS, 1964-1968*, p. 744.
(82) Ibid., pp. 742-744.
(83) Footnote no. 3, in *FRUS, 1964-1968*, p. 629.
(84) Footnote no. 4, in *FRUS, 1964-1968*, p. 480.
(85) Editorial Note, in *FRUS, 1964-1968*, p. 743.
(86) Ibid. ; and Bamford, *Body of Secrets*, pp. 276-277.
(87) Bamford, *Body of Secrets*, p. 277.
(88) Merle Pribbenow, "North Korean Pilots in the Skies over Vietnam," North Korea International Documentation Project

E-Dossier, no. 2, November 2011, http://www.wilsoncenter.org/sites/default/files/Pribbenow_edossier.pdf; and "Notes of the President's Meeting With the National Security Council," in *FRUS, 1964-1968*, p. 480.

（89）"Summary Minutes of Pueblo Group," in *FRUS, 1964-1968*, p. 470; and "Notes of the President's Breakfast Meeting," in *FRUS, 1964-1968*, p. 501.

（90）"Summary Minutes of Pueblo Group," in *FRUS, 1964-1968*, p. 471.

（91）Ibid., p. 470.

（92）Central Intelligence Agency, "Confrontation in Korea," January 24, 1968, in CIA Records Search Tool, Archives II Library, U. S. National Archives and Records Administration, p. 2.

（93）"Study of Tension in the Korean Area（Military Part）," Czechoslovakian Ministry of Foreign Affairs, File no. 020.873/68-3, February 4, 1968, obtained from the Czech Foreign Ministry Archive by NKIDP and translated for NKIDP by Adolf Kotlik, in James Person, ed., *New Evidence on North Korea*, NKIDP, June 2010, pp. 167-168.

（94）"Thirteenth senior MAC members meeting at Panmunjom," Telegram From the Embassy in Korea to the Department of State, Seoul, March 28, 1968, in *FRUS, 1964-1968*, p. 676.

（95）金一「社会主義経済建設の当面の課業について」朝鮮労働党代表者会で行った報告（一九六六年一〇月）『勤労者』一九六六年一〇号、六四頁。

（96）金日成「醸成された情勢に対処し、戦争準備をうまく行うことについて」党中央委員会副部長以上の活動家たちと道党責任秘書たちの前で行った演説（一九六八年三月二一日）『金日成著作集』第二二巻、八四〜八六頁。

（97）軍首脳の粛清についての分析については次を参照せよ。鐸木昌之「朝鮮人民軍における唯一思想体系の確立――『軍閥官僚主義者』の粛清と非対称戦略の完成」伊豆見元・張達重編『金正日体制の北朝鮮――政治・外交・経済・思想』慶應義塾大学出版会、二〇〇四年、一四九〜一九〇頁。

（98）中央情報部『北傀軍事戦略資料集』ソウル、中央情報部、一九七四年、三三〇頁。

（99）崔賢「共和国北半部に不法侵入し、偵察活動を敢行した米帝侵略軍の大型偵察機を打ち落とした朝鮮人民軍第八九六軍部隊の将兵たちへ」朝鮮民主主義人民共和国民族保衛相命令第二四号（一九六九年四月一七日）『労働新聞』一九六九年四月一七日、一頁。

（100）金日成「祝賀文　共和国北半部に不法侵入し、偵察活動を敢行した米帝侵略軍の大型偵察機を打ち落とした朝鮮人民

軍第四四七軍部隊の将兵たちへ」（一九六九年四月一六日）『金日成著作集』第二三巻、平壌、朝鮮労働党出版社、一九八三年、五〇五～五〇六頁。

第4章　西海事件――一九七三～七六年

（1）特に断りのない限り、西海事件についての記述は次の資料に依拠している。「北韓の西海岸五個島嶼接続水域侵犯事件（一九七三年一一月一九日～一二月一九日）」全二巻、一九七三年、韓国外交史料館所蔵、第一巻「基本文書」分類番号七二九・五五、登録番号六一二八、第二巻「資料集」分類番号七二九・五五、登録番号六一二九。大韓民国国会事務処『第八八回　国会会議録』第一七号、一九七三年一二月二日、三六～三七頁。大韓民国国会事務処『第八八回国会国防委員会会議録』第一六号、一九七三年一二月一〇日、一〇～一七頁。大韓民国国会事務処『第九一回国会　国防委員会会議録』第一号、一九七五年三月一三日、二～四頁。金昌順他編『北韓総覧』ソウル、北韓研究所、一九八三年、一六五七頁。康仁徳（極東問題研究所）編『北韓全書　一九四五～一九八〇』ソウル、極東問題研究所、一九八〇年、七六一頁。国防部『国防白書　一九九一～一九九二』ソウル、国防部、一九九一年、四三二～四三三頁。李基鐸「韓半島の新しい軍事環境と海洋における安保」『Strategy 21』第一号、一九九八年。キム・ヨンサム「韓国海軍の切歯腐心――56艦沈没後、三二年ぶりに北韓に復讐する」『月刊朝鮮』一九九九年七月。李基鐸「西海の戦略的な重要性と問題点――国防戦略担当者らに知らせる」『軍事世界』一九九九年八月、二七～三〇頁。James M. Lee, "History of Korea's MDL [Military Demarcation Line] & Reduction of Tension along the DMZ and Western Sea through Confidence Building Measures between North and South Korea," in Chae-Han Kim, ed., *The Korean DMZ: Reverting beyond Division*, Seoul: Sowha, 2001, pp. 87–97.

（2）なお、国連軍司令部は西海五島を「北西諸島（Northwest Islands）」と称している。

（3）Military Armistice Commission（MAC）, United Nations Command（UNC）Component, "Three Hundred and Forty-Sixth Meeting of the Military Armistice Commission," December 1, 1973, pp. 8-9 and 15.『ソウル新聞』一九七三年一二月三日、一頁。

（4）国土統一院「西海五個島嶼とその関連問題に関する研究」国統政七七―一―一三六、ソウル、国土統一院、一九七七年、一一頁。

（5）特に断りのない限り、第三四六次軍事停戦委員会の内容は次の資料に依拠している。MAC, UNC Component, "Three

Hundred and Forty-Sixth Meeting"; and "Summary 346th Military Armistice Commission Meeting," Telegram from CINCUNC to JCS, December 1, 1973.

（6） MAC, UNC Component, "Three Hundred and Forty-Sixth Meeting," pp. 5-6.『労働新聞』一九七三年一二月三日、四頁。

（7） Ibid.

（8） Ibid.

（9）『労働新聞』一九七三年一二月三日、四頁。

（10） "Summary 346th Military Armistice Commission Meeting."

（11）『ソウル新聞』一九七三年一二月三日、一頁。

（12） *Korea Times*, December 8, 1973, p. 1.

（13） *Korea Times*, December 11, 1973, p. 1.

（14） MAC, UNC Component, "Three Hundred and Forty-Seventh Meeting of the Military Armistice Commission," December 24, 1973, p. 10.

（15） Ibid., pp. 9-10; and *Korea Herald*, December 25, 1973, p. 1.

（16） MAC, UNC Component, "Three Hundred and Forty-Seventh Meeting"; and "Summary 347th Military Armistice Commission Meeting," Telegram from CINCUNC to JCS, December 24, 1973.

（17） MAC, UNC Component, "Three Hundred and Forty-Seventh Meeting," p. 35.

（18） Ibid, p. 43.

（19） "Fishing Boat Incident," Joint Embassy/UNC Message from U. S. embassy in Seoul to Secretary of State, February 19, 1974, Electronic Telegrams, 1/1/1974-12/31/1974（ET 1974）, Central Foreign Policy Files, created, 7/1973-12/1975, documenting the period 1973？［*sic*］-12/1975（CFPF）, Record Group 59（RG 59）, Access to Archival Databases（ADD）, U. S. National Archives and Records Administration（NARA）; "Conflict & Tension on the Korean Peninsula !" p. 42; and *Korea Times*, February 16, 1974, p. 1. 南北会談事務局『南北対話』第四号、一九七三年一二月～一九七四年二月、http://dialogue.unikorea.go.kr/bbs/filedn.asp?file = dialogue/ 제 04 호(197312～197402).hwp。

（20） "Fishing Boat Incident."

（21）「西海岸漁船被撃および拉北事件、一九七四・二・一五」全二巻、一九七四年、韓国外交史料館所蔵の第一巻「基本文書」分類番号七二九・五五、登録番号一二二四八―七一七五に所収の「南北直通電話通話報告」一九七四年二月一六日、一九頁（通し番号一七三―二）。韓国漁船の位置に関する南北双方の主張については同史料所収の国際弘報社「二・一五事件に対する北傀主張の虚構性暴露〈広報資料〉Ⅰ」一六頁（通し番号一二九）を参照せよ。

（22）"The February 15th Incident," Telegram from Romanian Embassy in Pyongyang to the Romanian Ministry of Foreign Affairs, Bucharest, February 21, 1974, and "The February 15th Incident," Telegram from Romanian Embassy in Pyongyang to the Romanian Ministry of Foreign Affairs, Bucharest, February 25, 1974, in "After Détente : The Korean Peninsula, 1973-1976-A Critical Oral History Conference," briefing book prepared for the conference at the Woodrow Wilson Center, October 31-November 1, 2011, pp. 157-158.

（23）"June 28 ROK Maritime Police Boat Incident," from U. S. embassy in Seoul to Secretary of State, June 28, 2974 ET, 1974, CFPF, RG 59, ADD, NARA ; MAC, UNC Component, "Three Hundred and Fifty-Second Meeting of the Military Armistice Commission," July 1, 1974, pp. 2-7 ; and "Summary 352d Military Armistice Commission Meeting," Telegram from CINCUNC to JCS, July 1, 1974 ; "Conflict & Tension on the Korean Peninsula!" p. 43. 李文恒（James Lee）『ＪＳＡ――板門店（一九五三～一九九四）』ソウル、小花、二〇〇一年、一〇三～一〇四頁。「初公開　『板門店の生き証人』ジェームズ・リー肉声証言①ＤＭＺはない」『新東亜』一九九七年一二月号。南北会談事務局『南北対話　第五号』一九七四年二月～一九七四年七月、http://dialogue.unikorea.go.kr/bbs/filedn.asp?file=dialogue/제05호(197402~197407).hwp。

（24）関連は不明だが、この事件が発生する前の二月一五日、韓国の東海岸の「隣接海域」を侵犯した一隻の北朝鮮の艦艇を韓国側が撃沈するという事件が発生していた。MAC, UNC Component, "Three Hundred and Fifty-Nineth [*sic*] Meeting of the Military Armistice Commission," February 21, 1975, pp. 5-6 ; and "Summary 359th Military Armistice Commission Meeting," Telegram from CINCUNC to JCS, February 21, 1975.

（25）Telegram from Romanian Embassy in Pyongyang to the Romanian Ministry of Foreign Affairs, Bucharest, "Yellow Sea Incident," March 1, 1975, in "The Origins of the Northern Limit Line Dispute," E-Dossier, no. 6, North Korea International Documentation Project, Woodrow Wilson International Center for Scholars, May 2012, p. 72.

（26）"26-27 February Yellow Sea Incident," Memorandum from Morton Abramowitz, Deputy Assistant Secretary of

Defense, to Mr. Richard Smyser, National Security Council, March 14, 1975, in "After Détente," pp. 344–345.

（27）「西海上交戦事態関連懸案報告」『第二〇四回国会国防委員会会議録第二号』国会事務処、一九九九年六月一七日にある、張正吉・韓国合同参謀本部次長の国会証言。張正吉は沈没した船を「漁労指導船」であったと証言している。「北韓の挑発事件、一九七三～七五年」一九七五年、韓国外交史料館所蔵、分類番号七二九・五五、登録番号八三五九（一二六五）所収の「北韓船舶西海沈没事件、二・二六」に含まれる資料「国防部代弁人発表文」一九七五年二月二六日一九〇〇時、二三頁。韓国軍幹部（予備役）への筆者によるインタビュー、ソウル、二〇〇七年一二月一八日および二〇〇八年一月一七日。MAC, UNC Component, "Three Hundred and Sixtieth Meeting of the Military Armistice Commission," March 3, 1975, pp. 5–6. *Korea Herald*, February 27, 1975, p. 1; and "U.S. Sends Up Planes in Korean Clash," *Associated Press*, February 27, 1975. 金成萬『天安艦と延坪島――西海五島とNLLをどのように守るのか』ソウル、サンジピエンアイ、二〇一一年、四六頁にも関連の記述がある。本件についての北朝鮮側の説明については次を見よ。『労働新聞』一九七五年三月五日、八頁。沈没した北朝鮮の船舶について、当時、韓国側は排水量五〇トン程度のものであったと推定し、北朝鮮側は二〇〇トンのものであったと主張していた。なお、チェ・スンジョ『西海海戦』ソウル、知性の泉、二〇〇七年は、小説の形態をとってはいるが、当時の韓国海軍の動きについて興味深い記述を行っている（特に、四八～四九頁）。

（28）『労働新聞』一九七五年二月二八日、五頁。

（29）Telegram from the American Embassy in Seoul to the Secretary of State, "Yellow Sea Incident between North and South, February 26–27," February 27, 1975, in "The Origins of the Northern Limit Line Dispute," p. 69.

（30）Paul M. Cleveland, interview by author, Washington, DC, October 31, 2011.

（31）韓国軍幹部（予備役）への筆者によるインタビュー、ソウル、二〇〇七年一二月一二日。

（32）柳炳賢・合同参謀本部長の証言。『第九一回国会　国防委員会会議録』第一号、三頁。

（33）MAC, UNC Component, "Three Hundred and Sixtieth Meeting," pp. 6–7; "U.S. Sends Up Planes in Korean Clash"; and *Korea Herald*, February 28, 1975, p. 1.『朝鮮日報』一九七五年二月二八日。

（34）"26–27 February Yellow Sea Incident."

（35）Telegram from the American Embassy in Seoul to the Secretary of State, "Yellow Sea Incident between North and South, February 26–27," February 27, 1975.

（36）『労働新聞』一九七五年三月一日、四頁。
（37）"U.S. Sends Up Planes in Korean Clash."
（38）MAC, UNC Component, "Three Hundred and Sixtieth Meeting," pp. 3-4, 10, 15, and 23-24.
（39）"Summary 360th Military Armistice Commission Meeting," Telegram from CINCUNC to JCS, March 3, 1975. なお、米国政府は内部における議論の中で、船籍不明船に船籍の確認を要請することは合法であるが、船籍不明船がその要請を無視することにも問題がないと指摘していた。事実、米国の艦艇は通常、中国からの船籍確認の要請を無視していた。"Memorandum for Richard Smyser from Morton I. Abramowitz, "26-27 February Yellow Sea Incident (U)," March 14, 1975," in "The Origins of the Northern Limit Line Dispute," p. 77.
（40）「国防部代弁人発表文」一九七五年二月二六日一九〇〇時、二三頁。
（41）「北韓船舶西海沈没事件、二・二六」に所収の「西海事態」一九七五年三月四日、三七頁。
（42）"Memorandum for Richard Smyser from Morton I. Abramowitz, "26-27 February Yellow Sea Incident (U)," March 14, 1975," p. 78.
（43）"Summary Public Affairs Aspects of North Korea Boat/Aircraft Incident," Joint State/DOD Message, from Secretary of State to U.S. embassy in Seoul, February 28, 1975, Electronic Telegrams, 1/1/1975-12/31/1975（ET 1975）, CFPF, RG 59, ADD, NARA.
（44）"Press Coverage of Yellow Sea Incident," Telegram from U.S. embassy in Seoul to Secretary of State, February 28, 1975, ET 1975, CFPF, RG 59, ADD, NARA.
（45）『ソウル新聞』一九七五年三月二五日、一頁。MAC, UNC Component, "Three Hundred and Sixty-Second Meeting of the Military Armistice Commission," May 27, 1975, pp. 25-26 and 51-52.
（46）MAC, UNC Component, "Three Hundred and Sixty-Second Meeting of the Military Armistice Commission," May 27, 1975, pp. 25-26 and 51-52.
（47）米国側は、自国が黄海における南北の紛争に巻き込まれるのを懸念していた。"Memorandum of Conversation," White House, March 27, 1975, in "After Détente," p. 352. 李基鐸「韓半島の新しい軍事環境と海洋における安保」二六九頁。
（48）国土統一院「西海五個島嶼とその関連問題に関する研究」一七頁。

(49) Memorandum of Conversation, Minister of Defense Suh Jyong-chul, Secretary of Defense James R. Schlesinger, and others, August 26, 1975, attachment of Memorandum for Brent Scowcroft from Howard D. Graves, September 9, 1975, in "After Détente," p. 535. 権栄基「西海五島は『火薬庫』韓半島の雷管」『月刊朝鮮』一九九九年七月号、六五〇頁。

(50) MAC, UNC Component, "Three Hundred and Sixty-Second Meeting," p. 26.

(51) MAC, UNC Component, "Three Hundred and Sixty-Third Meeting of the Military Armistice Commission," June 11, 1975, p. 4.

(52) 『ソウル新聞』一九七五年六月一一日、一頁。

(53) MAC, UNC Component, "Three Hundred and Sixty-Sixth Meeting of the Military Armistice Commission," July 30, 1975, p. 7.

(54) MAC, UNC Component, "Three Hundred and Seventy-First Meeting of the Military Armistice Commission," February 26, 1976, p. 13.『合同年鑑　一九七七』ソウル、合同年鑑社、一九七七年、九一頁。

(55) 国土統一院「西海五個島嶼とその関連問題に関する研究」一一頁。

(56) 一九七三年一二月の時点で、すでに金日成は労働党幹部に対して米朝平和協定締結の意向を示していた。金日成「本年の事業総和と来年の事業方向について」朝鮮労働党中央委員会政治委員会で行った演説（一九七三年一二月三一日）『金日成著作集』第二八巻、平壌、朝鮮労働党出版社、一九八四年、六四二頁。

(57) 『労働新聞』一九七四年三月二六日、二頁。

(58) 同右。

(59) 同右。

(60) 同右。

(61) "Agreement on Ending the War and Restoring Peace in Vietnam," signed in Paris and entered into force January 27, 1973. 諸成鎬『韓半島平和体制の摸索——法規範的接近を中心に』ソウル、チピョン書院、二〇〇〇年、一一〇～一一一頁。

(62) 国土統一院「西海五個島嶼とその関連問題に関する研究」九頁。

(63) 「朝鮮人民軍最高司令官および中国人民志願軍司令員を一方とし、連合国軍総司令官を他の一方とする朝鮮軍事停戦に関する協定（以下、停戦協定）」『朝鮮中央年鑑（一九五三）』平壌、朝鮮中央通信社、一九五三年、一四八頁。

Agreement between the Commander-in-Chief, United Nations Command, on the One Hand, and the Supreme Commander of the Korean People's Army and the Commander of the Chinese People's Volunteers, on the Other Hand, Concerning a Military Armistice in Korea, July 27, 1953.

(64) 国土統一院「西海五個島嶼とその関連問題に関する研究」一〇、一一九、一二二〜一二五頁。

(65)「停戦協定」一四九頁。

(66) 国連軍司令部の立場については、次の文書に詳しい記述がある。"Questions Regarding Northern Limit Line," Telegram from Secretary of State to U.S. embassy in Seoul, December 22, 1973, Electronic Telegrams, 1/1/1973.12/31/1973 (ET 1973), CFPF, RG 59, ADD, NARA. 北朝鮮は明確に一二カイリの「隣接海域」を主張したわけではなかったが、その声明や行動から、同国がそのような主張を持っていることは明らかであった。

(67) 国土統一院「西海五個島嶼とその関連問題に関する研究」一三三頁。

(68) 金栄球『韓国と海の国際法』ソウル、韓国海洋戦略研究所、一九九九年、一一四頁。

(69) 国土統一院「西海五個島嶼とその関連問題に関する研究」一〇〇頁。ただし、一二カイリの範囲は、基線をどこに引くかによって変化する。

(70) Hugo Caminos, *The Legal Régime of Straits in the 1982 United Nations Convention on the Law of the Sea*, The Hague : Kluwer International, 1987, p. 82.

(71) 金栄球『韓国と海の国際法』一五頁。

(72) "Developments along Northern Limit Line," Joint Embassy/UNC Message from U.S. embassy in Seoul to Secretary of State, December 1, 1973, ET 1973, CFPF, RG 59, ADD, NARA, p. 2.

(73) "Questions Regarding Northern Limit Line."

(74) "Northern Limit Line : Defining Contiguous Waters," Joint Embassy/UNC Message from Secretary of State to U.S. embassy in Tokyo, January 7, 1974, ET 1974, CFPF, RG 59, ADD, NARA.

(75)「北韓の西海岸五個島嶼接続水域侵犯事件」第一巻所収の「西海岸事態に関する法的考察」一九七三年一二月、七八〜八〇頁。

(76) 韓国が一二カイリ領海を受け入れたのは、西海での北朝鮮の活発な活動が終息したのちの一九七七年一二月のことであった。United Nations, "Territorial Sea Law No. 3037 of 31 December 1977," http://www.un.org/Depts/los/LEGISLA-

TIONANDTREATIES/PDFFILES/KOR_1977_Law.pdf; and United Nations, "Enforcement Decree of the Territorial Seas Act, promulgated by Presidential Decree No. 9162, 20 September 1978," http://www.un.org/Depts/los/LEGISLATIONANDTREATIES/PDFFILES/KOR_1978_Decree.pdf.

（77）"United Nations Convention on the Law of the Sea," http://www.un.org/Depts/los/convention_agreements/texts/unclos/closindx.htm.

（78）Lee, "History of Korea's MDL & Reduction of Tension along the DMZ and Western Sea," p. 88.「停戦協定」一四九頁。

（79）許萬鎬「休戦体制の登場と変化」韓国政治外交学会編『韓国戦争と休戦体制』ソウル、集文堂、一九九八年、一六七～一六八頁。

（80）統一部「西海海上境界線問題」報道参考資料、一九九九年六月一〇日。国防委員会における林福鎭委員の発言、「北韓警備艇西海ＮＬＬ侵犯事件等懸案報告」大韓民国国会事務処『第二〇四回国会　国防委員会会議録』第一号、一九九九年六月一〇日。

（81）ＮＬＬに関する記述は次の資料に基づいている。国防部『国防白書　一九九九』ソウル、国防部、一九九九年、六六頁。統一部「西海海上境界線問題」。金成萬『天安艦と延坪島』一八～一九頁。黄海のＮＬＬの座標は以下の通りである。（37° 42′ 45″ N, 126° 06′ 40″ E）（37° 39′ 30″ N, 126° 01′ 00″ E）（37° 42′ 53″ N, 125° 45′ 00″ E）（37° 41′ 30″ N, 125° 41′ 52″ E）（37° 41′ 25″ N, 125° 40′ 00″ E）（37° 40′ 55″ N, 125° 31′ 00″ E）（37° 35′ 00″ N, 125° 14′ 30″ E）（37° 38′ 15″ N, 125° 02′ 50″ E）（37° 46′ 00″ N, 124° 51′ 00″ E）（38° 00′ 00″ N, 124° 51′ 00″ E）（38° 03′ 00″ N, 124° 38′ 00″ E）（38° 03′ 00″ N, 124° 25′ 00″ E）.「北韓の西海岸五個島嶼接続水域侵犯事件（一九七三年一一月一九日～一二月一九日）」第一巻に収録されている "Northern Limit Line (NLL)," CINCUNC OPLAN 5027A, February 15, 1973, p. C-9, serial p. 20. なお、金成萬によれば、ＮＬＬの設定根拠は、国連軍司令部側では「停戦交戦規則一節　一般指針　九―マ項　北方限界線（一九五三年八月三〇日）」であり、韓国側では「海本機密一二三五号（一九五三年八月三〇日）休戦期間中の韓国海軍艦艇に対する作戦指示」であるという。金成萬『天安艦と延坪島』二一～二二頁。ただし、このような文書は見つかっていないとの見解や、一九五三年にＮＬＬが設定されたとの証拠はないとの証言もある。李東馥およびジェームズ・リーの証言。"The Korean Peninsula after Détente, 1973–1976: A Critical Oral History," Conference organized by the Woodrow Wilson International Center for Scholars, Washington, DC, October 31–November 1, 2011. なお、日本海においては、地上の軍事分界線の東端を日本海側に延長した、二一八カイリの長さを持つ「北方境界線（Northern Boundary Line――ＮＢ

L)」が設定されたが、一九九六年に「国連軍司令部／米韓連合軍司令部停戦時交戦規則（United Nations Command/Combined Forces Command Armistice Rules of Engagement)」の改正に伴い「北方限界線（NLL)」と改称された。金成萬『天安艦と延坪島』二三頁。

(82) 国防部「西海交戦関連、我々の立場」『国防消息』第一〇七号、一九九九年九月。

(83) 国土統一院「西海五個島嶼とその関連問題に関する研究」一三一～一三二頁。

(84) 柳在敏「南北韓不可侵境界線協商と限界――西海海上不可侵境界線を中心に」国防大学院『九八安保課程　優秀論文集』第四輯、ソウル、国防大学院、一九九八年、一二、一五、三七頁。

(85) Central Intelligence Agency（CIA）, “Korean Fishing Areas in the Yellow Sea : Spawning Ground for Maritime Conflict,” GCR-RP 75-20, May 1975, CIA Records Search Tool（CREST）, Archives II Library, U. S. National Archives and Records Administration, p. 2.

(86) Ibid., pp. 3-4.

(87) 国土統一院「西海五個島嶼とその関連問題に関する研究」九〇頁。Lee, “History of Korea's MDL & Reduction of Tension along the DMZ and Western Sea,” pp. 96-97.

(88) “North Korean Activities In Yellow Sea : ROK Request to Convey Firm Message to DPRK,” Telegram from U. S. embassy in Seoul to Secretary of State, December 2, 1973, ET 1973, CFPF, RG 59, ADD, NARA.

(89) “ROKG Legal Memorandum on Northwest Coastal Incidents,” Joint State/Defense Message from Secretary of State to U. S. embassy in Seoul, December 22, 1973, ET 1973, CFPF, RG 59, ADD, NARA.

(90) *Korea Times*, February 16, 1974, p. 1.

(91) 『中央日報』一九九六年一〇月六日、一三頁。

(92) MAC, UNC Component, “Three Hundred and Second Meeting of the Military Armistice Commission,” June 9, 1970, pp. 5-6 ; and Lee, “History of Korea's MDL & Reduction of Tension along the DMZ and Western Sea,” p. 89.

(93) International Institute for Strategic Studies, *The Military Balance, 1973-1974*, International Institute for Strategic Studies, 1973, p. 53.

(94) *Jane's Fighting Ships, 1986-87*, Jane's Publishing Company, no publication year indicated, p. 328.

(95) 南北会談事務局『南北対話　第五号』。国土統一院「西海五個島嶼とその関連問題に関する研究」六五頁。

（96）Joseph S. Bermudez, Jr., *North Korean Special Forces*, 2d ed., Naval Institute Press, 1998, p. 113. 国土統一院「西海五個島嶼とその関連問題に関する研究」一一三頁。

（97）Gordon Jacobs, "The Korean People's Navy : Further Perspectives," *Jane's Intelligence Review*, July 1993, p. 316.

（98）国土統一院「西海五個島嶼とその関連問題に関する研究」一〇一頁。

（99）アン・スンボム編『二〇〇〇　韓国軍装備年鑑』ソウル、軍事情報、一九九九年、一二七～一二八頁。国土統一院「西海五個島嶼とその関連問題に関する研究」一九〇頁。

（100）キム・ヨンサム「韓国海軍の切歯腐心」六五九頁。

（101）アン・スンボム編『二〇〇〇　韓国軍装備年鑑』一三八～一三九頁。

（102）韓英洙委員の発言。大韓民国国会事務処『第八八回国会　国防委員会会議録』第一六号、一五頁。

（103）"Reinforcement of Garrisons of ROK-held Islands," Telegram from U.S. embassy in Seoul to Secretary of State, February 13, 1974, ET 1974, CFPF, RG 59, ADD, NARA.

（104）「初公開『板門店の生き証人』ジェームズ・リー肉声証言①ＤＭＺはない」。

（105）李基鐸「西海の戦略的な重要性と問題点」二七頁。

（106）一九六七年一二月の時点で、すでに東ドイツ大使館は、このような変化を予測していた。The Extraordinary and Plenipotentiary Ambassador of the GDR in the DPRK, Pyongyang to State Secretary and First Deputy Minister of Foreign Affairs Comrade Hegen, December 8, 1967, in Bernd Schaefer, "North Korean 'Adventurism' and China's Long Shadow, 1966-72," Working Papers Series #44, Cold War International History Project, Woodrow Wilson International Center for Scholars, October 2004, p. 48.

（107）北朝鮮の主張は、韓国のメディアを通じて広く報道された。また、次も参照せよ。金泰瑞「北韓の西海挑発とその侵略的底意」『北韓』第三巻第一号、通巻二五号、一九七四年一月、六五頁。

（108）"Discussion with ROKs on Northwest Coast Questions," Joint Embassy/UNC Message from U.S. embassy in Seoul to Secretary of State, January 9, 1974, ET 1974, CFPF, RG 59, ADD, NARA.

（109）Ibid.

（110）CIA, "Korean Fishing Areas in the Yellow Sea," p. 4. Also, see "ROK/NK Fishing Pattern in Yellow Sea," Telegram from U.S. embassy in Seoul to Secretary of State, March 13, 1975, ET 1975, CFPF, RG 59, ADD, NARA. この電報は、「北

朝鮮と韓国の漁船団が接触する海域は存在しない。これは、双方が、そのような事態の発生を防止するため、活発な警備行動をとっているためである」と指摘している。

(111) 「初公開　『板門店の生き証人』ジェームズ・リー肉声証言①DMZはない」。皮肉なことであるが、北朝鮮はNLLを無効化するための努力を払う一方で、韓国漁船がNLLの北方で操業しないように韓国政府が厳格に取り締まりを行うことを望んでいたと考えられる。

(112) ただし、外国船舶の少なくとも一部は、NLLを越えて北朝鮮の港に入っていたようである。当時の報道によると、一九七三年一一月三日から一二月一日までの間に一二隻の外国船が延坪島付近を通って海州港に入った。*Korea Times*, December 2, 1973, p. 1.

(113) 『労働新聞』一九七四年三月二六日、一頁。

(114) 「北韓の西海岸五個島嶼接続水域侵犯事件」第二巻所収の Memorandum from South Korean ambassador in Sweden to the Foreign Minister, December 23, 1973, p. 129.

(115) ルーマニア政府は、北朝鮮の提案は単なるプロパガンダではなく、北朝鮮は本気で米国との合意を望んでいると判断していた。"U. S.-DPRK Talks," Telegram from Romanian Embassy in Pyongyang to the Romanian Ministry of Foreign Affairs, Bucharest, April 22, 1974, in "After Détente," p. 176.

(116) "346th MAC Meeting : North Korean Territorial Waters Claim," Joint Embassy/UNC Message from U. S. embassy in Seoul to Secretary of State, December 6, 1973, ET 1973, CFPF, RG 59, ADD, NARA, p. 2.

(117) "Further Response to PRC on UNC Proposal," Telegram from the Secretary of State to Ambassador Habib, August 19, 1974, in "After Détente," p. 235.

(118) The White House, "Secretary's Dinner for the Vice Foreign Minister of the People's Republic of China," Memorandum of Conversation, Secretary's Suite, Waldorf Towers, New York City, October 2, 1974, DNSA, document no. 00310.

(119) "Memcon of Your Conversations with Chou En-lai," Memorandum for Henry A. Kissinger from Winston Lord, July 29, 1971, in William Burr, ed., "Henry Kissinger's Secret Trip to China, The Beijing-Washington Back-Channel, September 1970-July 1971," p. 38, in National Security Archive Electronic Briefing Book, no. 66, February 27, 2002 http://www.gwu.edu/~nsarchiv/NSAEBB/NSAEBB66/ch-34.pdf.

(120) Department of State, Memorandum for Mr. Henry A. Kissinger, The White House, "NSSM 154-United States Policy

"Concerning the Korean Peninsula," April 3, 1973, DNSA, document no. 01071, pp. vii-viii. キッシンジャーの方針については次を見よ。倉田秀也「朝鮮半島平和体制樹立問題と米国」山本吉宣編『アジア太平洋の安全保障とアメリカ』変貌するアメリカ太平洋世界（Ⅲ）、彩流社、二〇〇五年。

(121) Department of State, "Secretary's Meeting with Romanian Special Emissary—US-North Korean Contacts," Memorandum of Conversation, August 26, 1974, Digital National Security Archive (DNSA), document no. 01310.

(122) Memorandum of Conversation, Qiao Guanhua [Ch'iao Kuan-hua] and Henry A. Kissinger, September 28, 1975, in "After Détente," p. 553.

(123) Corrected Copy, Joint Embassy/UNC Message from U.S. embassy in Seoul to Secretary of State, December 1, 1973, ET 1973, CFPF, RG 59, ADD, NARA, p. 2.

(124) Ibid., p. 3.

(125) "North Korean Activities In Yellow Sea."

(126) "Reinforcement of Garrisons of ROK-held Islands."

(127) 「国際政治は線だ。ＮＬＬは死守しなければならない」李基鐸教授の講演要約『月刊朝鮮』二〇〇一年七月、一六九頁。

(128) 「紛争の雷管　西海平和協力地帯の問題——『趙甲済現代史講座』第五五回『前海軍作戦司令官のＮＬＬ解説』全文」『オールインコリア』二〇〇八年一月七日、http://allinkorea.net/newnews/print.php?uid=8454。

(129) キム・ヨンサム「韓国海軍の切歯腐心」六六〇頁。

(130) 韓国の海兵隊司令部は七三年一〇月に解体され、海兵隊は海軍司令部の隷下に入った。

(131) イ・ソンホ『一度の海兵隊は永遠の海兵隊』ソウル、チョンウダン、一九九七年、三六七頁。大韓民国海兵隊「海兵の歴史　試練跳躍期　部隊改編と創設」、http://rokmc.com/etc/yuk6.php?PHPSESSID=e646f599251335257 54bc8375f35c62a。

(132) 国土統一院「西海五個島嶼とその関連問題に関する研究」一一九～一二〇頁。

(133) 韓国軍幹部（予備役）への筆者によるインタビュー、ソウル、二〇〇一年六月一日。

(134) 李基鐸「韓半島の新しい軍事環境と海洋における安保」二六七頁。

(135) アン・スンボム編『二〇〇〇　韓国軍装備年鑑』一三八～一三九頁。大韓民国海軍「韓国海軍五〇年史：自主国防——戦力整備および部隊発展（国産艦建造）」、http://www.navy.mil.kr/sub_guide/pds_before/navy_history/his-

tory05_6.jsp?menu=5。

（136）　大韓民国海軍「韓国海軍五〇年史：自主国防——作戦・訓練（誘導弾試射）」、http://www.navy.mil.kr/sub_guide/pds_before/navy_history/history05_6.jsp?menu=5。

（137）　柳在敏「南北韓不可侵境界線協商と限界」三三一頁。

第5章　板門店ポプラ事件——一九七六年

（1）　この事件に関する内容は、以下の資料に基づいている。U. S. Congress, House, Hearing before the Subcommittees on International Political and Military Affairs and on International Organization of the Committee on International Relations, *Deaths of American Military Personnel in the Korean Demilitarized Zone*, 94th Congress, Second Session, September 1, 1976, U. S. Government Printing Office, 1976 ; Richard G. Head, Frisco W. Short, and Robert C. McFarlane, *Crisis Resolution : Presidential Decision Making in the Mayaguez and Korean Confrontations*, Westview Press, 1978 ; Wayne A. Kirkbride, *DMZ : A Story of the Panmunjom Axe Murder*, 2d ed., Seoul : Hollym, 1984. 朴熙道『帰らざる橋に立つ』ソウル、セムト、一九八八年。金正濂『韓国経済の発展——「漢江の奇跡」と朴大統領』サイマル出版会、一九九一年。「八・一八板門店の殺人蛮行」『南北対話』第一一号、一九七六年三月～一一月、http://dialogue.unikorea.go.kr/bbs/filedn.asp?file=dialogue/제 11 호(197603～197611).hwp。Tae-Young Yoon, “Crisis Management on the Korean Peninsula : South Korea’s Crisis Management towards North Korea within the Context of the South Korea-U. S. Alliance, 1968-1983,” Ph. D. Dissertation, Department of Politics and Philosophy, Faculty of Humanities and Social Science, The Manchester Metropolitan University, October 1997.

（2）　停戦協定の追加合意による。“Agreement on the Military Armistice Commission Headquarters Area, its Security and its Construction,” in “Index to Agreements Subsequent to the Signing of the Armistice Agreement,” revised on October 1, 1976, obtained from Robert Collins on September 3, 2011.

（3）　『労働新聞』一九七六年八月二〇日、一頁。

（4）　“Panmunjom Incident : Press Guidance,” Secretary of State, August 19, 1976, in Korea Information Service on Net (KISON), *DMZ Axe Incident* (1976), Korean Security Archive, The Special Collections, Washington, DC : International Center, 2000.

（5）趙成寛「一九七六年八月二一日　開城進撃作戦計画」『月刊朝鮮』一九九二年一〇月、二二四〜二二八頁。
（6）Yoon, "Crisis Management on the Korean Peninsula," p. 272.
（7）"Destruction of Korean Peoples Army Border Guard Barrack Located in Joint Security Area," undated, and "JCS Assessment," undated, and "Addendum," undated, in *DMZ Axe Incident*.
（8）ポール・バニヤンは米国の民話に登場する巨人の木樵である。
（9）"Panmunjom Incident and Situation in Pyongyang," Telegram from USLO Peking to Secretary of State, August 21, 1976, in *DMZ Axe Incident*.
（10）"Situation in Pyongyang," Telegram from USLO Peking to Secretary of State, August 22, 1976, in *DMZ Axe Incident*.
（11）鄭昌鉉『傍らから見た金正日――前朝鮮労働党宣伝扇動部副部長申敬完との対談』改訂増補版、ソウル、キミョンサ、二〇〇〇年、二〇二〜二〇四頁。
（12）『労働新聞』一九七六年三月七日、五頁。
（13）『労働新聞』一九七六年八月六日、一頁。
（14）U. S. Congress, *Deaths of American Military Personnel*, p. 28.
（15）Military Armistice Commission（MAC）, United Nations Command（UNC）Component, "Three Hundred and Seventy-Eighth Meeting of the Military Armistice Commission," August 5, 1976, p. 10 ; and Central Intelligence Agency, "DMZ Incident : Korea, 18 August 1976," August 18, 1976, in *DMZ Axe Incident*.
（16）『労働新聞』一九七六年八月一九日、二頁。
（17）"Statement to NAM Summit by North Korean Foreign Minister," Telegram, August 20, 1976, in *DMZ Axe Incident*.
（18）『労働新聞』一九七六年八月二〇日、一頁。
（19）MAC UNC Component, "Three Hundred and Seventy-Ninth Meeting of the Military Armistice Commission," August 19, 1976, p. 2.
（20）Ibid., pp. 7-12.
（21）"August 19 Armistice Commission Meeting-Further Observations," August 20, 1976, in *DMZ Axe Incident*.
（22）"Meeting with President Park," August 19, 1976, in *DMZ Axe Incident*.
（23）大統領秘書室『朴正熙大統領演説文集』第一三集（一九七六年一月〜一九七六年一二月）ソウル、大統領秘書室、一九七七年、一五〇頁。

(24) 同右。

(25) Situational Report as of 0600 hours, August 20, 1976, and "Approach to President Park," August 20, 1976, in *DMZ Axe Incident*.

(26) 朴熙道『帰らざる橋に立つ』一八七頁。

(27) 同右、一四九頁。なお、武器を隠し持っていった背景には、①韓国軍人の運命を北朝鮮軍の自制に委ねることはできない、②捕虜になった場合、自殺することができるようにする、との考慮もあったという。朴熙道の証言。"The Korean Peninsula after Détente, 1973–1976 : A Critical Oral History," conference organized by the Woodrow Wilson International Center for Scholars, Washington, DC, October 31–November 1, 2011.

(28) 韓国軍が北朝鮮側の監視哨所を破壊していたところ、米軍が入ってきてこれを止めたが、この時、米軍は韓国兵が武器を所持していることを知った。このため、韓国軍の少佐が処罰を受け、別の部隊に移動させられたという。朴熙道の証言。Ibid.

(29) Don Oberdorfer, *The Two Koreas : A Contemporary History*, Reading, MA : Addison-Wesley, 1997, p. 81.

(30) 『労働新聞』一九七六年八月二三日、四頁。

(31) "21 August 1976 Informal Meeting between the Military Armistice Commission (MAC) Senior Members (SM)," Telegram from CINCUNC to JCS, August 22, 1976, p. 3, in *DMZ Axe Incident*.

(32) Head, et al., *Crisis Resolution*, pp. 200–201.

(33) "ROK Criticism of U. S. Actions," August 25, 1976, in *DMZ Axe Incident*.

(34) "North Korean August 25 Proposal Re [garding] JSA Security Procedures," August 25, 1976, and "Tentative Analysis KPA Proposal 380th MAC Meeting 25 August," August 25, 1976, in *DMZ Axe Incident*.

(35) "North Korean August 25 Proposal Re [garding] JSA Security Procedures," August 25, 1976.

(36) Yoon, "Crisis Management on the Korean Peninsula," p. 290.

(37) "381st MAC Meeting," August 28, 1976, in *DMZ Axe Incident*.

(38) William H. Gleysteen Jr., *Massive Entanglement, Marginal Influence : Carter and Korea in Crisis*, Brookings Institution Press, 1999, pp. 12–15.

(39) Oberdorfer, *The Two Koreas*, pp. 84-86.

(40) 特に断りのない限り、本節の記述は次の資料に依拠している。外務部『韓国外交三〇年 一九四八～一九七八』ソウル、外務部、一九七九年、二二〇～二二四頁。外交通商部『韓国外交五〇年 一九四八～一九九八』ソウル、外交通商部、一九九九年、二〇五～二一七頁。「UNの韓国問題討議と韓国の基本立場」『南北対話』第九号、一九七五年三月～一二月、http://dialogue.unikorea.go.kr/bbs/filedn.asp?file=dialogue/제09호(197503~197512).hwp。Se-Jin Kim, ed., *Korean Unification : Source Materials with an Introduction*, Seoul : Research Center for Peace and Unification, 1976 ; B. K. Gills, *Korea Versus Korea : A Case of Contested Legitimacy*, Routledge, 1996, pp. 121-144 and 190-196 ; and Chi Young Park, "Korea and the United Nations," in Youngnok Koo and Sung-joo Han, eds., *The Foreign Policy of the Republic of Korea*, Columbia University Press, 1985, pp. 262-284.

(41) 北朝鮮の評価については次をみよ。『労働新聞』一九七三年一一月二四日、一頁。

(42) United Nations General Assembly Resolution, A/RES/3390 (XXX) [A-B], November 18, 1975, http://daccess-dds-ny.un.org/doc/RESOLUTION/GEN/NR0/001/03/IMG/NR000103.pdf?OpenElement.

(43) 『労働新聞』一九七六年八月一九日、一頁。

(44) 国土統一院「西海五個島嶼とその関連問題に関する研究」国統政七七―一―一二三六、ソウル、国土統一院、一九七七年、五二頁。

(45) "Destruction of Korean Peoples Army Border Guard Barrack Located in Joint Security Area," in *DMZ Axe Incident*.

(46) U.S. Congress, *Deaths of American Military Personnel*, p. 32.

(47) "Update JSA Incident," August 18, 1976, in *DMZ Axe Incident*.

(48) 大韓民国国防部『国防白書 一九九〇』ソウル、大韓民国国防部、一九九〇年、八九～九四頁。

(49) U.S. Central Intelligence Agency, "DMZ Incident : Korea, 18 August 1976," undated, in *DMZ Axe Incident*.

(50) MAC, UNC Component, "Three Hundred and Seventy-Seventh Meeting of the Military Armistice Commission," June 28, 1976, pp. 11-12.

(51) U.S. Congress, *Deaths of American Military Personnel*, p. 26 ; and MAC, UNC Component, "Three Hundred and Sixty-Fifth Meeting of the Military Armistice Commission," July 12, 1975, pp. 2-4 and 9-12.

(52) MAC, UNC Component, "Three Hundred and Seventy-Seventh Meeting," p. 11 ; and "Conflict & Tension on the Korean

Peninsula! A Chronology (28 Jul 53–Aug 98)," obtained from the UNCMAC Secretariat on July 18, 2001.

(53) "Summary 377th Meeting of the Military Armistice Commission (MAC)," Telegram from CINCUNC to JSC, June 28, 1976.

(54) MAC, UNC Component, "Three Hundred and Seventy-Seventh Meeting," pp. 11–12.

(55) 北朝鮮側も八月一九日の軍事停戦委員会本会議で八月六日の出来事に言及している。"Three Hundred and Seventy-Ninth Meeting of the Military Armistice Commission," p. 6.『労働新聞』一九七六年八月二〇日、四頁。

(56) 鄭昌鉉『傍らから見た金正日』二〇二頁。

(57) "Summary 379th Meeting of the Military Armistice Commission (MAC)," Telegram from CINCUNC to JSC, August 19, 1976.

(58) Oberdorfer, *The Two Koreas*, p. 83.

(59) United Nations Command (UNC)/United States Forces Korea (USFK)/Eighth United States Army (EUSA), *The 1976 Annual Historical Report*, p. 15, in file 350.018-3, "Axe Murder, 1976 (assorted)," United Nations Command, Combined Forces Command and United States Forces Korea, Command History Office.

(60) 鄭昌鉉『傍らから見た金正日』二〇一～二〇二頁。

(61) パク・チョルは、一九七四年三月三日にも国連軍側の警備兵と乱闘騒ぎを起こしていた。UNC/USFK/EUSA, *The 1976 Annual Historical Report*, p. 12, footnote 4. パク・チョルはポプラ事件の直後にJSAから姿を消し、一週間後に現場に復帰した。しかし、その後、再び姿を消し、九月末に一時的に再復帰したものの、以後は姿を見せなくなった。Head, et al., *Crisis Resolution*, p. 204. 脱北した朝鮮人民軍将校によると、パク・チョルの本名はパク・ジョンナムであったという。沈信福、筆者によるインタビュー、ソウル、二〇〇二年五月一四日。

(62) 沈信福、筆者によるインタビュー、ソウル、二〇〇二年五月一四日。

(63) Defense Intelligence Agency, *National Intelligence Situation Report* (Korea), NISR 7-76, August 26, 1976 (1000 hours), CIA Records Search Tool (CREST), Archives II Library, U.S. National Archives and Records Administration.

(64) 鄭昌鉉『傍らから見た金正日』二〇一～二〇二頁。

(65) 金日成「日本政治理論雑誌『世界』編集局長と行った談話」(一九七六年三月二八日)『金日成著作集』第三一巻、平壌、朝鮮労働党出版社、一九八六年、六一～六二頁。

(66)『労働新聞』一九七六年八月二二日、一頁。
(67)外務部『韓国外交三〇年』二二三〜二二四頁。
(68)"Memorandum of Conversation," The White House, September 15, 1976, in *DMZ Axe Incident*.
(69)Central Intelligence Agency, "North Korea Politics," November 16, 1976, CREST, pp. 2-3. 外交通商部『韓国外交五〇年』二二七頁。
(70)"Secretary's Meeting with Republic of Korea Foreign Minister Pak Tong-chin," Department of State, Memorandum of Conversation, September 27, 1976, Digital National Security Archive（DNSA）, document no. 02089, pp. 1-2.
(71)Ibid., p. 11.
(72)Ibid., p. 12.
(73)その他にも、韓国政府は「北朝鮮版オノ外交の座礁」と題する論評で、北朝鮮の軍事・外交攻勢の失敗を皮肉っている。統一部南北会談本部『南北対話』第一一号（一九七六年三月〜一九七六年一一月）。
(74)James M. Lee, "History of Korea's MDL [Military Demarcation Line] & Reduction of Tension along the DMZ and Western Sea through Confidence Building Measures between North and South Korea," in Chae-Han Kim, ed., *The Korean DMZ : Reverting beyond Division*, Seoul : Sowha, 2001, p. 111.
(75)金正濂『韓国経済の発展』二三〇頁。
(76)Head, et al., *Crisis Resolution*, pp. 206-208.
(77)一九七一年に米第七歩兵師団が撤退してからは、ＤＭＺ内に配備されている米軍部隊はＪＳＡを支援するもののみとなっていた。
(78)"Memorandum of Conversation," The White House, September 15, 1976, in *DMZ Axe Incident*.
(79)U.S. Congress, *Deaths of American Military Personnel*, p. 8.
(80)崔主活「金正日　三〇年の努力ののち軍部完全掌握」『月刊ＷＩＮ』一九九六年六月、一六三〜一六四頁。
(81)申敬完「傍らから見た金正日㊤」『月刊中央』一九九一年六月、四〇四〜四〇五頁。鐸木昌之『北朝鮮——社会主義と伝統の共鳴』東京大学出版会、一九九二年、一一一〜一一二頁。
(82)鄭昌鉉『傍らから見た金正日』二〇一頁。
(83)金賢植の証言および筆者によるインタビュー。"The Korean Peninsula after Détente, 1973-1976 : A Critical Oral

"History," conference organized by the Woodrow Wilson International Center for Scholars, Washington, DC, October 31-November 1, 2011.

(84) 「板門店挑発と関連して北韓が要求した支援」ハンガリー大使報告、平壌、一九七六年九月二〇日（ハンガリー文書保管所、標識番号八一―四、ボックス番号八二。韓国慶南大学校極東問題研究所が韓国語に翻訳。二〇一一年九月二六日に同研究所の辛鍾大氏から入手）。なお、訳文は日本語として分かりやすいように多少意訳した。

第6章　第一次核外交——一九九三〜九四年

(1) 『労働新聞』一九九三年三月一三日、一頁。

(2) 特に断りのない限り、核外交についての記述は次の資料に依拠している。Joel S. Wit, Daniel B. Poneman, and Robert L. Gallucci, *Going Critical: The First North Korean Nuclear Crisis*, Brookings Institution Press, 2004; Center for Strategic and International Studies (CSIS), "Nuclear Confrontation with North Korea: Lessons of the 1994 Crisis for Today," March 20, 2003, Seoul, Korea, www. csis. org/isp/crisis_peninsula/seoulRTtranscript. pdf; Leon V. Sigal, *Disarming Strangers: Nuclear Diplomacy with North Korea*, Princeton University Press, 1998; Don Oberdorfer, *The Two Koreas: A Contemporary History*, Reading, MA: Addison-Wesley, 1997; Michael J. Mazarr, *North Korea and the Bomb: A Case Study in Nonproliferation*, St. Martin's Press, 1995; Mitchell Reiss, *Bridled Ambition: Why Countries Constrain Their Nuclear Capabilities*, Woodrow Wilson Center Press, 1995. ケネス・キノネス『北朝鮮——米国務省担当官の交渉秘録』伊豆見元監修、山岡邦彦・山口瑞彦訳、中央公論新社、二〇〇〇年。なお、次も参照せよ。春原剛『米朝対立——核危機の一〇年』日本経済新聞、二〇〇四年。

(3) 『防衛ハンドブック』平成一二年版、朝雲新聞社、二〇〇〇年、四七一頁。Oberdorfer, *The Two Koreas*, p. 279.

(4) 『労働新聞』一九九三年三月九日、一頁。

(5) 『RP北朝鮮政策動向』一九九三年四月三〇日、三二頁。

(6) Oberdorfer, *The Two Koreas*, p. 279.（ドン・オーバードーファー『二つのコリア——国際政治の中の朝鮮半島』菱木一美訳、共同通信社、一九九八年、三二八頁。）ただし、北朝鮮は実際に軍事行動をとるための動きはとらなかったとされる。Wit, Poneman, and Gallucci, *Going Critical*, p. 29.

(7) 『労働新聞』一九九三年三月一三日、一頁。

（8）『京郷新聞』一九九三年三月一六日、一頁。

（9）『東亜日報』一九九三年四月七日、一頁。

（10）『ソウル新聞』一九九三年四月二四日、二頁。

（11）『労働新聞』一九九三年三月二五日、一頁。

（12）『労働新聞』一九九三年三月三〇日、五頁。

（13）Department of State, Daily Press Briefing, April 22, 1993.

（14）United Nations Security Council, "Resolution 825," S/RES/825, May 11, 1993.

（15）『労働新聞』一九九三年五月一三日、四頁。

（16）Wit, Poneman, and Gallucci, *Going Critical*, pp. 53-54.

（17）ＮＰＴ締約国である非核兵器国は、ＩＡＥＡとの間に保障措置協定を締結することを義務づけられている。ＩＡＥＡはこの協定に基づき、平和目的で使用されるべき原子力が核兵器製造などの軍事目的に転用されないよう、当該国の原子力活動に対して査察を含む検認を行うための保障措置をとる。なお、北朝鮮では、保障措置を「担保」、保障措置協定を「担保協定」とそれぞれ表現するが、本書では統一性を保つため、すべて「保障措置」および「保障措置協定」と表記する。

（18）"Joint Statement Following U.S.-North Korea Meeting," Text of U.S.-North Korean joint statement released by the Office of the Spokesman, New York City, June 11, 1993.『労働新聞』一九九三年六月一三日、一頁。

（19）同右。

（20）『労働新聞』一九九三年六月一三日、三頁。

（21）Oberdorfer, *The Two Koreas*, p. 286.

（22）『労働新聞』一九九三年六月一九日、三頁。

（23）Wit, Poneman, and Gallucci, *Going Critical*, p. 72; and Oberdorfer, *The Two Koreas*, p. 290. キノネス『北朝鮮』二〇九〜二一〇頁。

（24）"U.S.-North Korea Talks on the Nuclear Issue," Press Statement（text agreed by the D.P.R.K. and U.S. delegations）, and the text of statement by the U.S. delegation to the U.S.-D.P.R.K. talks on the nuclear issue, released in Geneva, July 19, 1993.『労働新聞』一九九三年七月二一日、一頁。

(25) Wit, Poneman, and Gallucci, *Going Critical*, p. 79.

(26) United Nations General Assembly, "Report of the International Atomic Energy Agency," A/RES/48/14, November 1, 1993.

(27) 韓国統一院『統一白書　一九九五』ソウル、統一院、一九九五年、二二五～二三二頁。

(28) 『労働新聞』一九九三年一一月四日、三頁。

(29) 『月刊朝鮮資料』第三三巻第一一号、一九九三年一一月、一〇～一二頁。

(30) 『労働新聞』一九九三年一〇月五日、五頁。

(31) R. Jeffrey Smith, "North Korea Bolsters Border Force; Continued Resistance to Nuclear Inspections Increases U.S. Concerns," *Washington Post*, November 6, 1993, p. A19.

(32) 『労働新聞』一九九三年一一月三〇日、三頁。

(33) Wit, Poneman, and Gallucci, *Going Critical*, pp. 95–96.

(34) 北朝鮮では継続性を「連続性」と表現するが、本書では統一性を保つため、すべて「継続性」と表記する。

(35) 『労働新聞』一九九三年一一月一二日、四頁。

(36) 韓国外務部『外交白書（一九九四年度版）』ソウル、外務部、一九九五年、一二一頁。

(37) R. Jeffrey Smith, "North Korea Deal Urged By State Dept.; Canceling Exercise Linked to Inspections," *Washington Post*, November 15, 1993, p. A15; R. Jeffrey Smith, "U.S. Weighs N. Korean Incentives; New Approach Taken On Nuclear Inspection," *Washington Post*, November 17, 1993, p. A31; R. Jeffrey Smith, "S. Korean Holds Line on North; President Opposes Concessions Until Direct Talks Are Reopened," *Washington Post*, November 23, 1993, p. A32.

(38) Wit, Poneman, and Gallucci, *Going Critical*, pp. 100–107.

(39) Ibid., pp. 116–117.

(40) C. Kenneth Quinones, e-mail message to author, February 16, 2008.

(41) 『労働新聞』一九九四年二月一日、四頁。

(42) Wit, Poneman, and Gallucci, *Going Critical*, p. 127.

(43) Ibid., p. 134. キノネス『北朝鮮』二八五頁。

(44) "Resumption of U.S.-North Korea Negotiations on Nuclear and Other Issues," Statement by Department Spokesman

Michael McCurry, released by the Office of the Spokesman, U.S. Department of State, Washington, DC, March 3, 1994, including the text of the U.S.-North Korea agreed conclusions.『労働新聞』一九九四年三月一日、三頁。

（45）"Resumption of U.S.-North Korea Negotiations on Nuclear and Other Issues," Statement by Department Spokesman Michael McCurry, released by the Office of the Spokesman, Washington, DC, March 3, 1994, including the text of the U.S.-North Korea agreed conclusions.

（46）Wit, Poneman, and Gallucci, *Going Critical*, pp. 148–149.

（47）統一院『統一白書　一九九五』二二七頁。Reiss, *Bridled Ambition*, p. 266. キノネス『北朝鮮』二九〇頁。C. Kenneth Quinones, e-mail correspondence with author, July 5, 2010.

（48）「一九九四年三月一九日　ソウル火の海宣言（＋動画）」二〇〇五年三月一九日、http://blog.naver.com/urban_ops?Redirect=Log&logNo=10302497。統一院『統一白書　一九九五』二二七頁。

（49）『労働新聞』一九九四年三月二二日、四頁。

（50）『労働新聞』一九九四年三月二五日、六頁。

（51）『労働新聞』一九九四年四月一日、六頁。

（52）United Nations Security Council, "Statement by the President of the Security Council," S/PRST/1994/13, March 31, 1994; and IAEA, "Safeguards," excerpt from the *IAEA Annual Report for 1994*, http://www.iaea.org/worldatom/Documents/Anrep/Anrep94/index.html.

（53）Ashton B. Carter and William J. Perry, *Preventive Defense : A New Security Strategy for America*, Brookings Institution Press, 1999, p. 128.

（54）Wit, Poneman, and Gallucci, *Going Critical*, p. 160.

（55）『東亜日報』一九九四年三月二三日。

（56）『朝鮮日報』一九九四年四月二〇日。大韓民国国防部『国防白書　一九九五〜一九九六』ソウル、国防部、一九九五年、六四頁。

（57）Joseph S. Bermudez, Jr., *The Armed Forces of North Korea*, The Armed Forces of Asia Series, London : I.B. Tauris, 2001, p. 146.

（58）『労働新聞』一九九四年五月四日、六頁。

(59) Wit, Poneman, and Gallucci, *Going Critical*, p. 175.
(60) "IAEA Safeguards in the DPRK," IAEA, PR94/21, May 19, 1994 ; and Wit, Poneman, and Gallucci, *Going Critical*, p. 182.
(61) United Nations Security Council, "Statement by the President of the Security Council," S/PRST/1994/28, May 30, 1994.
(62) U. S. Department of State, Daily Press Briefing, June 3, 1994.
(63)『韓国日報』一九九四年六月四日。
(64)『労働新聞』一九九四年六月四日、四頁。
(65)『RP北朝鮮政策動向』一九九四年七月三一日、四一頁。
(66)『労働新聞』一九九四年六月四日、四頁。
(67)『労働新聞』一九九四年六月八日、六頁。燃料棒の技術的問題については、小山謹二氏から多くのご教示をいただいた。
(68) IAEA, "Safeguards."
(69)『労働新聞』一九九四年六月一四日、三頁。
(70)『朝鮮日報』一九九四年七月二日。
(71)『産経新聞』一九九七年一二月二日。
(72)『朝日新聞』一九九八年九月二二日。
(73) Wit, Poneman, and Gallucci, *Going Critical*, p. 205. これについて春原は、多少異なる内容を記述している。春原『米朝対立』一五四頁。
(74) Wit, Poneman, and Gallucci, *Going Critical*, p. 210.
(75) Ibid., pp. 211-212.
(76) Oberdorfer, *The Two Koreas*, p. 323.
(77) Wit, Poneman, and Gallucci, *Going Critical*, pp. 180-181 ; and Oberdorfer, *The Two Koreas*, p. 324.
(78) Wit, Poneman, and Gallucci, *Going Critical*, pp. 186-187.
(79) Ibid., p. 211.
(80) Ibid., p. 244.
(81) 金泳三『金泳三大統領回顧録——民主主義のための私の闘争』上巻、ソウル、朝鮮日報社、二〇〇一年、三一五～三一六頁。佐道明広・小針進編『金泳三（元大韓民国大統領）オーラル・ヒストリー記録』科学研究費補助金「口述記録と文書記録を基礎とした現代日韓関係史研究の再構築」二〇〇八年三月、一〇六、一六二〜一六三頁。ただし、二〇〇八年までに金泳三は考えを変え、当時の在韓米国大使に、「一九九四年にクリントン元大統領とペリー元国防長官は北朝鮮を攻撃したがっており」、自分が「介入［反対］しなければ、攻撃していたであろう」と述べ、自分が「米国に寧辺の核施設を攻撃するのを許していたならば、我々の置かれている状況は今より好ましいものになっていたであろう」と述べたという。"Former President Kim Young-Sam Stays Relevant, Comments on GNP Maelstrom, Current Events," cable from U. S. embassy in Seoul to Secretary of State, April 29, 2008, http://wikileaks.org/cable/2008/04/08SEOUL862.html.

(82) 統一院『北韓概要』ソウル、統一院、一九九五年、二三九頁。当時、中国は制裁に対する拒否権行使が困難になる可能性を北朝鮮に伝達し、慎重な行動を促していた。Oberdorfer, *The Two Koreas*, pp. 320–321.

(83) 『RP北朝鮮政策動向』一九九四年四月三〇日、九九頁。

(84) 『RP北朝鮮政策動向』一九九四年七月三一日、九〇頁。

(85) 同右、四五頁。

(86) 『労働新聞』一九九四年六月六日、三頁。

(87) 『RP北朝鮮政策動向』一九九四年七月三一日、七四頁。

(88) Reiss, *Bridled Ambition*, p. 271.

(89) Wit, Poneman, and Gallucci, *Going Critical*, pp. 238–240; and President Clinton, "Opening statement at a news conference," Washington, D.C., June 22, 1994.

(90) 『労働新聞』一九九四年六月二八日、四頁。

(91) Wit, Poneman, and Gallucci, *Going Critical*, p. 248.

(92) Ibid., p. 251.

(93) Ibid., p. 249.

(94) 『朝日新聞』一九九五年一一月四日。

(95) "4-Point Joint Statement Reached between the United States and North Korea," Geneva, August 12, 1994, reprinted in *Korea and World Affairs*, vol. 18, no. 3, Fall 1994, pp. 576–577.

(96) *Pacific Stars and Stripes*, September 22, 1994, pp. 1 and 6.

(97) 『労働新聞』一九九四年九月二五日、四頁。

(98) *Agence France Presse*, September 27, 1994.

(99) 『労働新聞』一九九四年九月二八日、四頁。

(100) Agreed Framework between the United States of America and the Democratic People's Republic of Korea, Geneva, October 21, 1994.「朝鮮民主主義人民共和国とアメリカ合衆国の間の基本合意文」一九九四年一〇月二一日。

(101) 北朝鮮の核開発の評価については次の資料を参照した。International Institute for Strategic Studies (IISS), *North Korean Security Challenges : A Net Assessment*, IISS, 2011 ; International Atomic Energy Agency, "In Focus : IAEA and DPRK," http://www.iaea.org/NewsCenter/Focus/IaeaDprk/index.shtml ; Federation of American Scientists (FAS), "Nuclear Weapons Program," updated on November 16, 2006, http://www.fas.org/nuke/guide/dprk/nuke/index.html ; Larry A. Niksch, *North Korea's Nuclear Weapons Program*, CRS Issue Brief for Congress, updated October 5, 2006, http://fpc.state.gov/documents/organization/74904.pdf ; IISS, *North Korea's Weapons Programmes : A Net Assessment*, IISS, 2004 ; Office of the Secretary of Defense (OSD), *Proliferation : Threat and Response*, U. S. Government Printing Office, January 2001, http://fas.org/irp/threat/prolif00.pdf ; David Albright and Kevin O'Neill, eds., *Solving the North Korean Nuclear Puzzle*, Washington, D. C. : The Institute for Science and International Security, 2000 ; U. S. General Accounting Office (GAO), *Nuclear Nonproliferation : Difficulties in Accomplishing IAEA's Activities in North Korea*, Report to the Chairman, Committee on Energy and Natural Resources, U. S. Senate, GAO, July 1998 ; OSD, *Proliferation : Threat and Response*, U. S. Government Printing Office, November 1997 ; Joseph S. Bermudez, Jr., "North Korea's Nuclear Infrastructure," *Jane's Intelligence Review*, vol. 6, no. 2, February 1994, pp. 74–79 ; and Arms Control Association (ACA), "Background Information on North Korea's Nuclear Program," May 5, 1994.

(102) David Albright, "How Much Plutonium Did North Korea Produce?" in Albright and O'Neill, eds., *Solving the North Korean Nuclear Puzzle*, pp. 115–118, and 124–125.

(103) Carter and Perry, *Preventive Defense*, p. 126 ; and David Albright, "North Korea's Current and Future Plutonium and Nuclear Weapon Stocks," ISIS Issue Brief, January 15, 2003, http://www.isis-online.org/publications/dprk/currentandfutureweaponsstocks.html.

（104）Albright, "How Much Plutonium Did North Korea Produce?" pp. 122–123.
（105）Carter and Perry, *Preventive Defense*, p. 126.
（106）Ibid., p. 128.
（107）Ibid., p. 130.
（108）『労働新聞』一九九三年三月一三日、三頁。
（109）Defense Intelligence Agency（DIA）, *North Korea: The Foundations for Military Strength*, update 1995, U.S. Government Printing Office, 1996, p. 13.
（110）庾龍源「首都圏を射程距離内においている北韓の多連装ロケットと自走砲の研究」『月刊朝鮮』二〇〇一年三月号。ホァン・イルド「北の長射程砲、知られざる五つの真実」『新東亜』通巻五四三号、二〇〇四年一二月。
（111）OSD, *Proliferation: Threat and Response*, November 1997, p. 6.
（112）大韓民国国防部『国防白書　一九九五～一九九六』ソウル、国防部、一九九五年、六四頁。
（113）大韓民国国防部『国防白書　一九九四～一九九五』ソウル、国防部、一九九四年、六八頁。
（114）金日成によると、「党の軍事路線」の内容は「人民軍隊の幹部化、武装の現代化、軍事陣地の要塞化、全人民の武装化、全国土の要塞化」というものであった。金日成「祖国統一偉業を実現するため革命力量を百方に強化しよう」朝鮮労働党中央委員会第四期第八次全員会議で下した結論（一九六四年二月二七日）『金日成著作集』第一八巻、平壌、朝鮮労働党出版社、一九八二年、二五六頁。
（115）"Treaty on the Non-Proliferation of Nuclear Weapons（1968）," INFCIRC/140, U.N.T.S. No. 10485, vol. 729, pp. 169-175, Entered into Force on March 5, 1970, http://www.iaea.org/worldatom/Documents/Legal/nptext.shtml. 小田滋・石本泰雄（編集代表）『解説条約集』第四版、三省堂、一九八九年、四七一頁。
（116）Carter and Perry, *Preventive Defense*, pp. 128-129.
（117）脱北した元北朝鮮外交官への筆者によるインタビュー、ソウル、二〇〇二年五月一五日。
（118）玄成日『北朝鮮の国家戦略とパワーエリート――幹部政策を中心に』ソウル、ソニン、二〇〇七年、四二五頁。
（119）同右、四二四～四二五頁。玄成日への筆者によるインタビュー、ソウル、二〇〇八年三月一九日。脱北した元北朝鮮外交官への筆者によるインタビュー、ソウル、二〇〇二年五月一五日。
（120）玄成日『北朝鮮の国家戦略とパワーエリート』四二五頁。玄成日への筆者によるインタビュー、ソウル、二〇〇八年三月一九日。

(121) "Resolution of the Nuclear Issue : Elements to be Considered," October 12, 1993. 本資料は、二〇〇三年七月二三日にキノネス氏より筆者が提供を受けたものである。また、次の資料も参照せよ。キノネス『北朝鮮』二五九頁。

(122) 「朝美間の不可侵条約締結が核問題解決の合理的で現実的な方途——朝鮮外務省代弁人」『朝鮮中央通信』二〇〇二年一〇月二五日。

(123) *New York Times*, March 10, 2002.

(124) ＫＥＤＯの活動に関する詳細についてはＫＥＤＯのホームページを見よ、http://www.kedo.org。

(125) "Interview : Charles Kartman," February 20, 2003, aired in *Frontline*, http://www.pbs.org/wgbh/pages/frontline/shows/kim/interviews/kartman.html.

(126) 外務省「朝鮮半島エネルギー開発機構（ＫＥＤＯ）」二〇〇二年八月。

(127) 「電力損失補償問題が解決されないのであれば黒煙減速炉式で——外務省代弁人」『朝鮮中央通信』二〇〇〇年七月一日。

(128) The Korean Peninsula Energy Development Organization (KEDO), *2002 Annual Report*, KEDO, 2002, p. 9.

(129) KEDO, *2005 Annual Report*, KEDO, 2005, p. 13.

(130) 他方、枠組み合意には限界もあった。枠組み合意によって凍結されたのは核物質の生産・蓄積のみであり、起爆装置の開発、爆弾小型化の推進、ミサイルなどの投射手段の開発などは規制されなかった。

(131) "Agreement on Supply of a Light-Water Reactor Project to the Democratic People's Republic of Korea between the Korean Peninsula Energy Development Organization and the Government of the Democratic People's Republic of Korea," December 15, 1995, http://www.kedo.org/pdfs/SupplyAgreement.pdf.

(132) "U. S. Policy Toward North Korea," Testimony of Mark Minton, Director of the Office of Korean Affairs, before the Senate Foreign Relations Committee, Subcommittee on East Asian and Pacific Affairs, Washington, DC, September 12, 1996.

(133) C. Kenneth Quinones, e-mail message to author, February 20, 2008.

(134) 玄成日『北朝鮮の国家戦略とパワーエリート』二七二、四二九頁。

(135) C. Kenneth Quinones, e-mail message to author, February 20, 2008.

(136) キノネス『北朝鮮』二八六頁。

(137) U.S. Department of State, Bureau of Intelligence and Research, "ROK: Kim Hangs On," Brief, April 12, 1996, in the National Security Archive Korea Project, National Security Archive, Washington, DC.

(138) キノネス『北朝鮮』三三四頁。

(139) 咸成得『金泳三政府の成功と失敗』ソウル、ナナム出版、二〇〇一年、三七頁。

(140) 同右、三八頁。

(141) 金昶熙「北韓　八〇年代中盤　西独から核物質購入」『新東亜』一九九五年一一月、一三四頁。

(142) 「不敗の革命武力朝鮮人民軍――紹介」『朝鮮中央通信』一九九八年四月二四日。

(143) 「敵たちの侵略戦争には革命戦争で応えるであろう――朝鮮人民軍板門店代表部声明」『朝鮮中央通信』一九九八年八月二〇日。「『ウルチ・フォーカスレンズ』は第二の朝鮮戦争挑発のための前奏曲――労働新聞の記事」『朝鮮中央通信』一九九八年八月二六日。

(144) GlobalSecurity.org, "US Forces Korea-Exercises," http://www.globalsecurity.org/military/ops/ex-usfk.htm; and GlobalSecurity.org, "Ulchi-Focus Lens," http://www.globalsecurity.org/military/ops/ulchi-focus-lens.htm.

(145) 『労働新聞』一九九二年四月二一日、一頁。

(146) 金正日「人民軍隊を強化し、軍事を重視する社会的気風を打ち立てることについて」朝鮮労働党中央委員会の責任活動家たちと行った談話（一九九二年二月四日）『金正日選集』第一三巻、平壌、朝鮮労働党出版社、一九九八年、一～九頁。

(147) 『労働新聞』一九九三年四月一〇日、一頁。一九七二年に制定された朝鮮民主主義人民共和国社会主義憲法は、第九三条で「朝鮮民主主義人民共和国主席は、朝鮮民主主義人民共和国の全般的武力の最高司令官、国防委員会委員長となり、国家の一切の武力を指揮統率する」と定めていたが、一九九二年に修正された憲法は第一一三条で「朝鮮民主主義人民共和国国防委員会委員長は、一切の武力を指揮統率する」として定めていた。『朝鮮中央年鑑（一九七三）』平壌、朝鮮中央通信社、一九七三年、五～六頁。『朝鮮中央年鑑（一九九三）』平壌、朝鮮中央通信社、一九九三年、一四六頁。

(148) 『RP北朝鮮政策動向』一九九三年八月三一日、四〇頁。

(149) 金正日「社会主義への誹謗は許されない」朝鮮労働党中央委員会機関誌『勤労者』に発表した談話（一九九三年三月一日）『金正日選集』第一三巻（一九九二年二月～一九九四年一二月）平壌、朝鮮労働党出版社、一九九八年、三五〇、

三五四、三六八頁。
(150)『労働新聞』一九九三年一二月九日、二頁。
(151) キム・チョルウ『金正日将軍の先軍政治――軍事先行、軍を主力軍とする政治』平壌、平壌出版社、二〇〇〇年、二八七頁。

第7章　ミサイル外交――一九九八～二〇〇〇年

(1) Kenneth Katzman and Rinn-Sup Shinn, "North Korea : Military Relations with the Middle East," *CRS Report for Congress*, September 27, 1994, pp. 12-13.
(2) *Korea Times*, June 16, 1993, p. 2, as cited in Center for Nonproliferation Studies, Monterey Institute of International Studies, "Chronology of North Korea's Missile Trade and Developments," http://cns.miis.edu/research/korea/chron.htm (hereafter simply referred to as "Chronology").
(3) *Reuters*, August 17, 1993, in *US-Korea Review*, September 1993, p. 3 ; and Jon B. Wolfsthal, *Arms Control Today*, September 1993, p. 24, both cited in "Chronology."
(4) Udi Segal, *IDF Radio* (Tel Aviv), March 22, 1994, in *JPRS-TND*-94-008, April 1, 1994, p. 34, cited in "Chronology."
(5)『ソウル新聞』一九九三年六月一六日。『世界日報』一九九三年六月一六日。
(6) 北朝鮮のミサイル実験については以下の資料を参照した。Greg Gerardi and Joseph Bermudez, Jr., "An Analysis of North Korean Ballistic Missile Testing," *Jane's Intelligence Review*, vol. 7, no. 4, April 1995, pp. 184-190 ; *Aviation Week and Space Technology*, July 11, 1994, p. 55 ; and Joseph S. Bermudez, Jr., "North Korea's Musudan-ri Launch Facility," Missile News : Special Report, CDISS, http://www.cdiss.org/spec99aug.htm, accessed on July 18, 2002.
(7)『労働新聞』一九九三年三月九日、一頁。『労働新聞』一九九三年三月一三日、一頁。
(8)『韓国日報』一九九四年六月四日。
(9)『朝鮮日報』一九九四年七月二日。
(10)『RP北朝鮮政策動向』一九九四年七月三一日、四一頁。
(11) Gary Samore, "U. S.-DPRK Missile Negotiations," *The Nonproliferation Review*, vol. 9, no. 2, Summer 2002, p. 17.
(12) "Liaison Office Site Survey in Pyongyang, 1/31-2/4," Telegram from U. S. embassy in Beijing to Secretary of State,

February 6, 1995, in the National Security Archive Korea Project, National Security Archive, Washington, DC.

（13）Evan S. Medeiros, "U.S., North Korea May Hold Talks on North's Missile Sales, MTCR Status," *Arms Control Today*, vol. 26, no. 1, February 1996, p. 25.

（14）U.S. Department of State (DoS), Office of the Spokesman, Daily Press Briefing, April 19, 1996.

（15）"Guidance for U.S. Delegation to DPRK Missile Talks," Cable, SecState to USMission USUN, June 10, 1997, in the National Security Archive Korea Project; and *Washington Times*, June 5, 1996, p. A20.

（16）DoS, Daily Press Briefing, April 22, 1996.『労働新聞』一九九六年四月二四日、四頁。

（17）『朝鮮中央通信』一九九六年六月二八日（『月刊朝鮮資料』第三六巻第八号、一九九六年八月、二〇頁）。

（18）例えば、国務省スポークスマンは、一〇月一六日に米国が北朝鮮と「興味深い議論」を行ったと述べた。DoS, Daily Press Briefing, October 17, 1996.

（19）DoS, Daily Press Briefing, October 18, 1996.

（20）『労働新聞』一九九六年一〇月二四日、五頁。

（21）『月刊朝鮮資料』第三六巻第一二号、一九九六年一二月、一六〜一七頁。

（22）『労働新聞』一九九六年一一月四日、四頁。

（23）DoS, Daily Press Briefing, November 8, 1996.

（24）Arms Control Association, "Chronology of U.S.-North Korean Nuclear and Missile Diplomacy," June 2003, http://www.armscontrol.org/factsheets/dprkchron.asp.

（25）*Associated Press*, August 27, 1997.

（26）「誰もわれわれのミサイル政策に干渉する権利はない――朝鮮中央通信論評」『朝鮮中央通信』一九九八年六月一六日。

（27）*Associated Press*, August 19, 1998.

（28）ある統一部の当局者は、北朝鮮の武器輸出は一九八〇年から八九年までは計二五億ドルに達したが、九〇年代に入ると激減し、一九九〇年から九五年までの武器輸出は計三億ドル程度であったと述べた。同当局者によると、北朝鮮では深刻な外貨不足によってミサイル開発への投資にも問題が生じており、北朝鮮がミサイル輸出の事実を認めて、米国に輸出中止の対価を求めているのは、武器輸出で外貨獲得が難しくなったためであるという。九〇年代以降の武器輸出の不振は、⑴経済危機による原材料やエネルギー不足、⑵世界的な武器需要の減少、⑶旧式化した北朝鮮製の武器への需要の減少、(4)外貨不足で武器輸送用船舶の契約が困難になったことなどが原因であり、北朝鮮は中東への武器輸出の対価として受け取っていた原油輸入の中断などで、さらにエネルギー危機を深刻化させているとされた。『聯合通信』一九九八年八月二九日。

(29) David E. Sanger, "North Korea Site an A-Bomb Plant, U.S. Agencies Say," *New York Times*, August 17, 1998, p. A1.

(30) DoS, "U.S.-D.P.R.K. Talks," Press Statement, September 10, 1998.

(31) Ashton B. Carter and William J. Perry, *Preventive Defense: A New Security Strategy for America*, Brookings Institution Press, 1999, p. 220.

(32) Robert D. Walpole, National Intelligence Officer for Strategic and Nuclear Programs, "North Korea's Taepo Dong Launch and Some Implications on the Ballistic Missile Threat to the United States," Center for Strategic and International Studies, December 8, 1998; and National Intelligence Council (NIC), "Foreign Missile Developments and the Ballistic Missile Threat to the United States Through 2015," September 1999.

(33) Bermudez, *A History of Ballistic Missile Development in the DPRK*, p. 30.

(34) 「北朝鮮によるミサイル発射実験に関する官房長官コメント」小渕内閣官房長官談話、一九九八年八月三一日。「北朝鮮によるミサイル発射を受けての当面の対応にかかる官房長官発表」小渕内閣官房長官談話、一九九八年九月一日。

(35) *Korea Times*, September 5, 1998.

(36) 「日本のＫＥＤＯへの協力再開にかかる官房長官発表」小渕内閣官房長官談話、一九九八年一〇月二一日。

(37) Samore, "U.S.-DPRK Missile Negotiations," p. 17.

(38) 『労働新聞』一九九八年九月八日、三頁。

(39) 『労働新聞』一九九八年九月一七日、三頁。

(40) 『労働新聞』一九九八年九月二五日、六頁。

(41) *New York Times*, September 4, 1998, p. A3. さらに、北朝鮮がテポドン1をもう一度、発射する準備を進めているとの報道もあった。『朝日新聞』一九九八年九月五日。

(42) DoS, "U.S.-D.P.R.K. Talks," Press Statement, September 10, 1998.

(43) 一九九八年九月の憲法改正に伴い、北朝鮮は「外交部」の名称を「外務省」に変更した。

(44) 「核動力工業を犠牲にするわけにはいかない——朝美高位級会談関連　外務省代弁人」『朝鮮中央通信』一九九八年九

月一〇日。

(45) Joel Wit, interview by author, Washington, DC, July 22, 2002.

(46) DoS, "North Korea—Additional Food Assistance," Press Statement, September 21, 1998.

(47) DoS, "U. S.-DPRK Missile Talks," Press Statement, October 2, 1998 ; and Howard Diamond, "U. S., North Korea Meet on Missiles ; Japan, S. Korea Press on Defense," *Arms Control Today*, October 1998.『時事通信ニュース速報』一九九八年一〇月二日。

(48) DoS, "U. S.-DPRK Missile Talks," Press Statement, October 2, 1998.

(49) *Washington Post*, November 20, 1998, p. A1 ; and Greg Seigle, "Another N. Korean Missile Launch Near, Says USA," *Jane's Defence Weekly*, December 9, 1998, p. 1. 惠谷治『金正日大図鑑』小学館、二〇〇〇年、一一頁。

(50) 「米侵略軍の挑戦に殲滅的な打撃で応答——朝鮮人民軍総参謀部代弁人声明」『朝鮮中央通信』一九九八年一二月二日。

(51) 「朝米関係で朝鮮の外交官にこれ以上することはない——外務省代弁人」『朝鮮中央通信』一九九八年一二月二日。

(52) 一九九八年九月の憲法改正により、肩書きが「外交部副部長」から「外務省副相」に変更された。

(53) 『朝日新聞』一九九八年一二月一一日。

(54) 『労働新聞』一九九八年一二月一八日、六頁。

(55) DoS, Daily Press Briefing, December 2, 1998.

(56) DoS, "Conclusion of Third Round of U. S.-D. P. R. K. Bilateral Talks on Suspect Underground Construction," Press Statement by James B. Foley, Deputy Spokesman, December 11, 1998 ; and Philip Shenon, "North Korea Said to Drop Demand on Atom Inspection," *New York Times*, December 15, 1998, p. A3.

(57) *Washington Times*, December 31, 1998, p. A4.

(58) *Korea Herald*, April 1, 1999.

(59) DoS, Daily Press Briefing, March 30, 1999. また、次も参照せよ。Robert Einhorn, Deputy Assistant Secretary of State for Nonproliferation, "DAS Einhorn 4/2 Remarks on North Korea Missile Talks," U. S. Embassy, Tokyo, Japan, April 2, 1999.

(60) 「ミサイル輸出中止対現金補償提案——外務省代弁人　四次ミサイル協商に言及」『朝鮮中央通信』一九九九年三月三一日。

(61) DoS, "Conclusion of Third Round of U. S.–D. P. R. K. Bilateral Talks on Suspect Underground Construction"; and *New York Times*, December 15, 1998, p. A3.

(62) DoS, Statement by Secretary of State Madeleine K. Albright, March 16, 1999; "U. S.–D. P. R. K. Joint Press Statement," New York, March 16, 1999; and "U. S.–DPRK Joint Statement," U. S. Mission, New York, March 16, 1999.

(63) U. S. Agency for International Development (USAID), "Agreement Reached on Bilateral Assistance Project for North Korea," Press Release, April 22, 1999.

(64) DoS, "Report on the U. S. Visit to the Site at Kumchang-ni, Democratic People's Republic of Korea," Press Statement, June 25, 1999.

(65) DoS, "Dr. William Perry Named North Korea Policy Coordinator," Press Statement, November 12, 1998.

(66) William J. Perry, Special Advisor to the President and the Secretary of State, "Review of United States Policy Toward North Korea: Findings and Recommendations," October 12, 1999.

(67) DoS, Remarks by Secretary of State Madeleine K. Albright and Hong Soon-Young, Minister of Foreign Affairs and Trade of the Republic of Korea in Joint Press Availability after Their Meeting, Washington, DC, May 17, 1999.

(68) Joel Wit, interview by author, Washington, DC, July 27, 2002; and Robert Carlin, e-mail message to author, February 24, 2008.

(69) *Korea Times*, August 9, 1999.

(70) ミサイル発射に関する北朝鮮の動きについては以下の資料を参照した。"No-dong: N40–51′ 17″ E129–39′ 58," maintained by John Pike and Tim Brown, updated January 16, 2000, http://www.fas.org/nuke/guide/dprk/facility/nodong.htm; Center for Nonproliferation Studies, Monterey Institute of International Studies, "North Korea: A Second Taep'o-dong Test?" http://cns.miis.edu/research/korea/taep2.htm; Bill Gertz, "North Korea Poised to Test Longer-Range Ballistic Missile," *Washington Times*, June 17, 1999; Bermudez, Jr., "North Korea's Musudan-ri Launch Facility"; DoD News Briefing, July 6, 1999; and Calvin Sims, "North Korea, Ignoring Warnings, Proceeds With Plans to Test-Fire Missile," *New York Times*, July 22, 1999, p. A8.『朝鮮日報』二〇〇六年六月二三日。

(71)『東亜日報』一九九九年六月二一日。『朝日新聞』一九九九年六月二四日。

(72)「米国が信義をみせれば信義をもって対応するであろう——外務省代弁人」『朝鮮中央通信』一九九九年七月二六日。

（73）NIC, "Foreign Missile Developments and the Ballistic Missile Threat to the United States Through 2015."
（74）The White House, "Easing Sanctions Against North Korea," Statement, September 17, 1999.
（75）Ibid.; and The White House, "Fact Sheet: Easing Sanctions Against North Korea," September 17, 1999.
（76）「朝美会談進行期間にはミサイル発射を行わないであろう――外務省代弁人」『朝鮮中央通信』一九九九年九月二四日。こうした北朝鮮の約束は、一九九三年五月に北朝鮮が核問題に関して米国との核交渉を行っている間はＮＰＴからの脱退を保留するとした方式と似ているとの指摘もある。Scott Snyder, "Pyongyang's Pressure," *The Washington Quarterly*, vol. 23, no. 3, Summer 2000, pp. 167–168.
（77）The White House, Statement by the President, June 19, 2000; and DoS, "Fact Sheet: Implementation of Easing of Sanctions Against North Korea," June 19, 2000.
（78）「米国は全面的かつ実際的な制裁解除措置を取らなければならない――朝鮮外務省代弁人」『朝鮮中央通信』二〇〇〇年六月二一日。なお、北朝鮮側は、これを「衛星発射の臨時中止」と表現している。
（79）Transcript of Remarks and Q&A with Assistant Secretary of State for Non-Proliferation Mr. Robert Einhorn at the Conclusion of the U.S.-DPRK Missile Talks, U.S. Embassy, Kuala Lumpur, July 12, 2000.
（80）『毎日新聞』二〇〇〇年七月一二日。
（81）"US-DPRK Joint Communiqué," Washington, DC, October 12, 2000.「朝鮮民主主義人民共和国とアメリカ合衆国の間の共同コミュニケ」ワシントン、二〇〇〇年一〇月一二日。
（82）DoS, "Joint U.S.-DPRK Statement on International Terrorism," Statement, October 6, 2000.「米国が朝鮮を『テロ支援国』名簿から削除する政治的意志を表明――共同声明発表」『朝鮮中央通信』二〇〇〇年一〇月七日。
（83）Press Conference by Secretary of State Madeleine K. Albright, Koryo Hotel, Pyongyang, North Korea, October 24, 2000.
（84）Madeleine Albright with Bill Woodward, *Madam Secretary*, New York: Miramax Books, 2003, p. 465; and *New York Times*, March 6, 2001, pp. A1 and A8. ナム・ムンヒ「インタビュー　千容宅国会国防委員長」『時事ジャーナル』五九七号、二〇〇一年四月五日。
（85）*New York Times*, March 6, 2001, pp. A1 and A8.
（86）Ibid.

（87） Press Statement issued by Robert J. Einhorn, Assistant Secretary of State for Nonproliferation in Kuala Lumpur, Malaysia, November 3, 2000.

（88） Samore, "U. S.-DPRK Missile Negotiations," pp. 18–19.

（89） The White House, Office of the Press Secretary, "Statement by the President," December 28, 2000. クリントンの訪朝取りやめに至るプロセスの詳細については次を見よ。Albright, *Madam Secretary*, pp. 468–470.

（90） 北朝鮮のミサイルの性能、生産、配備状況については、次の資料を参考にした。Federation of American Scientists, "Nuclear Forces Guide-Missiles," updated on March 17, 2008, http: //www. fas. org/nuke/guide/dprk/missile/ ; International Institute for Strategic Studies（IISS）, *North Korea's Weapons Programmes : A Net Assessment*, Houndmills, Hampshire : Palgrave MacMillan, 2004 ; Statement of General Thomas A. Schwartz, Commander in Chief, United Nations Command/Combined Forces Command, and Commander, United States Forces Korea before the Senate Armed Forces Committee, March 27, 2001, pp. 9–10 ; Office of the Secretary of Defense, *Proliferation : Threat and Response*, Office of the Secretary of Defense, January 2001 ; Joseph S. Bermudez, Jr., *A History of Ballistic Missile Development in the DPRK*, Occasional Paper no. 2, Monitoring Proliferation Threats Project, Center for Nonproliferation Studies, Monterey Institute of International Studies, 1999, http://cns.miis.edu/pubs/opapers/op2/op2.pdf ; Testimony of General John H. Tilelli, Commander-in-Chief of United States Forces in Korea, House Armed Services Committee Hearing, March 3, 1999 ; Joseph S. Bermudez, Jr, "Taepo-Dong Launch Brings DPRK Missiles Back into the Spotlight," *Jane's Intelligence Review*, vol. 10, no. 10, October 1998, p. 30 ; The Commission to Assess the Ballistic Missile Threat to the United States, "Executive Summary of the Report of the Commission to Assess the Ballistic Missile Threat to the United States," July 15, 1998（hereafter referred to as "The Rumsfeld Commission Report"）; David C. Wright, "An Analysis of the North Korean Missile Program," in Report of the Commission to Assess the Ballistic Missile Threat to the United States, Appendix III : Unclassified Working Papers, Pursuant to Public Law 201, 104th Congress, July 15, 1998, pp. 346–348 ; Defense Intelligence Agency（DIA）, *North Korea : The Foundations for Military Strength*, update 1995, U. S. Government Printing Office, 1995, pp. 11–12, and 21 ; Joseph S. Bermudez, Jr. and W. Seth Carus, "The North Korean 'Scud B' Programme," *Jane's Intelligence Review*, vol. 1, no. 4, April 1989, pp. 177–181. 石破茂防衛庁長官答弁、第一五六回参議院予算委員会第六号、二〇〇三年三月五日。防衛庁「北朝鮮によるミサイル発射と防衛庁の対応」『防衛白書　平成一一

年版』大蔵省印刷局、一九九九年、三二三〜三三二頁。秋元千明「ドキュメント激震――印パ核実験の真相」『中央公論』一九九八年八月号、一一〇〜一一九頁。

（91） Statement of General Thomas A. Schwartz, Commander in Chief, United Nations Command/Combined Forces Command, and Commander, United States Forces Korea before the Senate Armed Forces Committee, March 7, 2000, p. 6.

（92） ミサイルの移動式発射台の位置を探知することの難しさは、湾岸戦争時も明らかになった。Thomas A. Keaney and Eliot A. Cohen, *Gulf War Air Power Survey, Summary Report*, U.S. Government Printing Office, 1993, pp. 83–90 ; and Anthony H. Cordesman and Abraham R. Wagner, *The Lessons of Modern War, Volume IV : The Gulf War*, Westview Press, 1996, p. 856.

（93） Bermudez, *A History of Ballistic Missile Development in the DPRK*, pp. 22–23. 『毎日新聞』一九九八年一一月七日。

（94） NIC, "Foreign Missile Developments and the Ballistic Missile Threat to the United States Through 2015."

（95） Statement of the Director of Central Intelligence, George J. Tenet, As Prepared for Delivery Before the Senate Armed Services Committee Hearing on Current and Projected National Security Threats, February 2, 1999.

（96） NIC, *Global Trends 2015 : A Dialogue About the Future With Nongovernment Experts*, NIC 2000–02, December 2000, p. 55.

（97） Bermudez, *A History of Ballistic Missile Development in the DPRK*, p. 1.

（98） Office of the Secretary of Defense, *Proliferation : Threat and Response*, U. S. Government Printing Office, November 1997, p. 8.

（99） "The Rumsfeld Commission Report."

（100） Joseph S. Bermudez, Jr., "Ballistic Missiles in the Third World : Iran's Medium-Range Missiles," *Jane's Intelligence Review*, vol. 4, no. 4, April 1992, p. 147 ; and Joseph S. Bermudez, Jr., "New Developments in North Korean Missile Programme," *Jane's Soviet Intelligence Review*, vol. 2, no. 8, August 1990, p. 344.

（101） 一九九八年一〇月二三日に韓国統一部が国会の委員会に提出した国政監査資料。『聯合ニュース』一九九八年一〇月二三日。

（102） *Korea Times*, September 26, 1996.

(103) "DPRK Missile Program for Michael Rosenthal," Memorandum, Roe to Kaplan, February 10, 2000, in the National Security Archive Korea Project.

(104) Statement of General Thomas A. Schwartz, March 27, 2001, p. 7.

(105) 『朝鮮日報』二〇〇一年四月六日。『聯合ニュース』二〇〇一年四月六日。李在旭「北韓のミサイル脅威と我が国の対応方向」『国防政策研究』第五一号、二〇〇一年冬季号、二一〇頁。バーミューデスは、スカッドが一五〇〜二〇〇万ドルで売られていたと指摘している。Bermudez, *A History of Ballistic Missile Development in the DPRK*, p. 19.

(106) IISS, *North Korea's Weapons Programmes*, p. 82.

(107) Carter and Perry, *Preventive Defense*, p. 221.

(108) "The Rumsfeld Commission Report."

(109) Ibid.

(110) "US-DPRK Joint Communiqué."「朝鮮民主主義人民共和国とアメリカ合衆国の間の共同コミュニケ」。

(111) *New York Times*, March 6, 2001, pp. A1 and A8.

(112) ステファン・ハガード、マーカス・ノーランド『北朝鮮飢餓の政治経済学』中央公論新社、二〇〇九年、二〇二〜二〇三頁。

(113) Mark E. Manyin and Mary Beth Nikitin, "Foreign Assistance to North Korea," *CRS Report for Congress*, March 12, 2010, p. 2.

(114) The White House, Statement by the President, June 19, 2000.

(115) 大韓貿易投資振興公社「北韓の対外貿易動向　一九九〇〜二〇〇〇年」ソウル、大韓貿易投資振興公社、二〇〇一年、一七四頁。

(116) The White House, "Easing Sanctions Against North Korea," September 17, 1999.

(117) *Korea Herald*, September 7, 1998.

(118) 青瓦台「特派員懇談会」ブリーフィングおよびプレスリリース、一九九九年七月六日。*Washington Post*, June 24, 1999 ; and *Korea Times*, July 7, 1999.

(119) 「ジュネーブ交渉の繰り返しは受け入れられない（社説）」『京郷新聞』一九九六年四月二一日、三頁。ソウル新聞も同様の懸念を表明している。「四者会談と米国の韓半島政策（韓半島の新秩序は構築されるか。第五回・最終回）」『ソウル新聞』一九九六年四月二二日、六頁。

(120)「金正日同志を国防委員会委員長に推戴することについての提案」『朝鮮中央通信』一九九八年九月五日。

(121)「我が国初の人工地球衛星、成果的に発射——朝鮮中央通信社報道」『朝鮮中央通信』一九九八年九月四日。

(122)「金正日同志を国防委員会委員長に推戴する件についての提案」『朝鮮中央通信』一九九八年九月五日。

(123)「金正日同志を国防委員会委員長に推戴」『朝鮮中央通信』一九九八年九月五日。

(124) DoS, "Trilateral Meeting Joint Press Statement," Press Statement, July 27, 1999.

(125) 防衛庁『防衛白書　平成一一年版』一三七、三三三頁。

(126)「ミサイル発射臨時中止問題を考慮せざるをえない——外務省代弁人」『朝鮮中央通信』二〇〇〇年一月二二日。

(127)「米国防長官の『長距離ミサイル攻撃脅威説』を非難——朝鮮中央通信」『朝鮮中央通信』二〇〇〇年二月一〇日。

(128)「朝露共同宣言全文」『朝鮮中央通信』二〇〇〇年七月二〇日。

第8章　停戦体制の無効化工作——一九九三〜二〇〇二年

(1)「北韓の停戦体制無実化企図経過日誌」大韓民国国防部『国防白書　一九九六〜一九九七』ソウル、国防部、二四一〜二四三頁。

(2) 軍事停戦委は五名の国連軍側委員と五名の朝鮮人民軍・中国人民志願軍側委員で構成される。黄源卓が任命される前には、軍事停戦委の国連軍司令部側代表は、首席代表である米軍少将一名に加え、韓国軍少将一名と准将一名、英国軍准将一名、国連軍構成国の大佐一名の五名であり、朝鮮人民軍・中国人民志願軍代表は、首席代表である朝鮮人民軍少将一名に加え、朝鮮人民軍および中国人民志願軍からそれぞれ少将一名、朝鮮人民軍から上佐二名の計五名であった。黄源卓の任命によって、首席代表を韓国軍少将が務めることとなり、米軍少将は通常の代表となった。

(3) United Nations Command (UNC), *Annual Historical Summary, 1 January 1991-31 December 1991*, compiled by the UNC Command Historical Branch, p. 38.

(4) UNC, "Report of the Activities of the United Nations Command for 1995," Annex, obtained from the UNC, 2001, p. 8; and UNC, *Command Historical Summary, 1 January 1992-31 December 1992*, compiled by the UNC Command Historical Branch, p. 37.

(5) UNC, "Report of the Activities of the United Nations Command for 1999," Annex, pp. 5-6.

（6） UNC, *Command Historical Summary, 1 January 1992–31 December 1992*, p. 41.
（7） 『労働新聞』一九九三年一〇月八日、六頁。
（8） 『労働新聞』一九九四年四月二九日、二頁。
（9） 同右。
（10） UNC, *Command Historical Summary, 1 January 1995–31 December 1995*, p. 27.
（11） UNC, *Command Historical Summary, 1 January 1994–31 December 1994*, p. 56.
（12） 『ＲＰ北朝鮮政策動向』第八号、一九九四年六月三〇日、四九頁。“List of the Members to the Korean People's Army Panmunjom Mission Entrusted by the Supreme Command of the Korean People's Army,” 李文恒（James Lee）『ＪＳＡ――板門店（一九五三～一九九四）』ソウル、小花、二〇〇一年、四〇一～四〇二頁に掲載。
（13） UNC, *Command Historical Summary, 1 January 1994–31 December 1994*, Appendix G.
（14） 『労働新聞』一九九四年九月三日、四頁。
（15） UNC, “Report of the Activities of the United Nations Command for 1999,” p. 4.
（16） 『中央日報』一九九四年一二月二二日、五頁。
（17） UNC, *Command Historical Summary, 1 January 1994–31 December 1994*, pp. 32–33 and Appendix F.『中央日報』一九九四年一二月三〇日、五頁。
（18） UNC, *Command Historical Summary, 1 January 1994–31 December 1994*, p. 57.
（19） 『朝鮮日報』一九九四年一二月三一日、三頁。
（20） 『中央日報』一九九四年一二月三〇日、五頁。
（21） 『労働新聞』一九九四年一二月三一日、四頁。『中央日報』一九九四年一二月三〇日、五頁。
（22） 『朝鮮日報』一九九四年一二月三一日、一頁。
（23） UNC, “Report of the Activities of the United Nations Command for 1995,” p. 14. 停戦協定の追加合意で、一度にＪＳＡに入ることのできる人数は、双方それぞれ将校五人と兵士三〇人までと規定され、ＪＳＡ内で携行できる武器は拳銃一丁か単発小銃一丁のみとなっている。“Agreement on the Military Armistice Commission Headquarters Area, its Security and its Construction,” in “Index to Agreements Subsequent to the Signing of the Armistice Agreement,” revised on October 1, 1976, obtained from Robert Collins on September 3, 2011.

(24) "Korea : Neutral Nations Supervisory Commission," Statement by Acting Department Spokesman Christine Shelly, Washington, DC, February 23, 1995, in *U.S. Department of State Dispatch*, vol. 6, no. 11, March 13, 1995.
(25) 『労働新聞』一九九五年二月二五日、四頁。
(26) UNC, *Command Historical Summary, 1 January 1995–31 December 1995*, Appendix G.
(27) UNC, "Report of the Activities of the United Nations Command for 1995," p. 12.
(28) UNC, *Command Historical Summary, 1 January 1995–31 December 1995*, Appendix G.
(29) 『労働新聞』一九九五年四月二〇日、四頁。
(30) UNC, "Report of the Activities of the United Nations Command for 1995," pp. 12–13.
(31) 『世界日報』一九九五年四月二八日、二頁。
(32) UNC, "Report of the Activities of the United Nations Command for 1995," p. 13.
(33) 『労働新聞』一九九五年五月一三日、四頁。
(34) 『中央日報』一九九五年五月二二日、一頁。
(35) 『韓国日報』一九九五年五月二六日、二頁。
(36) 『労働新聞』一九九五年六月三〇日、五頁。
(37) 『労働新聞』一九九五年七月六日、六頁。
(38) UNC, "Report of the Activities of the United Nations Command for 1995," p. 15.
(39) 『労働新聞』一九九五年九月八日、四頁。
(40) UNC, "Report of the Activities of the United Nations Command for 1995," pp. 13–14.
(41) Stephen Tharp, interview by author, Seoul, ROK, October 31, 2001.
(42) 『労働新聞』一九九五年一二月一二日、四頁。
(43) UNC, "Report of the Activities of the United Nations Command for 1996," p. 13.
(44) 『労働新聞』一九九六年二月二三日、四頁。
(45) 『労働新聞』一九九六年三月九日、五頁。
(46) 『労働新聞』一九九六年三月二九日、三頁。
(47) 『労働新聞』一九九六年四月七日、五頁。UNC, "Report of the Activities of the United Nations Command for 1999," p.

4.

(48) UNC, “Report of the Activities of the United Nations Command for 1996,” pp. 14-15.

(49) 『労働新聞』一九九六年四月一〇日、二頁。

(50) 『国民日報』一九九六年四月八日、二六頁。金泳三『金泳三大統領回顧録——民主主義のための私の闘争』下巻、ソウル、朝鮮日報社、二〇〇一年、一九五頁。

(51) 金泳三は自身の回顧録の中に「北韓、共同警備区域武力示威」という節を設け、一九九六年のＪＳＡにおける出来事を詳述している。金泳三『金泳三大統領回顧録』下巻、一九四〜一九六頁。

(52) 『東亜日報』一九九六年四月一〇日、二頁。『韓国日報』一九九六年四月一〇日、三頁。国連軍司令部スポークスマンであったジム・コールズは、韓国の国防部や外務部が四月の事件の重要性を誇張していたと述べている。姜仁仙「インタビュー　ＵＮ軍司令部代弁人ジム・コールズ——韓国国防部が拡大解釈し、韓国の言論が拡大再生産したのがＤＭＺ危機」『月刊朝鮮』一九九六年六月、四三〇〜四三五頁。

(53) *Korea Times*, April 7, 1996. 姜仁仙「インタビュー　ＵＮ軍司令部代弁人ジム・コールズ」四三〇頁。

(54) *Washington Post*, April 9, 1996, p. A1; and *Korea Times*, April 10, 1996.

(55) 姜仁仙「インタビュー　ＵＮ軍司令部代弁人ジム・コールズ」四三三頁。

(56) *Korea Times*, April 9, 1996.

(57) U.S. Department of State, Bureau of Intelligence and Research, “ROK: Kim Hangs On,” Brief, April 12, 1996, in the National Security Archive Korea Project, National Security Archive, Washington, DC. なお、二〇〇〇年に青瓦台で作成された報告書によると、一九九六年当時、韓国の大統領府、国防部、合同参謀本部が共同で板門店における緊張を誇張・歪曲し、総選挙に影響を与えようとしたという。チョ・ソンシク「単独入手　九六年板門店北風事件『大統領府報告書』」『新東亜』二〇〇〇年六月号。

(58) *Korea Times*, April 22, 1996.

(59) *Korea Times*, May 24, 1996.

(60) UNC, “Report of the Activities of the United Nations Command for 1996,” p. 15. 李光洙『潜航指令——証言　北朝鮮潜水艦ゲリラ事件』辺真一訳、ザ・マサダ、一九九八年。

(61) 「人民武力部スポークスマンの談話」『月刊朝鮮資料』第三六巻第一一号、一九九六年一一月、二五頁。

(62) UNC, *Command Historical Summary, 1 January 1996-31 December 1996*, Appendix G-5.
(63) 金泳三「確固とした安保は繁栄の土台」第四八周年　国軍の日　慶祝宴演説、大統領秘書室『金泳三大統領演説文集』第四巻（一九九六年二月一日～一九九七年一月三一日）ソウル、大統領秘書室、一九九七年、四七五頁。
(64) 咸成得『金泳三政府の成功と失敗』ソウル、ナナム出版、二〇〇一年、九五頁。*Washington Post*, November 9, 1996, p. A19.
(65)『産経新聞』一九九九年一一月二四日。
(66) *Washington Times*, October 15, 1996, p. A15.
(67) *Associated Press*, October 1, 1996.
(68) 金『金泳三大統領回顧録』下巻、二五五～二五六頁。
(69) *New York Times*, November 17, 1996, p. 12.
(70) *New York Times*, December 30, 1996.
(71)『月刊朝鮮資料』第三七巻第二号、一九九七年二月、一三頁。「北韓の潜水艦浸透事件関連北韓外交部代弁人声明」北韓外交部代弁人声明、一九九六年一二月二九日（統一部報道資料）。
(72) UNC, *Command Historical Summary, 1 January 1997-31 December 1997*, Appendix G. 韓国の国防当局者への筆者によるインタビュー、ソウル、二〇一一年八月二六日。
(73) 韓国の国防当局者への筆者によるインタビュー、ソウル、二〇一一年八月二六日。韓国の安全保障専門家への筆者によるインタビュー、ソウル、二〇〇一年一一月六日。Aaron Trimble, a former UNC officer, interview through e-mail by author, November 11, 2001.
(74) *Korea Times*, April 11, 1997.
(75) 国防部『国防白書　一九九八』ソウル、国防部、二一四頁。
(76)『朝鮮日報』一九九七年六月六日。権栄基「西海五島は『火薬庫』、韓半島の雷管」『月刊朝鮮』第二三二号、一九九九年七月、六四七～六四八頁。
(77) UNC, "Report of the Activities of the United Nations Command for 1997," Annex, 2001, p. 15 ; Bruce Bechtol, Jr. interview by author, Seongnam-si, ROK, February 24, 2008 ; and *Korea Herald*, July 17, 1997.
(78)『朝鮮日報』一九九七年七月一七日。

(79) Stephen M. Tharp, interview by author, Seoul, ROK, March 14, 2001.

(80) 『京郷新聞』一九九七年九月八日。

(81) Aaron Trimble, interview through e-mail by author, November 11, 2001.

(82) 『労働新聞』一九九七年七月一九日、六頁。

(83) *Korea Herald*, February 20, 1998.

(84) *Korea Herald*, May 28, 1998.

(85) United Nations Command, "Report of the Activities of the United Nations Command for 1998," Annex, p. 13.

(86) 『文化日報』一九九八年六月九日。United Nations Command, Military Armistice Commission (UNCMAC), "We own the Zone," a briefing material, obtained from UNC on March 14, 2001, p. 68. 国防部『国防白書　一九九九』ソウル、国防部、八〇頁。

(87) UNCMAC, "We own the Zone," p. 70.

(88) 「朝鮮人民軍と国際連合軍の間の将領級会談が開かれることになる」『朝鮮中央通信』一九九八年六月一九日。

(89) 韓国軍関係者への筆者によるインタビュー、ソウル、二〇〇二年五月一七日。

(90) 北朝鮮はこの会談を、「朝鮮人民軍将官と米軍将官が引率する朝鮮人民軍側と国連軍の間の将官級会談」と位置づけていた。「朝鮮人民軍と国際連合軍の間の将領級会談が開かれることになる」『朝鮮中央通信』一九九八年六月一九日。

(91) UNC, "Report of the Activities of the United Nations Command for 1998," p. 18; and UNCMAC, "We own the Zone," p. 72.

(92) 延坪海戦に関する一連の動きについては、特に断りのない限り次の文献等に依拠している。国防部『国防白書　一九九九』一九七～一九九頁。韓国国会事務処「北韓警備艇西海ＮＬＬ侵犯事件等懸案報告」『第二〇四回国会　国防委員会会議録』第一号、一九九九年六月一〇日。国会事務処「西海上交戦事態に関する報告」『第二〇四回国会　本会議会議録』第二号、一九九九年六月一六日。国会事務処「西海上交戦事態関連懸案報告」「北韓の西海北方限界線侵犯行為および武力挑発に対する決意案採択の件」『第二〇四回国会　国防委員会会議録』第二号、一九九九年六月一七日。国会事務処「北韓の北方限界線無効宣言に対する対策等懸案報告」『第二〇七回国会　国防委員会会議録』第二号、一九九九年九月七日。金秉石「言論が後押しし、軍が主導したＮＬＬ死守作戦」『月刊朝鮮』第二三二号、一九九九年七月。UNC, "Report of the Activities of the United Nations Command for 1999," p. 12. 韓国の国防当局者への筆者によるインタビュー、ソウル、二〇一一年八月二六日。
(93)「南朝鮮軍、西海領海深く戦闘艦船を侵入させる軍事挑発敢行」『朝鮮中央通信』一九九九年六月六日。
(94)国会事務処「北韓警備艇西海NLL侵犯事件等懸案報告」。
(95)金大中『金大中自伝Ⅱ　歴史を信じて――平和統一への道』波佐場清・康宗憲訳、岩波書店、二〇一一年、一五二頁。
(96)チョン・ジャンニョル「延坪海戦に勝ったのち、待機発令の挙げ句、[制]服を脱いで――朴正聖前提督、『北韓が責任者を処罰せよと要求したというのです』」『朝鮮日報』二〇〇七年六月二八日。チョ・ソンシク「朴正聖・前海軍二艦隊司令官の延坪海戦秘話」『新東亜』二〇〇八年六月。
(97)金大中『金大中自伝Ⅱ』一五一～一五三頁。金秉石「言論が後押しし、軍が主導したNLL死守作戦」六七一頁。
(98)チョ「朴正聖・前海軍二艦隊司令官の延坪海戦秘話」。オン・ジョンニム「勲章の代わりに左遷…DJ、北の処罰要求受容」『New Daily』二〇〇九年六月二九日、http://www.newdaily.co.kr/news/article.html?no=28524。韓国の国防当局者への筆者によるインタビュー、ソウル、二〇一一年八月二六日。
(99)チョ「朴正聖・前海軍二艦隊司令官の延坪海戦秘話」。
(100)韓国国防部から入手した資料に基づく、二〇〇八年二月二九日。
(101)韓国の国防当局者への筆者によるインタビュー、ソウル、二〇〇六年五月五日。なお、当時、第二艦隊司令官であった朴正聖によると、目撃された戦死者だけでも数十名いたという。オン「勲章の代わりに左遷」。
(102)チョ「朴正聖・前海軍二艦隊司令官の延坪海戦秘話」。
(103)米韓軍事委員会には本会議と常設会議があり、常設会議は韓国の合同参謀本部議長と在韓米軍の先任将校（在韓米軍司令官）によって構成される。国防部『国防白書　一九九六～一九九七』一一二頁。
(104)米国政府当局者への筆者によるインタビュー、東京、二〇〇九年二月一九日。
(105)ユン・ギョンウォン「『延坪海戦』当時の司令官、『銃を撃ってくる時を待った』　朴正聖海軍提督インタビュー――『先制攻撃の禁止は軍人の手足を縛っておくこと』『北韓のいかなる試図や挑発にもNLLは固守せねば』」『デイリアン』二〇〇六年六月一九日、http://www.dailian.co.kr/news/news_view.htm?id=37507。
(106)「南朝鮮戦闘艦船、我が方の領海で人民軍艦艇に銃砲射撃」『朝鮮中央通信』一九九九年六月一五日。
(107)Proceedings of the Sixth General Officers Talks, June 15, 1999, provided by the UNCMAC; and UNC, "Report of the Activities of the United Nations Command for 1999," pp. 8-9.「板門店朝美軍部将領級会談進行」『朝鮮中央通信』一九九九

九年六月一五日。

(108) Proceedings of the Seventh General Officers Talks, June 22, 1999.「板門店軍部将領級会談進行」『朝鮮中央通信』一九九九年六月二二日。

(109) Proceedings of the Eighth General Officers Talks, July 2, 1999; and UNC, "Report of the Activities of the United Nations Command for 1999."

(110) Proceedings of the Eighth General Officers Talks.「板門店軍部将領級会談」『朝鮮中央通信』一九九九年七月二日。

(111) Ibid.

(112) Proceedings of the Ninth General Officers Talks, July 21, 1999; UNC, "Ninth General Officer Talks Held," News Release, July 21, 1999; and UNC, "Report of the Activities of the United Nations Command for 1999," p. 9.「人民軍側、西海海上境界線を受け入れることを要求――朝美軍部将領級会談」『朝鮮中央通信』一九九九年七月二一日。

(113) Proceedings of the Tenth General Officers Talks, August 17, 1999.「朝鮮側、西海軍事境界線設定ための実務接触提案提起――朝米軍部将領級会談」『朝鮮中央通信』一九九九年八月一七日。

(114) Proceedings of the Eleventh General Officers Talks, September 1, 1999.「朝米軍部将領級会談――板門店」『朝鮮中央通信』一九九九年九月一日。

(115)「『北方限界線』は無効――総参謀部特別報道」『朝鮮中央通信』一九九九年九月二日。

(116) *Korea Herald*, September 3, 1999.

(117) Stephen Tharp, interview by author, Seoul, ROK, March 14, 2001.

(118) 領海侵犯とＮＬＬ越線に関する一連の動きについては、特に断りのない限り次の文献を参照した。国防部「北韓船舶の領海侵犯とわが軍の対応」二〇〇一年六月九日(『国防日報』二〇〇一年六月一〇日掲載)。統一部、国防部、国政弘報処「北韓船舶の領海侵犯、このように対処しました」二〇〇一年六月。

(119)『ハンギョレ』二〇〇一年六月四日。国防部「北韓船舶の領海侵犯とわが軍の対応」。

(120)『京郷新聞&京郷ドットコム』二〇〇一年六月五日、http://news.khan.co.kr/kh_news/khan_art_view.html?artid=200106051857401&code=910303、二〇一一年一月六日にアクセス。

(121) 統一部「統一外交通商委報告資料　南北関係懸案報告」二〇〇一年六月一五日。

(122) 西海交戦に関する一連の動きについては、特に断りのない限り次の文献を参照した。国防部「西海交戦調査結果」報道資料、二〇〇二年七月七日。韓国海軍「第二延坪海戦」韓国海軍ホームページ、http://www.navy.mil.kr/sub_guide/navy_data.jsp?menu=1。なお、韓国軍は二〇〇八年に西海交戦の呼称を「第二延坪海戦」に変更したが、本書では交戦発生当時に使用されていた「西海交戦」という呼称を用いる。

(123) 「西海武装衝突事件に対する南朝鮮軍当局の発表は捏造——朝鮮人民軍海軍司令部代弁人」『朝鮮中央通信』二〇〇二年六月三〇日。

(124) 「北側代表団団長、上級会談代表の実務接触を南側に提議」『朝鮮中央通信』二〇〇二年七月二五日。

(125) 「私たちの遺憾表明は政治的ジェスチャーではない——朝鮮中央通信論評」『朝鮮中央通信』二〇〇二年八月二日。

(126) 田中均・田原総一朗『国家と外交』講談社、二〇〇五年、一〇六頁。

(127) 停戦時作戦統制権が移管されたあとも、韓国が平和保障体系樹立問題の当事者になり得ないと主張するために、北朝鮮はこの問題を利用し続けた。例えば、北朝鮮外交部は、「南朝鮮当局は、自国の武力に対する完全な統帥権を行使できないでおり、さらに、南朝鮮占領米軍に対しては、いかなる権限も行使できないでいるのが現実である」と述べている。『労働新聞』一九九五年二月二五日、四頁。

(128) 国防部「北韓の停戦体制無実化企図経過日誌」。

(129) UNC, *Annual Historical Summary, 1 January 1991*, pp. 51 and 54.

(130) 郭泳達前空軍士官学校長のコメント。『月刊朝鮮』一九九九年七月、六九二頁。

(131) Glenn Rice, e-mail message to author, February 5, 2004.

(132) ＮＬＬに関する韓国政府の公式見解については次を見よ。国防部『国防白書　一九九九』六六頁。国防部『北方限界線に関する我々の立場』国防部、二〇〇七年。

(133) 国防部「西海交戦関連、我々の立場」『国防消息』第一〇七号、一九九九年九月。

(134) 「『南北間の和解と不可侵および交流・協力に関する合意書』の『第二章　南北不可侵』の履行と遵守のための付属合意書」一九九二年九月一七日発効。

(135) 李長熙への筆者によるインタビュー、ソウル、二〇〇一年六月二七日。

(136) 二〇一一年八月現在まで、米韓側がＮＬＬの座標を北朝鮮側に通知したことはない。韓国の国防当局者への筆者によるインタビュー、ソウル、二〇一一年八月二六日。

(137) 統一部「西海海上境界線問題」一九九九年六月一四日。国会事務処「北韓警備艇西海ＮＬＬ侵犯事件等懸案報告」。

(138) 国会事務処「北韓警備艇西海ＮＬＬ侵犯事件等懸案報告」一六および二一頁。
(139) 国防部「西海交戦関連、われわれの立場」『国防消息』第一〇七号、一九九九年九月。
(140) U.S. Department of State, Daily Press Briefing, June 16, 1999.
(141) U.S. Department of State, Daily Press Briefing, June 17, 1999.
(142) Ibid.
(143) 李長熙「北方限界線の国際法的分析と再解釈」『統一経済』第五六号、一九九九年八月、一一六〜一一七、一一九頁。
(144) 「我々は『北方限界線』なるものを知らない——労働新聞」『朝鮮中央通信』一九九九年七月一一日。
(145) Article 121-(2) of the United Nations Convention on the Law of the Sea.
(146) Division for Ocean Affairs and the Law of the Sea, Office of Legal Affairs, United Nations, "Chronological lists of ratifications of, accessions and successions to the Convention and the related Agreements as at [*sic*] 23 January 2013," http://www.un.org/Depts/los/reference_files/chronological_lists_of_ratifications.htm.
(147) 権栄基「西海五島は『火薬庫』、韓半島の雷管」六四九〜六五〇頁。金容三「秘史　韓国海軍の切歯腐心——５６艦沈没後、三二年ぶりに北韓に復讐する」『月刊朝鮮』第二三二号、一九九九年七月、六六七頁。
(148) 安承範『二〇〇〇　韓国軍装備年鑑』ソウル、軍事情報、一九九九年、二一二頁。防衛産業庁「海軍戦術資料処理体系」、www.dapa.go.kr/open_content/images/atg/pdf/001/3-5.pdf。A U.S defense official, interview by author, Seoul, ROK, April 18, 2001.
(149) 庾龍源「西海交戦秘話」。
(150) A U.S. defense official, interview by author, Seoul, ROK, March 25, 2008. 崔主活への筆者によるインタビュー、ソウル、二〇〇一年一一月九日。高英煥『北韓外交政策決定機構および過程に関する研究——北韓の対中東・アフリカ外交を中心に』修士論文、慶熙大学校、二〇〇〇年、三四頁。
(151) 李鍾奭「韓半島平和体制構築論議、争点と代案の摸索」『世宗政策研究』第四巻1号、二〇〇八年、二〇頁。
(152) James M. Lister, ed., *Ambassadors' Memoir: U.S.-Korea Relations Through the Eyes of the Ambassadors*, Korea Economic Institute, 2009, p. 78.
(153) Oberdorfer, *The Two Koreas*, p. 392; and Lister, ed., *Ambassadors' Memoir*, p. 78.
(154) 例えば、「西海上の緊張緩和は米側の態度にかかっている——板門店北側代表」『朝鮮中央通信』一九九九年八月二六日を参照せよ。
(155)『東亜日報』一九九九年六月一九日。『ハンギョレ』一九九九年六月二二日。
(156)李相冕「試論『西海交戦』が残した法的問題」『朝鮮日報』一九九九年六月二二日、六頁。
(157)チョ・ソンシク「海軍将校出身チョ・ソンシク記者のNLL解剖――合参の作戦統制線に近接した北の新しい海上境界線、『五〇年にわたる海の戦い』の終息信号弾なのか」『新東亜』二〇〇八年一月、一九〇〜二〇七頁。
(158)『ネイル新聞』二〇〇六年五月一九日。
(159)『中央日報』二〇〇六年五月一八日。韓国海洋水産開発院『西海沿岸海洋平和公園指定と管理方案研究（Ⅱ）』ソウル、韓国海洋水産開発院、二〇〇六年、七六〜七七頁。
(160)一九七四年、米中央情報局は、北朝鮮の西海岸と西海五島との間の中間線を用いる方法は、韓国の西海五島へのアクセスと、北朝鮮の公海から海州港へのアクセスの両方を満足させるものであると指摘していた。Central Intelligence Agency, Directorate of Intelligence, “The West Coast Korean Islands,” January 1974, in “After Détente: The Korean Peninsula, 1973–1976–A Critical Oral History Conference,” briefing book prepared for the conference at the Woodrow Wilson Center, October 31–November 1, 2011, p. 146.
(161)『ネイル新聞』二〇〇六年五月一九日。
(162)『ハンギョレ』二〇〇七年一〇月一二日。
(163)オン「勲章の代わりに左遷」。チョン「延坪海戦に勝ったのち、待機発令の挙げ句、［制］服を脱いで」。
(164)統一部「北朝鮮の西海岸ワタリガニ漁の実態」報道資料、一九九九年六月二五日。
(165)国会事務処「北韓警備艇西海NLL侵犯事件等懸案報告」。
(166)「南北海運合意書」二〇〇四年五月二八日。「『南北海運合意書』の履行と遵守のための付属合意書」二〇〇四年五月二八日。
(167)統一部「第五次南北海運協力実務接触共同報道文」二〇〇五年八月一〇日。
(168)「南北関係発展と平和繁栄のための宣言」平壌、二〇〇七年一〇月四日。
(169)李明博「対国民談話文」二〇一〇年五月二四日。
(170)李鍾奭への筆者によるインタビュー、世宗研究所、韓国、二〇〇八年一月二八日。
(171)韓国政府当局者への筆者によるインタビュー、ソウル、二〇〇八年三月二一日。

(172)「わが党の先軍政治は必勝不敗である」『労働新聞』、『勤労者』共同論説『労働新聞』一九九九年六月一六日、一頁。

(173) *Korea Times*, June 30, 2002; and *Korea Times*, July 1, 2002.

(174)「大韓民国と米合衆国間の第三一次安保協議会議共同声明」ワシントン、一九九九年一一月二三日。

(175) 国防部『国防白書　一九九九』五七頁。

(176) "Ex-US Envoy Interviewed by ROK News Agency," *Yonhap* (English), January 12, 2000, in FBIS-EAS-2000-0111.

(177)『軍事研究』二〇〇〇年四月、一三四頁。

(178) 韓国の安全保障専門家への筆者によるインタビュー、ソウル、二〇〇一年四月二五日。

(179)『国民日報』二〇〇二年七月三日。

(180) 金成萬『天安艦と延坪島――西海五島とＮＬＬをどのように守るのか』ソウル、サンジピエンアイ、二〇一一年、一八六頁。『世界日報』二〇〇四年七月二一日。

(181) 李鍾奭への筆者によるインタビュー、世宗研究所、韓国、二〇〇八年一月二八日。

第9章　第二次核外交――二〇〇二〜〇八年

(1) 船橋洋一『ザ・ペニンシュラ・クエスチョン――朝鮮半島第二次核危機』朝日新聞社、二〇〇六年、一四七頁。

(2) 同右、一四九〜一五〇頁。Yoichi Funabashi, *The Peninsula Question: A Chronicle of the Second Nuclear Crisis*, Brookings Institution Press, 2007, p. 95. のちに北朝鮮外務省は、米朝協議の場で姜が示した立場を改めて表明した。「朝米間の不可侵条約締結が核問題解決の合理的で現実的な方法――朝鮮外務省代弁人」『朝鮮中央通信』二〇〇二年一〇月二五日。

(3) Department of State (DoS), "North Korean Nuclear Program," Press Statement, October 16, 2002. のちに北朝鮮が高濃縮ウラン計画の存在を否定したため、この発表内容の正確性に疑問が投げかけられることとなった。

(4) "KEDO Executive Board Meeting Concludes," *KEDO News*, November 14, 2002.

(5) *Washington Post*, December 11, 2002, p. A1.

(6)「朝鮮外務省代弁人『核施設の稼動と建設を直ちに再開』」『朝鮮中央通信』二〇〇二年一二月一二日。

(7)「朝鮮政府声明――核兵器伝播［拡散］防止条約から脱退」『朝鮮中央通信』二〇〇三年一月一〇日。*New York Times*, January 31, 2003, p. A1.

（8）「朝鮮外務省代弁人、国連安保理は米国の責任も公正に問わなければならない」『朝鮮中央通信』二〇〇三年二月五日。

（9）*Reuters*, February 27, 2003.

（10）「朝鮮人民軍板門店代表部代弁人談話――米国側が制裁を加えてきたら停戦協定の義務履行を放棄」『朝鮮中央通信』二〇〇三年二月一八日。

（11）『聯合ニュース』二〇〇三年二月二〇日。

（12）*New York Times*, March 4, 2003, p. A1.

（13）*New York Times*, March 8, 2003, p. A1. 本件の分析については次の資料が詳しい。Joseph S. Bermudez, Jr., "MiG-29 in KPAF Service," *KPA Journal*, vol. 2, no. 4, April 2011, pp. 1-11.

（14）「朝鮮外務省代弁人声明――朝鮮半島の核問題を国連安保理で取り扱うこと自体が戦争の前奏曲」『朝鮮中央通信』二〇〇三年四月六日。

（15）「朝鮮中央通信論評――われわれの核抑制力は決して威嚇手段ではない」『朝鮮中央通信』二〇〇三年六月九日。

（16）*New York Times*, July 17, 2003, p. A6.

（17）Bruce B. Auster, Kevin Whitelaw, and Thomas Omestad, "Upping the Ante for Kim Jong Il: Pentagon Plan 5030, A New Blueprint for Facing Down North Korea," *U. S. News & World Report*, July 21, 2003, p. 21.

（18）Press Availability by James A. Kelly, Assistant Secretary of State for East Asian and Pacific Affairs, January 13, 2003, Ministry of Foreign Affairs [*sic*], Seoul, Korea.

（19）"President Bush Discusses Iraq," Remarks by President Bush and Polish President Kwasniewski in Photo Opportunity, The Oval Office, January 14, 2003.

（20）「朝鮮外務省代弁人――朝米会談が開かれることに関連した問題に言及」『朝鮮中央通信』二〇〇三年四月一八日。

（21）Charles L. Pritchard, *Failed Diplomacy : The Tragic Story of How North Korea Got the Bomb*, Brookings Institution Press, 2007, p. 65 ; and *Washington Post*, April 25, 2003, p. A1.

（22）"Joint Statement between the United States of America and the Republic of Korea," The White House, Office of the Press Secretary, May 14, 2003.

（23）「朝米間の核問題に関する六者会談開催――朝鮮側、一括妥結図式と同時行動順序を提示」『朝鮮中央通信』二〇〇三年八月二九日。

(24) "Host Country Summary by Chinese Vice Foreign Minister Wang Yi," Beijing, August 29, 2003, http://www.mofa.go.jp/region/asia-paci/n_korea/6party0308.html.

(25) 「朝鮮外務省代弁人——八〇〇〇本余りの使用済み燃料棒再処理を成功裏に終えた」『朝鮮中央通信』二〇〇三年一〇月二日。

(26) Korean Peninsula Energy Development Organization (KEDO), "KEDO Executive Board Meeting," November 21, 2003.

(27) "Background Briefing by a Senior Administration Official on the President's Meeting with the President of China," Bangkok, Thailand, Office of the Press Secretary, The White House, October 19, 2003.

(28) 「朝鮮外務省代弁人、六者会談再開問題に言及——最小限『言葉対言葉』の公約、第一段階の行動措置の合意を提案」『朝鮮中央通信』二〇〇三年一二月九日。

(29) *Knight Ridder Newspapers*, December 20, 2003.

(30) Siegfried S. Hecker, Senior Fellow, Los Alamos National Laboratory, Senate Committee on Foreign Relations Hearing on "Visit to the Yongbyon Nuclear Scientific Research Center in North Korea," University of California, January 21, 2004, p. 11.

(31) ＣＶＩＤについては次を見よ。James A. Kelly, "North Korea: Towards a New International Engagement Framework," Remarks to The Research Conference, Washington, DC, February 13, 2004.

(32) "Chairman's Statement for The Second Round of Six-Party Talks," Beijing, February 28, 2004; and DoS, "North Korea-Kelly Remarks," Question Taken at the May 3, 2004 Press Briefing, May 3, 2004.

(33) Glenn Kessler, *The Confidante: Condoleezza Rice and the Creation of the Bush Legacy*, St. Martin's Press, 2007, p. 70; and James A. Kelly, "Dealing With North Korea's Nuclear Programs," Prepared Statement, Senate Foreign Relations Committee, July 15, 2004.

(34) 「朝鮮外務省代弁人、第三次六者会談進行状況に言及」『朝鮮中央通信』二〇〇四年六月二八日。

(35) 同右。船橋『ザ・ペニンシュラ・クエスチョン』五七一頁。

(36) 外務省「第三回六者会合に関する議長声明（仮訳）」二〇〇四年六月二六日。

(37) *Korea Times*, November 1, 2004.

（38） KEDO, "KEDO Extends Suspension of LWR Project," November 26, 2004.

（39） 「朝鮮外務省代弁人――第二期ブッシュ行政府の政策決定過程を見守るであろう」『朝鮮中央通信』二〇〇四年一二月四日。

（40） "President Bush Sworn-In to Second Term," Inaugural Address, Washington, DC, January 20, 2005.

（41） 「朝鮮外務省、第二期ブッシュ行政府の対朝鮮敵対視政策に対処した立場を表明――六者会談参加を無期限中断」『朝鮮中央通信』二〇〇五年二月一〇日。

（42） Kessler, *The Confidante*, p. 74.

（43） *New York Times*, April 18, 2005, p. A4.

（44） 「金永春総参謀長、自衛的な核抑制力を増強していくであろう」『朝鮮中央通信』二〇〇五年四月八日。

（45） 「朝鮮外務省代弁人、制裁を即、宣戦布告とみなすであろう」『朝鮮中央通信』二〇〇五年四月二五日。

（46） Press Conference of the President, Office of the Press Secretary, The White House, April 28, 2005.

（47） Joseph S. Bermudez, Jr., "Proliferation in Pyongyang," *Jane's Defence Weekly*, May 25, 2005, p. 21.『共同通信』二〇〇五年五月二日。『毎日新聞』二〇〇五年五月五日。

（48） *New York Times*, May 6, 2005, p. A1.

（49） 「朝鮮外務省代弁人、八〇〇〇本の使用済み燃料棒を取り出す作業が終わったと言明」『朝鮮中央通信』二〇〇五年五月一一日。

（50） *New York Times*, May 30, 2005, p. A7.『朝日新聞』二〇〇五年六月八日。

（51） 「朝鮮外務省代弁人、六者会談と別途の朝米会談を要求したことはない」『朝鮮中央通信』二〇〇五年五月八日。

（52） Former U.S. government official, interview by author, Washington, DC, September 11, 2007; and Philip Zelikow, "The Plan That Moved Pyongyang," *Washington Post*, February 20, 2007, p. A13.

（53） Kessler, *The Confidante*, p. 75.

（54） Interview on CNN With John King, Secretary Condoleezza Rice, U.S. Embassy, Moscow, Russia, May 9, 2005.

（55） 『中央日報』二〇〇五年六月一八日。Ministry of Unification, "Results and Significance of Presidential Special Envoy Chung Dong-young's visit to North Korea," June 19, 2005; and *Financial Times*, June 21, 2005, p. 2.

（56） 『日本経済新聞』夕刊、二〇〇五年六月三〇日。

(57) Kessler, *The Confidante*, pp. 76–77.

(58) *Financial Times*, July 28, 2005, p. 10.

(59) Siegfried S. Hecker, "Technical summary of DPRK nuclear program," Center for International Security and Cooperation, Stanford University, 2005 Carnegie International Non-Proliferation Conference, Washington, DC, November 8, 2005, pp. 5 and 7.

(60) "Joint Statement of the Fourth Round of the Six–Party Talks," Beijing, September 19, 2005. 外務省「第四回六者会合に関する共同声明（仮訳）」北京、二〇〇五年九月一九日。

(61) Pritchard, *Failed Diplomacy*, p. 122.

(62) Assistant Secretary of State Christopher R. Hill's Statement at the Closing Plenary of the Fourth Round of the Six–Party Talks, Beijing, September 19, 2005.

(63) 「朝鮮外務省代弁人、軽水炉提供で直ちにＮＰＴ復帰」『朝鮮中央通信』二〇〇五年九月二〇日。

(64) U. S. Department of Treasury, "Treasury Designates Banco Delta Asia as Primary Money Laundering Concern under USA PATRIOT Act," JS–2720, September 15, 2005.

(65) Former U. S. government official, interview by author, Washington, DC, September 11, 2007 ; Robert G. Joseph, Under Secretary for Arms Control and International Security, "U. S. Strategy to Combat the Proliferation of Weapons of Mass Destruction," Written Statement to the Senate Armed Services Committee Subcommittee on Emerging Threats and Capabilities, Washington, DC, March 29, 2006.

(66) *Washington Times*, October 12, 2005, p. A03.

(67) *New York Times*, October 24, 2005, p. A7.

(68) 「六者会談朝鮮代表団団長、一段階五次六者会談進行状況に言及」『朝鮮中央放送』『朝鮮中央通信』二〇〇五年一一月一二日。『オーマイニュース』二〇〇五年一一月一四日。『ＲＰ北朝鮮政策動向』二〇〇五年一二月二五日、二頁。

(69) Jane Morse, "U. S. Intensifies Efforts To Promote Human Rights in North Korea : Search continues for 'durable solutions' for North Korean refugees," *USINFO*, http://usinfo.state.gov/eap/Archive/2006/Apr/06-41288.html ; and "Situation of Human Rights in the Democratic People's Republic of Korea," United Nations General Assembly, A/RES/60/173, December 16, 2005, GA/10437.

（70）「朝鮮外務省代弁人、ボスワースの妄言を糾弾」『朝鮮中央通信』二〇〇五年一二月一〇日。

（71）「朝鮮外務省代弁人、金融制裁解除が米国の政策変化の意志の兆候」『朝鮮中央通信』二〇〇六年二月九日。

（72）*Washington Post*, March 9, 2006, p. A16

（73）『読売新聞』二〇〇六年三月九日。

（74）U.S. Department of Treasury, "Swiss Company, Individual Designated by Treasury for Supporting North Korean WMD Proliferation," JS-4144, March 30, 2006.

（75）*Daily Telegraph*, May 20, 2006, p. 12.

（76）「朝鮮外務省、六者会談の米国側団長の平壌訪問を招請」『朝鮮中央通信』二〇〇六年六月一日。

（77）「独占！北ミサイル着弾全データ」『読売ウイークリー』第六五巻第三四号、二〇〇六年八月六日、二二～二三頁。Adam Ward, ed., "North Korea's 5 July Missile Tests," *Strategic Comments*, vol. 12, issue 6, Taylor & Francis Ltd., July 2006.

（78）防衛省「額賀長官会見概要」二〇〇六年九月一五日。

（79）「外務省代弁人、ミサイル発射は正常な軍事訓練の一環」『朝鮮中央通信』二〇〇六年七月六日。

（80）United Nations Security Council, Resolution 1695, S/RES/1695（2006）, July 15, 2006.

（81）「朝鮮外務省声明、国連安保理『決議』を全面排撃」『朝鮮中央通信』二〇〇六年七月一六日。

（82）Tom Casey, Deputy Spokesman, Daily Press Briefing, DoS, Washington, DC, July 26, 2006.

（83）*Los Angeles Times*, August 18, 2006, p. A10.

（84）Christopher Hill, On-the-Record Briefing, 61st UN General Assembly, New York, September 21, 2006.

（85）「朝鮮外務省声明、自衛的戦争抑制力の新たな措置——今後、核試験をすることになる」『朝鮮中央通信』二〇〇六年一〇月三日。

（86）「朝鮮外務省、米国が圧力を強化するなら宣戦布告とみなす」『朝鮮中央通信』二〇〇六年一〇月一一日。

（87）United Nations Security Council, Resolution 1718（2006）, S/RES/1718, October 14, 2006.

（88）米国の政策変更の背景については次を見よ。Philip Zelikow, "The Plan That Moved Pyongyang," *Washington Post*, February 20, 2007, p. A13 ; Robert B. Zoellick, "Long Division," *Wall Street Journal*, February 26, 2007 ; and Pritchard, *Failed Diplomacy*, p. 157.

(89) Mike Chinoy, *Meltdown : The Inside Story of the North Korean Nuclear Crisis*, St. Martin's Press, 2008, pp. 306–307.『朝鮮日報』二〇〇六年一一月一三日。
(90)「朝鮮外務省代弁人、六者会談再開、金融制裁解除の論議による解決が前提」『朝鮮中央通信』二〇〇六年一一月一日。
(91) Chinoy, *Meltdown*, pp. 310–311 ; and *Korea Times*, December 11, 2006.
(92) Chinoy, *Meltdown*, p. 315 ; and Pritchard, *Failed Diplomacy*, p. 157.
(93) Chinoy, *Meltdown*, p. 316.
(94) Ibid., p. 320.『読売新聞』二〇〇七年二月八日。
(95) "Initial Actions for the Implementation of the Joint Statement," Beijing, China, February 13 2007.
(96) Chinoy, *Meltdown*, p. 326.
(97) U. S. Department of Treasury, "Statement by DAS Glaser on the Disposition of DPRK–Related Funds Frozen at Banco Delta Asia," HP–322, March 19, 2007.
(98) "IAEA Working-level Delegation Invited to Visit DPRK," Pyongyang, June 16, 2007.
(99) "IAEA Team Confirms Shutdown of DPRK Nuclear Facilities," IAEA Press Release 2007/12, July 18, 2007.
(100) DoS, "North Korea–Shutdown of Yongbyon Facilities," Press Statement, July 14, 2007. Also, see "CISAC's Lewis and Hecker visit North Korea, confirm shutdown of nuclear facilities," CISAC Press Release, August 13, 2007.
(101) "Second–Phase Actions for the Implementation of the Joint Statement," October 3, 2007 ; and *Washington Post*, October 4, 2007, p. A17.
(102) Christopher R. Hill, "Status of the Six–Party Talks for the Denuclearization of the Korean Peninsula," Statement Before the Senate Foreign Relations Committee, Washington, DC, February 6, 2008 ; and DoS, "North Korea : Presidential Action on State Sponsor of Terrorism (SST) and the Trading with the Enemy Act (TWEA)," Fact Sheet, June 26, 2008.
(103) "Press Communiqué of the Heads of Delegation Meeting of the Sixth Round of the Six–Party Talks," Beijing, July 12, 2008. 外務省「第六回六者会合に関する首席代表者会合のプレスコミュニケ」(仮訳)、北京、二〇〇八年七月一二日。
(104) "Verification Measures Discussion Paper," July 2008, http://www.washingtonpost.com/wp-srv/politics/documents/kesslerdoc_092608.pdf.
(105) Mark Fitzpatrick, ed., *North Korean Security Challenges : A Net Assessment*, The IISS Strategic Dossier, International

Institute for Strategic Studies, 2011, p. 87.

(106) 「朝鮮外務省声明、核施設無力化作業を直ちに中断」『朝鮮中央通信』二〇〇八年八月二六日。

(107) "IAEA Removes Seals from Plant in Yongbyon," IAEA Press Release, September 24, 2008.

(108) 『朝鮮日報』二〇〇八年九月一六日。*New York Times on the Web*, October 9, 2008 ; and *Washington Post*, October 12, 2008, p. A1.

(109) "IAEA Inspectors No Longer Permitted Access to Yongbyon," IAEA Press Release, October 9, 2008.

(110) DoS, "U. S.-North Korea Understandings on Verification," Fact Sheet, October 11, 2008 ; and DoS, "U. S.-DPRK Agreement on Denuclearization Verification Measures," Press Statement, October 11, 2008.

(111) 米国政府は、口頭での約束の部分を「了解事項（understandings）」と表現していた。DoS, Special Briefing by Sean McCormack, Spokesman, Washington, DC, October 11, 2008 ; and Fitzpatrick, ed., *North Korean Security Challenges*, p. 88.

(112) *Washington Post*, October 12, 2008, p. A1.

(113) "DPRK Grants IAEA Access to Yongbyon Facilities," IAEA Press Release, October 13, 2008.

(114) Fitzpatrick, ed., *North Korean Security Challenges*, p. 88.

(115) 船橋『ザ・ペニンシュラ・クエスチョン』二五〇頁。

(116) Under Secretary of State John R. Bolton NHK-TV Interview（2 parts), U. S. Embassy, Tokyo, Japan, January 24, 2003.

(117) 船橋『ザ・ペニンシュラ・クエスチョン』四八九〜四九六頁。

(118) 同右、二五二頁。

(119) *Washington Post*, October 5, 2004, p. A1. 船橋『ザ・ペニンシュラ・クエスチョン』二三七〜二四二頁。

(120) *New York Times*, March 21, 2007, p. A1.

(121) 統一部『統一白書　二〇〇八』ソウル、統一部、一二一〜一六二頁。

(122) 「米国訪問——国際問題協議会（ＷＡＣ）主催午餐演説」二〇〇四年一一月一二日、大統領秘書室『盧武鉉大統領演説文集』第二巻（二〇〇四年二月一日〜二〇〇五年一月三一日）四三〇頁。

(123) 船橋『ザ・ペニンシュラ・クエスチョン』二五一頁。

(124) "Rating Action : Moody's Changes South Korea's Rating Outlook to Negative," Moody's Investors Service, Hong Kong,

February 11, 2003.

(125) 鄭衡坤「朝中経済協力強化の波及影響」『KIEP世界経済』二〇〇六年二月、二七頁。

(126) Dick K. Nanto and Emma Chanlett-Avery, "The North Korean Economy: Overview and Policy Analysis," *CRS Report for Congress*, April 18, 2007, p. 32. 李英勲「朝中貿易の現況と北朝鮮経済に及ぼす影響」韓国銀行金融経済研究院、二〇〇六年二月一三日。統一部『統一白書 二〇〇五』ソウル、統一部、八七頁。

(127) *Washington Post*, May 7, 2005, p. A11.

(128) Pritchard, *Failed Diplomacy*, p. 91.

(129) The Bank of Korea, "Gross Domestic Product of North Korea in 2004," May 31, 2005, p. 1. 韓国銀行によると、エネルギー供給の多少の改善と、二〇〇二年七月の経済管理方式の改善措置実施後の生産能力強化のための努力によって、北朝鮮経済は順調に成長した。また、次も参照せよ。統一部統一教育院『北朝鮮経済、どこまできたか?』二〇〇五年、二一二頁。

(130) 農村振興庁「二〇〇五北韓の穀物生産量推定発表」二〇〇五年一一月二九日。韓国銀行「二〇〇六年北韓経済成長率推定結果」報道資料、二〇〇七年八月一七日。

(131) 核実験の詳細については次を見よ。Siegfried S. Hecker, "Report on North Korean Nuclear Program," Center for International Security and Cooperation, Stanford University, November 15, 2006, pp. 4-6.

(132) 中国の核専門家は、「もし、北朝鮮が四キロトンを目標として一キロトン［の爆発力］を得たのであれば、初めての実験としては悪くない。それは成功といえるが、パーフェクトではなかったということだ」と評価したという。Hecker, "Report on North Korean Nuclear Program," p. 3. 日本の専門家は、「核爆発実験は成功し、及第点（七〇点）を取ったとみることができる」と評価している。小山謹二「北朝鮮の核爆発実験は失敗か?成功か?」日本国際問題研究所軍縮・不拡散促進センター、二〇〇六年一〇月三一日、http://www.cpdnp.jp/pdf/002-04-005.pdf。

(133) Office of the Director of National Intelligence, "Unclassified Report to Congress on Nuclear and Missile Programs of North Korea," August 8, 2007, as cited in Mary Beth Nikitin, "North Korea's Nuclear Weapons: Technical Issues," *CRS Report for Congress*, January 20, 2011, p. 5.

(134) David Albright and Paul Brannan, "The North Korean Plutonium Stock, February 2007," Institute for Science and International Security, February 20, 2007. また、次も参照せよ。Hecker, "Report on North Korean Nuclear Program," p.

4.

(135)『中日新聞』二〇〇八年七月四日。『朝日新聞』二〇〇八年七月一一日。北朝鮮が核実験に使用したプルトニウムの量を六キログラムから二キログラムに下方訂正したのは、爆発の規模が想定を下回ったことを「失敗」とみなされたくなかったからではないかとの指摘もある。

(136) Hecker, "Report on North Korean Nuclear Program," pp. 4 and 7.

(137) ウラン濃縮計画についての詳細については次を見よ。Mitchell B. Reiss, Robert Gallucci, et al., "Red-Handed," *Foreign Affairs*, March/April 2005 ; and The International Institute for Strategic Studies, *Nuclear Black Markets : Pakistan, A. Q. Khan and the Rise of Proliferation Networks–A Net Assessment*, IISS strategic dossier, The International Institute for Strategic Studies, 2007.

(138) 船橋『ザ・ペニンシュラ・クエスチョン』一八五〜一八六頁。

(139) CIA estimate provided to Congress, November 19, 2002, http://www.fas.org/nuke/guide/dprk/nuke/cia111902.html. のちに、この見積もりの信憑性に疑義が投げかけられたため、二〇〇七年、米国の情報機関は改めて、この見積もりを支持する立場を明らかにすることを迫られた。Statement by Joseph DeTrani, North Korea Mission Manager, Office of the Director of National Intelligence news release, March 4, 2007.

(140) Don Oberdorfer, interview by author, Washington, DC, USA, August 15, 2007 ; and Charles Pritchard, interview by author, Washington, DC, USA, September 4, 2007.

(141) 船橋『ザ・ペニンシュラ・クエスチョン』二五一頁。

(142)『朝日新聞』二〇〇三年四月二五日。

(143)『朝鮮日報』二〇〇七年四月二八日。

(144) "Missile Defense Program Overview for the Washington Roundtable on Science and Public Policy," presentation prepared by BG Patrick O'Reilly, USA, Deputy Director, Missile Defense Agency, January 29, 2007, p. 4, http://www.marshall.org/pdf/materials/495.pdf.

(145) テポドン2の技術的な詳細については次を見よ。Charles P. Vick, "Taep'o-dong 2（TD-2）, NKSL-X-2," March 20, 2007, http://www.globalsecurity.org/wmd/world/dprk/td-2.htm.

(146) Joseph S. Bermudez, Jr., "Moving Missiles," *Jane's Defence Weekly*, August 3, 2005, p. 23.

(147) 防衛庁『日本の防衛　防衛白書――危機により強く世界の平和により役立つために』平成一九年度版、ぎょうせい、二〇〇七年、三七頁。Ministry of Defense, *Defense of Japan 2007*, Tokyo: Inter Group, 2007, pp. 38-39.

(148) 船橋『ザ・ペニンシュラ・クエスチョン』二五一頁。

(149) Don Oberdorfer, interview by author, Washington, DC, USA, August 15, 2007; Charles Pritchard, interview by author, Washington, DC, USA, September 4, 2007; and James Foster, interview by author, Tokyo, Japan, November 22, 2007.

(150) The White House, "National Security Strategy of the United States of America," September 2002, pp. 15-16.

(151) ファン・イルド「北の長射程砲――知られざる五つの真実」『新東亜』二〇〇四年一一月、http://www.donga.com/docs/magazine/shin/2004/11/23/200411230500004/200411230500004_1.html。庾龍源「首都圏を射程距離内に入れている北朝鮮の多連装ロケットおよび自走砲の研究――化学弾を集中発射すれば大量殺傷を招来」『月刊朝鮮』二〇〇一年三月、http://monthly.chosun.com/client/news/viw.asp?nNewsNumb=200103100035&ctcd=&cpage=1。なお、英国際戦略問題研究所は北朝鮮の長距離火力について、北朝鮮が保有する七〇〇門の火砲および多連装ロケット発射機のうち三〇〇門がソウル北方に配備されており、うち二〇〇門が六〇キロの射程をもつ二四〇ミリ多連装ロケット発射機であり、一〇〇門が四〇～五四キロの射程をもつ一七〇ミリ自走砲であるとしている。Fitzpatrick, ed., *North Korean Security Challenges*, p. 52.

(152) 『朝日新聞』二〇〇五年六月八日。

(153) Robert Carlin, e-mail message to author, February 24, 2008.

(154) 玄成日『北朝鮮の国家戦略とパワーエリート――幹部政策を中心に』ソウル、ソニン、二〇〇七年、四二五頁。玄成日への筆者によるインタビュー、ソウル、二〇〇八年三月一九日。

(155) 船橋『ザ・ペニンシュラ・クエスチョン』一六五頁。

(156) 玄『北朝鮮の国家戦略とパワーエリート』四二五頁。玄成日、筆者によるインタビュー、ソウル、二〇〇八年三月一九日。

(157) 「朝米間の核問題に関する六者会談開催――朝鮮側、一括妥結方式と同時行動順序を提示」『朝鮮中央通信』二〇〇三年八月二九日。

(158) *New York Times*, March 10, 2002.

(159) 「朝鮮中央通信社論評――『制度転覆』企図は荒唐無稽な妄想」『朝鮮中央通信』二〇〇五年六月七日。

(160) 船橋『ザ・ペニンシュラ・クエスチョン』六五九～六六四頁。
(161) *Daily Telegraph*, July 17, 2007, p. 16
(162) DoS, "North Korea : Presidential Action on State Sponsor of Terrorism (SST) and the Trading with the Enemy Act (TWEA)," Fact Sheet, June 26, 2008 ; and DoS, "Existing Sanctions and Reporting Provisions Related to North Korea," Fact Sheet, October 11, 2008.
(163) 「朝鮮外務省、『テロ支援国』削除歓迎、核無力化検証への協力を強調」『朝鮮中央通信』二〇〇八年一〇月一二日。
(164) DoS, "North Korea : Presidential Action on State Sponsor of Terrorism (SST) and the Trading with the Enemy Act (TWEA)," Fact Sheet, June 26, 2008.
(165) DoS, *Country Reports on Terrorism 2007*, April 2008, p. 171.
(166) 宋旻淳、長官内外信ブリーフィング、韓国外交通商部、二〇〇七年一〇月三一日。外交部代弁人ブリーフィング、外交通商部、二〇〇七年一二月一〇日。
(167) Hill, "Status of the Six-Party Talks for the Denuclearization of the Korean Peninsula."
(168) Mark E. Manyin and Mary Beth Nikitin, "Foreign Assistance to North Korea," *CRS Report for Congress*, March 12, 2010, p. 8.
(169) Lee Jong-Heon, "Analysis : N. Korea's use of oil aid," *UPI*, July 12, 2007.
(170) Manyin and Nikitin, "Foreign Assistance to North Korea," p. 2.
(171) 「日朝平壌宣言」平壌、二〇〇二年九月一七日。
(172) 「北朝鮮による核実験に係る我が国の当面の対応について」官房長官記者発表、二〇〇六年一〇月一一日。
(173) 李鍾奭への筆者によるインタビュー、世宗研究所、韓国、二〇〇八年二月一九日。
(174) 「歴史的な核試験成功を歓迎——平壌市軍民大会」『朝鮮中央通信』二〇〇六年一〇月二〇日。
(175) 「『勝利の信心高々と先軍朝鮮の一大全盛期を開いていこう』——『労働新聞』、『朝鮮人民軍』、『青年前衛』共同社説」『朝鮮中央通信』二〇〇七年一月一日。

終章　瀬戸際外交の有用性と限界

(1) 李文恒『ＪＳＡ——板門店（一九五三～一九九四）』ソウル、小花、二〇〇一年、三七三頁（一九五三～一九九二年

のデータ）。韓国国防部より入手した資料（二〇〇二年八月二九日、二〇〇八年二月二九日）。

（2）『中央日報』二〇〇六年一〇月四日。

（3）『朝日新聞』二〇〇九年四月六日。

（4）『国民日報』二〇〇九年七月六日。

（5）『労働新聞』一九九八年九月一七日、三頁。

（6）"DPRK Missile Program for Michael Rosenthal," Memorandum, Roe to Kaplan, February 10, 2000, in the National Security Archive Korea Project, National Security Archive, Washington, DC.

（7）「党の軍事路線」の形成過程については次を見よ。宮本悟「朝鮮民主主義人民共和国における国防政策の目的——朝鮮労働党の軍事路線の成立経緯」『国際安全保障』第四〇巻第一号、二〇一二年六月、一〜一八頁。

（8）国防軍史研究所『建軍五〇年史』ソウル、国防軍史研究所、一九九八年、三五四〜三六五頁。

（9）Taik-young Hamm, *Arming the Two Koreas : State, Capital and Military Power*, Routledge, 1999, p. 80.

（10）金日成「祖国統一偉業を実現するために革命力量をあらゆる方向で強化しよう」朝鮮労働党中央委員会第四期第八次全員会議で語った結論（一九六四年二月二七日）『金日成著作集』第一八巻、平壌、朝鮮労働党出版社、一九八二年、二五七頁。

（11）米韓連合軍の平壌占領計画については次を見よ。*Far Eastern Economic Review*, December 3, 1998, pp. 26-27.

（12）Testimony of General Thomas A. Schwartz, Commander in Chief, United Nations Command/Combined Forces Command, Command & Commander, United States Forces Korea before the Senate Armed Forces Committee, March 27, 2001.

（13）Ashton B. Carter and William J. Perry, *Preventive Defense : A New Security Strategy for America*, Brookings Institution Press, 1999, pp. 128-129.

（14）田奉根（元青瓦台スタッフ）への筆者によるインタビュー、ソウル、二〇〇二年五月一六日。

（15）韓国に亡命した元北朝鮮外交官への筆者によるインタビュー、ソウル、二〇〇二年五月一五日。

（16）「我が国で初めての人工地球衛星成果的に発射——朝鮮中央通信社報道」『朝鮮中央通信』一九九八年九月四日。「金正日同志を国防委員会委員長に推戴することについての提議」『朝鮮中央通信』一九九八年九月五日。

（17）徐大粛『金日成——その思想と支配体制』林茂訳、御茶の水書房、一九九二年、一五五〜一七八、二四一〜二六九頁。

(18) 金正日は、一九八〇年の朝鮮労働党中央委員会第六期第一次全員会議で、政治局常任委員会委員、政治局委員、秘書局秘書、軍事委員会委員に選出された。『労働新聞』一九八〇年一〇月一五日、一頁。

エピローグ　金正恩時代の瀬戸際外交

(1) "U.S.-DPRK Bilateral Discussions," Press Statement, Victoria Nuland, Department Spokesperson, Office of the Spokesperson, Department of State, Washington, DC, February 29, 2012.「朝鮮外務省、朝米会談に対する合意事項言及」『朝鮮中央通信』二〇一二年二月二九日。
(2)「朝鮮宇宙空間技術委、四月に『光明星3』号発射」『朝鮮中央通信』二〇一二年三月一六日。
(3)『天池日報・天池TV』二〇一二年四月一三日。
(4)「地球観測衛星『光明星3』号、軌道進入成功しなかった」『朝鮮中央通信』二〇一二年四月一三日。
(5) Statement by the President of the Security Council, S/PRST/2012/13, April 16, 2012.
(6)「朝鮮外務省、共和国の合法的な衛星発射権利を踏みにじろうとする国連安全保障理事会の処事を排撃」『朝鮮中央通信』二〇一二年四月一七日。
(7)「朝鮮中央通信社報道『光明星3』号二号機を成果的に発射」『朝鮮通信』二〇一二年一二月一二日。
(8)「推進体の墜落位置から発射ロケットの大気圏進入角度が分かる」『東亜日報』二〇一二年一二月一四日、http://japanese.donga.com/srv/service.php3?biid = 2012121483038。
(9)「朝鮮外務省、合法的な衛星発射権利を継続行使」『朝鮮中央通信』二〇一二年一二月一二日。
(10) 道下徳成「北朝鮮の『ロケット発射』——『金正日が残した計画』は吉となるか?」『日経ビジネスオンライン』二〇一二年四月四日。道下徳成「金正日の計画は『凶』と出た——米朝対話が再開しなければ、第三次核実験の可能性が高まる」『日経ビジネスオンライン』二〇一二年四月一三日。
(11)「朝鮮宇宙空間技術委、衛星発射に対する参観言及」『朝鮮中央通信』二〇一二年三月二八日。
(12)「推進体の墜落位置から発射ロケットの大気圏進入角度が分かる」『東亜日報』二〇一二年一二月一四日、http://japanese.donga.com/srv/service.php3?biid = 2012121483038。
(13)「朝鮮代表、核軍縮が世界平和と安全保障のための焦眉の問題」『朝鮮中央通信』二〇一二年一〇月一八日。

あとがき

本研究は、二〇〇二年に米ジョンズ・ホプキンス大学ポール・ニッツェ高等国際問題研究大学院（ＳＡＩＳ）に提出した博士論文に、その後の動きや新資料を踏まえて大幅な修正を加えたものである。博士論文の執筆にあたっては、ナサニエル・セイヤー、マイケル・グリーン、エリオット・コーエン、ウィリアム・ザートマン、チャールズ・ドラン、ジョン・メリルの各先生にご指導を頂いた。また韓国では、咸澤英、金熙相、金國憲、康仁徳、辛鍾大、文聖黙、朴在圭、朴振、李基鐸、李相禹、李鍾奭、李正民、柳吉在の各先生に極めて親身にご指導頂いた。

本研究を進める中で貴重なコメントやアドバイスをくださった、東清彦、伊豆見元、礒崎敦仁、岩本誠吾、宇恵一郎、植木千可子、浦山香、江川宏、小此木政夫、小山謹二、倉田秀也、佐藤丙午、鈴木典幸、高橋杉雄、塚本勝也、船橋洋一、堀田幸裕、宮本悟、室岡鉄夫、吉崎知典、渡邊武、尹泰詠、崔剛、車宰薫、鄭成長、田奉根、白學淳、梁雲哲、林聖男、ジョエル・ウィット、ディーン・オウレット、ドン・オーバードーファー、ケネス・キノネス、ブルース・クリングナー、ロバート・コリンズ、ロバート・カーリン、スティーブン・サープ、ケヴィン・シェパード、デイヴィッド・ストラウブ、スコット・スナイダー、ピーター・ソウデン、トービー・ダルトン、ロバート・ドゥジャリック、アーロン・トリンブル、ジェームズ・パーソン、ジョセフ・バーミューデス、リチャード・ハロラン、ジェームズ・フォスター、チャールズ・プリチャード、レシェク・ブシンスキー、スティーブン・ブラッドナー、ブルース・ベクトル、アーサー・ロードの各先生に感謝の意を表したい。特に、堀田幸裕、宮本悟の両先生には原稿を通読していただき、詳細かつ的確なご指摘を頂いた。また、その他にも多くの匿名の韓国、米国、北朝鮮の政府関係者および専門家の方々に貴重なご指導を頂いた。この場を借りてお礼を申し上げる。

各種の貴重な資料を提供してくださった、菊地茂雄、阪田恭代、澤田克己、下淳市、高山忠、友部薫、昇亜美子、原田由香里、本多亮、吉村仁孝、イ・ハンギ、金永圭、丁京雅、朴栄濬、マイケル・チンワース、ロバート・ワンプラーの各氏、そして地図の作成を快く引き受けてくださった横山早春氏のご協力がなければ、本書を完成させることはできなかった。心より感謝したい。

そして、本研究の実施のために不可欠な貴重な支援を与えてくださった、猪口孝、西原正、高木誠一郎、白石隆、朴基徳、陳昌洙、ケント・カルダー、張宇燕、朴鍵一の各先生にも心より感謝の意を表したい。

本研究を実施するにあたって、政策研究大学院大学、防衛省防衛研究所、韓国の慶南大学校極東問題研究所および世宗研究所、米国のジョンズ・ホプキンス大学ライシャワー・センター東アジア研究所、中国社会科学院アジア太平洋研究所は極めて良好な環境を提供してくれた。

なお、本研究は、日韓文化交流基金の派遣フェローシップおよび国際交流基金日米センターの安倍フェローシップの支援を得て実施したものである。これらの支援がなければ本研究を進めることはできなかった。

そして、本書の編集・出版にあたっては、ミネルヴァ書房編集部の田引勝二氏に多大なご協力をいただいた。心より感謝したい。

最後に、学生時代の韓国留学をはじめ、あらゆる面で支援を与えてくれた両親、また、研究と育児の両立に不可欠な協力を提供してくれた義父母、そして、愛する妻美穂と娘彩紗に本書を捧げる。

二〇一三年二月五日

道下徳成

国際政治・日本外交叢書

A5判　上製カバー

①アメリカによる民主主義の推進　猪口孝／マイケル・コックス／G・ジョン・アイケンベリー　編　本体七五〇〇円　五三六頁
②冷戦後の日本外交──安全保障政策の国内政治過程　信田智人　著　本体三五〇〇円　二四八頁
③領土ナショナリズムの誕生──「独島／竹島問題」の政治学　玄大松　著　本体五八〇〇円　三五二頁
④冷戦変容とイギリス外交　齋藤嘉臣　著　本体五〇〇〇円　三〇四頁
⑤戦後日米関係とフィランソロピー　山本正　編著　本体五〇〇〇円　三八〇頁
⑥アイゼンハワー政権と西ドイツ　倉科一希　著　本体五〇〇〇円　二八八頁
⑧戦後イギリス外交と対ヨーロッパ政策　益田実　著　本体五〇〇〇円　三一六頁
⑨吉田茂と安全保障政策の形成　楠綾子　著　本体五五〇〇円　三九二頁
⑩アメリカの世界戦略と国際秩序──覇権、核兵器、RMA　梅本哲也　著　本体六五〇〇円　三六八頁
⑪日本再軍備への道──一九四五〜一九五四年　柴山太　著　本体九〇〇〇円　七九二頁
⑫日本の対外行動──開国から冷戦後までの盛衰の分析　小野直樹　著　本体六〇〇〇円　三二二頁
⑬朴正熙の対日・対米外交　劉仙姫　著　本体六〇〇〇円　三三六頁
⑭大使たちの戦後日米関係　千々和泰明　著　本体六〇〇〇円　二七二頁
⑮ヨーロッパ統合正当化の論理　塚田鉄也　著　本体六〇〇〇円　二四八頁

「国際政治・日本外交叢書」刊行の言葉

日本は長らく世界のなかで孤立した存在を、最近にいたるまで当然のこととしていた。たしかに日本は地理的にも外交的にもアジア大陸から一定の距離を保ちつつ、文字、技術、宗教、制度といった高度な文明を吸収してきたといってよい。しかも日本にとって幸いなことに、外国との抗争は、近代に入るまでそれほど頻繁ではなかった。七世紀、一三世紀、一六世紀とそれぞれ大きな軍事紛争に日本は参加したが、平和な状態の方が時間的には圧倒的に長かった。とりわけ江戸時代には、中国を軸とする世界秩序から大きく離脱し、むしろ日本を軸とする世界秩序、日本の小宇宙を作らんばかりの考えを抱く人も出てきた。

日本が欧米の主導する国際政治に軍事的にも外交的にも参加するようになったのは、一九世紀に入ってからのことである。日本を軸とする世界秩序構想はいうまでもなく現実離れしたものだったため、欧米を軸とする世界秩序のなかで日本の生存を図る考えが主流となり、近代主権国家を目指した富国と強兵、啓蒙と起業（アントルプルナールシップ）の努力と工夫の積み重ねが、すなわち日本の近代史であった。ほぼ一世紀前までに日本は欧米の文明国から学習した国際法を平和時にも戦争時にも遵守し、規律のある行動を取るという評判を得ようとした。それが義和団事変、日清戦争、日露戦争の前後である。

だが、当時の東アジアは欧米流の主権国家の世界ではなく、むしろ欧米と日本でとりわけ強まっていた近代化の勢いから取り残され、貧困と混乱と屈辱のなかで民族主義の炎が高まっていった。日本は東洋のなかで文明化の一番手であればこそ、アジアの心を理解できるはずだったが、むしろ欧米との競争に東洋の代表として戦っていると思い込み、アジアの隣人は日本の足枷になるとの認識から、彼らを自らの傘下に置くことによってしか欧米との競争に臨めないとの考えに至ったのである。

しかし、その結果、第二次世界大戦後には欧米とまったく新しい関係を育むことが出来るようになった。しかも一九世紀的な主権国家を軸とする世界秩序から、二〇世紀的な集団的安全保障を軸とする世界秩序を経験し、さらには二一世紀的なグローバル・ガバナンスを軸とする世界秩序が展開するのを眼前にしている。二一世紀初頭の今日、世界のなかの日本、日本の外交、そして世界政治についての思索が、今ほど強く日本人に求められている時はないといってもよいのではなかろうか。

われわれは様々な思索の具体的成果を「国際政治・日本外交叢書」として社会に還元しようとするものである。この叢書では、国際政治・日本外交の真摯な思索と綿密な検証を行う学術研究書を刊行するが、現代的な主題だけでなく、歴史的な主題も取りあげ、また政策的な主題のみならず、思想的な主題も扱う。われわれは所期の目的達成の産婆役としての役割を果たしたい。

二〇〇六年六月一日

編集委員　五百旗頭真・猪口孝・国分良成
白石隆・田中明彦・中西寛・村田晃嗣

《著者紹介》

道下徳成（みちした・なるしげ）

1965年　岡山県生まれ。

1990年　筑波大学第三学群国際関係学類卒業。

1990～2004年　防衛省防衛研究所助手のちに主任研究官。

1994年　ジョンズ・ホプキンス大学高等国際問題研究大学院（SAIS）修士課程修了。修士（国際関係・国際経済学）。

2000～01年　韓国慶南大学校極東問題研究所客員研究員。

2003年　ジョンズ・ホプキンス大学SAIS博士課程修了。博士（国際関係学）。

2004～06年　内閣官房副長官補（安全保障・危機管理担当）付参事官補佐。

2004～07年　防衛省防衛研究所主任研究官。

2007～09年　政策研究大学院大学助教授。

現　在　政策研究大学院大学准教授，同安全保障・国際問題プログラムディレクター。専門は，日本の防衛・外交政策。朝鮮半島の安全保障。戦略研究。

著　作　*North Korea's Military-Diplomatic Campaigns, 1966-2008* (London : Routledge, 2010).

『中曽根康弘が語る戦後日本外交』新潮社，2012年（共編）。

"Hugging and Hedging: Japanese Grand Strategy in the Twenty-First Century," in Henry R. Nau and Deepa M. Ollapally, eds., *Worldviews of Aspiring Powers: Domestic Foreign Policy Debates in China, India, Iran, Japan and Russia* (Oxford University Press, 2012) (with Richard J. Samuels).

"Japan's Response to Nuclear North Korea," in Gilbert Rozman, ed., Asia at *A Tipping Point : Korea, the Rise of China, and the Impact of Leadership Transitions* (Joint U.S.-Korea Academic Studies) (Korea Economic Institute, 2012).

国際政治・日本外交叢書⑯

北朝鮮　瀬戸際外交の歴史

――1966～2012年――

2013年6月20日　初版第1刷発行　〈検印省略〉

定価はカバーに
表示しています

著　者　道　下　徳　成

発行者　杉　田　啓　三

印刷者　林　　初　彦

発行所　株式会社　ミネルヴァ書房

607-8494　京都市山科区日ノ岡堤谷町1

電話代表　(075)581-5191

振替口座　01020-0-8076

太洋社・新生製本

ISBN978-4-623-06557-8

Printed in Japan

人名索引

あ 行

アーミテージ，リチャード（Richard Armitage） 252
アインホーン，ロバート（Robert Einhorn） 170
李鎮三（イ・ジンサム） 32
李明博（イ・ミョンバク） 230
林東源（イム・ドンウォン） 216
ヴァンス，サイラス（Cyrus Vance） 32, 33, 55, 59
ウィット，ジョエル（Joel Wit） 146
ウォーカー，ジョン（John Walker） 68
エリツィン，ボリス（Boris Yeltsin） 145
オバマ，バラク（Barack Obama） 2
オルブライト，マデレーン（Madeleine Albright） 181, 189, 272

か 行

カーター，ジミー（Jimmy Carter） 23, 112, 124, 125, 146, 169
カートマン，チャールズ（Charles Kartman） 172
カッツェンバック，ニコラス（Nicholas Katzenbach） 59
カルーギン，オレグ（Oleg Kalugin） 68
ガルーチ，ロバート（Robert Gallucci） 131, 133, 146
姜錫柱（カン・ソクチュ） 131–133, 135, 140–142, 152, 157, 235, 236, 260
キッシンジャー，ヘンリー（Henry Kissinger） 95, 103, 111, 114, 123
キノネス，ケネス（Kenneth Quinones） 163
金日成（キム・イルソン） 9, 13, 23, 27, 30, 34, 40, 41, 44, 51, 52, 62, 70, 71, 95, 102, 107, 109, 110, 120–122, 126, 127, 132, 146, 147, 163, 192, 271, 277, 278, 280, 281, 285
金光鎮（キム・グァンジン） 134, 201, 202
金桂寛（キム・ゲグァン） 172, 176, 235, 242, 249
金正日（キム・ジョンイル） 1, 3, 7, 9, 13, 118–122, 125–128, 130, 131, 147, 155, 157, 158, 162, 164–166, 180–182, 191, 192, 215, 232, 235, 237, 242, 255, 261, 271, 272, 276, 280, 281, 285–287
金正恩（キム・ジョンウン） 1, 2, 9, 285, 287
金聖恩（キム・ソンウン） 31, 32
金聖愛（キム・ソンエ） 126, 127
金成萬（キム・ソンマン） 97
金昌奉（キム・チャンボン） 71, 280
金大中（キム・デジュン） 112, 171, 189, 191, 206, 209, 228, 230
金東奎（キム・ドンギュ） 126, 128
金賢植（キム・ヒョンシク） 126, 281
金賢姫（キム・ヒョンヒ） 21
金泳三（キム・ヨンサム） 130, 138, 141, 144, 145, 162, 163, 170, 189, 198, 202–204, 227
金永春（キム・ヨンチュン） 241
金永南（キム・ヨンナム） 141, 169
クラーク，マーク（Mark Clark） 87
クリストファー，ウォレン（Warren Christopher） 204
クリフォード，クラーク（Clark Clifford） 53
クリントン，ウィリアム（William Clinton） 144, 146, 163, 166, 167, 173, 180–182, 189, 198, 228
グレッグ，ドナルド（Donald Gregg） 233
ケリー，ジェームズ（James Kelly） 235, 236, 238, 240
小泉純一郎 218

コーエン，ウィリアム（William Cohen）
181, 204
コスイギン，アレクセイ（Alexei Kosygin）
62

さ 行

シャーマン，ウェンディ（Wendy Sherman）
189
シャリカシュビリ，ジョン（John Shalikashvili） 144
周恩来 95
ジョセフ，ロバート（Robert Joseph） 244, 249
ジョンソン，リンドン（Lyndon Johnson）
27, 28, 31, 39, 42, 52, 53, 59, 60, 62-64
スコウクロフト，ブレント（Brent Scowcroft）
123, 125
スティルウェル，リチャード（Richard Stilwell） 102, 107-109
スナイダー，リチャード（Richard Sneider）
111, 123, 125
スミス，レイ（Ray Smith） 198
ズラトパー，ロナルド（Ronald Zlatoper）
147
ゼーリック，ロバート（Robert Zoellick）
261
宋源浩（ソン・ウォンホ） 196, 197
宋浩敬（ソン・ホギョン） 197

た 行

田中均 218
池京洙（チ・ギョンス） 126
池炳学（チ・ビョンハク） 126
崔圭夏（チェ・ギュハ） 43
崔賢（チェ・ヒョン） 71, 121
チェイニー，リチャード（Richard Cheney）
239, 252
チトー，ヨシップ・ブロズ（Josip Broz Tito）
123
趙成台（チョ・ソンテ） 209, 220, 231
趙富根（チョ・ブグン） 220
趙明録（チョ・ミョンノク） 180, 181
丁一権（チョン・イルクォン） 42, 43, 55
全斗煥（チョン・ドゥファン） 21, 22
デトラニ，ジョセフ（Joseph DeTrani） 242
トンプソン，ルウェリン（Llewellyn Thompson） 53

な 行

ニクソン，リチャード（Richard Nixon） 59, 65, 95, 112
盧武鉉（ノ・ムヒョン） 230, 253

は 行

バーガー，サミュエル（Samuel Berger）
35, 56, 63
朴正聖（パク・ジョンソン） 230
朴成哲（パク・ソンチョル） 37, 58, 105
朴忠国（パク・チュングク） 51
パク・チョル 120, 122
朴正熙（パク・チョンヒ） 17, 19, 30, 33, 37, 39, 41, 42, 55, 58, 107, 108, 112, 113
朴東鎮（パク・トンジン） 123
パク・ピョンヨプ 103, 120, 126
朴英洙（パク・ヨンス） 138
ハバード，トーマス（Thomas Hubbard）
169
バレット，マーク（Mark Barrett） 101
韓柱庚（ハン・ジュギョン） 107
バンディ，マクジョージ（McGeorge Bundy）
65
ハンフリー，ヒューバート（Hubert Humphrey） 42, 43
ヒル，クリストファー（Christopher Hill）
241, 242, 244-249, 251, 261
ファセル，ダンテ（Dante Fascell） 123
胡錦濤（フー・ジンタオ） 261
フォード，ジェラルド（Gerald Ford） 103
ブカー，ロイド（Lloyd Bucher） 48, 51, 60, 67
ブッシュ，ジョージ・W（George W. Bush）
238-242, 245, 251, 252, 259, 261

ブラウン，ウィンスロップ（Winthrop Brown） 41, 43, 44
フラッデン，マーク（Mark Frudden） 107, 117
ブリクス，ハンス（Hans Blix） 129
プリチャード，チャールズ（Charles Pritchard） 254
フルシチョフ，ニキータ（Nikita Khrushchev） 62, 71
フルブライト，ウィリアム（William Fulbright） 64
ブレジネフ，レオニード（Leonid Brezhnev） 63
フンメル，アーサー（Arthur Hummel, Jr.） 124, 125
ヘッカー，シーグフリード（Siegfried Hecker） 239, 243, 258
ペリー，ウィリアム（William Perry） 140, 144, 148, 151, 155, 178–180, 185, 192, 202
ヘルムズ，リチャード（Richard Helms） 52
ヘンダーソン，ウィリアム（William Henderson） 117
許淡（ホ・ダム） 80–82, 106
黄源卓（ホァン・ウォンタク） 196, 218
ポーター，ウィリアム（William Porter） 38, 41, 43, 55, 57
ホーネッカー，エーリッヒ（Erich Honecker） 163
ボーンスティール，チャールズ（Charles Bonesteel, III） 29, 31, 36, 37, 42, 45, 55
ボニファス，アーサー（Arthur Bonifas） 101, 119, 120
ボルトン，ジョン（John Bolton） 249
洪淳瑛（ホン・スニョン） 229

ま 行

マクナマラ，ロバート（Robert McNamara） 52, 63, 69
文世光（ムン・セグァン） 19
モーガン，ヘンリー（Henry Morgan, Jr.） 77

や 行

劉載興（ユ・ジェフン） 74
陸英修（ユク・ヨンス） 19
柳在敏（ユ・ジェミン） 98
尹龍男（ユン・ヨンナム） 202

ら 行

ライス，コンドリーザ（Condoleezza Rice） 241, 242, 252, 261
ラスク，ディーン（Dean Rusk） 43, 62
ラック，ゲイリー（Gary Luck） 144, 152, 227
ラムズフェルド，ドナルド（Donald Rumsfeld） 184, 186, 188, 237, 249
李根（リ・グン） 238
李賛福（リ・チャンボク） 198
李衡哲（リ・ヒョンチョル） 170
李用茂（リ・ヨンム） 126
柳章植（リュ・ジャンシク） 126
柳炳賢（リュ・ビョンヒョン） 102
レイニー，ジェームズ（James Laney） 227

事項索引

あ　行

か　行

さ　行

た　行

な　行

は　行

ま・や行

ら・わ行

欧　文

インタビューリスト

（韓国）
安光瓚
安炳泰
尹泰詠
韓昇洲
咸澤英
金永林
金國憲
金奎
金瓊元
金光佑
金成旻
金善旭
金東洙
金熙相
玄成日
康仁徳
崔剛
崔主活
徐柱錫
辛鍾大
全星勳
張海星
趙甲濟
趙明均
沈信福
鄭昌鉉
丁来赫
田奉根
都日圭
裵光福
文聖默
朴在圭
朴振
朴庸玉
兪英九
庾龍源
余奭周
李基鐸
李相禹
李鍾奭
李正民
李長熙
柳吉在
林聖男
林東源

（米国）
Soong-bum Ahn
Guy Arrigoni
David Asher
Bruce Bechtol, Jr.
Stephen Bradner
Kurt Campbell
Robert Carlin
Victor Cha
Richard Christenson
Morgan Clippinger
Robert Collins
Toby Dalton
James Delaney
Chuck Downs
Michael Dunn
Nick Eberstadt
Robert Einhorn
Michael Finnegan
Gordon Flake
James Foster
Ryan Gage
Robert Gallucci
Michael Green
Donald Gross
Frank Jannuzi
James Kelly
Sung Kim
Bruce Klingner
James Lee（李文恒）
Michael McDevitt
John Merrill
Anthony Namkung
Larry Niksch
Don Oberdorfer
Kongdan Oh
Christian Ostermann

James Person
Charles Pritchard
Kenneth Quinones
Mitchell Reiss
Glenn Rice
Alan Romberg
Rinn-Sup Shinn
Leon Sigal
Scott Snyder
David Straub
Dae-Sook Suh
Stephen Tharp

Nathaniel Thayer
Aaron Trimble
Joel Wit
David Wolff
Jon Wolfsthal

（中国）
王少普
夏立平
金景一
戚保良
趙虎吉
楊伯江
李春虎

（日本）
倉田秀也
小山謹二
友部薫
船橋洋一
森千春

（ドイツ）
Bernd Schaefer

資料編

表1　交戦などによる死傷者数

	米国		韓国		北朝鮮	
	死者	負傷者	死者	負傷者	死者	負傷者
1964	0	1	1	0	3	1
1965	0	0	21（19）	6（13）	4	51
1966	6	1	29 （4）	28 （5）	43	19
1967	16	51	115（22）	243（53）	228	57
1968	18	54	145（35）	240（16）	321	13
1969	35	5	10（19）	39（17）	55	6
1970	0	0	9 （7）	22（17）	46	3
1971	0	0	18 （4）	28 （4）	22	2
1972	0	0	0	0	0	0
1973	0	0	2	1	2	1
1974	1	4	1（38）	2（16）	5	0
1975	0	1	0	0	0	0
1976	2	4	4	10	3	5
1977	1	1	1	0	0	
1978	0	0	1	4	23	0
1979	1	2	2	1	7	0
1980	0	0	5 （1）	11 （1）	19	1
1981	0	0	0	2	1	0
1982	0	0	0	0	1	0
1983	0	0	0	0	16	2
1984	0	0	0	0	0	0
1985	0	0	0	0	0	0
1986	0	0	0	0	0	0
1987	0	0	0（11）	0	0	0
1988	0	0	0	0	0	0
1989	0	0	0	0	0	0
1990	0	0	0	0	0	0
1991	0	0	0	0	0	0
1992	0	0	0	2	3	0
1993	0	0	0	0	0	0
1994	0	0	0	0	0	0
1995	0	0	0	0	0	0
1996	0	0	0	0	24	0
1997	0	0	0	0	1	14
1998	0	0	0	0	15	0
1999	0	0	0	9	17-30＋	多数

2000	0	0	0	0	0	0
2001	0	0	0	0	0	0
2002	0	0	6	18	—	約30（含死者）
2003-07	0	0	0	0	—	—
2008	0	0	1 (1)	0	—	—
2009	0	0	0	0	—	—
2010	0	0	50 (2)	74＋*	—	—
2011	0	0	0	0	—	—

*内訳は，天安艦撃沈によるものが軍人58名，延坪島砲撃によるものが軍人16名，民間人多数である。大韓民国国防部『国防白書　2010』ソウル，国防部，2010年，258，267頁。海軍本部『NLL，我々が血をもって守り抜いた海上境界線――北韓のNLL海域挑発史』ソウル，海軍本部，79頁。

（注）括弧内の数字は民間人の死傷者数を示す。テロ攻撃による死傷者数は含まない。「—」はデータが得られなかったことを示す。

（出所）李文恒『JSA――板門店（1953-1994）』ソウル，小花，2001年，373頁。韓国国防部より入手した資料，2002年８月29日，2008年２月29日。在韓米軍および韓国国防部より入手した資料，2012年４月３～４日。

表２　北朝鮮による
北方限界線の越線数

年	回数
1989	29
1990	21
1991	12
1992	38
1993	25
1994	30
1995	26
1996	16
1997	6
1998	48
1999	71
2000	25
2001	20
2002	19
2003	21
2004	19
2005	14
2006	21
2007	28

（出所）韓国国防部より入手した資料（2002年８月29日，2008年２月29日）。

文献1　停戦協定第13項（b）および第15項

第13項（b）　本停戦協定が効力を発生した後、10日以内に相手方の朝鮮における後方と沿海諸島および海面から、双方のすべての軍事力量［戦力］、補給物資および装備を撤去する。万一、撤去を延期する双方が同意した理由なく、あるいは撤去を延期する有効な理由なく、期限が過ぎてもこれらの軍事力量を撤去しない時には、相手方は治安を維持するために自らが必要であると認める、あらゆる行動をとる権利をもつ。上記した「沿海島」という用語は、本停戦協定が効力を発生する時に、たとえ一方が占領していたとしても、1950年6月24日に相手方が統制していた島々を指すものである。ただし、黄海道と京畿道の道界線［道と道の境界線］の北側と西側にあるすべての島の中で、白翎島（北緯37度58分、東経124度40分)、大青島（北緯37度50分、東経124度42分)、小青島（北緯37度46分、東経124度46分)、延坪島（北緯37度38分、東経125度40分）および隅島（北緯37度36分、東経125度58分）の島嶼群を連合国軍［国連軍］総司令官の軍事統制下に残すことを除き、その他のすべての島は朝鮮人民軍最高司令官と中国人民志願軍司令員の軍事統制下に置く。朝鮮の西海岸において、上記の境界線以南にあるすべての島々は連合国軍総司令官の軍事統制下に残置する。

第15項　本停戦協定は、敵対中のすべての海上軍事力［海上戦力］に適用され、このような海上軍事力量は非武装地帯と、相手側の軍事統制下にある朝鮮の陸地に隣接する面を尊重し、朝鮮に対して、いかなる種類の封鎖も行うことはできない。